РУССКИЙ ЯЗЫК

В ДЕЛОВОМ ОБЩЕНИИ

商务交际俄语

张金兰　史铁强
［俄］Л. Клобукова　И. Михалкина　编著
Т. Солтановская　С. Хавронина

图书在版编目（CIP）数据

商务交际俄语 / 张金兰等编著. —北京：北京大学出版社，2006.3
（21世纪大学俄语系列教材）
ISBN 978-7-301-07813-6

Ⅰ. ①商… Ⅱ. ①张… Ⅲ. ①俄语－口语 Ⅳ. ① H359.9

中国版本图书馆 CIP 数据核字 (2005) 第 076508 号

书　　名	商务交际俄语 SHANGWU JIAOJI EYU
著作责任者	张金兰　史铁强 [俄]Л.Клобукова　И.Михалкина　Т.Солтановская　С.Хавронина　编著
责 任 编 辑	张　冰
标 准 书 号	ISBN 978-7-301-07813-6
出 版 发 行	北京大学出版社
地　　址	北京市海淀区成府路 205 号　100871
网　　址	http://www.pup.cn　　新浪微博：@ 北京大学出版社
电 子 信 箱	zbing@pup.pku.edu.cn
电　　话	邮购部 010-62752015　发行部 010-62750672　编辑部 010-62759634
印 刷 者	三河市北燕印装有限公司
经 销 者	新华书店
	787 毫米 ×1092 毫米　16 开本　19.5 印张　480 千字 2006 年 3 月第 1 版　2023 年 2 月第 7 次印刷
定　　价	48.00 元（配有光盘）

21世纪大学俄语系列教材

前　言

本书是一本供各大专院校有俄语基础的学生使用的教科书，也可用作商贸人士的培训教材。

本书的教学目的——教会学生用俄语解决交际往来，特别是商贸往来中的实际问题。

本书共九课。1、2、4、5、7、8 课重点进行交际言语训练，3、6、9 课为复习巩固课。除复习课外，各课的结构相同，由各章组成并附有俄汉单词表。

第一章的主要目的是打好语言基本功，保障学生言语技能的形成。训练重点放在交际往来中容易产生歧义的语言材料上。

第二章的重点是言语技能训练，练习形式包括听力、阅读、口语、书写。练习中使用的是各种真实的商贸文本、信函，非常贴近生活。这些都是交际往来，特别是商务交往必备的知识，有助于学生俄汉互译技能的培养，符合商贸人员的交际需求。

第三章的主要目的是典型的情景对话和交谈训练，从中学生可以了解俄罗斯交往中，特别是商务交往中的言语礼节，尽快适应不同角色的对话。

这一章的结尾编有《准备起程赴俄》的小文章，旨在于帮助学生了解俄罗斯的社会与文化，使他们更深刻地理解俄罗斯的合作伙伴。

本书的每一课都是一个系列。每课书的教学时数取决于具体的教学条件。教材的前后安排充分考虑了语言材料的掌握，言语技能的培养以及言语活动的重复直至言语自主生成的原则。不过教材的使用还要考虑学生的水平及具体的培训任务，各课的前后顺序可做相应的调整。由于编者水平有限，错误在所难免，敬请使用者提出宝贵意见。

ОГЛАВЛЕНИЕ

目　录

第一课　公司介绍

УРОК 1. ПРЕДСТАВЛЕНИЕ ФИРМЫ

РАЗДЕ́Л Ⅰ (第一章)

КАК НАЗЫВА́ЕТСЯ ФИ́РМА(公司名称)

Зада́ние 1. Познако́мьтесь с фо́рмами организа́ции би́знеса. (请熟记各种形式的商业机构。)

Компа́ния 公司
Корпора́ция 团体、社团
Фи́рма 公司
Конце́рн 联合企业、康采恩
Кооперати́в 合作组织
Торго́вый дом 商厦
Объедине́ние 联合体
Акционе́рное о́бщество 股份公司
Комме́рческое предприя́тие 商业企业

Зада́ние 2. Прочита́йте назва́ния фирм. (朗读公司名称。)

Компа́ния "Вели́кая стена́", Компа́ния "Ла́да", Фи́рма "А́льфа", Фи́рма "Адида́с", Корпора́ция "Карги́лл", Корпора́ция "Во́льво", Кооперати́в "Санте́хника", Торго́вый дом "Тексти́ль", Объедине́ние "Стройкомпле́кт", Конце́рн "Ай-Би-Эм", Акционе́рное о́бщество "Ко́смос"

—Как называ́ется ва́ша фи́рма?
—На́ша фи́рма называ́ется "Мира́нда".

Зада́ние 3. Зако́нчите предложе́ния.（补全句子。）

1. На́ша фи́рма называ́ется ...	“Русь”
2. Эта фи́рма ...	“Деко́р”
3. Ва́ша ...	“Интермо́да”
4. Их ...	“Квант”

Зада́ние 4. Спроси́те колле́г по гру́ппе, как называ́ются их фи́рмы. Отве́тьте на вопро́сы.（同班同事之间用以上句型，互相问答公司的名称。）

КАКИ́Е БЫВА́ЮТ ФИ́РМЫ（有哪些公司）

“Мира́ско”—э́то ча́стная фи́рма.
“Мира́ско”—э́то америка́нская фи́рма.

Зада́ние 5.

А. Прочита́йте определе́ния, характеризу́ющие фи́рму.（朗读说明公司性质的形容词。）

1）国营的 госуда́рственная
私营的 ча́стная
→ 公司 фи́рма

2）多功能的 универса́льная
多经营范围的 многопро́фильная
专门的 специализи́рованная
→ 公司 фи́рма

3）生产的 произво́дственная
商贸的 торго́вая
建筑的 строи́тельная
中介的 посре́дническая
法律的 юриди́ческая
审计的 ауди́торская
→ 公司 фи́рма

4）大型的 кру́пная
重要的 соли́дная
重点的 веду́щая
知名的 изве́стная
→ 公司 фи́рма

Б. Переведи́те на кита́йский язы́к.（将以上词组翻译成汉语。）

Зада́ние 6. Зачеркни́те в ка́ждой коло́нке ли́шнее сло́во. (删除每组词中多余的形容词。)

1) строи́тельная
   туристи́ческая
   торго́вая　　　　→ фи́рма
   соли́дная
   произво́дственная

2) соли́дная
   кру́пная
   испа́нская　　　→ фи́рма
   веду́щая
   изве́стная

3) росси́йская
   герма́нская
   госуда́рственная　→ фи́рма
   австри́йская
   америка́нская

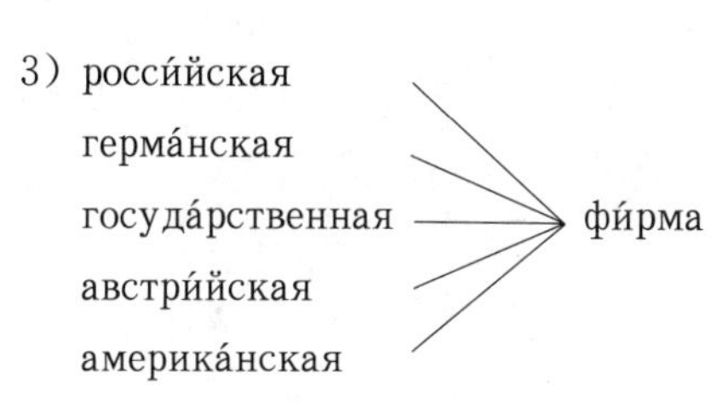

Зада́ние 7. Соста́вьте предложе́ния по образцу́. Испо́льзуйте слова́ из пра́вой коло́нки. (仿示例使用右边的词造句。)

Образе́ц: "Фиа́т"—...

"Фиа́т"—э́то изве́стная италья́нская фи́рма.

1. "Рено́"	япо́нская
2. "Самсу́нг"	росси́йская
3. "Ко́смос"	ю́жно-коре́йская
4. "Панасо́ник"	кита́йская
5. "Во́льво"	францу́зская
6. "Вели́кая стена́"	америка́нская
7. "Ай-Би-Эм"	шве́дская

Зада́ние 8.

А. Прочита́йте словосочета́ния. Обрати́те внима́ние на испо́льзование в них прилага́тельного *росси́йский*. (朗读词组，注意形容词 российский 的用法。)

Б. Прочита́йте словосочета́ния. Обьясни́те разли́чие в значе́нии и употребле́нии прилага́тельных *ру́сский и росси́йский*.（朗读词组，搞清楚形容词 русский 和 российский 的区别。）

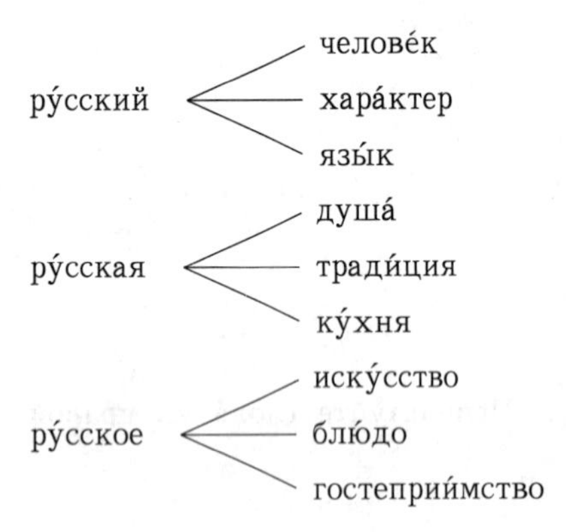

В. Переведи́те на ру́сский язы́к.（将下列汉语译成俄语。）

俄罗斯公司	俄罗斯总经理	俄罗斯纪念品
俄罗斯伏特加酒	俄罗斯冬天	俄罗斯法律

В сложносокращённых слова́х-назва́ниях организа́ций ча́сто испо́льзуются сле́дующие элеме́нты.（俄语中经常使用下列成分构成各组织的复合缩略词。）

гос—госуда́рственный：Госкомите́т

строй—стро́ительный：Гостро́й，Госстройкомите́т

пром—промы́шленный：Газпро́м，Промстро́й

прод—продово́льственный：продукто́вый：Продинто́рг

торг—торго́вый：Амто́рг，Внешто́рг

страх—страхово́й：Госстра́х，страхаге́нтство

транс—тра́нспортный：Транса́вто

тур—туристи́ческий：Туртра́нс

эко—экологи́ческий：Экостро́й

мед—медици́нский：Медте́хника，Медэ́кспорт

орг—организацио́нный：оргкомите́т，Оргте́хника

ин—иностра́нный：Интури́ст，Интуртра́нс

Зада́ние 9. Спроси́те и отве́тьте. Испо́льзуйте выраже́ния, да́нные спра́ва.（仿示例使用右面的表达方法做问答练习。）

Образе́ц:—Что тако́е “Ауди́т”?

—“Ауди́т”—это назва́ние фи́рмы. Я ду́маю, что “Ауди́т” —э́то ауди́торская фи́рма.

1. “Москва́-тур”	Я слы́шал，что ...
2. “Росвнешто́рг”	Мо́жет быть，...
3. “Юри́ст”	Я зна́ю，что ...
4. “Мостстро́й”	По-мо́ему，...
5. “Посре́дник”	Я ду́маю，что ...

Зада́ние 10.

А. Прочита́йте определе́ния к сло́ву *предприя́тие*.（朗读与单词 предприятие 搭配的修饰词。）

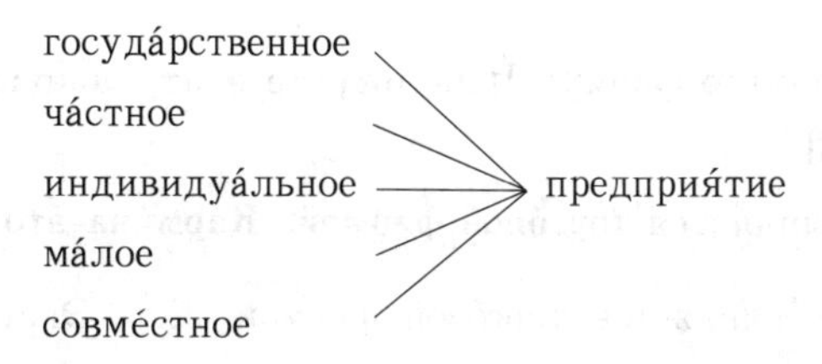

Б. Прочита́йте сокращённые и по́лные наименова́ния.（朗读下列名称的缩略形式及全称。）

Образе́ц：ГП[гэ-пэ́]—госуда́рственное предприя́тие

СП—совме́стное предприя́тие，

МП—ма́лое предприя́тие，

ИЧП—индивидуа́льное ча́стное предприя́тие，

НПП—нау́чно-произво́дственное предприя́тие，

НТО—нау́чно-техни́ческое объедине́ние，

НПЦ—нау́чно-произво́дственный центр，

НПК—нау́чно-произво́дственный кооперати́в，

АО́ (А/О́)—акционе́рное о́бщество，

АÓОТ—акционéрное óбщество откры́того ти́па,
АÓЗТ—акционéрное óбщество закры́того ти́па,
ТОÓ—товáрищество с ограни́ченной ответ́ственностью.

В. Скажи́те, что мóгут обозначáть в аббревиатýрах бýквы.（解释下列字母在缩略语中的意思。）

А, О, И, Г, К, Н, П, Т, Ц, Ч.

Г. Скажи́те, что обозначáют слéдующие аббревиатýры.（解释下列缩略语。）

СП, ЧП, НПО, НПЦ, НТЦ, ОÓТ, ЗАÓ, ООÓ.

Д. Запиши́те с пóмощью аббревиатýр.（写出下列全称词的缩略语形式。）

Совмéстное предприя́тие "Авиасéрвис", акционéрное óбщество "Фéникс", наýчно-техни́ческий центр "Квант", наýчно-произвóдственное объединéние "Электрóника", мáлое предприя́тие "Дéльта".

"Юри́ст"—это адвокáтская фи́рма.
"Юри́ст" явля́ется адвокáтской фи́рмой.

从修辞学角度分析,带有 это 的句子属中态句型,而带有 являться 的句子属书面句型。

Задáние 11. Представьте фи́рму. Испóльзуйте нейтрáльную констрýкцию.（用中性色彩的句型结构介绍公司。）

Образéц: Карми́на явля́ется торгóвой фи́рмой. Карми́на-э́то торгóвая фи́рма.

А. 1. "Ле Мóнти" явля́ется торгóвой фи́рмой. 2. "Э́кстра" явля́ется страховóй компáнией. 3. "Трóйка-тур" явля́ется туристи́ческой фи́рмой. 4. "Фéникс" явля́ется акционéрным óбществом. 5. "Пáртия" явля́ется торгóво-промы́шленной фи́рмой. 6. "Кóсмос" явля́ется наýчно-произвóдственным объединéнием.

Б. 1. "Пóиск" явля́ется незави́симой адвокáтской фи́рмой. 2. "Ортéкс" явля́ется совмéстным предприя́тием. 3. "Орби́та" явля́ется росси́йским акционéрным óбществом. 4. "Менатéп" явля́ется креди́тно-финáнсовым объединéнием. 5. "Гéрберт прóдактс" явля́ется росси́йско-америкáнским предприя́тием. 6. "И́на" явля́ется итальи́нской страховóй компáнией. 7. "Интерлóу"явля́ется междунарóдной юриди́ческой ассоциáцией.

Зада́ние 12. Предста́вьте фи́рму. Испо́льзуйте констру́кцию, характе́рную для официа́льно-делово́й ре́чи. (用正式的公务语体句型介绍公司。)

Образе́ц: "Гло́бус"— э́то крупне́йшая страхова́я компа́ния. "Гло́бус" явля́ется крупне́йшей страхово́й компа́нией.

1. "И́скра Индустри́я"— э́то торго́во-посре́дническая фи́рма.
2. "Свифт"— э́то междунаро́дная некомме́рческая организа́ция.
3. "Нау́ка"— э́то нау́чно-произво́дственное объедине́ние.
4. "Стройматериа́л"— э́то индивидуа́льное предприя́тие.
5. "Амто́рг"— э́то изве́стное акционе́рное о́бщество.
6. "Медэ́кспорт"— э́то крупне́йшее внешнеторго́вое объедине́ние.

> — **Что представля́ет собо́й фи́рма "Қамте́к"** ?
> — **Фи́рма "Қамте́к"— э́то совме́стное росси́йско-италья́нское предприя́тие.**

Зада́ние 13. Спроси́те о ста́тусе фи́рмы, испо́льзуя материа́л зада́ния12. (使用练习12中的语言材料询问公司的状况。)

Образе́ц: Что представля́ет собо́й фи́рма "Гло́бус"?

Зада́ние 14.

А. Прочита́йте интернациона́льные слова́. Запо́лните табли́цы. (朗读下列国际通用词,并译成俄语。)

Association	联合会	ассоциа́ция
Corporation	股份公司	
Demonstration	论证	
Exposition	博览会	
Information	信息	
Operation	运转	
Organization	组织	
Presentation	展示	
Production	产品	
Registration	注册	
Specialization	专门化	

续表

Concession	特许	концéссия
Excursion	游览	
Mission	使命	
Profession	专业	

Б. Переведи́те на ру́сский язы́к.（将下列汉语单词译成俄语。）

俄罗斯股份公司，有趣的专业，紧急的信息，运转困难，知名的产品，重要的使命，新博览会，中国代表。

КОГДА́ И ГДЕ БЫЛА́ СО́ЗДАНА ВА́ША ФИ́РМА
（公司成立的时间和地点）

Фи́рма (была́) со́здана
Кооперати́в (был) со́здан → **В 1985 году́.**
О́бщество (бы́ло) со́здано

О созда́нии фи́рмы мо́жно та́кже сказа́ть:

Зада́ние 15. Зако́нчите предложе́ния. Испо́льзуйте словосочета́ния, да́нные спра́ва.（用右边的词组补全句子。）

Обра́зе́ц: Кооперати́в образо́ван... Кооперати́в со́здан год наза́д.

1. Предприя́тие организо́вано...	о́чень давно́.
2. Компа́ния осно́вана...	совсе́м неда́вно.
3. Концéрн образо́ван...	ме́сяц наза́д.
4. Акционе́рное о́бщество зарегистри́ровано...	год наза́д
5. Ассоциа́ция организо́вана...	два—три го́да наза́д.
6. Объедине́ние образо́вано...	пять лет наза́д.
7. Фи́рма зарегистри́рована...	в нача́ле ве́ка.

请记住：

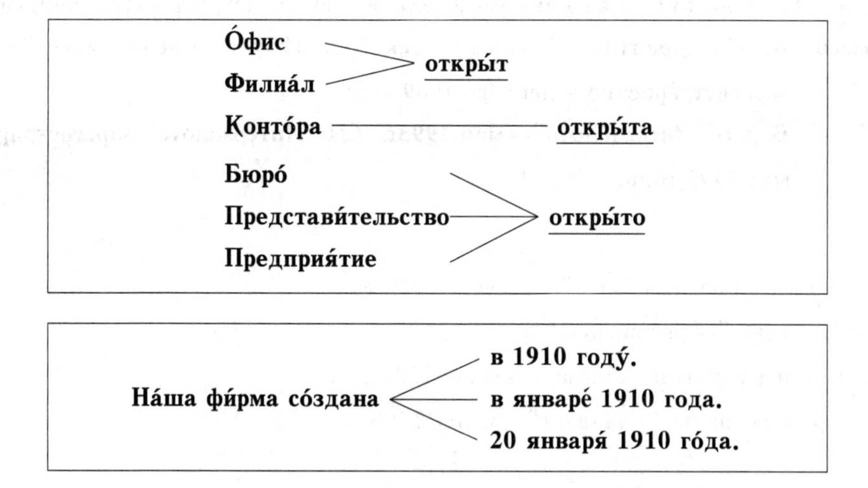

На́ша фи́рма со́здана — в 1910 году́. / в январе́ 1910 года. / 20 января́ 1910 го́да.

Зада́ние 16. Сообщи́те о вре́мени основа́ния фи́рмы.（说说公司成立的时间。）

Образе́ц: Торго́вая фи́рма "Ле Мо́нти"—1980 г. Торго́вая фи́рма "Ле Мо́нти" со́здана в 1980 году.

1. Япо́нская корпора́ция "Марубе́ни"—1859 г.
2. Америка́нская компа́ния "Карги́лл"—1865 г.
3. Италья́нская страхова́я компа́ния "И́на"—1912 г.
4. Корпора́ция Ай-Би-Э́м—1914 г.
5. Кита́йская компа́ния "Вели́кая стена́"—1982 г.
6. Росси́йско-япо́нское предприя́тие "Аэросе́рвис"—1988 г.

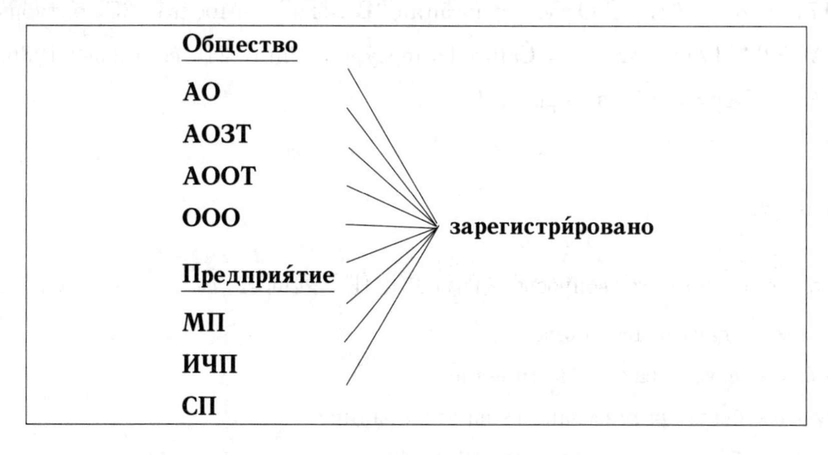

Зада́ние 17. Сообщи́те о вре́мени регистра́ции фи́рмы.（说说公司注册的时间。）

Образе́ц: А. Предприя́тие "Герни́ка"—декабрь, 1989 г. Предприя́тие "Герни́ка" зарегистри́ровано в декабре́ 1989 года.

Б. СП "Интерзо́лото"—май 1993г. СП "Интерзо́лото" зареги́стрировано в ма́е 1993 го́да.

А.

1. Росси́йско—италья́нская "И́на"—а́вгуст, 1990 г.
2. Фи́рма "Астрова́с"—сентя́брь, 1988 г.
3. Совме́стное предприя́тие "Ло́гис"—ию́ль, 1996 г.
4. Акционе́рное о́бщество "Станда́рт"—март, 1996 г.

Б.

1. СП "Моско́вская пи́ща"—дека́брь 1989 г.
2. МП "Белошве́йка"—ноя́брь 1990 г.
3. АОЗТ "Салю́т"—янва́рь 1991 г.
4. ООО "Мосстро́й"—апре́ль, 1993г.

Зада́ние 18. Сообщи́те, где и когда́ бы́ли откры́ты бю́ро, о́фисы, конто́ры.（说说公司成立的时间、地点。）

Образе́ц: О́фис корпора́ции "Ай-Би-Э́м"—Москва́, 6, апре́ль, 1972. О́фис корпорации "Ай-Би-Э́м" (был) откры́т в Москве́ 6 апре́ля 1972 го́да.

1. О́фис совме́стного предприя́тия "Макгре́гор" — Санкт-Петербу́рг, 25, янва́рь, 1989. 2. Конто́ры страхово́й компа́нии "Гло́бус"—Москва́, Минск, 7, февра́ль, 1988. 3. Представи́тельство междунаро́дной некомме́рческой организа́ции СВИФТ (SWIFT) — Москва́, 17, март, 1991. 4. О́фис корпора́ции "Во́льво" —Москва́, 25, октя́брь, 1973. 5 Филиа́лы АОЗТ "Луч"—Москва́, Санкт-Петербу́рг и Ри́га, 21, сентя́брь, 1986. 6. О́фис СП "Камте́к"—Пермь, 13, ноя́брь, 1990.

Зада́ние 19.

А. Прочита́йте и запо́мните вопро́сы.（朗读并记住下列问题。）

1. Когда́ была́ со́здана ва́ша фи́рма?
2. Когда́ бы́ло осно́вано ва́ше объедине́ние?
3. В како́м году́ была́ организо́вана ва́ша ассоциа́ция?
4. В како́м году́ бы́ло организо́вано э́то о́бщество?

5. Когда́ был зарегистри́рован э́тот фонд?
6. Когда́ и где был со́здан э́тот кооперати́в?
7. Когда́ и где бы́ли откры́ты филиа́лы фи́рмы?
8. Где бы́ли откры́ты представи́тельства фи́рмы?

Б. Спроси́те колле́г о вре́мени и ме́сте созда́ния их фирм.（相互提问各自公司成立的时间和地点。）

俄语中词序可以影响到句子的意思。请比较下列两个句子的意思。

1. В 1996 году́ была́ со́здана фи́рма“Стандáрт”.	**2. Фи́рма “Стандáрт” была́ со́здана в 1996 году́.**

第一句子说的是公司成立这件事实，并回答：“1996年成立了什么机构”这样的问题。第二句话告诉大家公司成立的时间，它回答的问题是：“标准”公司是什么时候成立的。

Зада́ние 20. Вы́берите вопро́с, на кото́рый отвеча́ют предложе́ния, да́нные сле́ва.（从左边选择正确的答案。）

1. Корпора́ция “Ай-Би-Э́м” бы́ла со́здана в 1914 году́	А) Что было создано в 1914 году? Б) Когда была создана корпорация“Ай-Би-Э́м”?
2. Компа́ния “Карги́лл” со́здана в 1865 году́.	А) Что бы́ло со́здано в 1865 году́? Б) Когда́ со́здана компа́ния “Карги́лл”?
3. В 1988 году́ была́ со́здана фи́рма “Ле́гис”.	А) Что бы́ло со́здано в 1988 году́? Б) Когда́ была́ со́здана фи́рма “Ле́гис”?

Зада́ние 21. Скажи́те, како́е предложе́ние из двух да́нных спра́ва отвеча́ет на вопро́сы.（请问右侧的两个句子中哪一个句子是回答左侧的问题的？）

1. Когда́ была́ со́здана Ва́ша корпора́ция.	а) В 1975 го́ду была́ со́здана на́ша корпора́ция. б) На́ша корпора́ция была́ со́здана В 1975 году́.
2. Где бы́ли откры́ты филиа́лы ва́шей фи́рмы?	а) В Москве́ и в Сара́тове бы́ли откры́ты филиа́лы на́шей фи́рмы. б) Филиа́лы на́шей фи́рмы бы́ли откры́ты в Москве́ и в Сара́тове.

КТО ЯВЛЯ́ЕТСЯ УЧРЕДИ́ТЕЛЕМ ФИ́РМЫ
（谁是公司的创建人）

Учреди́тели на́шей фи́рмы— **Учреди́телями на́шей фи́рмы явля́ются**	**предприя́тия го́рода.**

Зада́ние 22.

А. Прослу́шайте сообще́ния. Запиши́те да́нные об учреди́телях фирм. （请听两段话，把有关公司创办人的信息记下来。）

1. "Свифт"—междунаро́дная организа́ция. Она́ была́ со́здана в 1973 году́. Её учреди́телями ста́ли кру́пные ба́нки 15 стран. Штаб—кварти́ра организа́ции нахо́дится в Бе́льгии. "Свифт" име́ет филиа́лы в Нидерла́ндах и США.

2. Акционе́рное о́бщество "Фе́нис" со́здано в январе́ 1989 го́да. Его́ учреди́телями явля́ются веду́щие торго́вые фи́рмы США и стран Восто́чной Евро́пы. Штаб—кварти́ра "Фе́никса" нахо́дится в Лос-А́нжелесе США. В Росси́и АО́ "Фе́никс" организова́ло 5 совме́стных предприя́тий.

Б. Скажи́те, кто явля́ется учреди́телем Ва́шей и други́х изве́стных Вам фирм. （请说出谁是你们公司和其他一些知名公司的创办人。）

КОГДА́ ФИ́РМА ВЫ́ШЛА НА РОССИ́ЙСКИЙ РЫ́НОК
（公司何时打入俄罗斯市场的）

— **Когда́ Ва́ша фи́рма вы́шла на росси́йский ры́нок?**
— **На́ша фи́рма вы́шла на росси́йский ры́нок в 1987 году́.**

— **Когда́ ва́ша фи́рма начала́ рабо́тать на росси́йском ры́нке?**
— **На́ша фи́рма начала́ рабо́тать на росси́йском ры́нке в 1987 году́.**

Зада́ние 23. Скажи́те, когда́ (в како́м году́) фи́рмы вы́шли на росси́йский ры́нок? (说说公司是什么时候(哪一年)进入俄罗斯市场的?)

1. Акционе́рное о́бщество "Амто́рг" — 1924.
2. Неме́цкая фи́рма "Лондоколо́р" — 1961.
3. Япо́нская фи́рма "И́скра индустри́я" —1960.
4. Италья́нская страхова́я компа́ния "И́на" —а́вгуст 1990.
5. Корпора́ция "Ай-Би-Э́м" — 1972.
6. Акционе́рное о́бщество "Фе́никс" — янва́рь 1979.
7. Австрали́йская фи́рма "Эй-Пи-Ви́" —1965.

— С како́го го́да (с како́го вре́мени) Ва́ша фи́рма рабо́тает в Росси́и?

— Фи́рма рабо́тает в Росси́и < с 1991 го́да. / с ма́я 1919 го́да.

Зада́ние 24. Скажи́те, с како́го го́да рабо́тают фи́рмы на росси́йском ры́нке. Испо́льзуйте материа́л зада́ния 12. (使用练习 12 的材料,说说公司是哪一年进入俄市场的。)

Фи́рма рабо́тает на росси́йском ры́нке 5 лет.

Зада́ние 25. Скажи́те, ско́лько лет рабо́тает фи́рма на росси́йском ры́нке. Подчеркни́те кратковре́менность или дли́тельность существова́ния фи́рмы. Испо́льзуйте материа́лы зада́ния 23. (使用练习 23 的材料,说说公司进入俄市场的时间,强调公司成立的时间长与短。)

Образе́ц: "И́на" рабо́тает в Росси́и всего́ 6 лет.

"Лондаколо́р" рабо́тает на росси́йском ры́нке уже́ 35 лет.

Зада́ние 26. Зада́йте друг дру́гу вопро́сы о нача́ле рабо́ты ва́ших фирм на росси́йском ры́нке. Отве́тьте на вопро́сы. (就你们公司进入俄市场的时间相互回答。)

Зада́ние 27.

А. Прочита́йте сокращённые и по́лные назва́ния. (朗读下列缩略语和全称。)

США [сэ-шэ-а́]— Соедине́нные Шта́ты Аме́рики

КНР [ка-эн-э́р]— Кита́йская Наро́дная Респу́блика

СНГ [эс-эн-гэ́] — Содру́жество незави́симых госуда́рств

РФ [эр-э́ф]—Росси́йская Федера́ция

ЕЭС [е-э́с]— Европе́йское экономи́ческое соо́бщество

ООН [о-о́н] —Организа́ция объедине́нных на́ций

Б. Скажи́те, что мо́гут обознача́ть в аббревиату́рах-назва́ниях госуда́рств сле́дующие бу́квы

Р, С, Ф, Н, Д, Е

В. Напиши́те по́лное назва́ние. (写出下列缩略语的全称。)

СССР, ЮАР, КНДР, МНР, КНР, ФРГ, ЕС

Зада́ние 28.

А. Прочита́йте словосочета́ния. Обрати́те внима́ние на ра́зницу в значе́нии прилага́тельных *междунаро́дный*, *многонациона́льный* и *интернациона́льный*, *транснациона́льный*. (朗读下列词组。请注意以下形容词 междунаро́дный, многонациона́льный, интернациона́льный 和 транснациональный 的词义的区别。)

Многонациона́льное госуда́рство, интернациона́льный коллекти́в, интернациона́льная семья́. междунаро́дные перегово́ры, междунаро́дные правила, транснациона́льная корпора́ция.

注意 俄语中 1) междунаро́дный 表示国际的,包括许多国家;2) интернациона́льный 表示国际的,世界的,民族间的,包括几个民族;俄语单词 многонациона́льный 的意思也是包括许多民族。讲到跨国公司时 корпора́ция, компа́ния, фи́рма 前面加形容词 транснациональный。

Б. Переведи́те на ру́сский язы́к. (将下列词组译成俄语。)

国际组织,国际法,国际团队,国际合作,多民族聚集的城市,跨国公司。

Зада́ние 29. Переведи́те на кита́йский язы́к. (将下面短文译成汉语。)

Междунаро́дная гру́ппа "Джо́нсон и Джо́нсон"—э́то веду́щая многопро́фильная ме́дико-санита́рная фи́рма. Когда́ в 1886 году́ фи́рма на́чала свою́ де́ятельность, на ней рабо́тали 14 челове́к, а сего́дня — э́то междунаро́дная гру́ппа, в кото́рую вхо́дит 171 фи́рма, где рабо́тает 81 ты́сяча челове́к. Това́ры “Джо́нсон и Джо́нсон” продаю́тся в 153 стра́нах ми́ра.

Зада́ние 30. Переведи́те на ру́сский язы́к. (将下面短文译成俄语。)

IBM 公司成立于上世纪初，现在它已经是世界上最大的公司了。这个跨国股份联合公司拥有它自己的训练中心，集生产、销售、服务及顾问公司于一体。IBM 公司遍布世界 140 多个国家。该公司 1972 年开始进入前苏联市场，1973 年在莫斯科建立代表处。今天，IBM 东欧/亚洲公司在莫斯科、圣彼得堡、远东、车里亚宾斯克、乌法等城市建立了它的办事处。

ПОРАБО́ТАЕМ НАД ПРОИЗНОШЕ́НИЕМ, ЛЕ́КСИКОЙ И ГРАММА́ТИКОЙ (语音、词汇、语法练习)

Зада́ние 31. Чита́йте вслух. (朗读。)

фи́рма—адвока́тская фи́рма—незави́симая адвока́тская фи́рма;

компа́ния—страхова́я компа́ния—междунаро́дная страхова́я компа́ния;

ассоциа́ция—юриди́ческая ассоциа́ция—междунаро́дная юриди́ческая компа́ния;

о́бщество—акционе́рное о́бщество—крупне́йшее акционе́рное о́бщество;

объедине́ние—креди́тное объедине́ние—изве́стное креди́тно-фина́нсовое объедине́ние;

предприя́тие—совме́стное предприя́тие—росси́йско-кита́йское совме́стное предприя́тие

Зада́ние 32. Повтори́те. Вспо́мните, как употребля́ются паде́жные фо́рмы. (复习格的用法。)

созда́ть,
основа́ть,
образова́ть, → *что* ? фи́рму
организова́ть,
(за)регистри́ровать ...

созда́ние,
основа́ние,
образова́ние, → *чего́*? фи́рмы
организа́ция,
регистра́ция ...

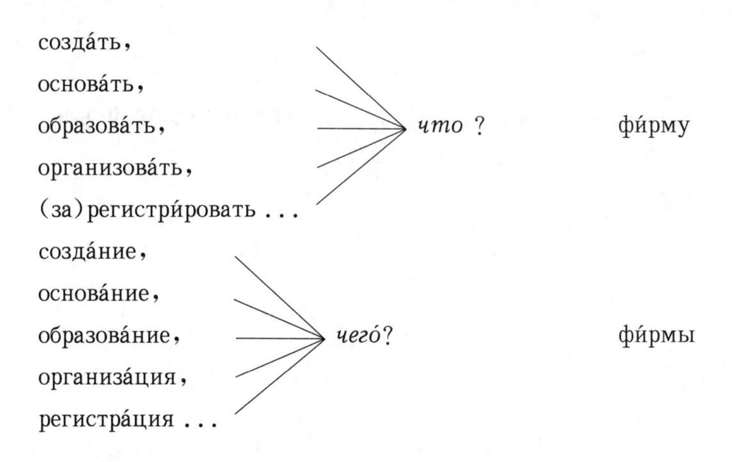

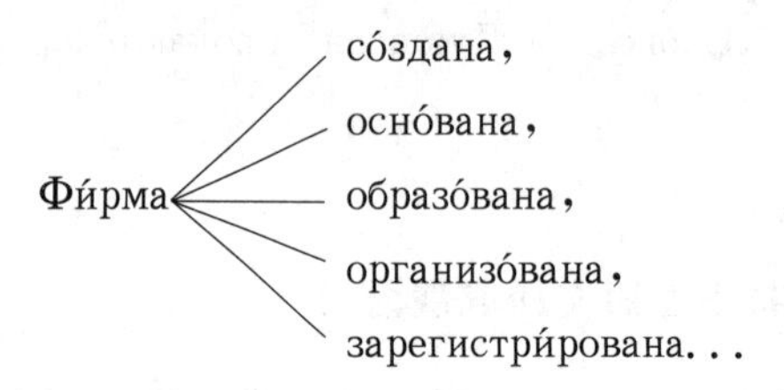

Зада́ние 33. Прове́рьте, по́мните ли вы? (记得下列用法吗?)

Како́й год?	*В како́м году́?*
1941 год—ты́сяча девятьсо́т со́рок пе́рвый год	В 1941 г—в ты́сяча девятьсо́т со́рок пе́рвом году́
1993 год—ты́сяча девятьсо́т девяно́сто тре́тий год	В 1993 г.—в тысяча девятьсо́т девяно́сто тре́тьем году́

Зада́ние 34.

А. Скажи́те, понима́ете ли Вы э́ти словосочета́ния? (请问您理解下列词组的意思吗?)

ста́тус фи́рмы
регистра́ция фи́рмы
репута́ция фи́рмы
ликвида́ция фи́рмы
структу́ра фи́рмы
филиа́л фи́рмы
офис фи́рмы
клие́нт фи́рмы
партнёр фи́рмы

Б. Напиши́те по-кита́йскпй. (将下列单词译成汉语。)

регистра́ция, репута́ция, ликвида́ция, структу́ра, процеду́ра, о́фис а́дрес

Зада́ние 35.

А. Прочита́йте, вы́делите в слова́х о́бщую часть. (朗读,找出下列单词中共同的部分。)

производи́ть
произво́дство
произво́дственный
производи́тель

представля́ть / предста́вить
представи́тель
представи́тельство

торговáть
торгóвля
торгóвый
торгóвец

посрéдничать
посрéдник
посрéднический
посрéдничество

промы́шленность
промы́шленный
промы́шленник
страховáть
страховóй
страховáние

Б. Состáвьте предложéния с нéкоторыми из э́тих слов и словосочетáний.（用以上的一些词或词组造句。）

Задáние 36.

А. Образýйте по аналóгии с образцóм.（仿示例，将下列形容词构成最高级形式。）

Образéц：крýпный—крупнéйший

ви́дный，вáжный，богáтый，нóвый，стáрый，извéстный

Б. Состáвьте словосочетáния с существи́тельными *фи́рма*，*компáния*，*производи́тель*，*экспортёр*，*импортёр*.（仿示例，用以下名词 фи́рма，компáния，производи́тель，экспортёр，импортёр 构成词组。）

Образéц：крупнéйший—крупнéйшая компáния

РАЗДЕ́Л Ⅱ (第二章)

ПЕ́РВОЕ ЗНАКО́МСТВО С ФИ́РМОЙ
(对公司的初步了解)

Зада́ние 1.

А. Прочита́йте текст и скажи́те, о чем в нём говори́тся. (阅读课文并讲述课文内容。)

Знако́мьтесь: “Лаве́рна”!

“Лаве́рна”—э́то ча́стная комме́рческая фи́рма. Рабо́тает на росси́йском ры́нке уже́ три го́да: она́ была́ со́здана в Санкт-Петербу́рге в 1993 году. “Лаве́рна”—кру́пный поставщи́к и кру́пный покупа́тель строи́тельных материа́лов. Она́ име́ет репута́цию соли́дной многопро́фильной фи́рмы. Здесь мо́жно купи́ть всё для до́ма и о́фиса: лино́леум и обо́и, ка́фель и санте́хнику, две́ри и ме́бель для ва́нной.

“Лаве́рна” ждёт свои́х клие́нтов и партнёров по а́дресу: Санкт-Петербу́рг, проспе́кт “Ме́чнивова”, 19. фи́рма “Лаве́рна”.

Б. Отве́тьте на вопро́сы. (回答问题。)

1. Что представля́ет собо́й фи́рма “Лаве́рна”? 2. Когда́ и где была́ со́здана “Лаве́рна”? 3. Что продаёт и покупа́ет “Лаве́рна”? 4. Ско́лько лет рабо́тает “Лаве́рна” на росси́йском ры́нке? 5. Почему́ “Лаве́рна” явля́ется многопро́фильной фи́рмой? 6. Какова́ её репута́ция?

В. Запиши́те а́дрес фи́рмы. Как вы ду́маете, кто мо́жет быть партнёрами и клие́нтами фи́рмы“Лаве́рна”? (记住公司的地址。您认为谁会是“Лаверна”公司的合作伙伴,谁是它的客户呢?)

Зада́ние 2.

А. Прочита́йте два те́кста. Сравни́те информа́цию о фи́рмах “Райсио́н Маргари́ини” и “Фу́уди”. (阅读两篇课文。比较有关两个公司的情况。)

А\О́ “Райсио́н Маргари́ини” явля́ется ча́стной фи́нской специализи́рованной фи́рмой по произво́дству маргари́на. В 1993 году́ она́ экспорти́ровала 40% свое́й проду́кции в По́льшу, Че́хию, Слова́кию, Ве́нгрию. Фи́рма успе́шно вы́шла и на росси́йский ры́нок. За после́дние полго́да до́ля Росси́и как ры́ночного регио́на фи́рмы значи́тельно вы́росла.

* * *

Фи́рма "Фу́уди"—кру́пная специализи́рованная фи́нская фи́рма. Она́ явля́ется производи́телем проду́ктов пита́ния. По произво́дству карто́фельного пюре́ и чи́псов фи́рма ста́ла ли́дером на ры́нке Финля́ндии. В 1995 году́ она́ успе́шно начала́ свою де́ятельность на росси́йском ры́нке проду́ктов пита́ния.

Б. Отве́тьте на вопро́сы. (回答问题。)

1. Фи́рмами како́й страны́ явля́ются эти две фи́рмы? 2. Явля́ются ли да́нные фи́рмы универса́льными? 3. Что произво́дят э́ти фи́рмы? 4. Успе́шно ли рабо́тают эти две фи́рмы на росси́йском ры́нке? 5. Что вы узна́ли о ры́нке сбы́та э́тих фирм?

Зада́ние 3.

А. Прочита́йте вопро́сы, кото́рые мо́жно зада́ть, е́сли Вы хоти́те получи́ть информа́цию о фи́рме. (如果您希望获得有关公司的信息，请记住下列问题。)

О назва́нии фи́рмы:	**Как называ́ется ва́ша фи́рма?**
О ста́тусе фи́рмы:	**Что представля́ет собо́й ва́ша фи́рма?**
О вре́мени и ме́сте созда́ния фи́рмы:	**Когда́ и где была́ со́здана ва́ша фи́рма?**
О нача́ле рабо́ты на росси́йском ры́нке:	**Вы давно́ рабо́таете на росси́йском ры́нке?** **Когда́ вы откры́ли своё представи́тельство в России?**

Б. Пропита́йте те́ксты, Испо́льзуйте вопро́сы зада́ния 3А для участия в диало́ге-расспро́се о де́ятельности фирм "Карги́лл", "Камте́к", Ай-Би-Э́м". (阅读课文，使用练习3А中的问题，交谈公司"Каргилл, Камтек, Ай-Би-Эм"的业务活动。)

"Карги́лл"—крупне́йшая америка́нская ча́стная комме́рческая многонациона́льная и многопро́фильная фи́рма. Она́ была́ основана в США в 1865 году́ в Миннеа́полисе. "Карги́лл" акти́вно рабо́тал на сове́тском ры́нке, а в 1990 году́ откры́л своё представи́тельство в столи́це Росси́йской Федера́ции—Москве́.

* * *

“Қамте́к”—э́то кру́пное совме́стное росси́йско-италья́нское предприя́тие . Оно́ бы́ло со́здано 31 октября́ 1990 го́дя . СП “Қамте́к” явля́ется произво́дственно-торго́вой фи́рмой .

* * *

Америка́нская корпора́ция “Ай-Би-Э́м” была́ осно́вана в 1914 году́. Явля́ется крупне́йшей многопро́фильной фи́рмой, производи́телем компью́теров и разнообра́зной оргте́хники. IBM мно́го лет рабо́тает на росси́йском ры́нке. В Москве́ о́фис корпора́ции был откры́т в 1972 году́. Телефо́н моско́вского представи́тельства “Ай-Би-Э́м”: 207-55-97.

ВЫ́ХОД ФИ́РМЫ НА РОССИ́ЙСКИЙ РЫ́НОК
(公司进入俄罗斯市场)

Зада́ние 4.

А. Прочита́йе текст и скажи́те, почему́ компа́ния“Ба́скин Ро́ббинс” ста́ла ли́дером на росси́йском ры́нке моро́женого?(阅读课文,讲述为什么“Баскип Роббинс”公司会在俄罗斯冰淇淋市场独占鳌头?)

“Ба́скин Ро́ббинс” в Росси́и

О́сенью 1987 го́да в Москву́ прие́хала гру́ппа экспе́ртов междунаро́дной корпора́ции “Эллáйд До́мек”. Они́ изуча́ли перспекти́вы возмо́жной де́ятельности на росси́йском ры́нке. И уже́ в 1988 году́ в Москве́ откры́лось пе́рвое кафе́ “Ба́скин Ро́ббинс”. Так корпора́ция “Элла́йд До́мек”, оди́н из ли́деров мирово́го ры́нка ро́зничной торго́вли проду́ктами пита́ния, вы́шла на росси́йский ры́нок моро́женого.

Ме́сто для вложе́ния капита́ла было вы́брано безоши́бочно. Ведь ру́сские всегда́ о́чень люби́ли моро́женое, а его́ ассортиме́нт в то вре́мя был вели́к. Поэ́тому для “Ба́скин Ро́ббинс” росси́йский ры́нок стал настоя́щей нахо́дкой. За проше́дшие 7 лет откры́лось бо́лее двадцати́ кафе́ и о́коло 70 кио́сков с торго́вой ма́ркой “Ба́скин Ро́ббинс” в Москве́, Но́вгороде, Толья́тти, Подо́льске и други́х города́х. Одно́ из са́мых успе́шных предприя́тий-“Ба́скин Ро́ббинс” в 52 стра́нах ми́ра. В э́том кафе́ ежего́дно реализу́ют бо́лее пятисо́т ты́сяч по́рций моро́женого.

Мо́жно сме́ло сказа́ть, что сего́дня компа́ния “Ба́ксин Ро́ббинс” уве́ренно за́няла лиди́рующее положе́ние на росси́йском ры́нке сла́дкого хо́лода. Причи́н не́сколько. Э́то и высо́кое ка́чество моро́женого, и большо́й ассортиме́нт (бо́лее 700 сорто́в!) . Нельзя́ та́кже забыва́ть, что компа́ния “Ба́ксин Ро́ббинс” вы́шла на росси́йский ры́нок в то вре́мя, когда́ на нём начина́лась револю́ция в сфе́ре ро́зничной торго́вли: появля́лись небольши́е ча́стные кафе́ и магази́ны.

Б. Отве́тьте на вопро́сы .(回答问题。)

1. Что представля́ет собо́й корпора́ция “Элла́йд До́мек” ? 2. С како́й це́лью о́сенью 1987 го́да в Москву́ прие́хали экспе́рты э́той корпора́ции? 3. Почему́ “Элла́йд До́мек” реши́ла вы́йти и́менно на росси́йский ры́нок моро́женого? 4. Как называ́ется фи́рма, представля́ющая корпора́цию “Эллайд До́мек” на росси́йском ры́нке моро́женого?

В. А вы про́бовали“сла́дкую проду́кцию” фи́рмы “Ба́скин Ро́ббинс”? Когда́ и где? Каково́ ва́ше мне́ние потреби́теля о моро́женом“Ро́ббинс”?（您品尝过“Баксин Роббис”公司的冰淇淋吗？什么时候品尝过，在哪儿品尝的？您作为消费者的意见如何？）

Зада́ние 5. Запиши́те словосочета́ния, в соста́ве кото́рых ча́сто испо́льзуется сло́во РЫ́НОК. (请记住下列常与“РЫНОК”搭配的词组。)

РЫ́НОК (чего́?)
- бытово́й те́хники
- проду́ктов пита́ния
- недви́жимости
- сырья́
- сбы́та
- услу́г

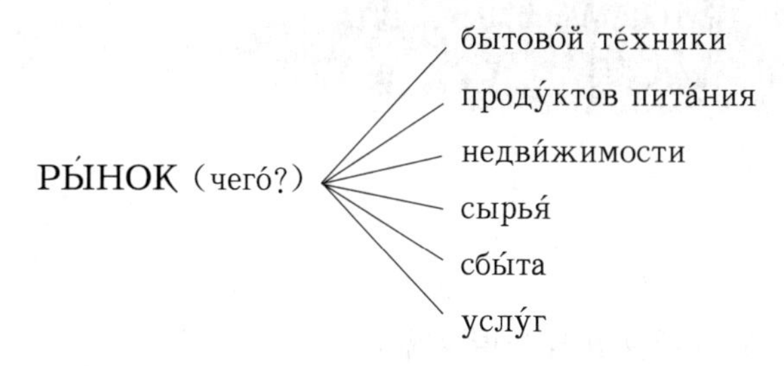

Вы́йти на росси́йский (мирово́й) ры́нок

Ли́дер мирово́го ры́нка бытово́й те́хники (туристи́ческих услу́г)

- Лиди́ровать
- Расширя́ть сфе́ры влия́ния
- Давно́ (неда́вно) рабо́тать
- Занима́ть лиди́рующее положе́ние
- Начина́ть свою́ де́ятельность

→ на (росси́йском) ры́нке

Зада́ние 6. Вы—представи́тель фи́рмы “Ба́скин Ро́бинс” в Росси́и. Расскажи́те журнали́стам. (您是“Баксин Роббис”公司驻俄代表，请向记者们介绍下列情况。)

—Как и когда́ компа́ния “Ба́ксин Ро́ббинс” вы́шла на росси́йский ры́нок.

—Как начала́ расширя́ть сфе́ры влия́ния в Росси́ю.

—Како́е ме́сто на росси́йском ры́нке она́ занима́ет сего́дня.

Зада́ние 7.

А. Расскажи́те о свое́й фи́рме колле́гам по гру́ппе. Как она́ называ́ется? Отража́ется ли в её назва́нии направле́ние де́ятельности фи́рмы? Что представля́ет собо́й ва́ша фи́рма? Когда́ и где она́ была́ зарегистри́рована? Когда́ вы на́чали рабо́тать на росси́йском ры́нке? Как мо́жно позвони́ть в ваш о́фис? (请向班里的同行介绍自己的公司。公司名称是什么？名称是否反映出公司的业务范围？贵公司是一家做什么的公司？贵公司是在何时何地登记注册的？何时进入俄罗斯市场？办事处电话号码是……？)

Зада́йте вопро́сы свои́м това́рищам, что́бы прове́рить, как они́ по́няли прозвуча́вшую информа́цию. (向同学们提问，检查他们对上述信息的反应。)

Б. Слу́шайте расска́з о фи́рме своего́ това́рища и одновре́менно запи́сывайте звуча́шую информа́цию. Зате́м отве́тьте на его́ вопро́сы, испо́льзуя свои́ за́писи. (请听同学对自己公司的介绍，记下重要的情况，然后根据记录回答他的问题。)

ВИ́ДЫ ПРЕДПРИНИМА́ТЕЛЬСТВА
(企业类型)

Зада́ние 8.

А. Прочита́йте текст и озагла́вьте его́. (阅读课文并且为课文命名。)

Б. Найди́те в те́ксте отве́ты на вопро́сы: 1) Что тако́е фина́нсовое предпринима́тельство? 2) Что тако́е посре́дничество? (在课文中找出答案：1)什么是金融行业？2)什么是中介机构？)

Сло́во би́знес изве́стно во всём ми́ре, им по́льзуются в ра́зных стра́нах. По-ру́сски же *би́знес*—э́то предпринима́тельство, а *бизнесме́н*—предпринима́тель. За слова́ми *предпринима́тельство* и *предпринима́тель* стои́т де́ло и не про́сто де́ло, а предприя́тие. Би́знес, таки́м о́бразом, есть организа́ция предприя́тия—промы́шленного предприя́тия, се́льской фе́рмы, торго́вого до́ма, предприя́тия обслу́живания, ба́нка, адвока́тской конто́ры, конса́лтинговой фи́рмы, рекла́много аге́нтства и т. д.

Что́бы стать предпринима́телем, недоста́точно име́ть де́ньги. На́до сде́лать так, что́бы э́ти де́ньги могли́ принести́ при́быль. Но би́знес ну́жен лю́дям не то́лько как спо́соб получе́ния при́были. Би́знес необходи́м широ́кому кру́гу потреби́телей, покупа́телей. Он ну́жен о́бществу в це́лом, госуда́рству, потому́ что предпринима́тельство—осно́ва динами́чной эконо́мики, гла́вный фа́ктор её разви́тия.

Би́знес—э́то не то́лько произво́дство промы́шленной и́ли сельскохозя́йственной проду́кции, потреби́тельских това́ров. Э́то и строи́тельные рабо́ты, и тра́нспортные перево́зки гру́зов и пассажи́ров, услу́ги свя́зи, бытовы́е услу́ги, произво́дство рекла́мы, марке́тинговые иссле́дования, изда́ние книг, журна́лов, газе́т, вы́пуск музыка́льных ди́сков и кассе́т. В широ́ком смы́сле сло́ва предпринима́тельство—э́то созда́ние любо́го поле́зного материа́льного и́ли интеллектуа́льного проду́кта, необходи́мого лю́дям, потреби́телям.

Произво́дственный би́знес те́сно свя́зан с би́знесом торго́вым. Торго́вое предпринима́тельство включа́ет по́иск, заку́пку това́ра, его́ хране́ние, доста́вку и прода́жу това́ра.

Осо́бым ви́дом торго́вого би́знеса явля́ется фина́нсовое предпринима́тельство. В э́том слу́чае продаётся и покупа́ется весьма́ специфи́ческий това́р—де́ньги, иностра́нная валю́та, це́нные бума́ги.

В ми́ре би́знеса тру́дно рабо́тать без посре́дников, поэ́тому существу́ет ещё оди́н вид предпринима́тельства—посре́дничество. Посре́дник ча́ще всего́ стои́т ме́жду производи́телем, продавцо́м това́ра и покупа́телем, потреби́телем. Посре́днические фи́рмы ускоря́ют и облегча́ют не то́лько проце́ссы ку́пли-прода́жи, но и экономи́ческие проце́ссы обраще́ния това́ров, услу́г, де́нег в це́лом.

В. Отве́тьте на вопро́сы.（回答问题。）

1. Каки́е ру́сские слова́ соотве́тствуют слова́м би́знес и бизнесме́н?
2. Каки́е существу́ют ви́ды предпринима́тельства?
3. Како́й вид предпринима́тельства привлека́ет вас и почему́?

Г. Дава́йте обсу́дим!（讨论！）

1. Что тако́е би́знес? 2. Кому́ и заче́м ну́жен би́знес?

КАК НАПИСА́ТЬ ПИСЬМО́-ПРИГЛАШЕ́НИЕ
（如何书写邀请信函）

Зада́ние 9. Прочита́йте два письма́-приглаше́ния. Скажи́те, чем они́ отлича́ются друг от дру́га. Како́е письмо́ явля́ется бо́лее официа́льным?（阅读下面两封邀请信。请说出两封信的区别。哪一封信更正式一些？）

Глубокоуважа́емый господи́н Бра́ун!

Разреши́те пригласи́ть Вас на приём по слу́чаю откры́тия торго́вого до́ма нашей фи́рмы.

Приём состои́тся в банке́тном за́ле гости́ницы "Украи́на" (Куту́зовский проспе́кт, дом 2)26 ма́я 2004 го́да в 19.00.

С уваже́нием

Генера́льный дире́ктор АО́ "Росавтоте́хника" О. Г. Семёнов

* * *

О. Г. Семёнов, генера́льный дире́ктор АО́ "Росавтоте́хника", име́ет честь пригласи́ть Вас по слу́чаю откры́тия Торго́вого до́ма.

Приём состои́тся в банке́тном за́ле гости́ницы "Украи́на" (Куту́зовский проспе́кт, дом 2) 26 ма́я 2004 го́да в 19.00.

Зада́ние 10. Познако́мьтесь с моде́лями, кото́рые испо́льзуются при выраже́нии приглаше́ния. Вы́пишите те моде́ли, кото́рые Вам незнако́мы. (请记住表示邀请的句型。抄写您不熟悉的句型。)

Разреши́те / Позво́льте (нам) пригласи́ть Вас на приём.

Приглаша́ем / Име́ем честь пригласи́ть Вас на приём.

О. Г. Семёнов име́ет честь пригласи́ть Вас на приём.

Зада́ние 11. Соста́вьте те́ксты пи́сем-приглаше́ний свои́м партнёрам. Пригласи́те их на(写邀请信,邀请合作伙伴参加):

—презента́цию фи́рмы,

—откры́тие заво́да,

—откры́тие о́фиса фи́рмы в Санкт-Петербу́рге,

—приём по слу́чаю юбиле́я фи́рмы.

Задáние 12. Прочитáйте два письмá. Скажи́те, где отвéт на письмó 1, а где отвéт на письмó 2(см. задáние 9).(阅读下面两封信。请说出哪一封是对第一封邀请信的回复信，哪一封是对第二封邀请信的回复信(参见练习 9)。)

1.

А. Брáун с благодáрностью принимáет Вáше приглашéние на приём по слýчаю откры́тия Торгóвого дóма АО “Росавтотéхника”, котóрый состои́тся в банкéтном зáле гости́ницы Украи́на 26 мáя 2004 гóда в 19.00.

* * *

Уважáемый господи́н Семёнов!

Я весьмá признáтелен Вам за приглашéние на приём по слýчаю откры́тия Торгóвого дóма АÓ “Росавтотéхника” и с удовóльствием примý в нём учáстие

С уважéнием

А. Брáун.

РАЗДЕ́Л Ⅲ (第三章)

КАК ПОЗДОРО́ВАТЬСЯ И ПРЕДСТА́ВИТЬСЯ(如何打招呼问候)

Зада́ние 1. Прослу́шайте диало́г(听对话):

В приёмной дире́ктора

В приёмной генера́льного дире́ктора фи́рмы "Стройинжини́ринг" Кулико́ва Михаи́ла Серге́евича сиди́т де́вушка-секрета́рь. Вхо́дит Пи́тер Дэ́вис, представи́тель фи́рмы "Мо́дерн стайл".

Дэ́вис: До́брое у́тро! Я Пи́тер Дэ́вис из фи́рмы "Мо́дерн стайл". Господи́н Кулико́в назна́чил мне встре́чу на де́сять часо́в. Он у себя́?

Секрета́рь: Здра́вствуйте, господи́н Дэ́вис. Одну́ мину́точку. (Зво́нит по телефо́ну) Михаи́л Серге́евич! К вам пришёл представи́тель фи́рмы "Мо́дерн стайл", господи́н Дэ́вис... Хорошо́! Господи́н Дэ́вис, проходи́те, пожа́луйста, в кабине́т.

Дэ́вис: Спаси́бо.

Зада́ние 2.

А. Обрати́те внима́ние, что при официа́льно-делово́м обще́нии для приве́тствия и представле́ния испо́льзуются сле́дующие выраже́ния(注意,在正式的公务交往中问候和自我介绍方式如下):

Здра́вствуйте!	Я дире́ктор фи́рмы "Русь".
До́брый день!	Я из фи́рмы "Русь".
До́брое у́тро!	Я представи́тель фи́рмы "Русь".
До́брый ве́чер!	Я представля́ю фи́рму "Русь".

Б. Соста́вьте микродиало́ги: поздоро́вайтесь и предста́вьтесь. (编对话:问候及自我介绍。)

КАК УЗНА́ТЬ, КАКУ́Ю ФИ́РМУ ПРЕДСТАВЛЯ́ЕТ ВАШ СОБЕСЕ́ДНИК(如何了解谈话方所代表的公司)

Зада́ние 3.

А. Запиши́те сле́дующие выраже́ния.（抄写下列表达方式。）

— **Прости́те, Вы из како́й фи́рмы**?
— **Я из фи́рмы “Русь”.**

— **Прости́те, Вы представи́тель како́й фи́рмы**?
— **Я представи́тель фи́рмы “Русь”.**

— **Прости́те, каку́ю фи́рму Вы представля́ете**?
— **Я представля́ю фи́рму “Русь”.**

Б. Узна́йте друг у дру́га, кто из како́й фи́рмы. Испо́льзуйте ра́зные вариа́нта вопро́сов и отве́тов.（相互询问各代表哪家公司。运用不同的问答方式。）

注意

俄罗斯人之间选择称呼名字或者名字加父称，取决于身份、熟悉程度及谈话场合的不同。在正式的场合同事之间或商业伙伴之间称呼名字加父称，在公务交往中也可以直呼其名，但要称“您”：“Па́вел, Ва́ша фи́рма явля́ется совме́стным предприя́тием?”，“Гали́на, Вы представля́ете филиа́л фи́рмы “Медсе́рвис” в Санкт-Петербу́рге?”

近来国际上还通行这样的称呼：господи́н / госпожа́ ＋ фами́лия: господи́н Та́расов, госпожа́ Ивано́вская; ми́стер/ ми́ссис ＋ фами́лия: ми́стер Тара́сов, ми́ссис Ивано́вская

请注意以下词 господи́н, госпожа́（缩写形式：г-н, г-жа），还有 ми́стер, ми́ссис, мисс, герр, фра́у, месье́, мада́м 书写时用小写。

Зада́ние 4.

А. Прослу́шайте диало́г.（听对话。）

В кабине́те дире́ктора

Дэ́вис: Мо́жно?

Кулико́в: Да-да́, входи́те, пожа́луйста. До́брый день, господи́н Дэ́вис.

Дэ́вис: Здра́вствуйте. Извини́те, пожа́луйста, я немно́го опозда́л. Я попа́л в таку́ю про́бку на Садо́вом кольце́!

Кулико́в: Ничего́ стра́шного. Проходи́те, сади́тесь, пожа́луйста, сюда́. В э́то вре́мя на Садо́вом кольце́ всегда́ про́бки. Мы обы́чно е́здим по на́бережной, так быстре́е.

Дэ́вис: Я к сожале́нию, ещё не о́чень хорошо́ зна́ю Москву́. Я здесь всего́ полго́да.

Кулико́в: Что Вы бу́дете пить, господи́н Дэ́вис? Чай? Ко́фе? Сок?

Дэ́вис: Сок. Пожа́луйста.

Кулико́в: Вот моя́ визи́тная ка́рточка.

Дэ́вис: Спаси́бо. А вот моя́, возьми́те, пожа́луйста.

Кулико́в: Благодарю́. Зна́чит, Вы представля́ете интере́сы америка́нской фи́рмы “Мо́дерн стайл” и занима́етесь рекла́мой?

Дэ́вис: Да, я дире́ктор росси́йского филиа́ла фи́рмы, Э́тот филиа́л был откры́т в Москве́ полго́да наза́д.

Кулико́в: Ваш основно́й би́знес-рекла́ма?

Дэ́вис: Да. Кста́ти, у нас большо́й о́пыт рабо́ты со стро́ительными компа́ниями в Аме́рике. Мы хоти́м предложи́ть Вам свои́ услу́ги.

Кулико́в: Спаси́бо. Как вы зна́ете, на́ша фи́рма “Стройинжини́ринг”— совме́стное росси́йско-герма́нское предприя́тие. Мы продаём стро́ительные матери́алы и произво́дим ремо́нт. На росси́йском ры́нке мы рабо́таем с октября́ про́шлого го́да.

Дэ́вис: Сейча́с в о́бласти стро́ительства и ремо́нта больша́я конкуре́нция.

Кулико́в: Вы пра́вы, со́здано мно́го СП с Финля́ндией, Герма́нией, Шве́цией, Да́нией и други́ми европе́йскими стра́нами. Кста́ти, америка́нские фи́рмы та́кже проявля́ют интере́с к э́тому ры́нку. И нам сейча́с о́чень нужна́ хоро́шая рекла́мная компа́ния.

Дэ́вис: Я ду́маю, что на́ша фи́рма мо́жет помо́чь Вам в э́том. У нас рабо́тают прекра́сные специали́сты.

Кулико́в: Отли́чно! Я хочу́ Вас познако́мить с на́шим дире́ктором по марке́тинку и рекла́ме. И, наве́рное, Вам бу́дет интере́сно посети́ть наш демонстрацио́нный зал. Он нахо́дится в э́том же зда́нии на пе́рвом этаже́. Там Вы мо́жете уви́деть образцы́ на́ших това́ров.

Дэ́вис: О! С удово́льствием! На́ша рабо́та всегда́ начина́ется с изуче́ния това́ров и услу́г, кото́рые мы должны́ реклами́ровать.

Кулико́в (*зво́нит по телефо́ну*): Серге́й Алекса́ндрович, до́брое у́тро! Вы мо́жете сейча́с спусти́ться в демонстрацио́нный зал? Я хочу́ Вас познако́мить с господи́ном Дэ́висом. Он представля́ет америка́нскую фи́рму “Мо́дерн стайл” в Москве́. Хорошо́. Мы то́же сейча́с идём туда́. Господи́н Дэ́вис, Серге́й Алекса́ндрович Пантеле́ев ждёт нас внизу́.

Б. Отве́тьте, почему́ господи́на Дэ́виса пригласи́ли в демонстрацио́нный зал? (请回答,为什么请 Дэвис 先生到展示大厅去):

В. Прочита́йте диало́г по роля́м. (分角色读对话。)

Зада́ние 5. Вы́берите выска́зывания, соотве́тствующие содержа́нию диало́га.（选择与对话内容相符的语句。）

1. Фи́рма "Стройинжини́ринг"—э́то
   - А. америка́нское предприя́тие.
   - Б. росси́йское предприя́тие.
   - В. совме́стное росси́йско-герма́нское предприя́тие.
2. Фи́рма "Стройинжини́ринг" вы́шла на росси́йский ры́нок
   - А. два го́да наза́д.
   - Б. в октябре́ про́шлого го́да.
   - В. в про́шлом ме́сяце.
3. У фи́рмы "Мо́дерн стайл" большо́й о́пыт рабо́ты
   - А. с европе́йскими странами.
   - Б. со строи́тельными компа́ниями в Аме́рике.
   - В. с росси́йскими предприя́тиями.
4. Фи́рме "Стройинжини́ринг"
   - А. ну́жен демонстрацио́нный зал.
   - Б. нужны́ строи́тельные материа́лы.
   - В. нужна́ хоро́шая рекла́мная компа́ния

Зада́ние 6. Отве́тьте на вопро́сы.（回答问题。）

1. Почему́ фи́рме "Стройинжини́ринг" нужна́ хоро́шая рекла́мная компа́ния?
2. Почему́ Пи́тер Дэ́вис с удово́льствием при́нял приглаше́ние М. С. Кулико́ва посети́ть демонстрацио́нный зал?

КАК СПРОСИ́ТЬ РАЗРЕШЕ́НИЕ ВОЙТИ́ В КАБИНЕ́Т И́ЛИ О́ФИС（如何请求进入办公室或办事处）

Мо́жно?
Мо́жно войти́?
Разреши́те?
Разреши́те войти́?
Я могу́ пройти́ к дире́ктору?

КАК ПРИГЛАСИ́ТЬ КОГО́-ЛИ́БО ВОЙТИ́ В КАБИНЕ́Т И́ЛИ О́ФИС(如何请人进入办公室或办事处)

Пожа́луйста.
Да，пожа́луйста.
Входи́те，пожа́луйста.

Зада́ние 7. Соста́вьте микродиало́ги，кото́рые состоя́тся в сле́дующих ситуа́циях.(请按下列情景编对话。)

а) Вы идёте в кабине́т дире́ктора че́рез приёмную，где сидит секретарь.（您到经理办公室去,经过会客室,那里坐着秘书。）

б) Вам ну́жно зайти́ в кабине́т дире́ктора，у кото́рого нет секретаря́.（您需要到没有秘书的经理办公室去。）

КАК ПРИГЛАСИ́ТЬ СОБЕСЕ́ДНИКА КУДА́-ЛИ́БО И КАК ОТВЕ́ТИТЬ НА ПРИГЛАШЕ́НИЕ (如何邀请谈话人去一个地方以及如何对此做出回应)

—Я приглаша́ю Вас к нам в о́фис.
—Спаси́бо. С удово́льствием приду́.

— Я хочу́ пригласи́ть Вас на наш заво́д.
—Спаси́бо. Э́то бы́ло бы интере́сно!

— Вы не хоти́те прие́хать к нам на фа́брику?
— Спаси́бо. С удово́льствием!

Зада́ние 8.

А. Восстанови́те отве́тные ре́плики микродиало́гов.（补全对话的应答。）

1. —Я хочу́ пригласи́ть Вас на́ нашу пресс-конфере́нцию.

—...

2. — Вы хоти́те посмотре́ть на́ши катало́ги?

—...

3. — Вы не хоти́те посети́ть наш демонстрацио́нный зал?

—...

4. — Мы приглаша́ем Вас на наш заво́д.

—...

Б. Восстанови́те микродиало́ги по отве́тным ре́пликам.（根据应答恢复对话。）

1. —...

— С удово́льствием! Нам о́чень интере́сно уви́деть ваш фи́рменный магази́н.

2. —...

— Да, коне́чно, спаси́бо. Я ви́дел то́лько ва́ши ста́рые катало́ги.

3. —...

—Спаси́бо. Э́то так интере́сно! Я никогда́ не был на автомоби́льном заво́де.

4. —...

— Спаси́бо. С ра́достью приду́. Мо́жно мне записа́ть а́дрес ва́шего демонстрацио́нного за́ла?

Зада́ние 9.

А. Запиши́те сле́дующие выраже́ния.（抄写下列表达方式。）

—Каку́ю фи́рму Вы представля́ете?
—Я представля́ю комме́рческую фи́рму “Русь”.

—Интере́сы како́й фи́рмы Вы представля́ете?
—Я представля́ю интере́сы комме́рческой фи́рмы “Русь”.

Б. Спроси́те и отве́тьте по образцу́.（按示例问答。）

Образе́ц：—Каку́ю фи́рму Вы представля́ете?

—Я представля́ю совме́стное предприя́тие “Авиасе́рвис”.

回答时请使用下列词组：

акционе́рное о́бщество “Москва́-тур”, ма́лое предприя́тие “Де́льта”, нау́чно-произво́дственная фи́рма “Кварц”, Моско́вский автомоби́льный заво́д, конди́терская фа́брика “Рот-Фро́нт”

B. Спроси́те и отве́тьте по образцу́.（按示例问答。）

Образе́ц：— Интере́сы како́й фи́рмы Вы представля́ете?

—Я представля́ю интере́сы америка́нской фи́рмы “Гло́бал”.

回答时请使用下列词组。

совме́стное росси́йско-америка́нское предприя́тие “Арт-тур”, Санкт-петербу́ргский часовой заво́д, Ива́новская трикота́жная фа́брика, комме́рческая фи́рма “Марс”, нау́чно-техни́ческий центр “Квант”

Зада́ние 10. Разыгра́йте диало́г из зада́ния 4 по роля́м.（分角色演练练习 4。）

Зада́ние 11. Соста́вьте диало́г, кото́рый мо́жет состоя́ться в сле́дующей ситуа́ции: представи́тель рекла́мной компа́нии“Вся Москва́” прихо́дит в о́фис фи́рмы“Про́ктер энд Гэмбл”, что́бы предложи́ть услу́ги свое́й фи́рмы.（按情景编对话。广告公司“Вся Москва”的代表到“Про́ктер энд Гэмбл”公司办事处推销自己的服务。）

Зада́ние 12.

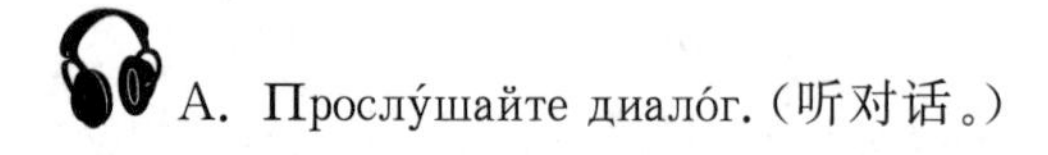

A. Прослу́шайте диало́г.（听对话。）

В демонстрацио́нном за́ле

Господи́н Дэ́вис и господи́н Кулико́в спуска́ются в демонстрацио́нный зал. Там их ждёт господи́н Пантеле́ев, дире́ктор по марке́тингу и рекла́ме СП “Стройинжини́ринг”.

Кулико́в: Господи́н Дэ́вис, разреши́те Вам предста́вить Пантеле́ева Серге́я Алекса́ндровича, на́шего дире́ктора по марке́тингу и рекла́ме.

Дэ́вис: О́чень прия́тно. Я представи́тель фи́рмы “Мо́дерн стайл”.

Пантелеев: Рад с Ва́ми познако́миться.

Кулико́в: Господи́н Дэ́вис, Серге́й Алекса́ндрович расска́жет Вам о на́шей фи́рме и пока́жет образцы́ това́ров, кото́рые мы продае́м. Я, к сожале́нию, до́лжен уйти. У меня́ че́рез пятна́дцать мину́т перегово́ры с на́шими партнёрами. Я наде́юсь, что мы бу́дем сотру́дничать.

Дэ́вис: Спаси́бо. Я то́же наде́юсь на на́ше сотру́дничество. Я Вам позвоню́ на э́той неде́ле.

Кулико́в：Бу́ду ждать ва́шего звонка́. До свида́ния.

Дэ́вис：Всего́ до́брого.

Б. Вы́берите вариа́нт，соотве́тствующий содержа́нию те́кста.（选择与对话内容相符的方案。）

1. Господи́н Пантеле́ев пока́жет господи́ну Дэ́вису Образцы́ това́ров，кото́рые СП “Стройинжини́ринг” ...
(А. покупа́ет,
Б. продаёт,
В. произво́дит).

2. Господи́н кулико́в до́лжен уйти́，потому́ что...
(А. он до́лжен звони́ть партнёрам,
Б. он хо́чет показа́ть образцы́ това́ров партнёрам,
В. у него́ перегово́ры с партнёрами).

3. Господи́н Дэ́вис позвони́т господи́ну Кулико́ву...
(А. че́рез пятна́дцать мину́т,
Б. на э́той неде́ле,
В. че́рез неде́лю).

В. Прочита́йте диало́г по роля́м.（分角色读对话。）

КАК ПРЕДСТА́ВИТЬ КОГО́-ЛИ́БО КОМУ́-ЛИ́БО
（如何介绍人认识）

Разреши́те Вас познако́мить：господи́н Петро́в—дире́ктор на́шей фи́рмы，госпожа́ Семёнова—ме́неджер фи́рмы “Русь”.

Разреши́те Вам предста́вить господи́на Петро́ва и госпожу́ Семёнову.

Я хоте́л бы познако́мить Вас с господи́ном Петро́вым и с госпожой Семёновой.

ЧТО ПРИ́НЯТО ГОВОРИ́ТЬ ПРИ ЗНАКО́МСТВЕ
（结识人时说什么）

О́чень прия́тно. Я о Вас мно́го слы́шал.
Рад с Ва́ми познако́миться. Мне о вас мно́го говори́ли.

Зада́ние 13. Вам ну́жно познако́мить господи́на Вра́уна, представи́теля фи́рмы "Великая стена" со сле́дующими колле́гами.（向"长城"公司的王先生介绍以下同事。）

1. Миха́йлов Пётр Семёнович, генера́льный дире́ктор СП "Непту́н".
2. Ткачéнко Па́вел Ива́нович, дире́ктор по марке́тингу фи́рмы "Луч".
3. Фо́лджер Нэ́нси, представи́тель фи́рмы "Нео́н Ро́уз".
4. Свири́дова Евге́ния Алексе́евна, ме́неджер АО́ "Салю́т".

КАК СКАЗА́ТЬ СОБЕСЕ́ДНИКУ, ЧТО ВАМ НУ́ЖНО УЙТИ́
（如何向谈话方表示您该走了）

Извини́те, я до́лжен уйти́. У меня́ ва́жная встре́ча.
К сожале́нию, я до́лжен вас оста́вить.

Зада́ние 14. Сообщи́те своему́ собесе́днику, что Вам ну́жно уйти́. Объясни́те причи́ну. Испо́льзуйте слова́ для спра́вок.（向交谈者说您该走了。解释原因。使用下列供参考的词汇。）

示例：делова́я встре́ча, пресс-конфере́нция, собра́ние акционе́ров, откры́тие вы́ставки, презента́ция фи́рмы, встре́ча с партнёрами, перегово́ры с поставщика́ми.

КАК ВЫ́РАЗИТЬ НАДЕ́ЖДУ НА СОТРУ́ДНИЧЕСТВО
（如何表达合作的愿望）

—Я наде́юсь, что мы бу́дем сотру́дничать.
—Я уверен в э́том.

—Я наде́юсь на на́ше сотру́дничество.
—Я то́же наде́юсь на э́то.

—Я наде́юсь, что мы бу́дем партнёрами.
—Мы бы тоже э́того хоте́ли.

Зада́ние 15. Соста́вьте микродиало́ги, в кото́рых собесе́дники выража́ют наде́жду на сотру́дничество.（编对话，谈话各方表示希望合作。）

Зада́ние 16.

А. Обрати́те внима́не, как мо́жно сообщи́ть вре́мя телефо́нного звонка́.（注意告知对方通电话时间的表达。）

Я позвоню́ Вам

в де́сять утра́.
сего́дня во второ́й полови́не дня.
о́коло двух часо́в.
до двух часо́в.
по́сле двух часо́в.
за́втра у́тром.
на э́той неде́ле.
че́рез два дня.
че́рез не́сколько дней.
по́сле два́дцать шесто́го ма́я.
до пе́рвого ию́ня.

Б. Восстанови́те микродиало́ги по ре́пликам.（根据应答恢复对话。）

1. —...
   —Прости́те, а Вы не могли́ бы позвони́ть мне за́втра ве́чером?
2. —...
   —Хорошо́, жду ва́шего звонка́ на сле́дующей неде́ле.
3. —...
   —К сожале́нию, я бу́ду у себя́ в кабине́те то́лько по́сле обе́да.
4. —...
   —Прекра́сно, я как раз на три дня уезжа́ю в командиро́вку.
5. —...
   —Извини́те, но по́сле 31 ию́ля меня́ не бу́дет в Москве́.
6. —...
   —Бу́ду ждать ва́шего звонка́. Я всю э́ту неде́лю в Москве́.
7. —...
   —К сожале́нию, я верну́сь из Чика́го то́лько 12-го января́.
8. —...
   —Прости́те, а Вы не могли́ бы позвони́ть послеза́втра в э́то же вре́мя?

КАК МО́ЖНО ПОПРОЩА́ТЬСЯ(如何告别)

До свида́ния.
До встре́чи.
До за́втра.
До понеде́льника.
До ве́чера.
Всего́ хоро́шего.
Всего́ до́брого.

Зада́ние 17. Восстанови́те микродиало́ги.（补全对话。）

1. —За́втра встре́тимся в два часа́ у меня́ в кабине́те. До свида́ния.
   —...
2. —Жду Вас в сре́ду на вы́ставке. Всего́ до́брого.
   —...
3. —Я зна́ю, Вы то́же бу́дете ве́чером у господи́на Уа́йта. Там тогда́ и продо́лжим наш разгово́р. Всего́ хоро́шего.
   —...
4. —Наде́юсь на на́ше сотру́дничество. До встре́чи.
   —...

ГОТО́ВИМСЯ К ПОЕ́ЗДКЕ В РОССИ́Ю
(补充阅读——准备起程赴俄)

Не торопи́тесь де́лать вы́воды!

Впечатле́ние иностра́нцев о ру́сском национа́льном хара́ктере ча́сто быва́ет оши́бочным. На пе́рвый взгляд ру́сские ка́жутся им неулы́бчивыми, неприве́тливыми. Одна́ко пожи́в в Росси́и не́которое вре́мя, все иностра́нцы отмеча́ют у жи́телей э́той страны́ таки́е черты́, как откры́тость, доброду́шие, отзы́вчивость, гостеприи́мство, любо́вь к шу́тке. В чём же де́ло?

Про́сто в Росси́и в отли́чие от некоторых стран "не рабо́тает" устано́вка "Keep smiling!" Напро́тив, улыба́ющийся незнако́мцу челове́к мо́жет поста́вить себя́ в нело́вкое и́ли двусмы́сленное положе́ние. Хорошо́ изве́стна ру́сская посло́вица "Смех без причи́ны" - при́знак дурачи́ны.

Так что не сто́ит де́лать скоропали́тельных вы́водов. Постара́йтесь, что́бы у Вас в Росси́и появи́лось побо́льше друзе́й, и Вы не бу́дете испы́тывать недоста́тка в улыба́ющихся ли́цах вокру́г себя́.

Слова́ уро́ка(单词与词组):

аге́нтство *како́е?* 社
рекла́мное～广告社
туристи́ческое～ 旅行社
аге́нтство *чего́?*
～информа́ции 通讯社
ассортиме́нт *како́й?* 品种
большо́й～ 品种繁多
ассортиме́нт *чего́*
～моро́женого 冰激淋品种
ассоциа́ция *кака́я?* 联合会,协会
междунаро́дная～ 国际联合会
юриди́ческая～ 法律协会
банк 银行
би́знес *како́й?* 商业
торго́вый～ 贸易商业
основно́й～ 基础商业
бизнесме́н 商人
бума́ги *каки́е?* 证券
це́нные～ 有价证券
бюро́ 处,局
валю́та *кака́я?* 货币
иностра́нная～ 外币
вложе́ние *чего́?* 投入
～капита́ла 投资
встре́ча 会晤
встре́ча *кака́я?*
делова́я～ 公务会晤
встре́ча с *кем*
～с партнёрами 会晤合作伙伴
вы́года 好处
вы́ставка 展览会
выходи́ть / вы́йти *куда́?* 来到
～на ры́нок 进入市场
груз 货物
де́ятельность *кака́я?* 活动
инвестицио́нная～ 投资活动
торго́вая～ 贸易活动
дире́ктор 经理
дире́ктор *како́й?*
генера́льный～ 总经理
дире́ктор *по чему́?*
～по марке́тингу 企划部经理
～по рекла́ме 广告部经理
до́ля 份额
дом *како́й?* 馆,所
торго́вый～ 商行
доста́вка *чего́?* 运送
～това́ров 送货
дохо́д 收入
чи́стый～ 纯收入
валово́й～ 总收入
зако́н *како́й?* 法律,规律
междунаро́дный～ 国际法
росси́йский～ 俄罗斯法律
законода́тельство *како́е?* 法律，法令,立法
междунаро́дное～ 国际法
росси́йское～ 俄罗斯法
зал *како́й?* 厅
демонстрацио́нный～ 展示厅
торго́вый～ 贸易厅
запу́ска *чего́?* 投放
～това́ра 投放商品
иссле́дования *каки́е?* 研究
марке́тинговые～ 企划研究
кампа́ния *кака́я?* 运动,活动
рекла́мная～ 广告宣传活动
ка́рточка *кака́я?* 卡片
визи́тная ～名片

катало́г 目录
клие́нт *чего́?* 客户
～фи́рмы 公司客户
компа́ния *кака́я?* 公司
иностра́нная～ 外国公司
росси́йская～ 俄罗斯公司
страхова́я～ 保险公司
строи́тельная～ 建筑公司

конкуре́нция 竞争
конкуре́нция *кака́я?*
больша́я～ 竞争激烈
конкуре́нция *в чём?*
～в о́бласти ремо́нта и строи́тельства 装修与建筑领域的竞争
конто́ра *кака́я?* 事务所
адвока́тская～ 律师事务所
конце́рн 联合企业
кооперати́в *како́й?* 合作组织
нау́чно-произво́дственный～ 科研与生产合作组织
корпора́ция *кака́я?* 团体，社团
транснациона́льная～ 跨国集团
конце́ссия 租赁公司
круг 范围
круг *како́й?*
широ́кий～ 范围广泛
круг *чего́?*
～потреби́телей 消费群
～покупа́телей 顾客群
ку́пля 购买
ли́дер 领先者
ликвида́ция *чего́?* 撤销
～фи́рмы 撤销公司
марке́тинг 企划
материа́лы *каки́е?* 材料
строи́тельные～ 建筑材料
ме́неджер 部门经理
недви́жимость 不动产
о́бласть *чего́?* 领域
～строи́тельства 建筑领域
～ремо́нта 装修领域
образо́вывать / образова́ть *что?* 建立，成立
～фи́рму 建立公司
～конце́рн 建立康采恩
～объедине́ние 成立联合企业
образе́ц *чего́?* 样品
～проду́кции 产品样品
～това́ров 商品样品
обраще́ние *чего́?* 流通，使用
～де́нег 货币流通
～това́ров 商品流通
～услу́г 使用服务
обслу́живание 服务
обслу́живание *како́е?*
послепрода́жное～ 售后服务
обслу́живание *чего́?*
～покупа́теля 服务顾客
о́бщество 公司
о́бщество *чего́?*
акционе́рное～ 股份公司
акционе́рное～закры́того ти́па 未上市股份公司
акционе́рное～откры́того ти́па 上市股份公司
акционе́рное ～ с ограни́ченной отве́тственностью 股份责任有限公司
объедине́ние *како́е?* 联合体（公司）
внешнеторго́вое～ 外贸公司
кре́дитно-фина́нсовое～ 贷款金融公司
нау́чно-произво́дственное～ 科研与生产联合体
о́пыт *чего́?* 经验
～рабо́ты 工作经验
организа́ция *кака́я?* 组织

международная～ 国际组织
(не)коммерческая～ (非)商业组织
(не)правительственная～ (非)政府组织
организовывать / **организовать** *что*? 组建
～ассоциацию 组建联合会
～предприятие 组建企业
～фирму 组建公司
оргтехника 组织技术设备
основывать / **основать** *что*? 建立
～фирму 建立公司
～компанию 建立公司
открывать / **открыть** *что*? 开办
～бюро 开办处,局,委员会
～контору 开办事务所
～офис 开办办事处
～предприятие 开办企业
～филиал 开办 分部
открытие *чего*? 开办,开幕式
～выставки 开办展览会,展览会开幕式
офис 办公室
офис *какой*?
центральный～ 中心办公室
офис *чего*?
～фирмы 公司办公室
～корпорации 公司办公室
партнёр *чего* 合作伙伴
～фирмы 公司合作伙伴
перевозки 运输
перевозки *какие*?
транспортные～ 交通运输
перевозки *чего*?
～пассажиров 运送乘客
переговоры с кем? 谈判
～с партнёром 与合作伙伴谈判
～с поставщиками 与供货商谈判
перспектива *чего*? 前景
～деятельности 工作前景
письмо 函
письмо-отказ 谢绝函
письмо-приглашение 邀请函
покупатель *чего*? 买方,购方
～строительных материалов 建筑材料的买方
положение *какое*? 地位
лидирующее～ 领先的地位
посредник 中间商
посредничество 中介
поставщик *чего*? 供货商
～продуктов питания 食品供货商
～строительных материалов 建筑材料供货商
потребитель 消费者
предприниматель 企业家
предпринимательство ***какое***? 企业
финансовое～金融企业
предприятие 企业
предприятие *какое*?
государственное～ 国营企业
индивидуальное～ 个体企业
коммерческое～ 商业企业
малое～ 小企业
производственное～ 生产企业
промышленное～ 工业企业
совместное～ 合资企业
частное～ 私营企业
предприятие *чего*?
～обслуживания 服务企业
представитель *чего*? 代表
～фирмы 公司代表
представительство 代表处,代办处
представительство *какое*?
американское～ 美国代表处
российское～ 俄罗斯代表处
представительство *чего*?
～фирмы 公司代表处
представлять / **представить** кого? кому?

代表

представля́ть *что*?

～корпора́цию 代表集团公司

～фи́рму 代表公司

представля́ть интере́сы кого?

～фи́рмы 代表公司的利益

презента́ция *чего́*? 展示会

～фи́рмы 公司的展示会

пресс～конфере́нция 记者招待会

при́быль 利润

приглаше́ние *куда́*? 邀请

～на приём 招待会的邀请

призна́тельность кому? за *что*? 谢意

приноси́ть / принести́ *что*? 带来

～вы́году 带来好处

～дохо́д 带来收入

～при́быль 带来利润

прода́жа *чего́*? 卖

～това́ра 卖商品

проду́кт, проду́кты 产品

проду́кт, проду́кты *како́й*? *каки́е*?

материа́льный～ 材料产品

мента́льный～ 精神产品

поле́зный～ 有益的产品

продово́льственные～ 粮食产品

проду́кты *чего́*?

～пита́ния 食品

проду́кция *кака́я*? 产品

промы́шленная～ 工业产品

сельскохозя́йственная～ 农业产品

производи́тель 生产者

производи́ть / произвести́ *что*? 进行

～ремо́нт 进行修理

произво́дство *чего́*? 生产，制作

～маргари́на 生产人造奶油

～рекла́мы 制作广告

～строи́тельных материа́лов 生产建材

～проду́ктов питания 生产食品

промы́шленник 工业家

промы́шленность 工业

реализо́вывать / реализова́ть *что*? 实现，实施，实行

регио́н *како́й*? 区域

ры́ночный～市场区域

регистри́ровать / зарегистри́ровать *что*? 注册

～ассоциа́цию 注册联合会

～о́бщество 注册协会

～предприя́тие 注册企业

～фи́рму 注册公司

рекла́ма 广告

реклами́ровать *что*? 用广告宣传

～това́ры и услу́ги 用广告宣传商品和服务

ры́нок 市场

ры́нок *како́й*?

росси́йский～ 俄罗斯市场

мирово́й～ 国际市场

ры́нок *чего́*?

～бытово́й те́хники 生活用品市场

～услу́г 服务市场

～недви́жимости 不动产市场

～проду́ктов пита́ния 食品市场

～сбы́та 销售市场

～сырья́ 原料市场

сде́лка *кака́я*? 合同，协议，契约，交易

предпринима́тельская～ 企业合同

собра́ние *кого́*? 大会

～акционе́ров 股东大会

создава́ть / созда́ть *что*? 建立

～фи́рму 建立公司

～коопера́тив 建立集团公司

～о́бщество 建立协会

сорт ***чего́*** 品种

～моро́женого 冰激淋品种

сотру́дничать с чем? с кем? 合作

сотру́дничество 合作
специализа́ция 专业化
ста́тус *чего́?* 地位
～фи́рмы 公司的地位
страхова́ть 保险
страхова́ние 保险
структу́ра *чего́?* 结构
～фи́рмы 公司的结构
сфе́ра *чего́?* 范围
～влия́ния 影响范围
～торго́вли 贸易范围
те́хника *кака́я?* 器械
бытова́я～ 日常生活用器械
техноло́гия *кака́я?* 工艺，操作法
информацио́нная～ 信息操作法
това́р，това́ры *каки́е?* 商品
потреби́тельские～ 日常生活用品
продово́льственные～ 食品
специфи́ческие～ 专门用品
това́рищество 公司,社,会
～с ограни́ченной отве́тственностью 责任有限公司
торго́вец 买卖人,小贩
торго́вля *кака́я?* 商业,贸易
ро́зничная～ 批发贸易
услу́ги 服务
услу́ги *каки́е?*
ауди́торские～ 审计服务
бытовы́е～ 日常服务
консультацио́нные～ 咨询服务
марке́тинговые～ 企划服务
посре́днические～ 中介服务
разнообра́зные～ 种类繁多的服务
туристи́ческие～ 旅游服务
фина́нсовые～ 金融服务
услу́ги *чего́?*
～свя́зи 信息服务
учреди́тели *чего́?* 创建人
～фи́рмы 公司创建人
～о́бщества 协会创建人
фа́брика *кака́я?* 工厂
конди́терская～ 糖果厂
трикота́жная～ 针织厂
фа́ктор *чего́?* 因素
～разви́тия 发展因素
фе́рма *кака́я?* 场
се́льская～ 农场
филиа́л *кака́я?* 分部
～фи́рмы 分公司
фи́рма *кака́я?* 公司
австри́йская～ 奥地利公司
америка́нская～ 美国公司
адвока́тская～ 律师公司
ауди́торская～ 审计公司
веду́щая～ 重要的公司
госуда́рственная～ 国营公司
изве́стная～ 知名公司
комме́рческая～ 商业公司
конса́лтинговая～ 咨询公司
кру́пная～ 大型公司
медици́нская～ 医疗公司
многопро́фильная～ 跨行业公司
многонациона́льная～ 跨国公司
незави́симая～ 独立公司
посре́дническая～ 中介公司
произво́дственная～ 生产型公司
промы́шленная～ 工业公司
росси́йская～ 俄罗斯公司
соли́дная～ 重要的公司
специализи́рованная～ 专门的公司
строи́тельная～ 建筑公司
торго́вая～ 贸易公司
туристи́ческая～ 旅游公司
универса́льная～ 经营广泛的公司
ча́стная～ 私营公司
юриди́ческая～ 法律公司

фи́рма-производи́тель 生产型公司

фонд 基金

хране́ние *чего́*? 保存

～това́ра 保存商品

це́нтр *како́й*? 中心

нау́чно-произво́дственный～ 科研生产中心

учёбный～ 教学中心

экспе́рт 专家

экспорти́ровать *что*? 出口

第二课　公司的业务范围

УРОК 2. НАПРАВЛЕНИЕ ДЕЯТЕЛЬНОСТИ ФИРМЫ

РАЗДЕЛ 1(第一章)

ЧЕМ ЗАНИМАЕТСЯ ФИРМА(公司是做什么的)

Фи́рма занима́ется произво́дством и прода́жей автомоби́лей.

Зада́ние 1. Зако́нчите предложе́ния. Вы́берите оди́н из вариа́нтов, да́нных спра́ва. (选择右侧给定的方案,补全句子。)

1. Корпора́ция "Самсу́нг" занима́ется...	А. произво́дством и прода́жей медици́нской те́хники. Б. произво́дством и прода́жей компью́терной те́хники. В. произво́дством и прода́жей авиацио́иной те́хники.
2. Коопера́тив "Дизайн" занима́ется...	А. ремо́нтом компью́теров. Б. ремо́нтом медици́нской аппарату́ры. В. ремо́нтом о́фисов и кварти́р.
3. Объедине́ние "Авиасе́рвис" занима́ется...	А. организа́цией авиасало́нов. Б. организа́цией туристи́ческих поéздок. В. организа́цией се́рвиса авиапассажи́ров.

4. АО “Э́кспо-Центр” занима́ется...	А. организа́цией междунаро́дных нау́чных конгре́ссов. Б. организа́цией междунаро́дных вы́ставок и я́рмарок. В. организа́цией междунаро́дных кинофестива́лей.

Зада́ние 2. Спроси́те о том, чем занима́ются фи́рмы. (询问公司所从事的业务。)

Америка́нская компа́ния “Ге́рбер про́дактс”, шве́дский конце́рн “Во́льво”, да́тская фи́рма “Ко́лос”, австрали́йская корпора́ция APV, росси́йская компа́ния “Аэрофло́т”, америка́нская фи́рма “Хью́лет Пакка́рд”, францу́зская фи́рма “Дано́н”, кана́дская корпора́ция “DBE Интерне́йшнл”.

— **Что произво́дит фи́рма “Росме́бель”?**

— **Фи́рма “Росме́бель” произво́дит ме́бель для о́фисов.**

Зада́ние 3. Скажи́те, чем занима́ются сле́дующие фи́рмы(说出下列公司所从事的业务):

Образе́ц: Фи́рма “Москви́ч”—автомоби́ли.

А. Фи́рма “Москви́ч” занима́ется произво́дством и прода́жей автомоби́лей.

Б. Фи́рма “Москви́ч” произво́дит и продаёт автомоби́ли.

1. Фи́рма “Ика́рус”—авто́бусы.
2. Произво́дственное объедине́ние “Ра́дуга”—телеви́зоры и ви́деомагнитофо́ны.
3. Акционе́рное о́бщество “Инфа́рм”—медикаме́нты.
4. Конце́рн “Луко́йл”—нефтепроду́кты.
5. Совме́стное предприя́тие “Сири́н”—проду́кты пита́ния.

Зада́ние 4. Скажи́те, чем занима́ются фи́рмы. Испо́льзуйте снача́ла образе́ц А, зате́м образе́ц Б. (仿示例 А、Б,说出下列公司所从事的业务。)

Образе́ц: Фи́рма “Экостро́й”—стройматериа́лы.

А. Фи́рма “Экостро́й” занима́ется поста́вками стройматериа́лов.

Б. Фи́рма “Экостро́й” поставля́ет стройматериа́лы.

1. Совме́стное предприя́тие “Э́рем”—обору́дование для мясомоло́чной промы́шленности.
2. Фи́рма “А́лта”—сырьё и полуфабрика́ты для металлурги́ческой промы́шленности.
3. Фи́рма “О́ртекс”—оргте́хника для о́фисов.
4. Фи́рма “Па́ртия”—обору́дование и аппарату́ра для шоу-би́знеса.
5. Совме́стное предприя́тие “Ге́рбер про́дактс”—де́тское пита́ние и това́ры для дете́й.

6. Фи́рма APV—обору́дование для моло́чных и пивова́ренных заво́дов.

Зада́ние 5. Скажи́те, чем мо́гут занма́ться фи́рмы, предприя́тия, объедине́ния. (仿示例,说出公司可以从事哪些业务。)

Образе́ц: произво́дство това́ров, сбыт гото́вой проду́кции

Фи́рмы мо́гут занима́ться произво́дством това́ров, сбы́том гото́вой проду́кции.

1. Произво́дство и ремо́нт радиоаппарату́ры, произво́дство и прода́жа проду́ктов пита́ния, произво́дство и прода́жа ме́бели, произво́дство и э́кспорт те́хники;

2. Поста́вки сырья́ и полуфабрика́тов для промы́шленности, поста́вки не́фти и нефтепроду́ктов, поста́вки шко́льного обору́дования и шко́льной ме́бели, поста́вки медици́нской аппарату́ры и обору́дования для поликли́ник;

3. Разрабо́тка прое́ктов и програ́мм, разрабо́тка компью́терных програ́мм, разрабо́тка техни́ческих документа́ции;

4. Организа́ция вы́ставок и я́рмарок, организа́ция делові́х встре́ч и перегово́ров, организа́ция туристи́ческих пое́здок.

Зада́ние 6. Вы́разите информа́цию бо́лее кра́тко, замени́в глаго́льно-именны́е словосочета́ния соответ́ствующими глаго́лами. (仿示例,用动词代换句子中的动名词词组,使句子更简洁。)

Образе́ц: Фи́рма занима́ется реализа́цией гото́вой проду́кции. —Фи́рма реализу́ет гото́вую проду́кцию.

Фи́рма занима́ется
- э́кспортом не́фти,
- ремо́нтом авто́бусов,
- рекла́мой това́ров для дете́й,
- организа́цией шо́у-конце́ртов,
- произво́дством пи́ва,
- прода́жей проду́ктов пита́ния,
- поста́вками стройматериа́лов,
- разрабо́ткой прое́ктов

Зада́ние 7. 说出下列公司 **"Кодак"**, **"Боинг"**, **"Каргилл"**, **"Адидас"**, **"Интермода"**, **"Хлебторг"**, **"Газпром"** 所从事的业务。

Основно́е / **Гла́вное**	**направле́ние де́ятельности фи́рмы—**	**произво́дство.** / **торго́вля.** / **посре́дничество.**

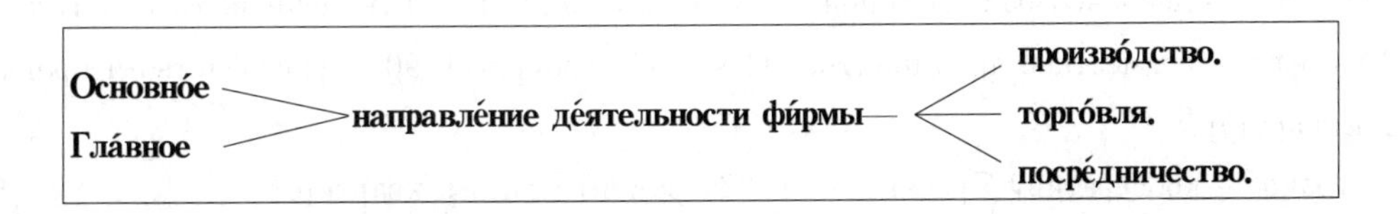

Зада́ние 8. Скажи́те о ва́шей фи́рме по образцу́.（仿示例，谈谈你们公司所从事的业务。）

Образе́ц: На́ша фи́рма называ́ется Спортмо́да. Основно́е направле́ние де́ятельности—произво́дство спорти́вной оде́жды.

Фи́рма ока́зывает комме́рческие услу́ги.

юриди́ческие,
посре́днические,
комме́рческие,
ауди́торские,
креди́тные,
фина́нсовые
→ услу́ги

Зада́ние 9. Вы́разите да́нную информа́цию по-друго́му.（仿示例，改写句子。）

Образе́ц: Фи́рма “Ле́гис” занима́ется оказа́нием юриди́ческих услу́г. Фи́рма ока́зывает юриди́ческие услу́ги.

1. Ассоциа́ция “Посре́дник” занима́ется оказа́нием посре́днических услу́г. 2. Объедине́ние “Финанси́ст” занима́ется оказа́нием фина́нсовых услу́г. 3. Предприя́тие “Авиасе́рвис” занима́ется оказа́нием се́рвисных услу́г пассажи́рам. 4. Компа́ния “Автотра́нс” занима́ется оказа́нием тра́нспортных услу́г. 5. Фи́рма “Ауди́т” занима́ется оказа́нием ауди́торских услу́г. 6. Това́рищество “Деловы́е лю́ди” занима́ется оказа́нием комме́рческих услу́г.

Зада́ние 10. Соста́вьте микроте́ксты из трёх взаимосвя́занных предложе́ний: предста́вьте фи́рму, скажи́те, где и когда́ она́ со́здана и чем занима́ется.（仿示例用三个互相联系的句子编小对话，介绍公司何时何地成立和从事何种业务。）

Образе́ц: АО “Э́кспо-центр”—АО, Москва́, 1990, организа́ция междунаро́дных вы́ставок и я́рмарок.

“Э́кспо-ценр”—это акционе́рное о́бщество (АО). Оно́ со́здано в Москве́ в 1990 году́. “Э́кспо-ценр” занима́ется организа́цией междунаро́дных вы́ставок и я́рмарок.

1. “Менате́п”—фина́нсовое объедине́ние, Москва́, 1989, креди́тно-фина́нсовые услу́ги.
2. “Анта́рес”—совме́стное предприя́тие, Санкт-Петербу́рг, 1990, произво́дство и прода́жа радиоаппарату́ры.
3. “Диза́йн”—кооперати́в, Яросла́вль, 1992, ремо́нт о́фиса и кварти́р.

4. “Москвá-тур”—компáния，Москвá，1988，организáция туристи́ческих поéздок.

5. “Уралчермéт”—концéрн，Челя́бинск，феврáль，1994，постáвки трáкторов и другóй сельскохозя́йственной тéхники.

6. “Русь”—произвóдство-коммéрческий цéнтр，Ни́жний Нóвгород，ноя́брь，1982，изготовлéние и реализáция сувени́ров.

7. “Интури́ст”—акционéрное óбщество，Москвá，май，1990，туристи́ческие услýги，

8. “Белошвéйка”—мáлое предприя́тие，Санкт-Петербýрг，áвгуст，1995，произвóдство жéнской одéжды.

КАКАВÁ СПЕЦИАЛИЗÁЦИЯ ФИ́РМЫ(公司专营什么)

—На чём специали́зируется Вáша фи́рма?

—Нáша фи́рма специализи́руется на произвóдстве оргтéхники.

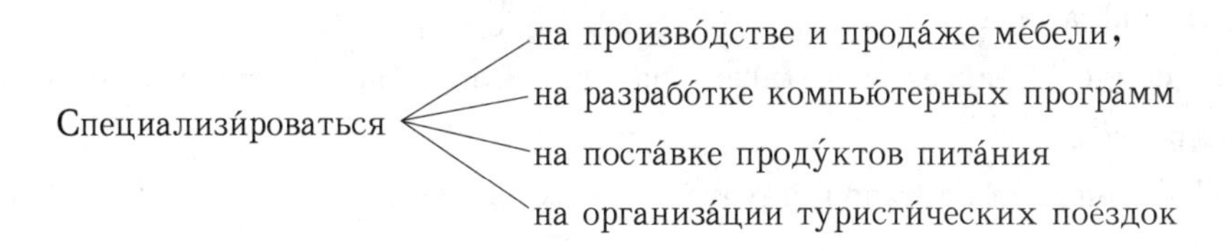

Задáние 11. Спроси́те коллéг по грýппе，на чём специализи́руются фи́рмы. Отвéтьте на вопрóсы. (仿示例与班里同事相互询问各自公司所从事的专业。)

Образéц：“Интермóда”—изготовлéние и продáжа одéжды.

—На чём специализи́руется фи́рма “Интермóда”?

—Фи́рма “Интермóда” специализи́руется на изготовлéнии и продáже одéжды.

1. Фи́рма “Стройинжини́ринг”—продáжа стройматериáлов.
2. Компáния “Ростексти́ль”—произвóдство и продáжа тексти́ля.
3. Фи́рма “Мóдерн стайл”—реклáма.
4. СП “Гéрберт прóдакс”—постáвки дéтского питáния.
5. Фи́рма “Пáртия”—постáвки ви́дио-áудио- и бытовóй тéхники.
6. НТЦ “Кóсмос”—разрабóтка косми́ческих прогрáмм.
7. Торгóвая фи́рма “Валенти́на”—продáжа бытовóй хи́мии.
8. Фи́рма “Áлта”—постáвки сырья́ и полуфабрикáтов для металлурги́ческой промы́шленности.

“Тю́бор”—крупнéйшая дáтская компáния по произвóдству пи́ва.

Зада́ние 12.

А. Прочита́йте сообще́ния о фи́рмах. Вы́пишите словосочета́ния, называ́ющие направле́ние де́ятелвности фи́рмы. (读下列有关各公司的消息，抄写与公司所从事的专业有关的词组。)

Образе́ц: "А́рсер" —крупне́йшая фи́рма по произво́дству компью́теров. Фи́рма по произво́дству компью́теров.

1. "А́гро"—крупне́йшая компа́ния по э́кспорту све́жих овоще́й и фру́ктов.
2. "Фри́ко интерне́йшнл"—старе́йший и веду́щий конце́рн по изготовле́нию моло́чной проду́кции.
3. "Москва́-тур"—изве́стная фи́рма по междунаро́дному тури́зму
4. "Юпи́тер"—изве́стная фи́рма по торго́вле электробытово́й те́хникой.
5. Ирла́ндская фи́рма "Те́рмо Кинг Ю́роп"—мирово́й ли́дер по произво́дству морози́льного обору́дования (рефрижера́торов).
6. АО "Мультифле́кс" явля́ется ли́дером на росси́йском ры́нке по произво́дству упако́вочных материа́лов.
7. "Те́хно-ме́диа"—компа́ния по и́мпорту а́удио- и видеоте́хники.

Б. Запиши́те словосочета́ния, называ́ющие направле́ние де́ятельности фи́рмы. Допо́лните схе́му словосочета́ниями из зада́ния 12 А. (用练习 12 А 的词组补充下列词组。)

Фи́рма
- по изготовле́нию
- по прода́же
- по э́кспорту
- по ремо́нту
- по организа́ции
- по поста́вке
- по рекла́ме

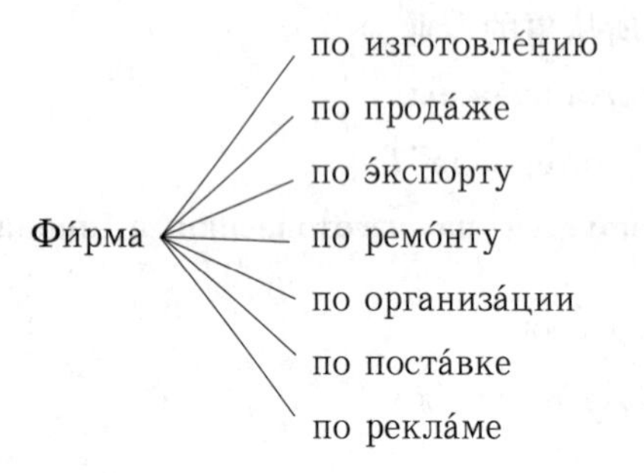

В. Сообщи́те о направле́нии де́ятельности изве́стных Вам фирм. Испо́льзуйте запи́санные словосочета́ния. (用抄写的词组讲述你们熟悉的公司从事的业务。)

注意 讲述公司的业务方面还可以这样说：

Фи́рма	**занима́ется э́кспортом** **явля́ется экспортёром** **специализи́руется на э́кспорте** **—экспортёр**	***чего́*? оргте́хники**

Зада́ние 13. Соста́вьте сообще́ния по образцу́. (仿示例叙述。)

Образе́ц: "А́сер" (США) произво́дит компьютеры.

Америка́нская фи́рма А́сер—крупне́йший производи́тель компьютеров.

1. "Дано́н" (Фра́нция) поставля́ет моло́чные проду́кты.
2. "Тюборг" (Да́ния) экспорти́рует пи́во.
3. "Луко́йл" (Росси́я) экспорти́рует не́фть.
4. "Ла́мекс Фудз" (Шотла́ндия) импорти́рует мясомоло́чное сырьё.
5. "Унилюкс" (Росси́я) импорти́рует проду́кты пита́ния.

Зада́ние 14. Прочита́йте сообще́ния о фи́рмах. Переда́йте их содержа́ние, испо́льзуя разли́чные синоними́ческие констру́кции. (读下列有关各公司的消息,用同义表达句型转述其内容。)

1. Шотла́ндская компа́ния "Lameks foods" (Ла́мекс Фудз) осно́вана в 1962 году́. Фи́рма специализи́руется на э́кспорте и и́мпорте мясны́х и моло́чных проду́ктов. Поставля́ет свою проду́кцию во мно́гие стра́ны. В том числе́ и в Росси́ю и стра́ны СНГ.

Име́ет о́фисы в Голла́ндии, Шве́ции, Испа́нии, и США.

2. Изве́стная португа́льская компа́ния "Rozes Porto" (Ро́зес По́рто) со́здана в 1855 году́. Фи́рма явля́ется крупне́йшим производи́телем и экспортёром портве́йнов высо́кого ка́чества. Фи́рма экспорти́рует свою проду́кцию в 23 страны́ ми́ра, в том числе́ в Герма́нию, Фра́нцию, и скандина́вские стра́ны.

传统上俄罗斯信封上的地址这样写:先写邮编和国家的名称,依次是城镇、街道、胡同的名称及楼号。如果楼房位于两条马路的交界处,楼号用分数表示(如 35/7),上面是一条街的楼号,下面是另一条街的楼号。如果几栋楼拥有一个号码,则需写上栋号和住宅号。最后写姓名,姓名要写做第三格。

信封的地址常写成缩略形式。要记住:

г. —го́род	наб. —на́бережная
пос. —посёлок	бул. —бульва́р
ул. —у́лица	д. —дом
пр. —проспе́кт	корп. —ко́рпус
ш. —шоссе́	кв. —кварти́ра
пер. —переу́лок	

下面是规范的地址书写格式：

102154，Россúя，Москвá，наб. Т. Шевчéнко，д. 1，кв. 144，Михáйловой Ирúне

198205，РФ，Санкт-Петербýрг，ул. Гéрмана，д. 14/117，кв. 447，Портнóву Валéрию Алексáндровичу

264200，Украúна，г. Вúнница，Дорóжный пер.，д. 7，корп. 3，кв. 21，Ткачéнко Пáвлу Евгéньевичу

Задáние 15. Прочитáйте сообщéния о фúрмах. Запишúте по пáмяти информáцию а) блúзко к тéксту б) испóльзуя разлúчные синонимúческие констрýкции.（阅读有关各公司的消息。记住主要信息：а)与课文近似，б)使用同义表达方式。）

1. “DSK—International Meat Traders”—междунарóдная компáния по тoргóвле продýктами питáния. Фúрма специализúруется на импорте мя́са и мясопродýктов. В 1993 годý вы́шла на россúйский ры́нок. В 1995 годý откры́т óфис в Москвé.

Центрáльный óфис нахóдится в Дáнии，в Копенгáгене.

2. Фúрма “ York International” сóздана в 1874 годý. Фúрма являéтся крýпным производúтелем и поставщикóм холодúльного оборýдования для магазúнов. Онá также произвóдит холодúльные кáмеры для вагóнов и грузовикóв-рефрижерáторов. Продýкция фúрмы извéстна во всём мúре.

Нéсколько лет фúрма рабóтает на россúйском ры́нке.

Áдрес óфиса в Москвé：Ермолáевский пер. 18. Тел：209-93-31，факс：209-95-91.

3. Канáдская корпорáция “DBE International inc”—однá из ведýщих в Сéверной Амéрике по произвóдству оборýдования для пищевóй и хлебопекáрной промы́шленности. Фúрма произвóдит и поставляéт пóлные комплéкты оборýдования для хлебозавóдов и мéлких пекáрен. “DBE” поставляéт и монтúрует автоматúческие произвóдственные лúнии.

Нéсколько лет рабóтает на россúйском ры́нке.

Центрáльный óфис：Канáда，Торóнто.

Óфис в Россúи：Москвá：ул. Космонáвта Вóлкова，6.

Тел：159-10-65，факс：159-22-63.

Задáние 16.

А. Прочитáйте и сравнúте тéкст сообщéния о фúрме с крáткими вы́писками из негó.（阅读下面消息，与右侧的文字相对比。）

Акционе́рное о́бщество "Хунга́вис" со́здано в 1960году́. Фи́рма явля́ется са́мым в Ве́нгрии поставщико́м пти́цы. Специализи́руется на поста́вках свежеморо́женной проду́кции. Экспорти́рует проду́кцию в стра́ны Евро́пы, Бли́жнего Восто́ка, СНГ. Центра́льный о́фис нахо́дится в Будапе́ште по а́дресу: ул. На́дю,74. Тел:226-51-44,факс:226-51-98.	Венг. АО"Хунга́вис"—1960г. Пооста́вки св / моро́ж. пти́цы. Эксп. —Евро́па, Бл. Восто́к, СНГ. О́фис—Будапе́шт, На́дю, 74. тел:226-51-44, факс:226-51-98.

Б. Восстанови́те по за́писям текст сообще́ния. Испо́льзуйте ра́зные констру́кции, кото́рые употребля́ются при сообще́нии о направле́нии де́ятельности фи́рмы.(根据笔记,使用同意表达手段写出该公司从事的业务。)

Зада́ние 17.

А. Прочита́йте те́кст сообще́ния о фи́рме и сде́лайте кра́ткие вы́писки из него́.(阅读短文,抄写主要信息。)

"Artis I. S. C. "— крупне́йший импортёр проду́ктов пита́ния из европе́йских стра́н и Австра́лии. Специализи́руется на поста́вках ма́сла, сы́ра, маргари́на, яи́ц, моло́чных проду́ктов.

Не́сколько лет успе́шно рабо́тает на росси́йском ры́нке, име́ет о́фис в Санкт — Петербу́рге.

А́дрес: С-Петербу́рг, ул. Широ́кая, 53. Тел:230-30-74, факс:230-31-74.

Б. Переда́йте информа́цию те́кста. Испо́льзуйте сде́ланные за́писи.(利用抄些的信息转述课文内容。)

Зада́ние 18. Прочита́йте текст. Перепиши́те его́, восстанови́в пра́вильную после́довательность предложе́ний. (阅读课文。重新排列各句的顺序并抄写课文。)

"Ян Гуа́нь" — кита́йское акционе́рное о́бщество. Оно́ занима́ется поку́пкой и прода́жей проду́кции хими́ческой промы́шленности. Оно́ бы́ло образо́вано в 1991 году́. Штаб-кварти́ра фи́рмы нахо́дится в Харби́не, представи́тельства — в Ирку́тске и в Москве́. Оно́ специализи́руется на поста́вках бытово́й хи́мии.

А́дрес моско́вского представи́тельства: Междунаро́дный проспе́кт,17.

Зада́ние 19. Переведи́те на кита́йский язы́к. (将下列短文译成汉语。)

Францу́зская гру́ппа "Дано́н" явля́ется ли́дером на миро́вом ры́нке моло́чных проду́ктов. "Дано́н" специализи́руется на произво́дстве йо́гуртов, творога́ и десе́ртов. В 1992 году́ на Тверско́й у́лице в Москве́ откры́лся пе́рвый фи́рменный магази́н "Дано́н", а пото́м на́чали успе́шно рабо́тать ещё 100 "ми́ни-шо́пов" в магази́нах во всех райо́нах Москвы́. В 1995 году́ откры́лся фи́рменный магази́н "Дано́н" в г. Толья́тти.

О́фис гру́ппы "Дано́н" в Москве́ нахо́дится на Миу́сской пло́щади, д. 6, корп. 5. Тел: (095)937-43-41, факс: (095)973-43-39.

Зада́ние 20. Прочита́йте те́кст и переведи́те его́ на ру́сский язы́к. (将下列短文译成俄语。)

可口可乐公司几乎可以称得上是世界食品市场中最大的公司了。该公司生产知名的可口可乐、雪碧、芬达和其他软饮料。可口可乐公司也活跃于柑桔经销和红酒及咖啡生产。在1982年,该公司进入娱乐业。

Зада́ние 21. Прочита́йте визи́тные ка́рточки господи́на В. Труа́ и А. И. Со́лнцевой. По их образцу́ соста́вьте текст визи́тных ка́рточек для М. С. Кулико́ва и Пи́тера Дэ́виса. Испо́льзуйте материа́л из уро́ка 1, часть Ш. (读下列名片,按示例为自己和朋友或上司设计一张名片。)

Гру́ппа "Дано́н" (Фра́нция)
Представи́тельство в РФ

Ви́ктор Труа́
ме́неджер

А́дрес: Москва́, Миу́сская ул. Д. 6, корп. 5.	**Тел: (095)937-43-41** **Факс: (095)939-43-39**

Гру́ппа “Дано́н”（Фра́нция ）
Представи́тельство в РФ

Со́лнцева
Алекса́ндра Серге́евна
экспе́рт

А́дрес：Москва́，	**Тел：（095 ）937-43-41**
Миу́сская ул.	**Факс：（095 ）939-43-39**
Д. 6，корп. 5.	

ПОРАБО́ТАЕМ НАД ПРОИЗНОШЕ́НИЕМ，ЛЕ́КСИКОЙ И ГРАММА́ТИКОЙ
（发音、词汇、语法练习）

Зада́ние 22. Слу́шайте и повторя́йте.（听录音，跟读。）

Произво́дство и прода́жа，произво́дство и ремо́нт，произво́дство и э́кспорт，произво́дство и рекла́ма

Авто́бусы и автомоби́ли，телеви́зоры и видеомагнитофо́ны，сырьё и полуфабрика́ты，вы́ставки и я́рмарки

Зада́ние 23.

1）听句子：Фи́рма занима́ется произво́дством и прода́жей ме́бели для о́фисов.

2）听句子，重复：занима́ться произво́дством，занима́ться произво́дством и прода́жей，занима́ться произво́дством и прода́жей ме́бели，занима́ться произво́дством и прода́жей ме́бели для о́фисов

Зада́ние 24. Чита́йте и дополня́йте.（朗读并按示例构词。）

1）лесны́е материа́лы—лесоматериа́лы

строи́тельные материа́лы—

2）нефтяны́е проду́кты—нефтепроду́кты

ры́бные продукты—рыбопроду́кты

мясны́е проду́кты—

Зада́ние 25. Чита́йте вслух.(朗读词组。)

ме́бель для о́фисов, това́ры для дете́й, сырьё для промы́шленности, обору́дование для школ

Зада́ние 26. Скажи́те, как Вы понима́ете.(说说自己对以下句子的理解。)

Всё для до́ма!

Всё для са́да!

Всё для семьи́!

Всё для Вас!

Зада́ние 27. Прочита́йте, вы́делите в сло́вах о́бщую часть.(朗读单词,找出各词中的共同部分。)

А) поставля́ть
постáвить
постáвка—постáвки
поставщи́к
фи́рма-поставщи́к

б) ремонти́ровать
ремо́нт
ремо́нтный
ремо́нтные (рабо́ты)
ремо́нтная (конто́ра)

Зада́ние 28. Прочита́йте и допо́лните.(仿示例,朗读并做练习。)

Занимáться реализа́цией—реализова́ть—фи́рма реализу́ет

Занимáться организа́цией—... —...

Занимáться э́кспортом—экспорти́ровать—фи́рма экспорти́рует

Занимáться и́мпортом—... —...

Занимáться ремо́нтом—... —...

Занимáться рекла́мой

Зада́ние 29. Вспо́мните употребле́ние глаго́лов и отглаго́льных существи́тельных. (记住动词及动名词的用法。)

производи́ть		произво́дство	
продава́ть		прода́жа	
покупа́ть		поку́пка	
закупа́ть	что? това́ры	заку́пка	чего́? това́ров
поставля́ть		поста́вка	
реклами́ровать		рекла́ма	
экспорти́ровать		э́кспорт	
импорти́ровать		и́мпорт	

РАЗДЕ́Л Ⅱ (第二章)

ОСНОВНЫ́Е НАПРАВЛЕ́НИЯ ДЕ́ЯТЕЛЬНОСТИ МНОГОПРО́ФИЛЬНОЙ ФИ́РМЫ (多种营业范围的公司的基本业务范围)

Зада́ние 1.

А. Прочита́йте предложе́ния. Назови́те слова́, однокоренны́е вы́деленным. (读句子，说出粗体词的同根词。)

1. Го́род Миннето́нка нахо́дится в при́городе Миннеа́полиса. 2. Доче́рние предприя́тия компа́нии занима́ются разли́чными ви́дами би́знеса. 3. Де́ятельность корпора́ции многопла́нова. 4. Э́та фи́рма—экспортёр нефтепроду́ктов. 5. На́ша компа́ния—крупне́йший продаве́ц зерна́ в страны СНГ.

Б. Прочита́йте те́кст. Перечи́слите основны́е направле́ния де́ятельности фи́рмы "Карги́лл". (读课文，说说"Каргилл"公司的主要业务。)

ДОБРО́ ПОЖА́ЛОВАТЬ В МИР "КАРГИ́ЛЛА"!

1. "Карги́лл" явля́ется одно́й из крупне́йших в ми́ре многопро́фильных компа́ний. Фи́рма была́ со́здана 130 лет тому́ наза́д. Её штаб-кварти́ра нахо́дится в го́роде Миннето́нка, при́городе Миннеа́полиса, штат Миннесо́та. "Карги́лл", его́ филиа́лы и доче́рние предприя́тия занима́ются разли́чными ви́дами би́знеса: произво́дством, перерабо́ткой и поста́вкой сельскохозя́йственного сырья́, произво́дством и транспортиро́вкой несельскохозя́йственной проду́кции, а та́кже торго́влей.

2. "Карги́лл" явля́ется крупне́йшим производи́телем и поставщико́м высокока́чественной промы́шленной и сельскохозя́йственной проду́кции. Э́то корма́, семена́ кукуру́зы и подсо́лнечника, глюко́за и па́тока, удобре́ния и мно́гое друго́е. Компа́ния занима́ется та́кже перерабо́ткой сельскохозя́йственной проду́кции: я́блок, апельси́нов, виногра́да, ара́хиса и др. "Ге́ркенс Кака́о" отделе́ние "Карги́лла", специализи́руется, наприме́р, на перерабо́тке кака́о и какаопроду́ктов; ряд комбинатов в США и Малайзии специализи́руются на перерабо́тке ри́са и ри́совой муки́, а заво́ды корпора́ции "Эксе́л" в США—на перерабо́тке говя́дины и свини́ны. Фи́рма занима́ется та́кже произво́дством, перерабо́ткой и сбы́том мя́са дома́шней пти́цы. "Карги́лл" продаёт мя́со и мясопроду́кты в Лати́нскую Аме́рику, Евро́пу и стра́ны Тихоокеа́нского побере́жья.

3. Торго́вая де́ятельность компа́нии “Карги́лл” многопла́нова. Фи́рма успе́шно рабо́тает на миро́вом ры́нке. Она́ торгу́ет бе́лым рафини́рованным са́харом, кото́рый продаёт под со́бственной торго́вой ма́ркой потреби́телям во всём ми́ре, кака́о и какаопроду́ктами, зелёным и раствори́мым ко́фе, а та́кже ко́фе без кофеи́на. Она́ закупа́ет зёрна ко́фе у таки́х крупне́йших производи́телей, как Брази́лия, Колу́мбия, Эфио́пия, Индоне́зия, Перу́ и Филиппи́ны.

Две́ доче́рние компа́нии “Карги́лла” специализи́руются на торго́вле хло́пком: “Хо́хенберг Бра́зерс” продаёт хло́пок из США, Ме́ксики и Ю́жной Аме́рики тексти́льным предприя́тиям во всём ми́ре. А Фи́рма “Ра́лли Бра́зерс энд Ко́уни” торгу́ет хло́пком, кото́рый произво́дят в стра́нах А́зии и А́фрики.

Торго́вые представи́тельства “Карги́лл” в США, Великобрита́нии и други́х стра́нах продаю́т и покупа́ют рис, расти́ельное ма́сло, шерсть и др. Фи́рма продаёт концентра́т фрукто́вого со́ка че́рез свои́ о́фисы в США, Япо́нии, Брази́лии и Нидерла́ндах, а та́кже пищевы́е и техни́ческие масла́ в Алжи́р, Брази́лию, Колу́мбию, Еги́пет, Коре́ю, Ме́ксику, Росси́ю, Испа́нию, Венесуэ́лу и други́е стра́ны.

“Карги́лл” явля́ется одно́й из крупне́йших компа́ний в ми́ре по торго́вле удобре́ниями. Компа́нии “Карги́лл Норт Э́йша”, “Карги́лл Петро́леум” и “Но́ртист Петро́леум” специализи́руются на заку́пке и прода́же не́фти и нефтепроду́ктов, а ко́мпания “Карги́лл Фе́ррос Интерне́шнл” специализи́руется на торго́вле мета́ллом. Компа́нии занима́ются та́кже доста́вкой э́тих това́ров потреби́телям.

4. Ещё одно́ направле́ние де́ятельности компа́нии “Карги́лл”—транспортиро́вка зерна́, муки́, со́ли, удобре́ний, жи́дких гру́зов от производи́теля к потреби́телю. С э́той це́лью “Карги́лл” испо́льзует автомоби́льные и желе́зные доро́ги, речны́е, морски́е и океа́нские пути́.

5. Фи́рма “Карги́лл” ока́зывает потреби́телям и консультацио́нные услу́ги. Так, наприме́р, компа́ния “Карги́лл Те́хникал Се́рвисиз” ока́зывает конса́лтинговые услу́ги клие́нтам во всём ми́ре по вопро́сам произво́дства, перерабо́тки, хране́ния и транспортиро́вки сельхозпроду́кции.

Зада́ние 2. Прочитайте утвержде́ния. Вы́разите согла́сие и́ли несогла́сие (*да и́ли нет*). (读句子,表明自己的态度同意还是不同意。)

1. “Карги́лл” явля́ется специализи́рованной фи́рмой. 2. “Карги́лл” явля́ется росси́йско-америка́нской компа́нией. 3. “Карги́лл” явля́ется молодо́й фи́рмой. 4. “Карги́лл” специализи́руется на прода́же мо́дной оде́жды. 5. Основно́е направле́ние фи́рмы “Карги́лл”—перерабо́тка нефтепроду́ктов. 6. “Карги́лл” торгу́ет то́лько со стра́нами СНГ. 7. “Карги́лл” успе́шно рабо́тает на миро́вом ры́нке.

Зада́ние 3. Подгото́вьтесь к у́стному воспроизведе́нию те́кста.（准备听力练习。）

А. 1）听句子：“Карги́лл” явля́ется одно́й из крупне́йших в ми́ре многопро́фильных компа́ний.

2）听并跟读：компа́ния，многопро́фильная компа́ния，крупне́йшая многопро́фильная компа́ния，одна́ из крупне́йших в ми́ре многопро́фильных компа́ний，явля́ется одно́й из крупне́йших в ми́ре многопро́фильных компа́ний.

“Карги́лл” явля́ется одно́й из крупне́йших в ми́ре многопро́фильных компа́ний.

Б. 1）听句子：“Карги́лл” занима́ется произво́дством，перерабо́ткой и поста́вкой сельскохозя́йственного сырья́.

2）听并跟读：сырьё，сельскохозя́йственное сырьё，поста́вка сельскохозя́йственного сырья́，перерабо́тка и поста́вка сельскохозя́йственного сырья́：произво́дство，перерабо́тка и поста́вка сельскохозя́йственного сырья́，занима́ться произво́дством，перерабо́ткой и поста́вкой сельскохозя́йственного сырья́.

“Карги́лл” занима́ется произво́дством，перерабо́ткой и поста́вкой сельскохозя́йственного сырья́.

В. 1）听句子：“Карги́лл” явля́ется крупне́йшим производи́телем и поставщико́м промы́шленной и сельскохозя́йственной проду́кции.

2）听并跟读：проду́кция，сельскохозя́йственная проду́кция，промы́шленная проду́кция，промы́шленная и сельскохозя́йственная проду́кция；поставщи́к промы́шленной и сельскохозя́йственной проду́кции；производи́тель и поставщи́к промы́шленной и сельскохозя́йственной проду́кции；крупне́йший производи́тель и поставщи́к промы́шленной и сельскохозя́йственной проду́кции；явля́ется крупне́йшим производи́телем и поствщико́м промы́шленной и сельскохозя́йственной проду́кции.

“Карги́лл” явля́ется крупне́йшим производи́телем и поставщико́м промы́шленной и сельскохозя́йственной проду́кции.

Г. 1）听句子：“Карги́лл” ока́зывает конса́лтинговые услу́ги по вопро́сам произво́дства，перерабо́тки и транспортиро́вки сельсхозпроду́кции.

2）听并跟读：сельхозпроду́кция，транспортиро́вка сельхозпроду́кции，перерабо́тка и транспортиро́вка сельхозпроду́кции；конса́лтинговые услу́ги，конса́лтинговые услу́ги по вопро́сам произво́дства，перерабо́тки и транспортиро́вки сельхозпроду́кции；ока́зывает конса́лтинговые услу́ги по вопро́сам произво́дства，перерабо́тки и транспортиро́вки сельхозпроду́кции.

“Карги́лл” ока́зывает конса́лтинговые услу́ги по вопро́сам произво́дства, перерабо́тки и транспортиро́вки сельхозпроду́кции.

Зада́ние 4.

А. Вы́пишите в алфави́тном поря́дке географи́ческие назва́ния, кото́рые есть в те́ксте “Добро́ пожа́ловать в мир “Карги́лла”!”.(按字母表顺序抄写课文中的地名。)

Б. Слу́шайте и повторя́йте.(听,跟读。)

А́зия, Алжи́р, А́фрика, Брази́лия, Великобрита́ния, Венесу́эла, Евро́па, Еги́пет, Индоне́зия, Испа́ния, Колу́мбия, Коре́я, Лати́нская Аме́рика, Мала́йзия, Ме́ксика, Миннеа́полис, Миннесо́та, Миннето́нка, Нидерла́нды, Перу́, Росси́я, США, Филиппи́ны, Эфио́пия, Ю́жная Аме́рика, Япо́ния.

В. Переведи́те на ру́сский язы́к.(将下列地名译成俄语。)

阿尔及利亚,巴西,哥伦比亚,埃及,埃塞俄比亚,英国,印度尼西亚,日本,韩国,马来西亚,墨西哥,墨西哥城,荷兰,菲律宾,秘鲁,西班牙。

Г. Вы́пишите из те́кста предложе́ния, в кото́рых встреча́ются географи́ческие назва́ния. Испо́льзуя свои́ за́писи, покажи́те, что“Карги́лл” успе́шно рабо́тает на мирово́м ры́нке.(抄写课文中带有地名的句子,利用这些句子说明“Каргилл”公司成功地活跃在国际市场。)

Зада́ние 5.

А. Допо́лните да́нные предложе́ния, испо́льзуя материа́л те́кста.(用课文中的材料补全下列句子。)

1. “Карги́лл” продаёт и покупа́ет ...
2. “Карги́лл” закупа́ет зёрна ко́фе ...
3. “Карги́лл” экспорти́рует мя́со ...
4. Дочéрняя компа́ния “Карги́лл” “Хо́хенберг Бра́зерс” специализи́руется ...
5. “Карги́лл” торгу́ет несельскохозя́йственной проду́кцией ...

Б. Раскро́йте те́зис “Торго́вая де́ятельность компа́нии “Карги́лл” многопла́нова”.(展开叙述“Карги́лл 公司的贸易活动是多方面的”。)

Зада́ние 6.

А. Допо́лните информа́цию о де́ятельности фи́рмы “Карги́лл”. Запиши́те полу́ченные предложе́ния.(补全“Каргилл”公司的业务信息。抄写补全的句子。)

Б. Докажи́те, что "Карги́лл" явля́ется многопро́фильной компа́нией. Испо́льзуйте свои́ за́писи. (使用自己的笔记说明"Каргилл"公司是一家多专业公司。)

Зада́ние 7.

А. Зако́нчите кра́ткие вы́писки о де́ятельности доче́рних компа́ний "Карги́лл". (补全简短信息,说明"Каргилл"子公司的业务范围。)

Образе́ц: "Хо́хенберг Бра́зерс"—прода́жа хло́пка из США, Ю́жной Аме́рики.

1. "Ра́лли Бра́зерс"—торго́вля...
2. "Карги́лл Норт Э́йша", "Карги́лл Петро́леум", "Но́ртист Петро́леум"—заку́пка и прода́жа...
4. "Карги́лл Фе́ррос Интерна́шнл"—торго́вля..., доста́вка...
5. "Ге́ркенз Кака́о"—перерабо́тка...
6. Компа́ния "Карги́лл Те́хникал Се́рвисиз"—оказа́ние...

Б. Расскажи́те, чем занима́ются (на чём специальзи́руются) доче́рние компа́нии "Карги́лл". (讲述"Карги́лл"各子公司的业务。)

В. Испо́льзуя свои́ за́писи, раскро́йте те́зис, кото́рым начина́ется те́кст: "Карги́лл" явля́ется одно́й из крупне́йших в ми́ре многопро́филчных компа́ний". (利用自己的笔记讲述"Карги́лл"是国际上庞大的多专业公司。)

Зада́ние 8.

А. Прочита́йте ру́сскую наро́дную погово́рку: "Что посе́ешь, то пожнёшь". Как Вы ду́маете, в каки́х ситуа́циях её употребля́ют? Скажи́те, кака́я погово́рка соотве́тствует ей в кита́йском языке́. (读俄语俗语"Что посе́ешь, то и пожнёшь"。将它译成汉语并说出这一俗语在汉语中使用的场景。)

Б. Прочита́йте назва́ние те́кста: "Секре́т фи́рмы: посе́ешь ка́чество, пожнёшь при́быль". Как Вы ду́маете, о чём э́тот те́кст? (读了下面课文的题目"Секре́т фи́рмы: посе́ешь ка́чество, пожнёшь при́быль"后,你们认为这篇课文是讲什么的?)

В. Прочита́йте те́кст. Скажи́те, подтверди́лось ли Ва́ше предположе́ние о его́ содержа́нии? (读课文,看看你们的想法是否在课文中得到了印证。)

ПОСЕ́ЕШЬ КА́ЧЕСТВО, ПОЖНЁШЬ ПРИ́БЫЛЬ

Сего́дня персона́льный компью́тер—вещь така́я же необходи́мая и распространённая, как холоди́льник или пылесо́с. На росси́йском компью́терном ры́нке рабо́тает мно́жество фи́рм. Есть кру́пные зарубе́жные корпора́ции—производи́тели и экспортёры, они́ произво́дят и поставля́ют в Росси́ю компью́теры, занима́ются созда́нием но́вых компью́терных програ́мм. Есть компа́нии, кото́рые компью́терами то́лько торгу́ют и́ли ока́зывают посре́днические услу́ги в э́том ви́де би́знеса. Есть фи́рмы, кото́рые специализи́руются на гаранти́йном обслу́живании и ремо́нте разнообра́зной компью́терной те́хники. Существу́ют та́кже фи́рмы, кото́рые занима́ются организа́цией междунаро́дных вы́ставок и я́рмарок компью́терной проду́кции, организа́цией междунаро́дных нау́чных конфере́нций и конгре́ссов по пробле́мам компью́терных техноло́гий.

Сего́дня мы представля́ем вам кру́пную росси́йскую корпора́цию "Kraftway Corporation PLC", кото́рая специализи́руется на торго́вле компью́терной те́хникой. И. Куту́зов, комме́рческий дире́ктор "Кра́втвей", вспомина́ет, что с са́мого нача́ла свое́й рабо́ты фи́рма стреми́лась соотве́тствовать мировы́м станда́ртам. Гла́вный при́нцип фи́рмы: снача́ла ка́чество, пото́м при́быль.

Рабо́та с клие́нтом для "Кра́твей"—э́то не то́лько прода́жа те́хники. Фи́рма ока́зывает та́кже консультацио́нные услу́ги. Причём покупа́тель мо́жет получи́ть любу́ю консульта́цию не то́лько от рядово́го персона́ла фи́рмы, но и от её гла́вных ме́неджеров. Фи́рма осуществля́ет та́кже беспла́тное гаранти́йное обслу́живание про́данной те́хники в тече́ние го́да.

Фи́рма "Кра́фтвей"—э́то надёжный, си́льный партнёр. Э́то широ́кие возмо́жности для сотру́дничества.

Зада́ние 9.

А. Испо́льзуя информа́цию те́кста (зада́ние 8В, охарактеризу́йте состоя́ние росси́йского ры́нка компью́терной те́хники: скажи́те, каки́е фи́рмы на нём рабо́тают. (用课文中的材料(参考练习 8B 评价一下俄罗斯的电脑技术市场状况,并说出哪些公司活跃在这个市场上。)

Б. Допо́лните (уточни́те) сле́дующее выска́зывание: "Корпора́ция 'Кра́фтвей' занима́ется прода́жей компью́терной те́хники. (补充句子: Корпора́ция "Кра́фтвей" занима́ется прода́жей компью́терной те́хники。)

В. Как Вы по́няли, почему́ текст называ́ется“Секре́т фи́рмы: посе́ешь ка́чество, пожнёшь при́быль”?（你们是如何理解，课文的题目为什么称作“公司的秘诀在于：播种质量，收获利润”?）

Зада́ние 10.

А. Прочита́йте текст, скажи́те, что но́вого вы узна́ли о компью́терно ры́нке Росси́и?（读课文，谈谈自己对俄电脑市场又了解了些什么?）

ОБЫКНОВЕ́ННОЕ ЧУ́ДО

“Обыкнове́нное чу́до”. Так назва́ли в пре́ссе компью́тер Aspire, кото́рый со́здали в Калифо́рнии в 1995 году́ специали́сты компа́нии “Acer”. К нача́лу 1996 го́да Aspire получи́л огро́мное коли́чество награ́д. Компью́терные вы́ставки и журна́лы называ́ли его́ “лу́чшим компью́тером”, “лу́чшим това́ром го́да”, “лу́чшей нови́нкой го́да”, “вы́бором го́да”. Что же представля́ет собо́й фи́рма“Acer”, кото́рая создала́ э́то обыкнове́нное чу́до?

Америка́нская компа́ния“Acer” была́ осно́вана в 1976 году́. В настоя́щее вре́мя она́ занима́ет второ́е ме́сто на ры́нке персона́льных компью́теров США и седьмо́е ме́сто в ми́ре по вы́пуску компью́теров под со́бственной ма́ркой. Компа́ния име́ет 80 о́фисов в 38 стра́нах, ди́леры компа́нии рабо́тают бо́лее чем в 100 стра́нах. Таки́м о́бразом “Acer”—э́то крупне́йший производи́тель и экспортёр, успе́шно рабо́тающий на мирово́м ры́нке.

Пе́рвые па́ртии компью́терной те́хники э́той фи́рмы появи́лись в Росси́и в конце́ 1993 го́да, а в 1994 году́ в Москве́ был откры́т о́фис компа́нии. Глава́ представи́тельства компа́нии в Росси́и Марк Кузá ра уве́ренно заявля́ет: “Уже́ в 1996 году́ мы обго́ним всех конкуре́нтов и займём пе́рвое ме́сто на компью́терном ры́нке СНГ”. И шутя́, добавля́ет: “Мы наде́емся, что благодаря́ на́шим компью́терам россия́не о́чень ско́ро смо́гут догна́ть и перегна́ть америка́нцев”.

Б. Объясни́те, почему́ текст называ́ется“Обыкнове́нное чу́до”?（请解释，为什么课文题为“平常的奇迹”?）

Зада́ние 11.

А. Подгото́вьтесь сравни́ть 2 фи́рмы: “Кра́фтвей” и “Acer”, сде́лайте для э́того необходи́мые вам вы́писки из те́кстов (зада́ния 8 В и 10 А). Скажи́те.（对比“Кра́фтвей”和“Acer”两个公司）（参考练习8В和10А）. 并说说：

1）在哪个国家注册成立。

2）公司的业务范围。

3）在俄和国际市场上的工作经验。

Б. Испóльзуя свои́ зáписи, расскажи́те, что объединя́ет и что отличáет фи́рмы “Крáфтвей” и“Acer”?（利用自己的笔记说明“Крáфтвей”和“Acer”两家公司有何相同点和不同点?）

КАК НАПИСÁТЬ ПИСЬМÓ-СООБЩÉНИЕ
（如何书写通知书）

Задáние 12.

А. Вы, мéнеджер магази́на мéбели, получи́ли письмó-сообщéние. Прочитáйте егó.（您是一位家具店部门经理，收到一封信函，阅读此信。）

Уважáемые господá!

Мы рáды сообщи́ть Вам об откры́тии нáшей нóвой фáбрики по произвóдству мéбели. Нáша совремéнная технолóгия позволя́ет выпускáть высококáчественную и недорогу́ю проду́кцию.

Посылáем наш каталóг. Бу́дем рáды отвéтить на все интересу́ющие Вас вопрóсы.

Мы надéемся, что Ваш магази́н проя́вит интерéс к нáшим товáрам и мы устанóвим взаимовы́годное деловóе сотру́дничество.

С уважéнием

Генерáльный дирéктор

АО “Интерьéр” С. И. Пáвлов

Б. Передáйте дирéктору магази́на основну́ю информáцию, содержáщуюся в письмé.（向商店经理转达信函的主要内容。）

КАК ОТВÉТИТЬ НА ПИСЬМÓ-СООБЩÉНИЕ
（如何回复通知书）

Задáние 13.

А. Дирéктор попроси́л Вас написáть отвéт на полу́ченное письмó（задáние 12 и запроси́ть дополни́тельную информáцию.（经理请您写回信练习 12，要求进一步了解以下信息。）

1）модéли óфисной мéбели,

2) цéна на кухóнную мéбель,

3) возмóжность выполнéния индивидуáльных закáзов.

使用下列提供的素材,完成经理交付的任务。注意使用同义表达方式。

Уважáемые господá!	Глубокоуважáемый господи́н Петрóв!
Мы с интерéсом прочитáли информáцию о вáшей фи́рме.	Мы благодари́м Вас за информáцию , котóрую вы прислáли.
Мы бы́ли бы рáды установи́ть деловóе сотрýдничество с вáшей фи́рмой.	Мы готóвы — сотрýдничать с Вáми. / к сотрýдничеству с Вáми.
Надéемся, что нáше предложéние заинтересýет вас.	Надéемся заключи́ть с Вáшей фи́рмой взаимовы́годный контрáкт.
В э́той связи́ мы хотéли бы получи́ть от вас дополни́тельную информáцию.	В э́той связи́ позвóльте задáть Вам ряд интересýющих нас вопрóсов.
Мы бýдем признáтельны за бы́стрый отвéт.	Надéемся получи́ть Ваш отвéт в ближáйшее врéмя.
С уважéнием...	С глубóким уважéнием...

Задáние 14. Вы, мéнеджер АО "Интерьéр", получи́ли письмó от дирéктора магази́на мéбели (см. задáние 13А, 13 Б). Напиши́те отвéтное письмó. Испóльзуйте материáлы, дáнные ни́же. Обрати́те внимáние на возмóжнуо синоними́ю. (假如您是 **"Интерьéр"** 股份公司的经理收到了家具店经理的信(参考练习 13А,13 Б)。请使用下列材料写回信。注意使用同义表达方式。)

Уважáемый господи́н... !	Многоуважáемый господи́н... !
Мы бы́ли бы рáды получи́ть Вáше письмó от 6.04.97г.	С благодáрностью сообщáем, что мы получи́ли Вáше письмó От 12.04.1997г.
Уважáемый господи́н... !	Многоуважáемый господи́н... !
Благодари́м Вас за интерéс, проя́вленный к нáшей фи́рме.	Нам прия́тно, что Вы прояви́ли интерéс к нáшей фи́рме.
В отвéт на Вáше письмó сообщáем слéдующее.	В соответствии с Вáшей прóсьбой сообщáем интересýющую Вас Информáцию.
Дополни́тслыю мóжем сообщи́ть Вам, что...	Что касáется Вáшего запрóса о цéнах на нáшу продýкцию, то...
С и́скренним уважéнием	С уважéнием

Задáние 15.

А. Вáша фи́рма откры́ла своё представи́тельство в Росси́и. Напиши́те письмó-сообщéние в áдрес свои́х потенциáльных партнёров. (贵公司在俄开设了办事处,请函告自己潜在的客户。)

В. Подготóвьте отвéт на полýченное пивьмó-сообщéние. (写一封回函。)

РАЗДЕ́Л Ⅲ(第三章)

Зада́ние 1. Прочита́йте диало́ги-разгово́ры по телефо́ну по роля́м.(分角色读对话。)

Же́нский го́лос：Алло́!
Мужско́й го́лос：Здра́вствуйте! Это фи́рма "Стройинжини́ринг"?
Ж：Нет. Вы оши́блись.
М：Прости́те，это две́сти пятьдеся́т，шестна́дцать，три́дцать два?
Ж：Нет-нет. Это три́дцать оди́н.
М：Извини́те.
Ж：Пожа́луйста.

М：Алло́! Здра́вствуйте.
Ж：До́брый день.
М：Вас беспоко́ят из фи́рмы "Центр-плюс".
Ж：Прости́те，куда́ вы звони́те?
М：В фи́рму "Стройинжини́ринг".
Ж：Вы не туда́ попа́ли. Э́то кварти́ра.
М：Извини́те，пожа́луйста.
Ж：Ничего́-ничего́.

КАК ПРЕДСТА́ВИТЬСЯ ПО ТЕЛЕФО́НУ
(电话中如何自我介绍)

Вас беспоко́ят из фи́рмы "Центр-плюс".
Вам звоня́т из фи́рмы "Центр-плюс".

С Ва́ми говори́т дире́ктор фи́рмы "Центр-плюс".
Вас беспоко́ит дире́ктор фи́рмы "Центр-плюс".

ЧТО СКАЗА́ТЬ, Е́СЛИ ВАМ ПОЗВОНИ́ЛИ ПО ОШИ́БКЕ
(如果电话错打到贵处，您如何说)

— **Это фи́рма "Русь"?**
— **Нет. Вы оши́блись. / Вы не туда́ попа́ли.**

— **Прости́те, э́то господи́н Петро́в?** — **Прости́те, куда́ / кому́ Вы звони́те? /По како́му но́меру вы звони́те?**

Зада́ние 2. Восстанови́те диало́ги по ре́пликам. (根据应答恢复对话。)

1. —...
   —Нет, вы оши́блись.
   —...
   —Пожа́луйста.
2. —...
   —Вы не туда́ попа́ли. Э́то кварти́ра.
   —...
   —Ничего́—ничего́.
3. —Э́то фи́рма "Москва́—тур"?
   —...
   —Извини́те, э́то сто два́дцать де́вять, ноль три, ноль шесть?
   —...
   —Извини́те.
4. —До́брый день. Вам зво́нят из фи́рмы "Ру́бин".
   —...
   —В фи́рму "Москва́—тур".
   —...
   —О! Извини́те, пожа́луйста!
   —...

Зада́ние 3. Вы-ме́неджер СП"Интерпрогре́сс". Ваш дире́ктор попроси́л Вас позвони́ть в сле́дующие фи́рмы: МП"Мисс"-243-45 -84, СП"Любань"-339-04-54, ИЧП"Сим"-121-80-43, АО "Евро́па-тур"-443-24-04. Вы звони́те и не туда́ попада́ете. (您是合资企业"**интерпрогре́сс**"的项目经理,总经理请您给下列公司打电话: **МП "Мисс"243-45-84, СП "Любань" 339-04-54, АО Европа-тур 443-24-04**,您总是打错电话。)

Зада́ние 4. Прочита́йте диало́г по роля́м. (分角色读对话。)

Ме́неджер о́фиса фи́рмы "Центр-плюс" Ви́ктор Семёнов звони́т в СП "Стройинжиниринг".

Же́нский го́лос：“Стройинжини́ринг”. До́брый день.

Семёнов：Здра́вствуйте. Вас беспоко́ит ме́неджер о́фиса фи́рмы Центр-плюс.

Ж：О́чень прия́тно. Слу́шаю вас.

С：Прости́те，с кем я могу́ поговори́ть о ремо́нте о́фиса? Мы купи́ли большо́е помеще́ние в ста́ром до́ме. Там ну́жен капита́льный ремо́нт.

Ж：По Э́тому вопро́су Вам ну́жно обрати́ться к на́шему комме́рческому дире́ктору.

С：Вы не ска́жете，как мне с ним связа́ться.

Ж：Его́ телефо́н—девятьсо́т три́дцать пять-два́дцать-семна́дцать.

С：Спаси́бо.

КАК СКАЗА́ТЬ，С КЕМ МО́ЖНО ПОГОВОРИ́ТЬ ПО КАКО́МУ-ЛИ́БО ВОПРО́СУ（如何正确表达就某项问题该找谁谈）

—Скажи́те，пожа́луйста，с кем я могу́ поговори́ть об организа́ции вы́ставки?
—По э́тому вопро́су Вам ну́жно обрати́ться к дире́ктору по ремо́нте.

—Прости́те，Вы не зна́ете，к кому́ я могу́ обрати́ться по вопро́су организа́ции вы́ставки?
—Вам ну́жно обрати́ться в фи́рму “Э́кспо-Москва́”.

Зада́ние 5. Вы́ясните у своего́ собесе́дника，к кому́ Вам ну́жно обрати́ться по сле́дующим вопро́сам.（向交谈者问询就下列问题您应该找谁。）

ВОПРО́С，КОТО́РЫЙ ВАС ИНТЕРЕСУ́ЕТ：	КУДА́ К КОМУ́ НУ́ЖНО ОБРАТИ́ТЬСЯ ПО Э́ТОМУ ВОПРО́СУ
1. Организа́ция туристи́ческих поéздок по Росси́и	1. Фи́рма “Москва́-тур”
2. Ремо́нт медици́нской аппарату́ры	2. Инжене́р фи́рмы “Медте́хника”
3. Поста́вки стройматериа́лов	3. СП “Стройинжини́ринг”
4. Прода́жа проду́ктов пита́ния	4. Комме́рческий дире́ктор фи́рмы “Ма́стер-Фудз”
5. Разрабо́тка компью́терных програ́мм для ба́нков	5. Представи́тельство фи́рмы “Ло́тус”

Зада́ние 6.

А. Запиши́те сле́дующие моде́ли.（抄写下列句型。）

—**Вы не ска́жете，как связа́ться с фи́рмой “Русь”?** —**Их телефо́н：239-45-16.**

—**Вы не ска́жете，как связа́ться с ме́неджером фи́рмы “Русь”?** —**Его́ телефо́н：293-45-16.**

Б. Спроси́те своего́ собесе́дника，как связа́ться с фи́рмами и ли́цами，к кото́рым Вам ну́жно обрати́ться. Испо́льзуйте материа́лы пра́вой ча́сти табли́цы из зада́ния 5.（用练习 5 图表中的右侧语言材料对话。提问谈话人如何与上述公司及人员联系。）

Зада́ние 7.

А. Прочита́йте диало́г.（朗读对话。）

—Вы не ска́жете，как связа́ться с фи́рмой “Норд”?

—Их телефо́н：443-21-41.

—А Вы не зна́ете их а́дрес?

—Да，запиши́те，пожа́луйста：Можа́йское шоссе́，дом39.

—Спаси́бо.

Б. Соста́вьте аналоги́чные диало́ги. Испо́льзуйте информа́цию ни́же.（使用下面提供的材料编对话。）

Торго́вый дом “Восто́к” **Москва́，Волокола́мский прое́зд，10** **Тел：190-48-44，факс：194-10-85**

Фи́рма “Прести́ж” **Санкт-Петербу́рг，ул. Смоле́нская，14** **Тел：(812) 298-02-54**

НПЦ “Надéжда”
Москвá，Каши́рское шоссé，9
Тел：113-07-58

Задáние 8.

А. Прочитáйте диалóг.（朗读对话。）

—Вы не скáжете，как связáться с секретарём президéнта компáнии “Ауди́т”？

—Её телефóн：320-27-89.

Б. Состáвьте аналоги́чные диалóги. Испóльзуйте информáцию，дáнную ни́же .（用下面的材料，编类似上面的对话。）

1）Кузнецóва Татья́на Ю́рьевна рабóтает
мéнеджером на предприя́тии “Фруктóвый концéрн” в Санкт-Петербýрге. Предприя́тие нахóдится по áдресу：ул. Мáлая посáдская，16. Телефóн 233-37-21，факс：233-14-43.

2）Кривóва Ни́на Пáвловна-генерáльный
дирéктор АО “Крóкус Интернéйшнл”. Глáвный óфис и демонстрациóнный зал АО нахóдятся в Москвé，на ул. Ави́лова，д. 39. тел：124-04-29.

3）Баркóв Ви́ктор Николáевич рабóтает агéнтом по
реклáме в АО “Роспечáть” в Ни́жнем Нóвгороде. А́дрес：ул. Садóвая，14. Телефóн：(831) 35-76-05.

В. Состáвьте визи́тные кáрточки для э́тих лиц.（为文中的人员设计名片。）

ГОТÓВИМСЯ К ПОÉЗДКЕ В РОССИ́Ю
（补充阅读——准备起程赴俄）

ЧТО ТАКÓЕ ДАЛЕКÓ И ЧТО ТАКÓЕ БЛИ́ЗКО

Сохранéние ли́чного пространства свóйственно лю́дям любóй национáльности. Однáко расстоя́ние мéжду собесéдниками зави́сит как от ти́па взаимоотношéний мéжду ни́ми（инти́мные，бли́зкие，социáльно обуслóвленные），так и от приня́тых в той и́ли инóй странé стереоти́пов поведéния.

Представим себé，что во врéмя официáльного приéма два бизнесмéна—из Росси́и и из США—ведýт деловýю бесéду. Американский бизнесмéн встáнет на расстоя́нии не мéньше мéтра，а егó росси́йский собесéдник инстинкти́вно подви́нется к немý бли́же. Америкáнец опя́ть сдéлает шаг назáд，но чéрез нéкоторое врéмя бизнесмéн из Росси́и вновь шагáет вперёд.

Объясня́ется э́то тем, что при́нятое в США при делово́м конта́кте расстоя́ние ме́жду собесе́дниками варьи́руется от ме́тра до полу́тора. В Росси́и оно́ в два ра́за ме́ньше, то есть тако́е же, как В США при бли́зких ли́чных отноше́ниях.

К э́той ра́знице тру́дно привыка́ть да́же при дли́тельном обще́нии, но по́мнить о ней сто́ит всегда́, когда́ разгова́риваешь с представи́телем ино́й культу́ры. Из-за незна́ния тради́ций друго́й страны́ изли́шняя бли́зость собесе́дника мо́жет вы́звать неудо́бство. А когда́ партнёр разгова́ривает с Ва́ми на бо́льшем, чем привы́чное для Вас, расстоя́нии, то возника́ет ощуще́ние его́ высокоме́рия и́ли незаинтересо́ванности в предме́те обсужде́ния.

Пре́жде чем сде́лать вы́вод, что бесе́да с но́вым знако́мым Вам не осо́бенно прия́тна, и прерва́ть её, попро́буйте проанализи́ровать, почему́ у Вас появи́лось тако́е чу́вство. Мо́жет быть, на́ши коммента́рии помо́гут Вам?

Слова́ уро́ка(单词与词组):

аге́нт *како́й*? (*по чему́*) 代理人
 ～по рекла́ме 广告代理人
аппарату́ра *кака́я*? 器械
 медици́нская～医疗器械
визи́т *како́й*? 访问
 официа́льный～正式访问
де́ятельность *кака́я*? 活动,工作
 многопла́новая～多方面的活动
дире́ктор *како́й* 经理
 комме́рческий～商务经理
доро́га *кака́я*? 道路
 автомоби́льная～公路
 желе́зная～铁路
занима́ться/ заня́ться *чем*? 从事,着手做
 ～организа́цией 从事组织工作
 ～ поста́вками 从事供货业务
 ～ прода́жей 从事销售业务
 ～ произво́дством 从事生产
 ～ разрабо́ткой 从事研究
 ～ реализа́цией 从事销售业务
 ～ рекла́мой 从事广告业务
 ～ ремо́нтом 从事装修业
 ～ э́кспортом 做出口业务
изготовле́ние *чего́*? 制作
 ～ сувени́ров 制作礼品
 ～ проду́ктов 制作食品
импортёр *чего́*? 进口商
 ～ проду́ктов 食品进口商
комбина́т 联合企业
компа́ния 公司
 компа́ния *кака́я*?
 ～ доче́рняя 子公司
 компа́ния *кака́я*?
 ～ по и́мпорту 进口公司
 ～ по произво́дству 生产公司
 ～ по торго́вле 贸易公司
 ～ по э́кспорту 出口公司
конто́ра *кака́я*? 办事处
 ремо́нтная～ 修缮处
корм, корма́ 饲料
ли́ния *кака́я*? 线
 произво́дственная～ 生产线
направле́ние 方向,方面
 направле́ние *како́е*?
 гла́вное～ 主要方面
 основно́е～ 基本方面

направлéние *чегó?*

～ дéятельности 业务范畴

оборýдование *какóе?* 装备，设备

морози́льное～ 冷冻设备

холоди́льное～ 冷藏设备

оборýдование *для чегó?*

～для поликли́ник 医疗设备

～для промы́шленности 工业设备

～для завóда 工厂设备

объединéние *какóе?* 联合体

госудáрственное～ 国营联合公司

торгóвое～ 贸易联合公司

фина́нсовое～ 金融联合公司

окáзывать/ оказáть *что?* 机遇，提供

～ услýги 提供服务

оказáние *чегó?* 提供

～ услýг 提供服务

организáция *чегó?* 组织，安排

～ встрéчи 安排会见

～ вы́ставки 组织展览

～ конгрéсса 筹备大会

～ переговóров 组织谈判

～ поéздок 安排行程

～ сéрвиса 组织服务

～ ярмарки 组织展览会

оргтéхника 组织技术设备

переработка *чегó?* 加工

～продýктов 加工产品

～продýкции 加工产品

～сырья́ 加工原料

постáвка *чегó?* 提供

～аппаратýры 提供器械

～материáлов 提供材料

～нéфти 提供石油

～оборýдования 提供设备

～питáния 提供食品

～полуфабрикáтов 提供半成品

～сырья́ 提供原料

～тéхники 提供技术

поставля́ть /постáвить *что?* 提供

～оборýдование 提供设备

поставщи́к 供货商

поставщи́к *какóй?*

крýпный～ 大供货商

поставщи́к *чегó?*

～оборýдования 设备供货商

предприя́тие *какóе?* 企业

дочéрнее～ 子企业

совмéстное～ 合资企业

тексти́льное～ 纺织企业

прогрáмма *какáя?* 程序

компью́терная～ 微机程序

продавéц *чегó?* 卖方

～зернá 粮食卖方

продáжа *чегó?* 出售

～автомоби́лей 出售汽车

～видеомагнитофóнов 出售录像机

～мéбели 出售家具

～медикамéнтов 出售药品

～продýктов 出售产品

～тексти́ля 出售纺织品

～телеви́зоров 卖电视机

～тéхники 出售技术

продýкт, продýкты *каки́е?* 食品

молóчные～ 奶制品

мясны́е～ 肉制品

нефтяны́е～ 石油制品

ры́бные～ 鱼制品

продýкция *какáя?* 产品

высококáчественная～ 高质量产品

готóвая～ 成品

молóчная～ 奶制品

свежеморóженная～ 新鲜冰激淋制品

сельскохозя́йственная～ 农产品

произвóдство *чегó?* 生产

～ автомоби́лей 生产汽车

～ аппарату́ры 生产器械
～ ме́бели 生产家具
～ медикаме́нтов 生产药品
～ медици́нской те́хники 生产医疗器械
～ оде́жды 生产服装
～ проду́ктов 生产产品
～ те́хники 生产装备
～ това́ров 生产商品

промы́шленность *кака́я*? 工业
металлурги́ческая～ 冶炼工业
мясомоло́чная～ 肉奶工业
пищева́я～ 食品工业
хими́ческая～ 化工业
хлебопека́рная～ 面包烤制业

путь *како́й*? 路
морско́й～ 海路
океа́нский～ 海洋通道
речно́й～ 河路

рабо́ты *каки́е*? 工种
ремо́нтные～ 装修工种
строи́тельные～ 建筑工种

разрабо́тка *чего́*? 深入研究
～документа́ции 深入研究资料
～програ́мм 深入研究程序
～прое́ктов 深入研究草案

реализа́ция *чего́*? 出售
～проду́кции 出售产品

ремо́нт 装修
ремо́нт *како́й*?
капита́льный～ 大修
ремо́нт *чего́*?
～кварти́р 装修住宅
～о́фисов 装修办公室
～аппарату́ры 修理仪器

рефрижера́тор 制冷机

сбыт *чего́*? 销售
～проду́кции 销售产品

свя́зываться /связа́ться 联系
свя́зываться /связа́ться с *кем*?
～с ме́неджером 与经理联系
свя́зываться /связа́ться с *чем*?
～с фи́рмой 与公司联系
свя́зываться /связа́ться *по чему́*?
～по телефо́ну 电话联系

строймату́риа́лы (строи́тельные материа́лы) 建材

сырьё *како́е*? 原料
сельскохозя́йственное～ 农业原料

те́хника *кака́я*? 器材
медици́нская～ 医疗器材
сельскохозя́йственная～ 农业机械
электробытова́я～ 家用电器

транспортиро́вка *чего́*? 运输
～гру́зов 货物运输

услу́ги 服务
услу́ги *каки́е*?
ауди́торские～ 审计服务
комме́рческие～ 商业服务
конса́лтинговые～ 咨询服务
креди́тные～ 贷款服务
посре́днические～ 中介服务
се́рвисные～ 组织服务
фина́нсовые～ 金融服务
юриди́ческие～ 法律服务
услу́ги *кому́*?
～пассажи́рам 为乘客服务

фи́рма *кака́я*? (*по чему́*?) 公司
～по изготовле́нию 加工公司
～по организа́ции 组办公司
～по поста́вке 供货公司
～по произво́дству 生产公司
～по рекла́ме 广告公司
～по ремо́нту 装修公司
～по торго́вле 贸易公司
～по тури́зму 旅游公司
～по э́кспорту 出口公司

хи́мия *кака́я?* 化学

бытова́я～ 日化产品

шоу-би́знес 娱乐业

штаб-кварти́ра *чего́?* 总部

～фи́рмы 公司总部

эксплуата́ция *чего́?* 交付使用

～обору́дования 设备交付使用

экспортёр *чего́?* 出口商

～ нефтепроду́ктов 石油产品出口商

～ портве́йнов 波尔图葡萄酒出口商

я́рмарка *кака́я?* 展览会

междунаро́дная～ 国际展览会

第三课 复习与测试

УРОК 3. ОБОБЩЕНИЕ И КОНТРОЛЬ

РАЗДЕ́Л I(第一章)

ПРОВЕ́РИМ, ЧТО МЫ ЗНА́ЕМ(知识复习)

Зада́ние 1. Напиши́те слова́ с противополо́жным значением.（请写出与下列单词意义相反的词。）

Продава́ть— . . . .

Экспорти́ровать— . . . .

Госуда́рственное предприя́тие— . . . предприя́тие.

Специализи́рованная фирма—. . . фи́рма.

Зада́ние 2. Найди́те в ле́вой и пра́вой коло́нках слова́, бли́зкие по смы́слу.（请找出左栏和右栏中意义相近的词。）

Прода́жа	созда́ние
би́знес	произво́дство
изготовле́ние	предпринима́тельство
образова́ние	реализа́ция

Зада́ние 3. Зачеркни́те ли́шнее сло́во.（请删除多余的词。）

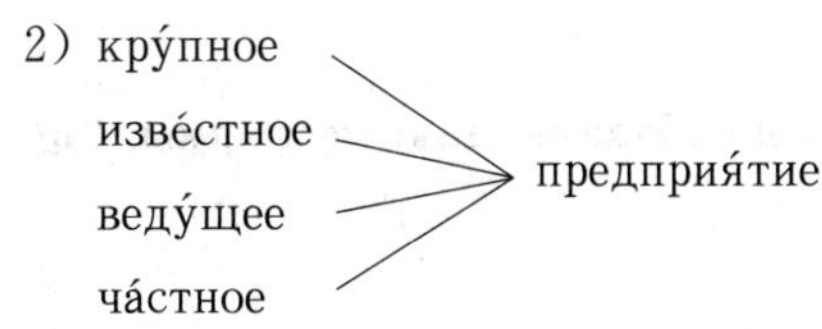

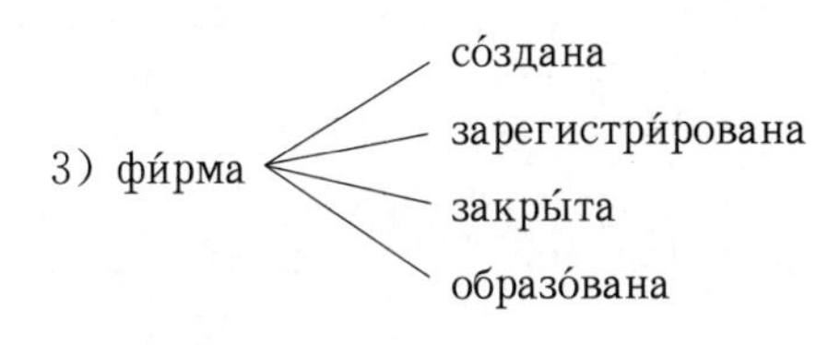

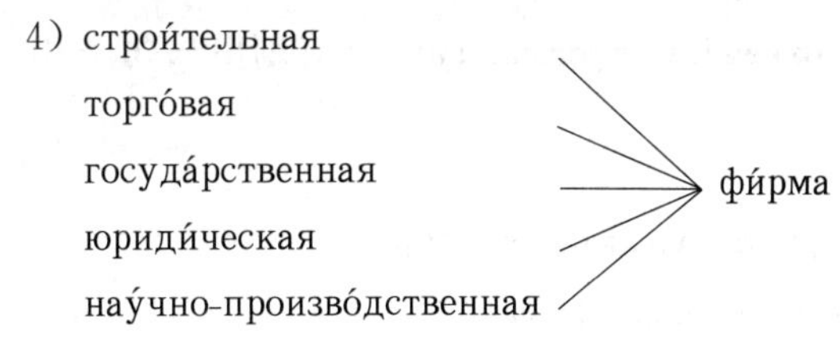

5）корпора́ция
фи́рма
компа́ния
филиа́л
конце́рн

Зада́ние 4. Запиши́те в ви́де аббревиату́ры.（请写出下列词组的缩写词。）

1. Совме́стное предприя́тие—
2. О́бщество откры́того ти́па—
3. Акционе́рное о́бщество—
4. Индивидуа́льное ча́стное предприя́тие—
5. О́бщество с ограни́ченной отве́тственностью—

Задáние 5. Запиши́те пóлные наименовáния.（请写出下列缩写词的完整形式。）

1. ГП—
2. МП—
3. ИЧП—
4. АОЗТ—

Задáние 6. Состáвьте предложéния. Сообщи́те, когдá сóзданы дáнные фи́рмы.（造句并指出下列公司成立的时间。）

1. Компáния "Союз"—1965.
2. Кооперати́в "Малы́ш"—март, 1987.
3. Объединéние "Валенти́на"—10, октя́брь, 1951.

Задáние 7. Отмéтьте, на каки́е вопрóсы отвечáют предложéния.（请划出与句子相对应的问题。）

1. Филиáл фи́рмы откры́т в Санкт-Петербýрге.	а) Что откры́то в Санкт-Петербýрге? б) Где откры́т филиáл фи́рмы?
2. Компáния "Карги́лл" былá оснóвана в 1865 годý.	а) Что бы́ло оснóвано в 1865 годý? б) Когдá былá оснóвана компáния "Карги́лл"?

Задáние 8. В прáвой и лéвой колóнках найди́те словá с óбщим кóрнем.（请找出左右栏词根相同的词。）

еди́ный	посрéднический
стрóйка	сельскохозя́йственный
середи́на	свежезаморóженный
рабóчий	объединéние
морóз	переработка
селó	строи́тельство

Зада́ние 9. Образу́йте отглаго́льные существи́тельные, соста́вьте с ни́ми словосочета́ния.（写出动名词，并用动名词造词组。）

1. Производи́ть проду́кцию—произво́дство проду́кции.
2. Закупа́ть това́ры—
3. Поставля́ть лесоматериа́лы—
4. Продава́ть оргте́хнику—
5. Изгота́вливать проду́кты пита́ния—

Зада́ние 10. Соста́вьте словосочета́ния с глаго́лами, однокоренны́ми с подче́ркнутыми существи́тельными.（用与划线名词同根的动词造词组。）

1. И́мпорт проду́ктов пита́ния—импорти́ровать проду́кты пита́ния.
2. Перерабо́тка сельхозпроду́кции—
3. Рекла́ма видеоте́хники—
4. Поста́вка мясопроду́ктов—
5. Э́кспорт не́фти—

Зада́ние 11.

А. Образу́йте от да́нных глаго́лов существи́тельные со значе́нием де́йствующего лица́.（将下列动词构成表示行为发出人的名词。）

Наприме́р：производи́ть—производи́тель

Покупа́ть，потребля́ть，импорти́ровать，экспорти́ровать，лиди́ровать，продава́ть.

Б. Скажи́те о направле́нии де́ятельности фи́рмы. Испо́льзуйте образо́ванные существи́тельные.（使用构成的名词说出公司从事的业务范围。）

Образе́ц：производи́ть—производи́тель

Фи́рма “Дано́н”—крупне́йший производи́тель моло́чных проду́ктов.

Зада́ние 12. Вы́берите пра́вильный вариа́нт.（请选择正确的方案。）

1. АО́ “Экспоце́нтр” занима́ется...

А. по организа́ции вы́ставок
Б. в организа́ции вы́ставок
В. организа́цией вы́ставок
Г. организа́цию вы́ставок

2. На́ша фи́рма поставля́ет...

А. оргте́хника
Б. с оргте́хникой
В. оргте́хнику
Г. оргте́хникой

Зада́ние 13. Вы́разите да́нную информа́цию по-друго́му. (请写出下列句子的同义句。)

1. Ассоциа́ция занима́ется оказа́нием юриди́ческих услу́г. 2. Фи́рма занима́ется ремо́нтом автомоби́лей. 3. Предприя́тие занима́ется произво́дством проду́ктов пита́ния. 4. Фи́рма занима́ется прода́жей медикаме́нтов.

Зада́ние 14. Образу́йте сло́жные слова́. Испо́льзуйте слова́ ле́вой и пра́вой коло́нок. (利用左右栏单词构成复合词。)

Образе́ц: ры́ба + проду́кты—рыбопроду́кты.

1) нефть мя́со молоко́ хлеб	проду́кты
2) молоко́ пи́во хлеб	заво́д
3) мя́со нефть	перераба́тывающее (предприя́тие)

Зада́ние 15. Объясни́те значе́ние вы́деленных слов. (请解释黑体词的意思。)

Росси́йское **законода́тельство**, ру́сское **гостеприи́мство.**

Высокопроизводи́тельный проце́сс, **дорогосто́ящая** техноло́гия.

Зада́ние 16. Соста́вьте словосочета́ния.（请构成词组。）

	госуда́рство
Многоле́тний	о́пыт
многонациона́льный	корпора́ция
многопро́фильный	сотру́дничество
	пра́ктика

Зада́ние 17. Переведи́те на кита́йский язы́к.（请将下列短文译成汉语。）

А. Росси́йско-америка́нское совме́стное предприя́тие “А́рмстронг”—веду́щая многопро́фильная компа́ния по строи́тельству и ремо́нту жилы́х и промы́шленных зда́ний. Фи́рма была́ зарегистри́рована в РФ в 1992 году́, а с 1993 го́да акти́вно вы́шла та́кже на строи́тельный ры́нок Украи́ны. В други́х стра́нах СНГ э́то СП ока́зывает услу́ги по прода́же и монтажу́ подвесны́х потолко́в (hung ceilings).

Б. АОЗТ “Гло́бус” явля́ется веду́щей росси́йской специализи́рованной ча́стной туристи́ческой фи́рмой. Она́ предлага́ет свои́м клие́нтам разнообра́зные туристи́ческие и посре́днические услу́ги.

“Гло́бус” име́ет многоле́тний о́пыт рабо́ты с турфи́рмами США, ФРГ, Фра́нции и Великобрита́нии. У фи́рмы есть партнёры в Восто́чной Евро́пе, Япо́нии, И́ндии, Ме́ксике, на Бли́жнем Восто́ке и да́же в ЮА́Р. Представи́тельства фи́рмы откры́ты в дру́гих стра́нах СНГ. С ма́я 1995 го́да президе́нтом фи́рмы “Гло́бус” явля́ется изве́стный диплома́т Н. А. Ивано́вский, бы́вший посо́л СССР в одно́й из стра́н ЕЭ́С.

Зада́ние 18. Переведи́те на ру́сский язы́к.（将下列句子译成俄语。）

А. 伏特兰迪(Foodland)是一家年轻但是很知名的跨国公司。它专门从事制造、销售和为食品加工设备提供担保。伏特兰迪公司的产量在欧洲市场名列前茅。公司的总部在德国汉堡。1994 年,公司在中东设立了办事处。

现在伏特兰迪公司在俄罗斯有它的代表。他们在莫斯科、顿河-罗斯托夫和远东地区有办事处。1995 年他们至少在俄罗斯卖出了 20 台迷你肉加工设备。

据这家公司人事部门的统计,他们在欧洲、亚洲和南非等 12 个地区的办事处,和 15 个国家的 20 个分支机构中大约有 3000 职工。

Б. 1992 年,可口可乐公司在乌克兰成立了一个合资公司——罗新卡(Rosinka)可口可乐公司。这个联合投资公司建在拥有三百万人口的基辅。公司董事长罗伯特·高祖塔说:“建立这个联合投资公司表示我们可口可乐体系在乌克兰的发展迈出了重要的一步,在这里我们希望可以拥有五千万消费者。”

РАЗДЕ́Л Ⅱ(第二章)

ПРОВЕ́РИМ, ЧТО МЫ УМЕ́ЕМ(技能复习)

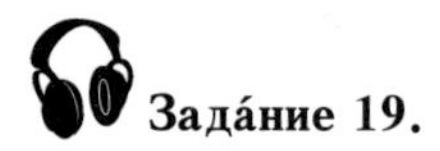

Зада́ние 19.

А. Прослу́шайте и прочита́йте словосочета́ния, повтори́те их вслед за ди́ктором.(听录音,并朗读词组。)

Стаби́льные пози́ции, филиа́л фи́рмы, представи́тельство фи́рмы, сотру́дники фи́рмы, измене́ния в законода́тельстве, плани́ровать рабо́ту, высо́кие нало́ги, тра́тить де́ньги, организа́ция би́знеса,

Б. Прослу́шайте интервью́ с президе́нтом АО́"Карги́лл". По́сле э́того вы́полните тест (зада́ние 1В).(听对"Каргилл"股份公司董事长的采访。然后完成测试(练习 1В。)

ИНТЕРВЬЮ́ С ПРЕЗИДЕ́НТОМ АО́ "КАРГИ́ЛЛ" ГОСПОДИ́НОМ ДЖУПЕДА́ЛОМ

Корреспонде́нт: Господи́н Джупеда́л, у америка́нской фи́рмы "Карги́лл" в настоя́щее вре́мя стаби́льные пози́ции на росси́йском ры́нке. Скажи́те, пожа́луйста, а как всё начина́лось? Когда́ "Карги́лл" на́чал рабо́тать в Росси́и?

Г-н Джупеда́л: Мы рабо́таем здесь почти́ 30 лет. Все э́ти го́ды на́ша фи́рма поставля́ла в Сове́тский Сою́з зерно́. А в 1991 году́ мы откры́ли о́фис фи́рмы в гости́нице "Рэ́диссон-Славя́нская".

Корреспонде́нт: Э́то был филиа́л фи́рмы?

Г-н Джупеда́л: Нет, э́то бы́ло представи́тельство, в кото́ром рабо́тали всего́ два челове́ка—америка́нский специали́ст и ру́сский перево́дчик. А сего́дня в Росси́и на фи́рмс "Карги́лл" рабо́таст 1300 челове́к.

Корреспонде́нт: Да, э́то больши́е измене́ния. А измени́лся ли за э́ти го́ды ста́тус фи́рмы?

Г-н Джупеда́л: Да, наш ста́тус измени́лся, потому́ что измени́лись на́ши це́ли. Когда́ мы откры́ли представи́тельство, ещё существова́л Сове́тский Сою́з. Торго́вля шла ме́жду Миннеа́полисом и Москво́й. Но когда́ Сове́тский Сою́з распа́лся, у нас появи́лось 15 партнёров. Невозмо́жно бы́ло рабо́тать то́лько че́рез моско́вское представи́тельство, поэ́тому фи́рма "Карги́лл" откры́ла свои́ представи́тельства в Ки́еве, в Алма́-Ате́ и в Ташке́нте. А моско́вское представи́тельство ста́ло рабо́тать то́лько на ры́нке Росси́и. Но для торго́вли нам необходи́мо бы́ло откры́ть росси́йскую компа́нию. Поэ́тому в 1993 году́ бы́ло со́здано акционе́рное о́бщество “Карги́лл”. А пото́м был откры́т его́ филиа́л в Краснода́ре.

Корреспонде́нт: Господи́н Джупеда́л, как изве́стно, би́знес - де́ло нелёгкое. Каки́е тру́дности бы́ли у Вас?

Г-н Джупеда́л: Тру́дностей бы́ло мно́го! Таки́е тру́дности быва́ют не то́лько у иностра́нных фирм, но и у росси́йских. Во-пе́рвых, нам бы́ло нелегко́ найти надёжных и компете́нтных люде́й.

Корреспонде́нт: Вы име́ете в виду́ партнёров?

Г-н Джупеда́л: Нет, речь идёт о сотру́дниках фи́рмы. Втора́я серьёзная пробле́ма—э́то ча́стые измене́ния в законода́тельстве Росси́йской Федера́ции. Поэ́тому нам тру́дно плани́ровать свою́ рабо́ту. И ещё одна́ пробле́ма—высо́кие нало́ги.

Корреспонде́нт: А сего́дня э́ти пробле́мы существу́ют?

Г-н Джупеда́л: К сожале́нию, да. Мо́жно сказа́ть, что у нас три основны́х направле́ния де́ятельности. Во-пе́рвых, торго́вля. Мы торгу́ем зерно́м, са́харом, расти́тельным ма́слом, фрукто́выми со́ками.

Корреспонде́нт: Э́ти проду́кты Вы вво́зите в Росси́ю?

Г-н Джупеда́л: Да, вво́зим. А из Росси́и мы выво́зим нефтепроду́кты и сталь. Второ́е направле́ние де́ятельности—э́то произво́дство семя́н кукуру́зы и подсо́лнечника.

Корреспонде́нт: Ка́жется, вы произво́дите ещё глюко́зу и па́току?

Г-н Джупеда́л: Да, э́то ещё одно́ направле́ние на́шей де́ятельности. У нас есть заво́д в Ту́льской о́бласти, на кото́ром рабо́тают приме́рно 1200 челове́к.

Корреспонде́нт: Господи́н Джупеда́л, Вы уже́ четы́ре го́да в Росси́и. Четы́ре го́да интенси́вной рабо́ты, непривы́чных для америка́нского бизнесме́на тру́дностей. К тому́ же, наве́рное, не всегда́ легко́ бы́ло и Ва́шей семье́. Мо́жет быть, удо́бнее и споко́йнее бы́ло бы провести́ э́ти го́ды в Ри́ме и́ли Ло́ндоне? Вы не жале́ете о том, что прие́хали в Росси́ю?

Г-н Джупеда́л: Нет, я не жале́ю об э́том по ра́зным причи́нам. Во-пе́рвых, я и моя́ жена́ изуча́ли когда́-то ру́сский язы́к в Росси́и. И для нас верну́ться сюда́ — больша́я ра́дость. Во-вторы́х, тру́дно найти́ друго́е ме́сто, где за четы́ре го́да мо́жно бы́ло бы сто́лько сде́лать и уви́деть серьёзные результа́ты. Я говорю́ о тех успе́хах в организа́ции серьёзного би́знеса, кото́рых нам удало́сь дости́чь. Поэ́тому для меня́ как для профессиона́ла э́то бы́ли са́мые лу́чшие го́ды.

Корреспонде́нт: Я хочу́ поблагодари́ть Вас за интервью́ и пожела́ть процвета́ния Ва́шей фи́рме и сча́стья Ва́шей семье́.

Г-н Джупеда́л: Спаси́бо.

В. Вы́берите вариа́нт отве́та, соотве́тствующий содержа́нию прослу́шанного те́кста. (选择与所听课文内容相符的答案。)

1. Ско́лько лет америка́нская фи́рма "Карги́лл" рабо́тает на росси́йском ры́нке?
   а) с 1991 го́да;
   б) о́коло 30 лет;
   в) 15 лет.

2. Где акционе́рное о́бщество "Карги́лл" име́ет свои́ представи́тельства?
   а) в Миннеа́полисе;
   б) в Ки́еве, Алма́-Ате́ и Ташке́нте;
   в) в Краснода́ре.

3. Кого́ бы́ло тру́дно найти́ в Росси́и акционе́рному о́бществу "Карги́лл"?
   а) партнёров;
   б) компете́нтных сотру́дников;
   в) ры́нок сбы́та.

4. Каковы́ сего́дня, по мне́нию господи́на Джупеда́ла, росси́йские нало́ги?
   а) высо́кие;
   б) обычные;
   в) ни́зкие.

5. Что фи́рма "Карги́лл" вво́зит в Росси́ю?
   а) зерно́, са́хар, фрукто́вые со́ки;
   б) нефтепродукты и сталь;
   в) компью́теры.

Зада́ние 20. Прочита́йте текст интервью́(зада́ние 1 Б). Сравни́те его́ содержа́ние с те́кстом "добро́ пожа́ловать в мир "Карги́лла""(см. урок 2, разде́дII, зада́ние 1 Б). Вы́пишите новую ддя информапию. (阅读有关采访的课文(练习 1 Б)。将该文的内容与课文"欢迎到'Каргилл'世界来"比较(见第二课,第二章练习 1Б)。并抄写下新的信息。)

Зада́ние 21. Подгото́вьте пресс-реди́з компа́нии "Карги́лл". Включи́те в него́ сле́дуюшую информа́цию. (筹备"卡尔吉尔"公司的新闻发布会, 会上将谈到:)

—ста́тус фи́рмы,
—вре́мя и ме́сто основа́ния фи́рмы,
—нача́ло рабо́ты на росси́йском ры́нке,
—направле́ние де́ятельности в Росси́и.

Зада́ние 22.

А. Вы—ме́неджер америка́нской фи́рмы. Ва́шей фи́рме нужна по́мощь хоро́шего юри́ста. Прочита́йте 4 те́кста, вы́пишите необходи́мую Вам информа́цию о фи́рме, в кото́рую вы хоти́те обрати́ться. (您是一家美国公司的经理。您的公司需要很好的法律帮助。阅读下列 4 篇课文,找出您所需要的公司的必要信息。)

Текст 1.

Фи́рма "Диро́" явля́ется росси́йско-слове́нской ча́стной комме́рческой фи́рмой. Она́ была́ со́здана в 1994 году́ в Петербу́рге. В 1995 году́ откры́ла свои́ представи́тельства в Москве́ и Ки́еве. Фи́рма занима́ется торго́во-посре́днической де́ятельностью, а та́кже организа́цией вы́ставок и семина́ров. Телефо́н для спра́вок в Петербу́рге: 242-00-45; факс: 242-89-67.

Текст 2.

"Юристко́нсульт" явля́ется ча́стной юриди́ческой росси́йской фи́рмой. Была́ со́здана в Екатеринбу́рге в 1993 году́. Ока́зывает юриди́ческие услу́ги росси́йским фи́рмам и физи́ческим ли́цам. Телефо́н в Екатеринбу́рге: 117-34-22.

Текст 3.

Корпора́ция "Во́льво"— кру́пная многопро́фильная компа́ния. Занима́ется произво́дством легковы́х и грузовы́х автомоби́лей, авто́бусов, дви́гателей для судо́в и самолётов и др. Корпора́ция "Во́льво" успе́шно занима́ется торго́влей автомоби́лями на ры́нке Росси́и. Телефо́н моско́вского представи́тельства по прода́же автомоби́лей: 203-61-53; те́лекс: 411436.

Текст 4.

"Нота́риус" явля́ется изве́стной росси́йской специализи́рованной адвока́тской фи́рмой. Она́ была́ со́здана в январе́ 1991 го́да в Москве́. "Нота́риус" ока́зывает юриди́ческие услу́ги росси́йским и зарубе́жным фи́рмам, а та́кже ча́стным ли́цам. Име́ет репута́цию соли́дной фи́рмы, успе́шно рабо́тает не то́лько на росси́йском ры́нке, но и в стра́нах СНГ. В 1994 году́ фи́рма откры́ла своё представи́тельство в Ми́нске, а в 1995 году́— в Алма́-Ате́. "Нота́риус" явля́ется чле́ном междунаро́дной ассоциа́ции юриди́ческих фирм. Телефо́н в Москве́: 119-64-15; факс: 119-66-18.

Б. Сообщи́те своему́ ше́фу информа́цию о фи́рме, котоую Вы вы́брали. (将您所选择公司的信息向上级通报。)

В. Позвони́те на фи́рму, предста́вьтесь и договори́тесь о встре́че. Пе́рвый раз вы звони́те и ошиба́етесь но́мером. (给这个公司打电话，做自我介绍并约定会面事宜。假设第一次电话拨错了号码。)

Зада́ние 23.

А. Ка́ждый студе́нт получа́ет на́ дом текст о"свое́й"фи́рме и изгота́вливает себе́ визи́тную ка́рточку.（每个学生起草一份“自己”公司的简介，并制作自己的名片。）

Б. Прису́тствуя на приёме в честь откры́тия междунаро́дной торго́вой вы́ставки, ну́жно.（出席国际贸易展览会开幕式招待会需要。）

а）найти́ потенциа́льного партнёра；

б）познако́миться；

в）предста́вить свою́ фи́рму，указа́в：

—ста́тус фи́рмы；

—вре́мя и ме́сто созда́ния фи́рмы；

—основны́е направле́ния де́ятельности фи́рмы；

—о́пыт рабо́ты на росси́йском и мирово́м ры́нках；

г）вы́разить наде́жду на плодотво́рное сотру́дничество.

Те́кстовый материа́л для делово́й игры́(公务活动对话素材)

1. Фи́рма APV занима́ется разрабо́ткой но́вых техноло́гий в произво́дстве проду́ктов пита́ния. Она́ та́кже произво́дит обору́дование для моло́чных и пивова́ренных заво́дов. Фи́рма име́ет многоле́тний опыт сотру́дничества с предприя́тиями Росси́и и стран СНГ.

Телефо́н представи́тельства в Москве́：209-28-23；факс：200-02-44.

2. Акционе́рное о́бщество “Малы́ш” явля́ется кру́пной произво́дственной специализи́рованной фи́рмой. Рабо́тает на росси́йском ры́нке 20 лет. Занима́ется произво́дством и прода́жей де́тского пита́ния：йо́гурта，сухо́го молока́，каш，фрукто́вых пюре́. В 1992 году́ фи́рма откры́ла свои́ филиа́лы на Украи́не и в Белору́ссии.

Телефо́н в Москве́：336-94-15；факс：336-98-87.

* * * * *

3. “Уни—люкс” была́ со́здана в Москве́ в 1992 году́. Явля́ется кру́пной росси́йской посре́днической фи́рмой. Занима́ется поста́вками в Росси́ю и́мпортных проду́ктов пита́ния. Име́ет прямы́е свя́зи с кру́пными фи́рмами—производи́телями из стран Евро́пы и Аме́рики，а та́кже с соли́дными торго́выми компа́ниями в Росси́и и стра́нах СНГ. В 1995 году́ откры́ла свои́ представи́тельства в Красноя́рске，Ташке́нте и Оде́ссе. Телефо́н в Москве́：117-11-66；факс：117-12-46.

4. AMRUS / Inn Foods —кру́пная америка́нская фи́рма，кото́рая на протяже́нии 25 лет занима́ется поста́вкой проду́ктов пита́ния в разли́чные стра́ны ми́ра. Поставля́ет заморо́женное мя́со и мясопроду́кты，консерви́рованные фру́кты и о́вощи，во́ду и со́ки，сухо́е молоко́ и др. Центра́льный о́фис нахо́дится в Сиэ́тле. Име́ет филиа́л в Москве́.

Телефóн в Москвé：434-73-12.

* * * * *

5. Объединéние “Бáбешко и сыновья́” явля́ется извéстной росси́йской торгóвой фи́рмой. Имéет сеть фи́рменных магази́нов в крупнéйших городáх Росси́и：в Москвé，Петербу́ргé，Ни́жнем Нóвгороде，Екатеринбу́рге и др. Объединéние бы́ло сóздано в октябрé 1991 гóда. Специализи́руется на торгóвле и́мпортными продýктами питáния.

Телефóн в Москвé：243-45-86；факс：243-45-88.

6. “AGRA TRADING LTD” явля́ется однóй из крупнéйших мясоперерабáтывающих компáний Еврóпы. Штаб—кварти́ра нахóдится в Ду́блине，в Ирлáндии. Фи́рма занимáется переработкой и сбы́том говя́дины，свини́ны，мя́са домáшней пти́цы. Экспорти́рует продýкцию в Росси́ю и бы́вший Совéтский Сою́з с 1976 гóда.

Телефóн в Ду́блине：3531-283-24-11.

* * * * *

7. “UNIF”—крýпная америкáнская фи́рма—производи́тель и экспортёр америкáнских и европéйских продýктов питáния на росси́йский ры́нок. В течéние мнóгих лет “UNIF” поставля́ет продýкцию таки́х извéстных корпорáций，как NESTLE (USA)，SANMARK，KRAS，FREDDI и др. В Москвé и Санкт-Петербу́рге товáр мóжно получи́ть немéдленно. Возмóжна транспорти́ровка товáра в стрáны СНГ.

Телефóн в Москвé：987-65-43；в Петербу́рге：123-45-67.

* * * * *

8. А/О́ “Супер—трáнс” явля́ется крýпной специализи́рованной трáнспортной фи́рмой. Шесть лет успéшно рабóтает на росси́йском ры́нке и в стрáнах СНГ. Глáвное направлéние дéятельности—транспорти́ровка продýктов питáния и сельскохозя́йственной продýкции. Занимáется перевóзками товáра от производи́теля к потреби́телю. Испóльзует автомоби́льные и желéзные дорóги.

Телефóн в Москвé：339-04-56；факс：339-04-44.

Задáние 24.

А. Пи́сьменно состáвьте текст о своéй фи́рме для каталóга вы́ставки.（起草自己公司的情况介绍。）

Б. Изготóвьте свою визи́тную кáрточку.（制作自己的名片。）

В. Обменя́йтесь визитными кáрточками с коллéгами по грýппе и вы́берите среди́ них своегó потенциáльного партнёра.（与自己的同班同行交换名片，并寻找自己潜在的合作伙伴。）

Г. Познакóмьтесь со своим потенциáльным партнёром, расскажи́те о своéй фи́рме и запроси́те интересу́ющую вас информáцию о егó фи́рме.（结识自己潜在的合作伙伴，介绍自己的公司并询问对方公司的有关情况。）

Задáние 25.

А. Сотру́дник представи́телвства фи́рмы "Ай-Би-Э́м" в Росси́и состáвил план своегó выступлéния на откры́тии вы́ставки. Прочитáйте э́тот план.（阅读 IBM 公司驻俄办事处工作人员起草的展览会开幕式上的发言提纲。）

ФИ́РМА "АЙ-БИ-Э́М" НА РОССИ́ЙСКОМ РЫ́НКЕ:

1）продáжа разнообрáзной информациóнной тéхники,

2）разрабóтка совремéнных информациóнных систéм для áвиа—, áвто—и железнодорóжного трáнспорта,

3）создáние кру́пных проéктов по автоматизáции дéятельности бáнков,

4）кóмплексная автоматизáция рабóты магази́нов,

5）разрабóтка информациóнных технолóгий для учéбного процéсса в срéдних шкóлах,

5）оказáние свои́м клиéнтам всех ви́дов сéрвисных услу́г,

6）создáние учéбных цéнтров для свои́х сотру́дников.

Б. Напиши́те по-ру́сски крáткий текст э́того выступлéния.（根据以上提纲用俄语写一份简短的发言稿。）

В. Переведи́те э́тот текст на китáйский язы́к.（请将此发言稿译成汉语。）

ГОТÓВИМСЯ К ПОÉЗДКЕ В РОССИ́Ю
（补充阅读——准备起程赴俄）

ВСЕГДÁ ЛИ ДОСТÁТОЧНО СЛОВ, ЧТÓБЫ ПОНЯ́ТЬ ДРУГ ДРУ́ГА?

Каки́е мы со стороны́? Всегдá ли собесéдники прáвильно понимáют нáши желáния, настроéние, намéрения? Всегдá ли достáточно слов, чтóбы поня́ть друг дру́га?

Окáзывается, нет. Учёные говоря́т, что словá передáют тóлько 15% информáции. Остальнóе выражáется взгля́дом, ми́микой, жéстами, пóзой и т. п. Вáжно пóмнить, что э́ти невербáльные срéдства общéния различáются у рáзных нарóдов не мéньше, *чем* различáются их языки́. То, что привы́чно в однóй культу́ре, чáсто бывáет запрéтным или не при́нятым в други́х.

Традициóнную для сидя́щего америкáнца пóзу "четвёрки" (однá ногá лежи́т на другóй параллéльно пóлу) рéдко уви́дишь в Росси́и. Психóлоги обнару́жили, что одни́ ру́сские воспринима́ют её как сигна́л высокоме́рного отноше́ния к собесе́днику, други́е как при́знак развя́зности. В Росси́и она́ абсолю́тно неприе́млема для любо́й ситуа́ции делово́го обще́ния. Иногда́ так сидя́т во вре́мя делово́х перегово́ров "но́вые ру́сские", но для носи́теля ру́сской бытово́й культу́ры э́то вы́глядит как карикату́ра на америка́нский стиль поведе́ния.

Приме́рно то же мо́жно сказа́ть и об америка́нской привы́чке поднима́ть но́ги и класть их на столы́, сту́лья, кре́сла. Ру́сские иногда́ то́же принима́ют таку́ю по́зу, но то́лько при усло́вии, что в кварти́ре нет госте́й. Да́же в кругу́ семьи́ они́ вряд ли ся́дут так, е́сли кто́-то из дома́шних сиди́т напро́тив.

В ка́ждой конкре́тной ситуа́ции реши́те, что для Вас важне́е: доби́ться расположе́ния росси́йских партнёров и́ли при́нять удо́бную и привы́чную для вас по́зу.

Вы́бор за Ва́ми!

第四课　公司的结构和人员组成

УРОК 4. СТРУКТУРА И КАДРОВЫЙ СОСТАВ ФИРМЫ

РАЗДЕ́Л Ⅰ(第一章)

КАКО́Й МО́ЖЕТ БЫТЬ СТРУКТУ́РА ФИ́РМЫ (公司的结构)

Зада́ние 1. Сообщи́те информа́цию о структу́ре фирм.(讲述公司机构。)

Образе́ц: Фи́рма—110 отделе́ний.

Фи́рма име́ет 110 отделе́ний.

1. Фи́рма "Ро́йтерс"—1000 бюро́ в ра́зных стра́нах.
2. Страхова́я компа́ния "И́на"—180 отделе́ний.
3. "Агроба́нк"— 60 отде́лений в стране́ и 3000 отделе́ний за рубежо́м.
4. Фи́рма "Ре́йтерс Хо́лдингс"—115 бюро́ в ра́зных стра́нах ми́ра.
5. Компа́ния "Хью́лett Пакка́рд" —представи́тельства в 70 (семи́десяти) стра́нах.
6. Компа́ния "Майкросо́фт" —отделе́ния в 50 (пяти́десяти) стра́нах.
7. Фи́рма "А́сер"—80 о́фисов в 38 (тридцати́ восьми́) стра́нах.

Ассоциа́ция объединя́ет не́сколько фирм.

Зада́ние 2. Скажи́те по образцу́, како́в соста́в обьедине́ний.（按示例说出各机构的组成。）

Образе́ц: Организа́ция "Свифт"—ба́нки 15 стран.

Организа́ция "Свифт" объединя́ет ба́нки 15 стран.

1. Ассоциа́ция "Интерло́у"—юриди́ческие фи́рмы ра́зных стран.
2. Акционе́рное о́бщество "Фе́никс"—5 совме́стных предприя́тий.
3. "Автоба́нк"—32 местных ба́нка.
4. Конце́рн "Белмо́с"—19 разли́чных фирм.
5. Многопро́фильная компа́ния "Карги́лл"—бо́лее 10 кру́пных компа́ний.
6. Ассоциа́ция "ЭСО́П"—11 ты́сяч фирм.

Фи́рма "Коме́д" вхо́дит в соста́в акционе́рного о́бщества "Фе́никс".

Зада́ние 3. Скажи́те, в соста́в како́го обьедине́ния вхо́дит фи́рма, банк, предприя́тие.（请说出下列公司、银行、企业属于哪个组织。）

Образе́ц: Америка́нская фи́рма "Пратт энд Уи́тни"—Междунаро́дный конце́рн "Юна́йтед Техно́лоджис".

Америка́нская фи́рма "Пратт энд Уи́тни" вхо́дит в соста́в Междунаро́дного конце́рна "Юна́йтед Техно́лоджис".

1. Фе́рма "Мо́да"—Всеросси́йское объедине́ние "Оли́мпия".
2. Корпора́ция "Во́льво Групп"—шве́дская компа́ния "Во́льво".
3. Внешба́нк—объедине́ние "Мената́п".
4. Фи́рма "Авто́мото"—объедине́ние "Автосе́рвис".
5. Фи́рма "Ингосстра́х"—страхова́я компа́ния "Блэк Си энд Бо́лтик".
6. Петербу́ргская фи́рма OCS ("О́фис Компью́тер Си́стем")—америка́нская компа́ния "Па́ккард Белл".
7. Америка́нская компа́ния "Литви́н"—вое́нно-промы́шленная гру́ппа "Рэйтейо́н".

—Каки́е отде́лы есть в Ва́шей фи́рме?

—В фи́рме есть комме́рческий отде́л и отде́л марке́тинга.

Зада́ние 4.

А. Познако́мьтесь с назва́ниями отде́лов, кото́рые мо́гут быть в фи́рме.（记住下列公司的部门名称。）

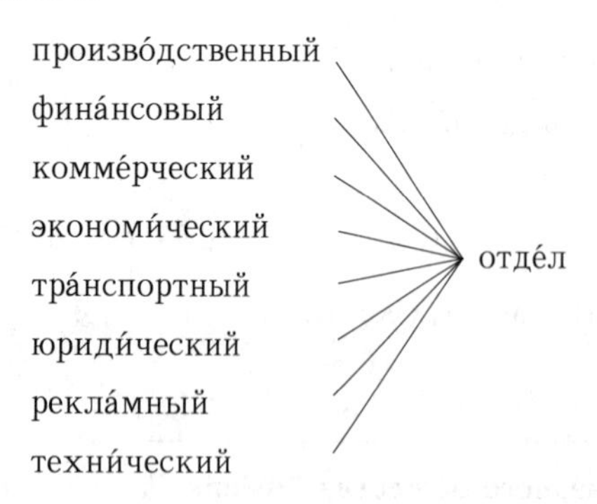

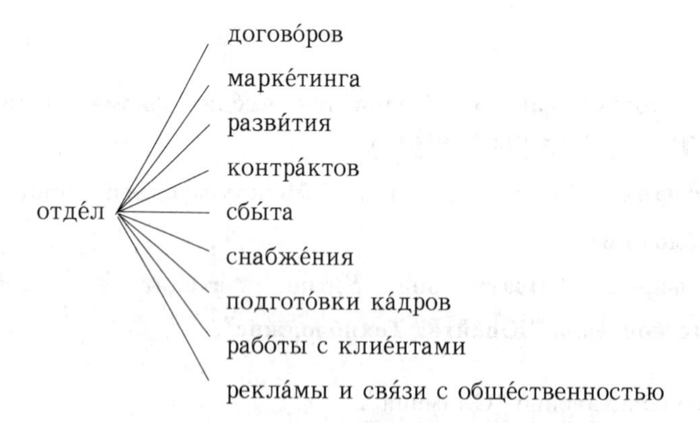

Б. Скажи́те, каки́е отде́лы есть в Ва́шей фи́рме.（请说出贵公司有哪些部门。）

КТО РУКОВОДИ́Т ФИ́РМОЙ（公司的领导人）

—Кто руководи́т Ва́шей фи́рмой?
—На́шей фи́рмой руководи́т генера́льный дире́ктор господи́н Петро́в.

Зада́ние 5.

А. Познако́мьтесь с назва́ниями должносте́й руководи́телей фирм.（记住公司领导的职务名称。）

I. Президе́нт	пе́рвый ви́це—президе́нт ста́рший ви́це—президе́нт ви́це—президе́нт

II. Генера́льный дире́ктор

- исполни́тельный дире́ктор
- комме́рческий дире́ктор
- техни́ческий дире́ктор
- фина́нсовый дире́ктор
- дире́ктор по разви́тию
- дире́ктор по марке́тингу
- дире́ктор по сбы́ту
- дире́ктор по рекла́ме
- дире́ктор по ка́драм
- дире́ктор по внешнеэкономи́ческим свя́зям

III. Дире́ктор

- замести́тель дире́ктора по произво́дству
- замести́тель дире́ктора по сбы́ту
- замести́тель дире́ктора по э́кспорту
- замести́тель дире́ктора по марке́тингу
- замести́тель дире́ктора по ка́драм

IV.

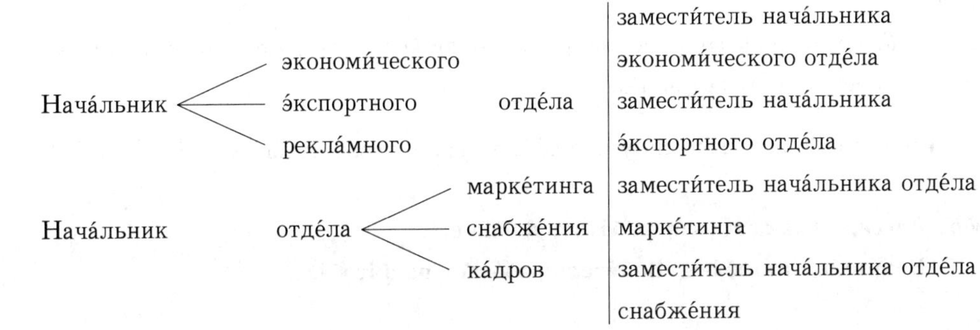

Обрати́те внима́ние: англи́йское сло́во *vice* при перево́де на ру́сский язы́к стано́вится пе́рвой ча́стью слов и пи́шется че́рез дефи́с: *ви́це-президе́нт*, *ви́це-премье́р*, *ви́це-ка́нцлер*.

注意 英语 vice(副职)译成俄语时的写法:*ви́це—президе́нт*, *ви́це-премье́р*, *ви́це-ка́нцлер*。

Б. Скжи́те, кто руковдио́т Ва́шей фи́рмой: президе́нт, генера́льный дире́ктор и́пи дире́ктор.(请说出贵公司的领导人是谁:董事长、总经理或经理。)

В. Скажи́те, каки́е замести́тели есть у руководи́теля ва́шей фи́рмы.(请说出贵公司主要领导人的副职。)

КТО РАБО́ТАЕТ НА ФИ́РМЕ(公司员工)

Зада́ние 6. Познако́мьтесь с назва́ниями должносте́й сотру́дников фи́рмы сре́днего звена́. (记住公司中层领导人的职务名称。)

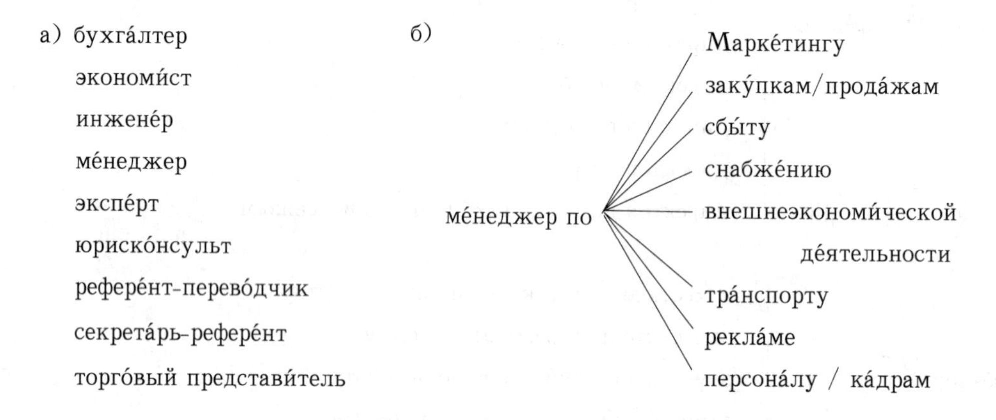

Зада́ние 7.

А. Скажи́те, в каки́х отде́лах рабо́тают сле́дующие сотру́дники.（说出下列工作人员在哪些部门工作。）

юриско́нсульт, инжене́р, ме́неджер по ка́драм, экономи́ст, ме́неджер по марке́тингу, менеджер по тра́нспорту, аге́нт по рекла́ме.

Б. Скажи́те, кто где рабо́тает. Испо́льзуйте слова́ пра́вой и ле́вой коло́нки.（利用左右两栏的词汇造句。）

Образе́ц: Касси́р—банк. Касси́р рабо́тает в ба́нке.

Води́тель—автоба́за. Води́тель рабо́тает на автоба́зе.

Кто?	*Где?*
бухга́лтер	потариа́льная конто́ра
инжене́р	колле́гия адвока́тов
перево́дчик	ауди́торская фи́рма
нало́говый инспе́ктор	ко́нсульство
аудитор	бюро́ перево́дов
адвока́т	заво́д
строи́тель	нало́говая инспе́кция
ко́нсул	бухгалте́рия
нота́риус	стро́йка

Зада́ние 8. Спроси́те и отве́тьте.（问答。）

Образе́ц: Ивано́в Никола́й Серге́евич—дире́ктор ба́нка.

—Кто э́то?

—Э́то Ивано́в Никола́й Серге́евич.

—Кто он?

—Он дире́ктор ба́нка.

1. Са́тин Серге́й Фёдорович—гла́вный бухга́лтер.
2. Смирно́в Па́вел Евге́ньевич—замести́тель дире́ктора по сбы́ту.
3. Портно́ва Анастаси́я Ива́новна—наш секрета́рь-рефере́нт.
4. Бело́ва Ли́дия Петро́вна—наш ме́неджер.
5. Сосно́вский Ива́н Дми́триевич—замести́тель дире́ктора фи́рмы по внешнеэкономи́ческим свя́зям.
6. Анто́нов Бори́с Па́влович—нача́льник произво́дственного отде́ла.
7. Попо́ва Светла́на Васи́льевна—торго́вый представи́тель.

Зада́ние 9.

А. Познако́мьтесь с назва́ниями должносте́й техни́ческого персона́ла.（熟悉技术工作人员的职务名称。）

води́тель
курье́р
убо́рщица
охра́нник

Б. Скажи́те, како́й техни́ческий персона́л рабо́тает на ва́шей фи́рме.（请说出贵公司有哪些技术工作人员。）

Зада́ние 10. Объясни́те, что зна́чат слова́: *собесе́дник*, *сослужи́вец*, *совладе́лец*, *сооте́чественник*, *совреме́нник*?（请解释下列词汇：*собесе́дник*, *сослужи́вец*, *совладе́лец*, *сооте́чественник*, *совреме́нник*?）

Образе́ц: *Сотру́дник*—э́то челове́к, кото́рый рабо́тает вме́сте с кем-нибу́дь в одно́й организа́ции, на одно́й фи́рме.

Зада́ние 11. Переведи́те на ру́сский язы́к.（将下列单词译成俄语。）

新闻记者，代理商，顾问，专家
审计员，医生，作家，合伙人，演员，经理，信差，军官，工程师，出纳员

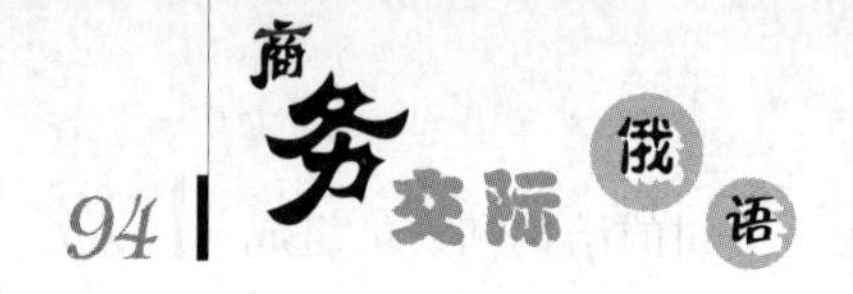

秘书，公证人，副总经理
代理人，译者，口译者，会计师，法学家，打字员，司机，清洁工

注意

А. Англи́йскому сло́ву *officer* в ру́сском языке́ соотве́тствуют два сло́ва: *офице́р* (например, лейтена́нт, майо́р, полко́вник, т. е. челове́к, кото́рый в определённом зва́нии слу́жи́т в а́рмии и́ли в мили́ции) и служа́щий (наприме́р, секрета́рь, курье́р, ауди́тор, ме́неджер, т. е. челове́к, кото́рый рабо́тает в како́м-нибудь о́фисе или́ учрежде́нии). (英语 *officer* 在俄语中有两层意思：*офице́р*(军官)(比如，中尉、少校、上校、即在军队和警察部门任职人员的称呼)和工作人员(比如，秘书、信差、审计员、经理等，即在某一公司或机关工作的人。)

Б. Значе́ние англи́йских слов *translator uinterpreter* в ру́сском языке́ передаёт одно́ сло́во— *перево́дчик*. (英语中 *translator* 、*interpreter* 两词都译作 *перево́дчик*。)

В. Ру́сские слова́ *машини́стка и машини́ст означа́ют ра́зные профе́ссии. Сло́во машини́стка означа́ет челове́ка, профессиона́льные обя́занности кото́рого печа́тать на пи́шущей маши́нке. А сло́во машини́ст означа́ет челове́ка, кото́рый во́дит поезда́, да́же е́сли э́то же́нщина*. (俄语 *машини́стка* 的汉语意思是打字员，而 *машини́ст* 则是火车司机，不分男女。)

—Кем Вы рабо́таете?
—Я рабо́таю ме́неджером по сбы́ту. / Я ме́неджер по сбы́ту.

Зада́ние 12. Отве́тьте на вопро́сы, испо́льзуя разли́чные констру́кции. (用不同的句型回答下列问题。)

1. Кем Вы рабо́таете сейча́с?	инжене́р
2. Кем Вы рабо́тали ра́ньше?	курье́р
3. Кем Вы хоти́те рабо́тать?	дире́ктор фи́рмы
4. Кем рабо́тает Ваш оте́ц?	гла́вный экономи́ст фи́рмы
5. Кем хо́чет стать Ваш брат (сестра́, друг)?	юри́ст
6. Кем рабо́тает ми́стер Бе́йкер?	гла́вный бухга́лтер
7. Кем рабо́тает мисс Ро́бинсон?	секрета́рь-ре́ферент

Зада́ние 13. Вста́вьте назва́ние должносте́й. (填写职务名称。)

1. Генера́льный дире́ктор попроси́л ... соста́вить рекла́мный проспе́кт фи́рмы.

2. Дире́ктор поручи́л ... провести́ собесе́дование со специали́стами, жела́ющими поступи́ть на рабо́ту.
3. Замести́тель дире́ктора по сбы́ту дал зада́ние ... подгото́вить те́ксты контра́ктов.
4. Ме́неджер попроси́л ... отвезти́ докуме́нты партнёрам.
5. Дире́ктор поручи́л ... подсчита́ть разме́р нало́гов за янва́рь.
6. Зарубе́жных партнёров принима́ет ... .
7. Все вопро́сы, свя́занные с комме́рческими опера́циями, реша́ет ... .
8. Все тра́нспортные пробле́мы реша́ет ... .
9. Когда́ генера́льный дире́ктор отсу́тствует, его́ обя́занности выполня́ет ... .
10. Все докуме́нты на ру́сский язы́к перево́дит ... .
11. Техни́ческую документа́цию на обору́дование мо́жно получи́ть у ... .
12. Президе́нта ба́нка сейча́с нет. Вам ну́жно обрати́ться к ... .

Зада́ние 14. Узна́йте, ка́кую до́лжность занима́ет сотру́дник.（询问下列人员的职务。）

Образе́ц: Э́то господи́н Зо́лотов.

а) —Кем рабо́тает господи́н Зо́лотов? Гла́вным экономи́стом?

б) —Кто он? Гла́вный экономи́ст?

1. Э́то господи́н Калу́гин.
2. Э́то госпожа́ Шестако́ва.
3. Э́то ми́стер Фо́гель.
4. Э́то мисс До́бсон.
5. Э́то Ра́зин Алексе́й Степа́нович.
6. Э́то Красно́ва Ири́на Анато́льевна.
7. Э́то Мокие́нко Вале́рий Миха́йлович.

—Кака́я у Вас до́лжность?
—Я гла́вный бухга́лтер.

—Каку́ю до́лжность он занима́ет?
—Он занима́ет до́лжность гла́вного бухга́лтера.

Зада́ние 15. Узна́йте, каку́ю до́лжность занима́ет сотру́дник.（询问工作人员的职务。）

Образе́ц: Гончаро́ва Ири́на Алекса́ндровна.

—Каку́ю до́лжность занима́ет Гончаро́ва Ири́на Алекса́ндровна?

а) —Она́ гла́вный бухга́лтер фи́рмы.

б) —Она́ занима́ет до́лжность гла́вного бухга́лтера фи́рмы.

1. Господи́н Авде́ев	секрета́рь-референт
2. Госпожа́ Красно́ва	рефере́нт-перево́дчик
3. Воло́дин Ю́рий Петро́вич	гла́вный инжене́р
4. Постно́ва О́льга Валенти́новна	води́тель
5. Петро́вская Ири́на	комме́рческий дире́ктор
6. Бо́лотов Макси́м	генера́льный дире́ктор фи́рмы

Улыбни́тесь(小幽默)

— Па́па，кто тако́й Ада́м Смит？

— Эконом́ист.

— Как на́ша ма́ма?

— Нет，на́ша ма́ма—ста́рший эконом́ист.

КАК ФИ́РМА ПОДБИРА́ЕТ ПЕРСОНА́Л
(公司如何选拔人才)

—Каки́х специали́стов приглаша́ет / и́щет фи́рма?

—Фи́рма приглаша́ет / и́щет специали́ста по марке́тингу.

Фи́рма и́щет / приглаша́ет специали́ста на до́лжность гла́вного ме́неджера.

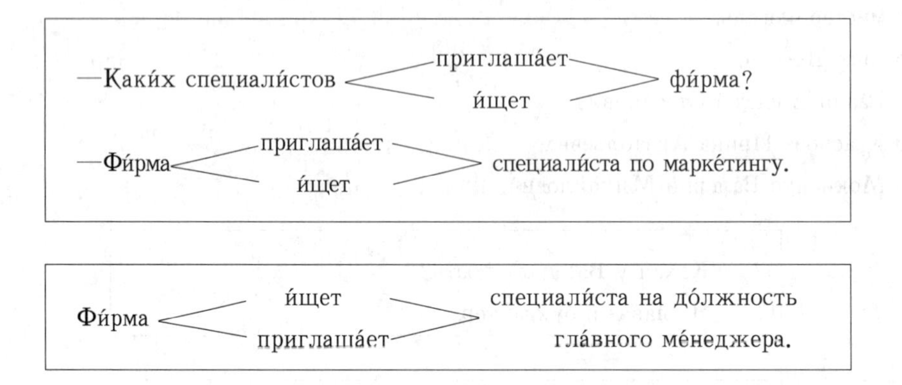

Зада́ние 16. Зако́нчите предложе́ния.(补齐句子。)

1. Фи́рма приглаша́ет на рабо́ту	ме́неджеры по сбы́ту
2. Предприя́тие и́щет	гла́вный бухга́лтер

3. Фи́рма приглаша́ет на до́лжность исполни́тельного дире́ктора	о́пытный специали́ст
4. Компа́ния и́щет на до́лжность ме́неджера по рекла́ме	молодо́й энерги́чный рабо́тник

5. Фи́рма и́щет высококвалифици́рованного юри́ста на до́лжность	нача́льник юриди́ческого отде́ла
6. Аге́нтство приглаша́ет молодо́го специали́ста на до́лжность. . . .	аге́нт по рекла́ме

—Каки́е специали́сты нужны́ / тре́буются фи́рме?

—Фи́рме нужны́ / тре́буются специали́сты по внешнеэкономи́ческой де́ятельности.

Зада́ние 17. Спроси́те друг дру́га, каки́е специали́сты нужны́ ва́шим фи́рмам (каки́х специали́стов приглаша́ют ва́ши фи́рмы). (互相询问各自公司招聘什么样的专门人才。)

Материа́л для отве́тов: инжене́р, юри́ст, консульта́нт по подгото́вке персона́ла, нача́льник отде́ла сбы́та и снабже́ния, руководи́тель отде́ла э́кспорта-и́мпорта, замести́тель дире́ктора по внешнеэкономи́ческим свя́зям, референт-перево́дчик, о́пытный экономи́ст, о́пытный специали́ст на до́лжность гла́вного бухга́лтера, торго́вый представи́тель.

КАКИ́М ДО́ЛЖЕН БЫТЬ СОТРУ́ДНИК ФИ́РМЫ
(公司职员应是什么样的人)

Зада́ние 18. Познако́мьтесь с тре́бованиями, кото́рые фи́рмы предъявля́ют к сотру́дникам. (请记住公司对职员的要求。)

1) вы́сшее / специа́льное — образова́ние

2) владе́ние иностра́нным языко́м

3) владе́ние / по́льзование — персона́льным компью́тером (ПК)

4) о́пыт рабо́ты
- *где?* в ба́нке, инофи́рме
- *кем?* бухга́лтером, экспе́ртом
- *с чем?* с це́нными бума́гами

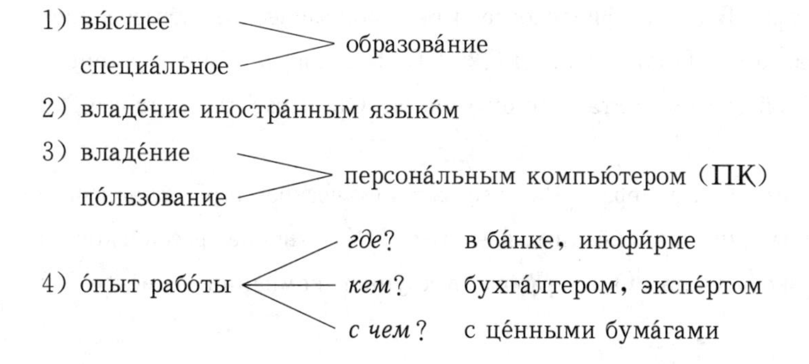

5）зна́ние — росси́йского и зарубе́жного ры́нка; за́падной и росси́йской систе́м бухга́лтерского учёта и ауди́та

Зада́ние 19. Прочита́йте объявле́ния. Скажи́те, каки́е тре́бования предъявля́ются к специали́стам.（阅读通告，说出对专门人才的要求。）

Образе́ц: Рефере́нт-перево́дчик до́лжен име́ть вы́сшее образова́ние, владе́ть англи́йским языко́м, уме́ть рабо́тать на компью́тере.

1. Организа́ция приглаша́ет на рабо́ту ме́неджера по заку́пкам и прода́жам. Обяза́тельно вы́сшее экономи́ческое образова́ние, владе́ние англи́йским языко́м, по́льзование PC. Во́зраст—до 35 лет.
2. Фи́рма приглаша́ет инжене́ра по монтажу́ TV-обору́дования. Обяза́тельно вы́сшее техни́ческое образова́ние, о́пыт рабо́ты по специа́льности. Во́зраст—до 40 лет.
3. Предприя́тию тре́буется нача́льник тра́нспортной слу́жбы. Вы́сшее техни́ческое и́ли экономи́ческое образова́ние, о́пыт рабо́ты руководи́телем отде́ла не ме́нее 5-и лет.
4. Совме́стное предприя́тие пригла́шает высококвалифици́рованного специали́ста в рекла́мный отде́л. Обяза́тельно вы́сшее образова́ние, владе́ние иностра́нным языко́м, по́льзование ПК. Жела́тельны коммуника́бельность, инициати́вность.
5. Брита́нское предприя́тие приглаша́ет молоды́х энерги́чных люде́й—гра́ждан РФ и други́х стран СНГ-на до́лжность ме́неджеров по сбы́ту. Жела́телен о́пыт рабо́ты в инофи́рме и разгово́рный англи́йский язы́к.

注意 Для обозначе́ния словосочета́ния “персона́льный компью́тер” испо́льзуется и ру́сская аббревиату́ра ПК, и англи́йское PC.（俄语缩写词 ПК 和英语缩写词 PC 都是表示“个人电脑”的意思。）

Зада́ние 20. Прочита́йте объявле́ния. Скажи́те, каки́е тре́бования предъявля́ются к бухга́лтеру.（阅读广告，说出对财会人员的要求。）

1. Фи́рме тре́буется бухга́лтер. Вы́сшее фина́нсовое и́ли экономи́ческое образова́ние. Владе́ние иностра́нным языко́м. По́льзование PC（1-С Бухга́лтер, Sun System）. Зна́ние росси́йской и за́падной систе́м бухга́лтерского учёта. Стаж рабо́ты не ме́нее 2-х лет.
2. Фи́рма приглаша́ет гла́вного бухга́лтера. Вы́сшее экономи́ческое и́ли́ фина́нсовое образова́ние. Свобо́дное владе́ние англи́йским языко́м, ПК, зна́ние росси́йской и за́падной систе́м бухга́лтерского учёта. О́пыт рабо́ты в кру́пной компа́нии не ме́нее 2-х лет.

3. Гла́вный бухга́лтер：до 45 лет，специа́льное фина́нсовое образова́ние，хоро́шее владе́ние англи́йским языко́м，по́льзование ПК，о́пыт рабо́ты гла́вным бухга́лтером в иностра́нной компа́нии，о́пыт управле́ния персона́лом.

Зада́ние 21. Прочита́йте объявле́ния. Скажи́те，каки́е тре́бования предъявля́ются к ме́неджеру.（阅读广告，说出对部门经理的要求。）

1. Ме́неджер по марке́тингу：25—35 лет，вы́сшее образова́ние，свобо́дное владе́ние англи́йским языко́м，ПК на у́ровне о́пытного по́льзователя，о́пыт би́знес-плани́рования，теорети́ческие зна́ния и практи́ческие на́выки в марке́тинге，о́пыт рабо́ты в кру́пной компа́нии от 3-х до 5-и лет.
2. Ме́неджер по сбы́ту：мужчи́на до 35 лет，экономи́ческое образова́ние，свобо́дный неме́цкий язы́к，ПК，зна́ние рекла́много де́ла，о́пыт рабо́ты с зарубе́жными партнёрами.

Зада́ние 22. Прочита́йте объявле́ние. Скажи́те，каки́е тре́бования предъявля́ются к секретарю́-рефере́нту.（阅读广告，说出对文秘人员的要求。）

Фи́рме тре́буется секрета́рь-рефере́нт. Тре́бования：вы́сшее образова́ние，зна́ние неме́цкого и́ли англи́йского языка́，по́льзование компью́тером，ру́сская и лати́нская маши́нопись，зна́ние делопроизво́дства и веде́ния документа́ции.

Зада́ние 23. Познако́мьтесь с назва́ниями профессиона́льных и ли́чных ка́честв сотру́дников фи́рмы. Скажи́те，каки́е из них вы счита́ете наибо́лее ва́жными.（记住下列表示公司职员个人品质与职业道德的单词，您认为其中哪些是最重要的。）

специа́льное образова́ние	коммуника́бельность
компете́нтность	добросо́вестность
о́пыт рабо́ты	инициати́вность
профессионали́зм	доброжела́тельность
пре́данность фи́рме	дисциплини́рованность

Зада́ние 24. Прочита́йте объявле́ния и вы́пишите из них тре́бования，кото́рые предъявля́ются к сотру́дникам фирм.（阅读广告，抄写公司对职员的要求。）

1. Росси́йско-герма́нской фи́рме，специализи́рующейся в о́бласти полиграфи́и，для рабо́ты в ка́честве руководи́теля Санкт-Петербу́ргского филиа́ла тре́буется молодо́й инициати́вный

специали́ст с экономи́ческим образова́нием, зна́нием неме́цкого и англи́йского языко́в.

Опла́та труда́ стаби́льная.

Дополни́тельная информа́ция-по телефо́ну: 136-55-74.

2. Веду́щая зарубе́жная компа́ния сро́чно и́щет сотру́дников для филиа́ла в Но́вгороде. Тре́бования: 23 го́да и ста́рше, вы́сшее образова́ние, ба́зовые зна́ния англи́йского языка́, коммуника́бельность, бы́стрый аналити́ческий ум, трудолю́бие, энерги́чность, честолю́бие.

Компа́ния гаранти́рует: профессиона́льный рост, возмо́жность рабо́ты за рубежо́м, пятидне́вную рабо́чую неде́лю, высо́кую зарпла́ту.

КАКУ́Ю ЗАРПЛА́ТУ ПОЛУЧА́ЮТ СОТРУ́ДНИКИ ФИ́РМЫ
(公司员工的收入)

—Каку́ю зарпла́ту получа́ет ме́неджер на Ва́шей фи́рме?
—На сего́дняшний день сре́дняя зарпла́та ме́неджера—
4 миллио́на рубле́й.

—Каку́ю зарпла́ту вы пла́тите аге́нтам по рекла́ме?
—Сего́дня мы плати́м им от 2-х до 3-х миллио́нов рубле́й.

—Сотру́дники ва́шей фи́рмы получа́ют пре́мии?
—Да, фи́рма выпла́чивает пре́мии ежекварта́льно.

Зада́ние 25. Запо́мните слова́ и словосочета́ния. (记住下列单词及词组。)

1. Зарпла́та = за́работная пла́та;

сде́льная / почасова́я — опла́та труда́

2. Получа́ть — зарпла́ту / стипе́ндию / пе́нсию / пре́мию / проце́нт от сде́лки

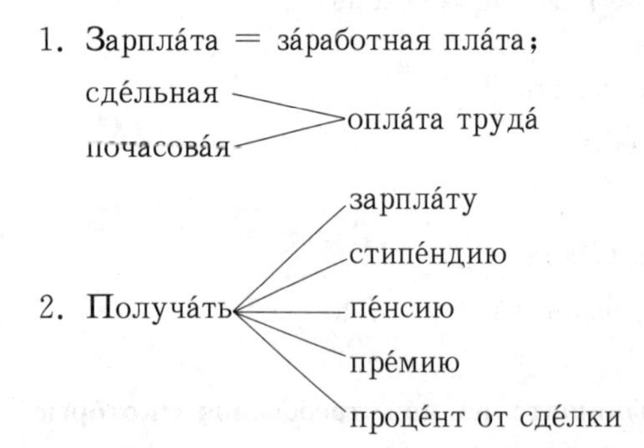

Зада́ние 26. Переведи́те на ру́сский язы́к. (将下列单词译成俄语。)

工资,按时计费,奖金,利息

Зада́ние 27. Соста́вьте предложе́ния по образцу́. (仿示例造句。)

А. Образе́ц: Бухга́лтер— ежеме́сячная зарпла́та.

Бухга́лтер получа́ет ежеме́сячную зарпла́ту.

1. Секрета́рь-рефере́нт, инжене́р, учи́тель, касси́р—ежеме́сячная зарпла́та.
2. Аге́нт по торго́вле недви́жимостью, ме́неджер по реализа́ции проду́кции, посре́дник-проце́нт от сде́лки.
3. Студе́нт-стипе́ндия.
4. Пенсионе́р-пе́нсия.

Б. Образе́ц: Строи́тель—сде́льная опла́та.

Опла́та труда́ строи́теля—сде́льная.

Сельскохозя́йственный рабо́чий, аге́нт по реализа́ции, машини́стка—сде́льная опла́та.

В. Образе́ц: Экспе́рт—почасова́я опла́та.

Опла́та труда́ экспе́рта—почасова́я.

Перево́дчик-синхрони́ст, консульта́нт, води́тель, стенографи́стка—почасова́я опла́та.

Зада́ние 28.

А. Найди́те соотве́тствия в ле́вой и пра́вой коло́нках. (找出左右两侧意义相同的词和词组。)

Ка́ждую мину́ту	еженеде́льно
ка́ждый де́нь	ежедне́вно
ка́ждую неде́лю	ежеме́сячно
ка́ждый ме́сяц	ежего́дно
ка́ждый кварта́л	ежемину́тно
ка́ждый год	ежекварта́льно

Б. Вы́деленные словосоче́тания замени́те слова́ми ежемину́тно, еженеде́льно, ежеме́сячно, ежекварта́льно, ежего́дно. (用 ежеминутно, еженедельно, ежемесячно, ежеквартально, ежегодно 代换下列斜体字。)

1. *Ка́ждую неде́лю* нача́льники отде́лов прово́дят совеща́ния сотру́дников.
2. *Ка́ждый кварта́л* сотру́дники на́шего предприя́тия получа́ют пре́мии.
3. *Ка́ждый год* фи́рма опла́чивает свои́м сотру́дникам трёхнеде́льный о́тпуск.
4. *Ка́ждую мину́ту* в о́фисе звони́т телефо́н.
5. *Ка́ждый ме́сяц* наш ме́неджер встреча́ется с представи́телями фи́рмы-поставщика́.

Зада́ние 29.

А. Прочита́йте да́нные об у́ровне за́работной пла́ты специали́стов наибо́лее дефици́тных профе́ссий на ры́нке труда́ г. Москвы́ в 1997 г.（下列表格中所表示的是 1997 年莫斯科劳动市场上一些紧俏行业从业人员的收入标准。）

注意 В Росси́и при́нято ука́зывать не годову́ю，а ме́сячную зарпла́ту.（俄罗斯通常采用的是年薪，而不是月薪。）

I. Ба́нковские рабо́тники

Руководи́тели отде́лов

До́лжность	Профессиона́льные тре́бования	Зарпла́та (в рубля́х)
Нача́льник фина́нсово-экономи́ческого отде́ла	Высш. обр.，ПК，фина́нсовое плани́рование，рублевые и валю́тные опера́ции，нало́говая поли́тика	9 000 000
Нача́льник валю́тного отде́ла	Высш. обр.，ПК，ана́лиз фина́нсового ры́нка，валю́тный бухга́лтерский учёт，англ. яз. разгово́рный	10 000 000
Нача́льник юриди́ческого отде́ла	Высш. обр.，ПК，арбитра́ж，юриди́ческое обслу́живание клие́нтов	6 000 000

II. Фина́нсовые рабо́тники фирм

Фина́нсовый дире́ктор	Высш. обр.，ПК，валю́тные опера́ции，о́пыт ВЭД（внешнеэкономи́ческой де́ятельности），англ. яз. свобо́дно	15 000 000
Гла́вный бухга́лтер	Высш. обр.，ПК，валю́тные опера́ции，зна́ние за́падной систе́мы бухучета，англ. яз. свобо́дно	11 000 000
Бухга́лтер	Высш. обр.，ПК，англ. яз. разг.	5 500 000

III. Ме́неджеры

Ме́неджер по сбы́ту	Высш. обр., ПК, о́пыт прода́ж, комме́рческие свя́зи на ры́нке сбы́та, англ. яз. свобо́дноl	6 500 000
Ме́неджер по внешне-экономи́ческой де́ятельности	Высш. обр., ПК, перегово́ры, контра́кты по э́кспорту-и́мпорту, англ. яз. своб.	4 500 000
Ме́неджер по рекла́ме	Высш. обр., ПК, организа́ция и проведе́ние рекла́мных компа́ний	2 000 000

IV. Секретари́—рефере́нты

Секрета́рь-рефере́нт	Маши́нопись рус. и лат., ПК, делопроизво́дство, оргте́хника, англ. яз. своб.	3 500 000
Секрета́рь-рефере́нт	Маши́нопись, ПК, Делопроизво́дство, оргте́хника	2 000 000

Б. Вы́берите одну́ из должносте́й, назови́те профессиона́лвные на́выки, необходи́мые для рабо́ты в э́той до́лжности. Скажи́те, каку́ю ме́сячную зарпла́ту получа́ет специали́ст, рабо́тающий в э́той до́лжности.（选择一个职务，说说它的职业技能和月工资收入。）

Зада́ние 30. Дире́ктор попроси́л Вас перевести́ объявле́ния из газе́ты "Moscow News" на ру́сский язы́к. Вы́полните его́ про́сьбу. Не забу́дьте, что назва́ния должносте́й и профе́ссий в ру́сском языке́ пи́шутся с ма́ленькой бу́квы, наприме́р: старший ме́неджер. (经理请您将《莫斯科新闻》报上的简历翻译成俄语。请完成他的要求。不要忘记，在俄语中表示职位和职业的称呼应小写，如：старший ме́неджер。)

高级会计师：女性，30岁，高等学历，莫斯科人。流利掌握法语、英语，熟练操作多种电脑软件，有五年审计工作经验。佣金600美元。电话：913-92-41。

行政管理者：男性，35岁，流利掌握英语，具有政府部门及海外贸易经验。佣金2500美元。电话或传真：358-2501。

秘书/行政助手：女性，24岁，高等学历。流利掌握英语，有电脑操作，办公室工作，打字，速记，笔译/口译等方面工作经验。本人精力充沛，守时，有吸引力。佣金600美元。电话：913-92-41。

司机：男性，55岁，中学毕业，在驾驶、各种信息及路线记忆很好。22年驾龄。按小时收费。电话:8946-0276。

ПОРАБО́ТАЕМ НАД ПРОИЗНОШЕ́НИЕМ, ЛЕ́КСИКОЙ И ГРАММА́ТИКОЙ (语音、词汇、语法练习)

Зада́ние 32. Чита́йте вслух. (朗读。)

1. Фи́рма вхо́дит в соста́в концéрна.
   Америка́нская фи́рма вхо́дит в соста́в концéрна.
   Америка́нская фи́рма вхо́дит в соста́в междунаро́дного концéрна.
   Америка́нская фи́рма вхо́дит в соста́в междунаро́дного автомоби́льного концéрна.
2. Компа́ния имéет 110 (сто дéсять) отделéний.
   Компа́ния “И́на” имéет 110 отделéний.
   Компа́ния “И́на” имéет 110 отделéний в ра́зных стра́нах.
   Компа́ния “И́на” имéет 110 отделéний в ра́зных стра́нах ми́ра.
   Страхова́я компа́ния “И́на” имéет 110 отделéний в ра́зных стра́нах ми́ра.

**Зада́ние 33. Слу́шайте и повторя́йте. (听录音并跟读。)**

1. Помо́щник,
помо́щник мéнеджера,
помо́щник мéнеджера по рекла́ме,
помо́щник мéнеджера по рекла́ме и маркéтингу,
помо́щник ста́ршего мéнеджера по рекла́ме и маркéтингу.
2. Дирéктор,
дирéктор объединéния,
дирéктор торго́вого объединéния,
дирéктор госуда́рственного торго́вого объединéния,
дирéктор госуда́рственного торго́вого объединéния “Мосто́рг”,
генера́льный дирéктор госуда́рственнрго торго́вого объединéния “Мосто́рг”.
3. Дирéктор фи́рмы.
Генера́льный дирéктор фи́рмы.
Секрета́рь генера́льного дирéктора фи́рмы.
Секрета́рь генера́льного дирéктора фи́рмы “Норд”.
Секрета́рь генера́льного дирéктора произво́дственной фи́рмы “Норд”.
Секрета́рь генера́льного дирéктора америка́нской произво́дственной фи́рмы “Норд”.

Зада́ние 34. Прочита́йте слова́, вы́делите в них о́бщую часть. (**读单词并找出词根。**)

а) дели́ть
отдели́ть
отделе́ние
отде́л
отде́льный

б) плати́ть
заплати́ть
опла́та
пла́та
зарпла́та

в) сотру́дничать
сотру́дник
сотру́дничество

Зада́ние 35. Продо́лжите спи́сок слов. (**组词练习。**)

а) аге́нт / дире́ктор / ме́неджер / специали́ст — по рекла́ме, и́мпорту, . . .

б) руководи́ть / руково́дство — *чем*? отде́лом, . . .

в) владе́ть / владе́ние — *чем*? иностра́нным языко́м, . . .

Зада́ние 36. Прочита́йте и допо́лните. (**朗读并写出动名词。**)

а) объявля́ть / объяви́ть—объявле́ние,

объединя́ть / объедини́ть—

отделя́ть / отдели́ть—

б) управля́ть—

владе́ть—

тре́бовать—

Зада́ние 37. Скажи́те, от каки́х прилага́тельных образо́ваны существи́тельные. (**写出下列名词的形容词形式。**)

Общи́тельный —общи́тельность

... —коммуника́бельность

... —инициати́вность

... —компете́нтность

...　　　　—добросóвестность

Задáние 38. Запóлните таблúцу. (记住下表。)

кто?	рабóтать *кем*?
инженéр	ннженéром
экономúст	—
бухгáлтер	—
кассúр	—
мéнеджер	—
перевóдчик	—
водúтель	водúтелем
учúтель	—
строúтель	—
секретáрь	секретарём
машинúстка	машинúсткой
стенографúстка	—
стюардéсса	—
перевóдчица	перевóдчицей
убóрщица	—

РАЗДЕ́Л Ⅱ（第二章）

ОРГАНИЗАЦИО́ННАЯ СТРУКТУ́РА ФИ́РМЫ.
（公司的组成机构）

Зада́ние 1. Прочита́йте текст интервью́ с президе́нтом транснациона́льного конце́рна "белмо́с" ми́ланом л. Зецем.（阅读课文。）

Корреспонде́нт：Господи́н Зец，как мне изве́стно，конце́рн "Белмо́с"，кото́рым Вы сейча́с руководи́те，молодо́й，но уже́ име́ет соли́дную ба́зу. Так，в его́ соста́в вхо́дит совме́стное росси́йско-америка́нско-югосла́вское предприя́тие *Helen International Production*，президе́нтом кото́рого Вы явля́етесь. Как создава́лся конце́рн?

Г. Зец：Хочу́ сра́зу подчеркну́ть，что мы пришли́ в Росси́ю，что́бы поддержа́ть рефо́рмы，кото́рые здесь происхо́дят，помо́чь нала́дить произво́дство и торго́влю высококáчественными потреби́тельскими това́рами. Так，многопро́фильное совме́стное предприя́тие *Helen* выпуска́ет широ́кий ассортиме́нт мужски́х и же́нских шве́йных изде́лий，спорти́вные костю́мы и изде́лия из ме́ха. Мы на́чали успе́шно сотру́дничать с предприя́тиями Росси́и，Казахста́на，Узбекиста́на и други́х стран СНГ. Нала́дили пря́мы́е свя́зи с 40 кру́пными товаропроизводи́телями. Мы помогли́ и помога́ем им сырьём，обору́дованием，совреме́нной техноло́гией，организу́ем совме́стное произво́дство，обуча́ем ка́дры. Так возни́кла иде́я транснациона́льного конце́рна.

Корр.：Какова́ структу́ра конце́рна и на осно́ве каки́х при́нципов он бу́дет де́йствовать?

Г. Зец：В соста́в конце́рна вхо́дят фи́рмы，с кото́рыми *Helen* сотру́дничает уже́ не пе́рвый год и кото́рые хорошо́ зарекомендова́ли себя́ как делов́ые партнёры. Их 19. Среди́ них таки́е изве́стные фи́рмы，как "Центркомме́рц" из Герма́нии，"Баракат Интерне́йшнл Конса́лтинг Корпоре́йшн" из США，торго́вый дом "Сергели́" из Узбекиста́на，конце́рн "Универса́л"，Сою́з ма́лых предприя́тий и др.

Как ви́дите，конце́рн "Белмо́с"-э́то кру́пная фина́нсово-промы́шленная компа́ния，кото́рая объединя́ет ба́нки，страхов́ые компа́нии，торго́вые дома́，инвестицио́нные фо́нды，а та́кже разнопро́фильные ме́лкие и кру́пные предприя́тия. Конце́рн объединя́ет интере́сы всех входя́щих в него́ предприя́тий，ока́зывает по́мощь свои́м чле́нам в реализа́ции осо́бо сло́жных прое́ктов，в установле́нии но́вых делов́ых свя́зей，в произво́дстве но́вой проду́кции.

Фина́нсовые и ба́нковские опера́ции конце́рн бу́дет осуществля́ть че́рез специа́льно со́зданные для э́тих це́лей комме́рческий банк "Форпо́ст" и центра́льный моско́вский банк

“Междунаро́дный”. Торго́вый дом “Ата́л” возьмёт на себя опто́вую и ро́зничную то́рговлю. Други́ми слова́ми, ка́ждый из уча́стников бу́дет контроли́ровать и организо́вывать ту сфе́ру де́ятельности, в кото́рой он име́ет наибо́льшие возмо́жности.

Корр.: Как направля́ется рабо́та отде́льных фирм, входя́щих в соста́в конце́рна?

Г. Зец: Ка́ждая фи́рма представля́ет на президе́нтский сове́т конце́рна свой прое́кт и по́сле его́ одобре́ния начина́ет реализа́цию э́того прое́кта.

Корр.: Есть ли у конце́рна еди́ная ка́дровая поли́тика?

Г. Зец: Мы прекра́сно понима́ем, что для осуществле́ния всех на́ших програ́мм нужны́ высококвалифици́рованные специали́сты, спосо́бные рабо́тать в усло́виях ры́ночной эконо́мики. Поэ́тому мы организу́ем междунаро́дный колле́дж, где бу́дем обуча́ть люде́й ры́ночным дисципли́нам, ме́неджменту, внешнеэкономи́ческим отноше́ниям.

И са́мое гла́вное. Все но́вые и но́вые предприя́тия и фи́рмы выража́ют жела́ние уча́ствовать в рабо́те конце́рна. Зна́чит, в э́том есть необходи́мость и потре́бность.

Зада́ние 2.

А. Расскажи́те об исто́рии созда́ния транснациона́льного конце́рна “Белмо́с”. (讲述“Белмо́с”跨国公司组建历史。)

Б. Скажи́те, какова́ структу́ра конце́рна? Каки́е фи́рмы, ба́нки, предприя́тия он объединя́ет. (讲述一下这家联合公司的结构。它是由哪几家公司,银行,企业组成的。)

Зада́ние 3.

А. Испо́льзуя информа́цию те́кста, зако́нчите предложе́ния. (按课文内容补全句子。)

1. Фи́рмы, входя́щие в соста́в конце́рна, помога́ют друг дру́гу

— сырьём, ...

— нала́дить ...

— обучи́ть ...

2. Конце́рн

— объединя́ет интере́сы ...

— ока́зывает по́мощь свои́м чле́нам ...

— помога́ет установи́ть ...

— помога́ет в произво́дстве ...

3. Ка́ждый из уча́стников конце́рна контроли́рует и организу́ет ту сфе́ру де́ятельности, ...

Б. Как Вы ду́маете, почему́ возника́ют кру́пные фина́нсово-промы́шленные компа́нии? В чём преиму́щества объедине́ния отде́лвных фирм в соста́в транснациона́льных конце́рнов? Вхо́дит ли Ва́ша фи́рма а соста́в како́го-либообъедине́ния? Счита́ете ли вы э́то целесообра́зным? Почему́? (为什么会出现大型的金融工业公司？单个小公司组建跨国公司的优势在哪里？贵公司是否也是某个联合公司的成员？您认为这是理智的吗？为什么？)

В. Охарактеризу́йте фу́нкции отде́льных ба́нков, фирм, предприя́тий, входя́щих в конце́рн "Белмо́с". (说说进入"Белмо́с"联合公司的单个银行、小公司、企业的职能。)

Как фи́рмы реализу́ют свои́ прое́кты в ра́мках де́ятельности конце́рна? Какова́ роль президе́нтского сове́та? (联合公司是如何在自己的活动范围内执行项目的？董事会的作用是什么？)

Зада́ние 4.

А. Прочита́йте текст, зако́нчите его́ назва́ние. (阅读课文，补全课文题目。)

КОМПА́НИЯ "ВЕ́ССО-ЛИ́НК"-ЛИ́ДЕР...

Сего́дня в Росси́и пе́йджеры ста́ли привы́чным, ма́ссовым и са́мым дешёвым ви́дом моби́льной свя́зи. Пе́йджер с учётом обслу́живания обхо́дится в 7-10 раз деше́вле со́тового телефо́на. Ра́диус де́йствия пе́йджинг—систе́мы в Москве́—до 100 киломе́тров.

Пе́рвой фи́рмой, предложи́вшей те́кстовые пе́йджинги на росси́йском ры́нке, была́ компа́ния "Ве́ссо-Линк". За два после́дних го́да число́ клие́нтов компа́нии увели́чилось до 20000 челове́к. Ведь "Ве́ссо-Линк" предлага́ет са́мые ни́зкие в Росси́и це́ны за свои́ услу́ги и прекра́сное ка́чество пе́йджинга. Никака́я моби́льная связь в Москве́ не де́йствует на тако́м расстоя́нии, как пе́йджеры "Ве́ссо-Линк".

Причи́на успе́ха "Ве́ссо-Линк" на росси́йском ры́нке состои́т и в том, что фи́рма не ограни́чивается Москво́й и Подмоско́вьем. Компа́ния откры́ла свои́ филиа́лы в таки́х кру́пных города́х Росси́и, как Ни́жний Но́вгород, Пермь, Уфа́ и други́х, что позволя́ет клие́нтам "Ве́ссо-Линк" по́льзоваться одни́м и тем же пе́йджингом в любо́м из э́тих городо́в.

Б. Прове́рьте, совпа́ло ли назва́ние те́кста, да́нное ва́ми, с его́ реа́льным назва́нием: "Компа́ния "Вессо-Линк"—лидер росси́йского ры́нка пейджинг-связи"? (课文题目为"Компа́ния"Вессо-Линк"—лидер росси́йского ры́нка пейджинг-связи",与您设想的一致吗？)

В. Отве́тьте на вопро́сы. (回答问题。)

1. Чем изве́стна в Росси́и компа́ния "Ве́ссо-Линк"? 2. Как измени́лось число́ клие́нтов "Ве́ссо-Линк" за после́дние два го́да? Чем привле́кает свои́х клие́нтов компа́ния? 3. По́льзовались ли Вы когда́-нибу́дь пе́йджинговой свя́зью? 4. Услу́гами како́й компа́нии Вы

по́льзовались? 5. Явля́ется ли э́тот вид свя́зи привы́чным и распространённым в среде́ деловы́х люде́й США? 6. Каки́е компа́нии, осуществля́ющие пе́йджинговую связь, популя́рны в США?

Зада́ние 5. Приму́те уча́стие в обсужде́нии сле́дующих вопро́сов.（讨论下列问题。）

1. Как Вы ду́маете, существу́ет ли связь ме́жду успе́шным функциони́рованием фи́рмы на росси́йском ры́нке и нали́чием у неё филиа́лов в Росси́и? Поясни́те свою́ мысль на приме́ре фи́рмы "Ве́ссо-Линк".

2. В чём досто́инства и недоста́тки пе́йджинговой свя́зи по сравне́нию с други́ми ви́дами моби́льной свя́зи, наприме́р, с со́товым телефо́ном (цена́ обслу́живания, ра́диус де́йствия, объём передава́емой информа́ции, её конфиденциа́льность и др.)?

Зада́ние 6.

А. Прослу́шайте текст и скажи́те, где сейча́с живёт и рабо́тает Э́рин Джонс.（读课文，说出Эрин Джонс的居住和工作地点。）

РАССКА́ЗЫВАЕТ Э́РИН ДЖОНС

Я—америка́нец. Мои́ роди́тели живу́т в Чика́го. Я учу́сь в Айо́вском университе́те на экономи́ческом факульте́те. Я изуча́ю ру́сский язы́к уже́ два го́да. Ме́сяц тому́ наза́д я прие́хал в Москву́ на стажиро́вку. Я занима́юсь ру́сским языко́м в МГУ им. М. В. Ломоно́сова и стажиру́юсь на росси́йско-америка́нской фи́рме, кото́рая занима́ется опто́вой торго́влей.

На́ша фи́рма вхо́дит в ассоциа́цию, кото́рая объединя́ет ещё 8 фирм. Центра́льный о́фис на́шей фи́рмы нахо́дится на Профсою́зной у́лице, недалеко́ от ста́нции метро́ "Но́вые Черёмушки". Кро́ме того́, на́ша фи́рма име́ет свои́ филиа́лы в ра́де городо́в Росси́и. В ма́рте 1992 го́да был откры́т филиа́л в Санкт-Петербу́рге, а в 1993 году́-филиа́лы в Новосиби́рске, Краснода́ре и в Екатеринбу́рге.

Всего́ на фи́рме рабо́тает 40 постоя́нных сотру́дников. В моско́вском о́фи́се—15 челове́к. Кро́ме того́, на фи́рме рабо́тает мно́го вре́менных сотру́дников: экспе́рты, консульта́нты, перево́дчики. Вре́менный штат нахо́дится в постоя́нном движе́нии.

Генера́льный дире́ктор фи́рмы—Том Круз, мой соотéчественник. У него́ два замести́теля: Попо́в Михаи́л Петро́вич—исполни́тельный дире́ктор, кото́рый занима́ется о́бщими вопро́сами и выполня́ет обя́занности генера́льного дире́ктора в его́ отсу́тствие, и Кулико́ва Алекса́ндра Федоровна, кото́рая явля́ется комме́рческим дире́ктором и кури́рует фина́нсовую де́ятельность фи́рмы.

В приёмной дире́ктора сидя́т секрета́рь-рефере́нт О́ля Петро́ва и перево́дчик Серге́й Пантеле́ев, кото́рый свобо́дно говори́т по－англи́йски и по—неме́цки. Вообще́, англи́йский зна́ют почти́ все сотру́дники. Да́же води́тель Са́ша, кото́рый всегда́ сопровожда́ет зарубе́жных госте́й фи́рмы. На фи́рме два рабо́чих языка́—ру́сский и англи́йский.

В фи́рме есть 5 отде́лов: отде́л марке́тинга, отде́л сбы́та, отде́л догово́ров/контра́ктов, фина́нсовый и тра́нспортный отде́лы. Я прохожу́ стажиро́вку в отде́ле марке́тинга. Нача́льник на́шего отде́ла—Владисла́в Алекса́ндрович Липа́тов. Ему́ 32 го́да, у него́ вы́сшее экономи́ческое образова́ние. Кро́ме того́, он прошёл специа́льные ку́рсы по марке́тингу в фи́рме "Ай-Би-Э́м".

Наш отде́л занима́ется изда́нием рекла́мно — информацио́нных материа́лов, подгото́вкой и организа́цией вы́ставок, презента́ций и други́х марке́тинговых мероприя́тий. Мы подде́рживаем свя́зи с би́знес-партнёрами на террито́рии Росси́и и СНГ, прово́дим опро́сы покупа́телей, собира́ем све́дения о прода́жах, обраба́тываем ценову́ю и другу́ю комме́рческую информа́цию.

Я как стажёр уча́ствую в марке́тинговых иссле́дованиях, кото́рые прово́дит отде́л, занима́юсь о́фисной рабо́той, помога́ю вести́ делову́ю перепи́ску на англи́йском и ру́сском языка́х, рабо́таю с фа́ксом, мно́жительной те́хникой, электро́нной по́чтой. Я хоте́л бы рабо́тать на э́той фи́рме, когда́ око́нчу университе́т и получу́ вы́сшее образова́ние.

Б. Просмотри́те вариа́нты отве́тов. Пото́м прослу́шайте текст ещё раз и сде́лайте пра́вильный вы́бор.（根据课文内容选择正确答案。）

1. Э́рин Джо́нсон сейча́с живёт
   А. в Айо́ве.
   Б. в Москве́.
   В. в Чика́го.

2. Он прохо́дит стажиро́вку
   А. в отде́ле марке́тинга.
   Б. в фина́нсовом отде́ле.
   В. в тра́нспортном отде́ле.

3. Во вре́мя стажиро́вки Э́рин Джо́нсон уча́ствует
   А. в конфере́нциях.
   Б. в марке́тинговых иссле́дованиях.
   В. в поє́здках по стра́нам СНГ.

В. Вы прие́хали по служе́бным дела́м в Чика́го и встре́тились с роди́телями своего́ дру́га Э́рина Джо́нсона. Что вы мо́жете рассказа́ть о стажиро́вке их сы́на в Москве́?（假设您因公务来到芝加哥,并与自己的朋友 Эрин Джонсон 的父母见面了。您会对他们在莫斯科进修的儿子的情况说些什么?）

Зада́ние 7. Напиши́те письмо́ домо́й. Расскажи́те о свое́й стажиро́вке. (给家里写封信谈谈自己的进修生活。)

1. Каки́е отде́лы есть на фи́рме, где Вы прохо́дите стажиро́вку? 2. В како́м отде́ле стажиру́етесь Вы? 3. Каковы́ Ва́ши обя́занности как стажёра? 4. Чем занима́ются сотру́дники ва́шего отде́ла и други́х отде́лов? 5. В ка́ком отде́ле Вы хоте́ли бы рабо́тать по́сле университе́та? Каку́ю до́лжность Вы хоти́те занима́ть?

КА́ДРОВАЯ ПОЛИ́ТИКА ФИ́РМЫ
(公司的人事政策)

Зада́ние 8.

А. Вы—нача́льник отде́ла ка́дров. По про́сьбе руководи́теля фи́рмы познако́мьтесь с информа́цией о кандида́тах на вака́нтные до́лжности. Вы́берите кандидату́ры, кото́рые ка́жутся Вам наибо́лее предпочти́тельными. (您是人事处负责人,应公司经理的要求了解空缺职位候选人的信息。请在下列选拔您认为合适的人选。)

Гла́вный бухга́лтер:

1. Мужчи́на, 38 лет, вы́сшее образова́ние, хоро́шее зна́ние неме́цкого языка́, о́пыт рабо́ты на кру́пном госуда́рственном предприя́тии 12 лет, отли́чное зна́ние росси́йской фина́нсовой отчётности, налогообложе́ния; валю́тные опера́ции, бала́нс, на́выки управле́ния персона́лом, ПК (Infobuhgalter, Windows).

2. Мужчи́на, 36 лет, вы́сшее образова́ние—МГУ, аспиранту́ра (специа́льная гру́ппа по эконо́мике). Дополни́тельное образова́ние: ку́рсы по бухучёту при Акаде́мии управле́ния; ку́рсы по за́падным станда́ртам учёта; англи́йский свобо́дно, о́пыт рабо́ты 5 лет гла́вным бухга́лтером в СП, росси́йских и иностра́нных компа́ниях с больши́м оборо́том. Веде́ние бухучёта в по́лном объёме. По́льзователь ПК.

Юри́ст:

1. Мужчи́на, 35 лет. Зако́нчил Университе́т дру́жбы наро́дов по специа́льности "юри́ст со зна́нием англи́йского языка́", кандида́т нау́к. О́пыт рабо́ты юристко́нсультом в кру́пных комме́рческих и госуда́рственных структу́рах. Подгото́вка и эксперти́за контра́ктов. Гражда́нское, торго́вое, тамо́женное пра́во, междунаро́дное пра́во, ба́нковское законода́тельство. Свобо́дное владе́ние англи́йским языко́м. По́льзователь ПК (Windows,

консульта́нт＋ и др.).

2. Мужчи́на, 24 го́да, выпускни́к юриди́ческого факульте́та Петербу́ргского университе́та, англи́йский язы́к свобо́дно, ПК. Созда́ние и ликвида́ция предприя́тий, проведе́ние юриди́ческих процеду́р поку́пки а́кций, законода́тельство о це́нных бума́гах.

Ме́неджер по внешнеэкономи́ческой де́ятельности:

1. Же́нщина, 32 го́да, вы́сшее образова́ние—МГИМО́, англи́йский и неме́цкий свобо́дно, ПК (о́пытный по́льзователь), заключе́ние контра́ктов, контро́ль за их выполне́нием, марке́тинг, рекла́ма, зна́ния в о́бласти фина́нсов, оформле́ние перево́зок, тамо́женные процеду́ры, о́пыт организацио́нной рабо́ты, комме́рческие свя́зи в США, ФРГ и регио́нах РФ, води́тельские права́, ли́чный автомоби́ль, моби́льна, самостоя́тельна, коммуника́бельна, нали́чие рекоменда́ций.

2. Мужчи́на 55 лет, сре́днее техни́ческое образова́ние, специа́льный курс марке́тинга, англи́йский язы́к со словарём, ПК (о́пытный по́льзователь), проведе́ние рекла́мных компа́ний, междунаро́дных вы́ставок, води́тельские права́, моби́лен.

Б. Аргументи́руйте свой вы́бор в бесе́де с руководи́телем фи́рмы.(与经理讨论人选问题。)

Зада́ние 9. Вы—помо́щник генера́льного дире́ктора но́вого представи́тельства фи́рмы《Интертре́йд》в Росси́и. Ва́ше представи́тельство то́лько что откры́лось. Кро́ме генера́льного дире́ктора и Вас, в нём ещё нет сотру́дников. Просмотри́те объявле́ния в газе́тах и отбери́те возмо́жных кандида́тов на вака́нтные до́лжности 1) секретарь, 2) начальник отдела безопасности, 3) начальник отдела кадров, 4) главный бухгалтера. (您是 Интертре́йд 公司在俄罗斯新办事处的总经理的助理。你们的办事处刚刚成立。除了您和总经理,没有其他人员。现在您从报纸上看一些信息并为下列空缺职位选择合适人选(1) 文秘,(2) 保安部负责人,(3) 人事部负责人,(4) 总会计。)

1. Выпускни́ца Росси́йской шко́лы управле́ния, 25 лет, неме́цкий—свобо́дно, ку́рсы ме́неджеров, ищу́ рабо́ту в инофи́рме.

2. Полко́вник в отста́вке, 45 лет, облада́ю широ́кими свя́зями в госуда́рственных о́рганах. Большо́й о́пыт руководя́щей рабо́ты. Ищу́ рабо́ту в охра́нных структу́рах.

3. Секрета́рь-машини́стка, 30 лет, о́пыт рабо́ты в инофи́рме и за рубежо́м, испа́нский, францу́зский, ПК. Ищу́ рабо́ту по специа́льности с з/п от $ US 1000.

4. Бухга́лтер, о́пыт рабо́ты гла́вным бухга́лтером в торго́во-заку́почной фи́рме—5 лет. Ищу́ высокоопла́чиваемую рабо́ту в фи́рме с надёжной репута́цией.

5. Инжене́р—эле́ктрик, 45 лет, о́пыт рабо́ты по специа́льности—20 лет, нача́льник це́ха. Англи́йский, ПК, о́пыт рабо́ты за рубежо́м—3 го́да (металлурги́ческий комбина́т

Бхила́и, И́ндия). Ищу́ рабо́ту в инофи́рме.

6. Офице́р-афга́нец, 28 лет, води́тельские права́, ли́чный автомоби́ль. Ищу́ рабо́ту с з/п от $ US 1500.

7. Выпускни́ца факульте́та междунаро́дных экономи́ческих отноше́ний МГИМО́, 24 го́да, англи́йский—свобо́дно, неме́цкий-со словарём. Ищу́ рабо́ту секретаря́—рефере́нта с зарпла́той не ни́же $ US 800.

8. Инжене́р-строи́тель, 40 лет, зам. гла́вного инжене́ра домострои́тельного комбина́та по произво́дству. Ищу́ рабо́ту с хоро́шей зарпла́той в строи́тельной фи́рме.

9. Заве́дующая канцеля́рией управле́ния МИД РФ, делопроизво́дство, маши́нопись (кири́ллица, лати́ница), стеногра́фия. Англи́йский, неме́цкий. О́пыт рабо́ты в диплома́тических представи́тельствах РФ за рубежо́м. Ищу́ высокоопла́чиваемую рабо́ту.

10. Зам. дире́ктора по ка́драм кру́пного торго́вого предприя́тия и́щет ме́сто в соли́дной фи́рме. О́пыт рабо́ты по специа́льности—15 лет.

11. Води́тель-профессиона́л, о́пыт рабо́ты на легковы́х и грузовы́х автомоби́лях. Отли́чно зна́ю Москву́ и Подмоско́вье. Англи́йский—могу́ объясня́ться. Согла́сен на любо́й режи́м рабо́ты. Опла́ту ни́же 3 млн. рубле́й не предлага́ть.

12. Высококвалифици́рованный бухга́лтер, ПК (Excel, SunSystem, 1С-Бухга́лтер), о́пыт ба́нковской рабо́ты в отде́ле зарубе́жных расчётов, о́бщий стаж рабо́ты по специа́льности—20 лет, из них гла́вным бухга́лтером—7 лет. Ищу́ рабо́ту в связи́ с перее́здом в Москву́. Рабо́ту в но́вых фи́рмах не предлага́ть.

Б. Доложи́те дире́ктору о проде́ланной рабо́те, аргументи́руйте свой вы́бор кандида́тов. Испо́льзуйте сою́зы потому́ что; так как. (使用连接词 потому́ что; так как 向总经理汇报工作。)

Образе́ц: Я отобра́л кандидату́ры э́тих двух бухга́лтеров, потому́ что то́лько у них есть о́пыт рабо́ты с за́падной фина́нсовой документа́цией. Я счита́ю, что э́тот перево́дчик нам не подойдёт, так как он не име́ет о́пыта рабо́ты в инофи́рме.

Зада́ние 10.

А. В официа́льных докуме́нтах ча́сто испо́льзуются сокраще́ния. При чте́нии они́ должны́《расшифро́вываться》. Прочита́йте э́ти сокраще́ния.

В пи́сьменном те́ксте:	При чте́нии те́кста вслух:
т. к. —	так как,
т. е. —	то есть,
и т. д. —	и так да́лее,
и т. п. —	и тому́ подо́бное / и тому́ подо́бные,
и др. —	и друго́е / и дру́гие,
(и) проч. —	(и) про́чее / (и) про́чие,
в т. ч. —	в том числе́.

Б. Прочитáйте фрагмéнт из автобиогрáфии perевóдчицы ООН. Переведи́те егó на китáйский язык. Обрати́те внимáние на перевóд сокращéний.（阅读联合国翻译的简历片断。将其翻译成汉语。注意缩略词的翻译。）

Владéю 7 инострáнными языкáми，в т. ч. англи́йским，немéцким，испáнским—свобóдно，т. е. выполня́ю нóрму перевóда с э́тих языкóв на роднóй—30 маши́нописных страни́ц за рабóчий день. Знáю маши́нопись，ПК（Windows，Word，и т. д.）. Умéю пóльзоваться оргтéхникой：фáксом，мнóжительной тéхникой и т. п. Могý заним áться ýстным перевóдом，т. к. дóлгое врéмя рабóтала перевóдчиком — синхрони́стом в Междунарóдной организáции трудá.

—Вáше граждáнство?
—Я граждани́н（граждáнка）Росси́и（РФ）.

—Вáша национáльность?
—Я рýсский（рýсская）.

Задáние 11.

А. Запóлните табли́цу.（填表。）

а)	Амéрика	америкáнец	америкáнка	америкáнцы
	Мéксика			
	Украи́на			
б)	Áвстрия	австри́ец	австри́йка	австри́йцы
	Австрáлия	...	...	...
	И́ндия		индиáнка	
	Корéя	корéец	корея́нка	корéйцы
	Китáй		китая́нка	
в)	Голлáндия	голлáндец	голлáндка	голлáндцы
	Итáлия	италья́нец		
!	Брази́лия	брази́лец	бразилья́нка	брази́льцы
г)	Белорýссия	белорýс	белорýска	белорýсы
	Финля́ндия	финн	фи́нка	
	Швéция	швéд		
	Грéция	грек	гречáнка	
Запóмните：	Áнглия	англичáнин	англичáнка	англичáне
	Гермáния	нéмец	нéмка	нéмцы
	Пóльша	поля́к	пóлька	поля́ки
	Росси́я	рýсский	рýсская	рýсские
	Фрáнция	францýз	францýженка	францýзы

Б. Задáйте друг дрýгу вопрóсы о национáльности и граждáнстве. В отвéтах испóльзуйте материáл таблúцы.（用表中材料，相互就民族与国籍问题交谈。）

Задáние 12.

А. Познакóмьтесь с квалификациóнными трéбованиями к кандидáту на вакáнтную дóлжность.（记住对应聘人员的要求。）

КВАЛИФИКАЦИÓННЫЕ ТРÉБОВАНИЯ К КАНДИДÁТУ НА ВАКÁНТНУЮ ДÓЛЖНОСТЬ
（对空缺职位侯选人的技能要求）

I. Профессионáльные

1）Образовáние.

2）Стаж рабóты и профессионáльный óпыт.

3）Конкрéтные нáвыки и умéния.

4）Налúчие официáльных докумéнтов（диплóм，лицéнзия，рекомендáции и т. п.）.

II. Личностные

1）Внéшний вид.

2）Интеллектуáльные кáчества.

3）Кáчества харáктера и спосóбности.

III. Биографúческие и ситуациóнные

1）Вóзраст，пол，семéйное положéние.

2）Граждáнство.

3）Мéсто жúтельства.

Задáние 13. Прочитáйте зáписи в ежеднéвниках нéскольких сотрýдников фúрмы “Стройинжинúринг-95. По содержáнию зáписей определúтс，комý онú принадлежáт：1）генеральный директор，2）бухгалтер，3）секретарью.（读一读“Стройинжинúринг-95”公司几个员工们的日记。根据日记内容判断他们属于哪一类人：（1）总经理，（2）会计，（3）文秘。）

1）16 мая，четвéрг.

Перенестú срóки презентáции в “Стройэ́кспо”!!!

10.30 — встрéча с представúтелями Санкт-Петербýргского филиáла.

12.00 — вы́звать финáнсового дирéктора и глáвного бухгáлтера（документáция к годовóму отчёту）.

15.00—вы́звать гла́вного инжене́ра.

16.30—Прави́тельство Москвы́.

2) 16.05.1997, четве́рг.

9.00—1) дозвони́ться в "Стройэ́кспо",

2) подтверди́ть вре́мя совеща́ния,

3) отпра́вить факс в Санкт—Петербу́рг,

4) перепеча́тать зая́вку об экспози́ции в "Стройэ́кспо", отпра́вить с курье́ром.

10.30 — ко́фе, конфе́ты, пече́нье.

11.00 — сде́лать ко́пии докуме́нтов для гл. бухга́лтера (3 экз.).

Заказа́ть маши́ну: 16.10—18.00, прави́тельство Москвы́.

3) 16/У—97 г., четве́рг.

9.30 — нало́говая инспе́кция

11.30 — взять докуме́нты по годово́му отчёту.

12.00 — совеща́ние у генера́льного дире́ктора.

15.00 — подгото́вить информа́цию о зарпла́тах кандида́тов на вака́нтные до́лжности для "Три́зы".

Зада́ние 14.

А. Ваш друг, москви́ч, име́ющий медици́нское и фармацевти́ческое образова́ние, и́щет рабо́ту в соли́дной фи́рме. Прослу́шайте сообще́ние по ра́дио и запиши́те информа́цию, кото́рая мо́жет его́ заинтересова́ть. (您的朋友是莫斯科人，具有医学和药物学教育，想到大公司工作。请您收听广播，记录您朋友会感兴趣的信息。)

ПРИГЛАША́ЕТ "РАНБА́КСИ"

Фи́рма "Ранба́кси" - изве́стная многонациона́льная фармацевти́ческая компа́ния. Фи́рма специализи́руется на произво́дстве и поста́вках фармацевти́ческой проду́кции бо́лее, чем в 50 стран ми́ра.

"Ранба́кси" акти́вно рабо́тает в 4-х регио́нах: в Евро́пе и в стра́нах СНГ (центр в Ло́ндоне), в Кита́е и стра́нах Юго-Восто́чной А́зии (центр в Гонко́нге), в И́ндии и на Сре́днем Восто́ке (центр в Де́ли), в стра́нах Се́верной и Ю́жной Аме́рики (центр в Ра́ли, США).

Неда́вно компа́ния вы́шла на росси́йский ры́нок. Рост торго́вого оборо́та компа́нии на росси́йском ры́нке тре́бует созда́ния представи́тельств фи́рмы "Ранба́кси" в ря́де городо́в Росси́и—Москве́, Санкт-Петербу́рге, Екатеринбу́рге, Новосиби́рске, Росто́ве, Краснода́ре, Красноя́рске, Каза́ни, Хаба́ровске, О́мске.

В э́той связи́ компа́ния приглаша́ет на рабо́ту росси́йских гра́ждан по сле́дующим специа́льностям: ме́неджер по фармацевти́ческой проду́кции, ме́неджер по о́фису, специали́ст по ка́драм, бухга́лтер, координа́тор по медици́нским вопро́сам.

Тре́бования, предъя́вляемые к кандида́там:

1. Ме́неджер по фармацевти́ческой проду́кции. Фармацевти́ческое образова́ние. О́пыт рабо́ты в о́бласти марке́тинга. Свобо́дное владе́ние англи́йским языко́м. Уме́ние рабо́тать с PC.

2. Ме́неджер по о́фису. Мужчи́на 28-45 лет с о́пытом администра́тора не ме́нее 5 лет. Вы́сшее образова́ние. Свобо́дное зна́ние англи́йского языка́ и владе́ние PC (MS Word; Lotus 1-2-3).

3. Специали́ст по ка́драм. Же́нщина до 30 лет. Юриди́ческое образова́ние. О́пыт рабо́ты в отде́ле ка́дров не ме́нее 3-х лет. Свобо́дное владе́ние англи́йским языко́м и PC.

4. Бухга́лтер. Вы́сшее фина́нсово-экономи́ческое образова́ние, о́пыт рабо́ты в росси́йской бухга́лтерской систе́ме (расчёты с ба́нками, зарпла́та персона́ла, контро́ль фина́нсов). Зна́ние англи́йского языка́ и PC.

5. Координа́тор по медици́нским вопро́сам. Вы́сшее медици́нское образова́ние. О́пыт рабо́ты в о́бласти марке́тинга. Обя́занности: обеспе́чивать отбо́р и обрабо́тку нау́чной информа́ции, уча́ствовать в организа́ции симпо́зиумов и презента́ции но́вой проду́кции фи́рмы. Свобо́дное владе́ние англи́йским языко́м, о́пыт ра́боты с PC.

Компа́ния гаранти́рует свои́м сотру́дникам стаби́льную зарпла́ту, возмо́жность профессиона́льного ро́ста и продвиже́ния по слу́жбе.

Резюме́ направля́ть по а́дресу: Москва́, ВВЦ, Делово́й центр Технопарк, о́фис 65—66. "Ранба́кси"—*Ranbaxy*.

Б. Прочита́йте текст "Приглаша́ет "Ранба́кси" (зада́ние 17А). Прове́рьте, наско́лько по́лно и то́чно Вы записа́ли информа́цию, актуа́льную для Ва́шего дру́га. В слу́чае необходи́мости внеси́те дополне́ния. (阅读以上课文。检查您所记录的对您朋友有实际作用的信息完整和准确程度有多少,必要时加以补充。)

В. Позвони́те дру́гу и сообщи́те ему́ интересу́ющую его́ информа́цию о вака́нсиях в фи́рме "Ранба́кси". Расскажи́те, что Вы зна́ете об э́той фи́рме (чем занима́ется, на каки́х ры́нках рабо́тает), почему́ фи́рма и́щет но́вых сотру́дников, каки́е вака́нсии там име́ются, что гаранти́рует фи́рма свои́м сотру́дникам. Сообщи́те кана́лы свя́зи. (给朋友打电话,告诉他会感兴趣的在"Ранба́кси"公司的空缺职位信息。讲讲您所了解的关于这家公司的信息(做什么的,在哪些市场上有业务),为什么公司在招聘新员工,有哪些空缺职位,公司给员工有什么保障。并告之联系方式。)

КАКИ́М ДО́ЛЖЕН БЫТЬ ПРЕДПРИНИМА́ТЕЛЬ
(企业家应是什么样的人)

Зада́ние 15. Познако́мьтесь с психологи́ческой характери́стикой, кото́рую даёт предпринима́телям профе́ссор М. Ме́лия, дире́ктор росси́йско-америка́нского психологи́ческого це́нтра "Эко́пси". (阅读课文。了解一下俄美心理中心"Эко́си"的经理 Мелия 教授给企业家的建议。)

Во-пе́рвых, предпринима́тель всегда́ ориенти́руется на успе́х, на результа́т. Во-вторы́х, для предпринима́теля характе́рна сме́лость и да́же не́кото́рая жёсткость, ведь он уча́ствует в конкуре́нтной борьбе́. В-тре́тьих, предпринима́тель до́лжен быть эмоциона́льно стаби́льным, оптимисти́чным челове́ком. Он до́лжен име́ть высо́кую самооце́нку, что́бы не быть рани́мым. Э́то позволя́ет о́чень бы́стро забыва́ть о неуда́че и бра́ться за но́вое де́ло. В-четвёртых, предпринима́тель обы́чно самостоя́тельный и инициати́вный челове́к. И, наконе́ц, предпринима́тель—э́то обяза́тельно творе́ц, э́то—гла́вное!

А. Согла́сны ли вы с мне́нием профе́ссора М. Ме́лия? Каки́е ещё черты́, по Ва́шему мне́нию, необходи́мы предпринима́телю? Аргументи́руйте свой отве́т. (您同意 Ме́лия 教授的观点吗？您认为还有哪些特点是企业家必备的？论证自己的观点。)

Б. Облада́ете ли вы черта́ми хара́ктера, необходи́мыми предпринима́телю? (您具有企业家的性格特点吗？)

Зада́ние 16. Прочита́йте текст. Скажи́те, каки́ми ка́чествами до́лжен облада́ть, по мне́нию а́втора статьи́, руководи́тель фи́рмы. (阅读课文。作者认为公司领导者应具备什么样的品质。)

Руководи́тели фи́рмы—э́то специали́сты, кото́рые несу́т реа́льную отве́тственность за де́ятельность, успе́хи и неуда́чи предприя́тия, фи́рмы, отде́ла. Руководи́тель до́лжен уме́ть предви́деть ситуа́цию, мотиви́ровать де́ятельность персона́ла, пра́вильно определя́ть приорите́ты и гра́мотно стро́ить техноло́гию рабо́т (услу́г). Са́мые хоро́шие прое́кты мо́жно испо́ртить негра́мотной организа́цией рабо́ты, а са́мые "мёртвые" прое́кты мо́гут быть успе́шно реализо́ваны при нали́чии гра́мотного, профессиона́льного управле́ния.

Руководи́телями стано́вятся акти́вные, си́льные и тво́рческие ли́чности, кото́рые мо́гут проявля́ть инициати́ву, выдвига́ть но́вые прое́кты и нести́ отве́тственность за их выполне́ние.

И ещё: руководи́телю нужны́ таки́е ли́чностные ка́чества, как целеустремлённость, коммуника́бельность, уме́ние убежда́ть и побежда́ть.

Зада́ние 17.

А. Прочита́йте выска́зывание Э́ндрю Карне́ги-леге́нда́рного стально́го короля́ Аме́рики. Скажи́те, как Вы его́ по́няли.（阅读美国钢铁之王 Эндрю Корнеги 的这段话，谈谈自己的感想。）

... Вы мо́жете забра́ть мои́ заво́ды, мои́ пате́нты, мои́х покупа́телей, мои́ де́ньги, наконе́ц. Но оста́вьте мне пять мои́х гла́вных управля́ющих, и, пре́жде чем вы опо́мнитесь, я опя́ть бу́ду впереди́ всех...

Б. Согла́сны ли вы с тем, как Э́ндрю Карне́ги оце́нивает роль руково́дства фи́рмы в организа́ции её успе́шной рабо́ты?（您同意 Эндрю Корнеги 对公司管理层在成功组织工作方面的作用的评价吗？）

Зада́ние 18.

А. Прочита́йте текст о ме́сте же́нщин в росси́йской эконо́мике.（阅读课文。了解妇女在俄罗斯经济中的地位。）

ДЕЛОВА́Я ЖЕ́НЩИНА УСТУ́ПЧИВА

Лицо́ росси́йской эконо́мики всё бо́льше приобрета́ет же́нские черты́. Число́ же́нщин, занима́ющихся би́знесом, ежего́дно растёт.

Социо́логи говоря́т, что мужчи́ны и же́нщины отно́сятся к свое́й рабо́те по-ра́зному. Же́нщины гора́здо ре́же, чем мужчи́ны, увольня́ются по со́бственному жела́нию. Мужчи́ны ча́ще меня́ют рабо́ту из-за ни́зкой зарпла́ты и́ли отсу́тствия перспекти́в, а для же́нщин бо́лее ва́жным явля́ется содержа́ние рабо́ты, отноше́ния с нача́льством и с колле́гами. Же́нщины ре́же спо́рят, они́ лу́чше уме́ют уходи́ть от конфли́ктов, осо́бенно в би́знесе.

Сравни́м отве́ты мужчи́н и же́нщин на вопро́с: "С кем за после́дний год у Вас бы́ли серьёзные конфли́кты?".

	Отве́ты мужчи́н	Отве́ты же́нщин
С поставщика́ми	42 %	36 %
С покупа́телями	31 %	14 %
С коллекти́вом	18 %	8 %
С администра́цией	9 %	13 %
Ни с кем	0 %	29 %

Ита́к, россия́нки начина́ют входи́ть в би́знес и вноси́ть в него́ свою́ ги́бкость, спосо́бность к компроми́ссам и адапта́ции.

Б. Вы́берите вариа́нты предложе́ний, наибо́лее то́чно отража́ющие смысл те́кста.(根据课文内容选择答案。)

1. Мужчи́ны	А. ле́гче, чем же́нщины меня́ют рабо́ту. Б. ре́же теря́ют рабо́ту. В. трудне́е у́чатся друго́й специа́льности. Г. осторо́жнее начина́ют со́бственное де́ло.
2. Же́нщины обы́чно меня́ют рабо́ту из-за	А. ни́зкой зарпла́ты. Б. сло́жных отноше́ний в коллекти́ве. В. неудо́бного режи́ма рабо́ты. Г. ме́дленного служе́бного ро́ста.
3. Же́нщины ча́ще вступа́ют в конфли́кт	А. с клие́нтами. Б. с сослужи́вцами. В. с руково́дством. Г. с партнёрами.

КАК НАПИСА́ТЬ РЕКОМЕНДА́ТЕЛЬНОЕ ПИСЬМО́ ФИ́РМЕ(怎样给公司写推荐信)

Зада́ние 19. Вам необходи́мо вы́ступить в ро́ли перево́дчика.(俄译汉下列公函。)

А. Ваш колле́га г-н Бонд, президе́нт Междунаро́дной ассоциа́ции агропромы́шленных предприя́тий, получи́л письмо́ от своего́ росси́йского партнёра г-на Кулико́ва и обрати́лся к Вам с про́сьбой сде́лать пи́сьменный перево́д э́того письма́ на кита́йский язы́к.(您的同事Бонд先生是国际农业工业企业联合会的主席,他收到俄罗斯合作伙伴Кулико́в先生的信,并请您笔译成汉语。)

12, Мо́рган-стрит, Ло́ндон,
г-ну М. Бо́нду

Москва́,
24 февраля́ 1997 г.

Уважа́емый господи́н Бонд!

Мы хоти́м проинформи́ровать Вас о предстоя́щем в конце́ ма́рта э́того го́да визи́те в Ло́ндон дире́ктора объедине́ния"Агроте́хника" г-на Бело́ва. Да́нное объедине́ние явля́ется на́шим постоя́нным партнёром по произво́дству спецте́хники для фе́рмерских хозя́йств. В тече́ние пяти́ лет сотру́дничества мы убеди́лись в соли́дности и надёжности э́той фи́рмы. чья те́хника отвеча́ет всем тре́бованиям мировы́х станда́ртов.

Г-н Бело́в хоте́л бы встре́титься с Ва́ми и обсуди́ть возмо́жность вступле́ния объедине́ния "Агроте́хника" в Междунаро́дную ассоциа́цию агропромы́шленных предприя́тий, президе́нтом кото́рой Вы явля́етесь. Я бу́ду о́чень благода́рен Вам, е́сли Вы при́мете г-на Бело́ва и ока́жете ему́ подде́ржку. Г-н Бело́в гото́в встре́титься с Ва́ми в любо́е удо́бное для Вас вре́мя. Наде́юсь получи́ть от Вас отве́т в ближа́йшее вре́мя.

С уваже́нием С. С. Кулико́в

Б. г-н Бонд написа́л отве́т на письмо́ С. С. Кулико́ва и про́сит Вас сде́лать пи́сьменный перево́д на ру́сский язы́к. Вы́полните поруче́ние г-на Бо́нда. (Бонд 先生收到 Кулико́в 的回信并请您笔译成俄语。请完成 Бонд 先生的任务。)

London, March 3,1997(伦敦,3 月 3 日,1997 年)

亲爱的古利科夫先生：

很高兴收到您 1997 年 2 月 24 日寄来的信,在信中您通知我彼洛夫先生即将到达伦敦。我很高兴能够结识他。

您能否给予我们更多有关贵公司的详细情况。我们对以下内容感兴趣：

1. 公司创建的时间与地点。
2. 业务范畴。
3. 分公司的分布情况。
4. 进出口业务情况。

我期待您的尽快回信。

您真诚的朋友

Marc Bond

Зада́ние 20. Напиши́те рекоменда́тельное письмо́ фи́рме—ва́шему постоя́нному партнёру, кото́рая хо́чет вступи́ть в междунаро́дную ассоциа́цию. (仿写公函。)

КАК НАПИСА́ТЬ РЕКОМЕНДА́ТЕЛЬНОЕ ПИСЬМО́ КОНКРЕ́ТНОМУ ЛИЦУ(怎样给具体的人写推荐信)

Зада́ние 21.

А. Прочита́йте рекоменда́тельное письмо́. (阅读推荐信。)

Дире́ктору

АО́ "И́мпульс"

господи́ну Бара́нову В. М.

Уважа́емый Влади́мир Миха́йлович!

Я с ра́достью выполня́ю Ва́шу про́сьбу, свя́занную с подбо́ром торго́вого представи́теля АО́ "И́мпульс" в на́шем регио́не.

Я рекоменду́ю на э́ту до́лжность Маке́ева Илью́ Дми́триевича, кото́рый рабо́тает у нас три го́да в ка́честве экономи́ста, но хоте́л бы заня́ться бо́лее акти́вной де́ятельностью в сфе́ре торго́вли.

На мой взгляд, кандидату́ра Маке́ева И. Д. по всем тре́бованиям подхо́дит на до́лжность торго́вого представи́теля. Могу́ доба́вить, что Илья́ Дми́триевич за вре́мя рабо́ты у нас прояви́л себя́ как о́пытный и квалифици́рованный специали́ст, тво́рчески подходя́щий к выполне́нию свои́х обя́занностей.

С уваже́нием

дире́ктор
Торго́вого до́ма "Сиби́рь"　　　　А. С. Лео́нов

Б. Прочита́йте три письма́. Скажи́те, на како́е из них явля́ется отве́том рекоменда́тельное письмо́(см. зада́ние А)(阅读下列公函，找出推荐信的回复(参考练习 А))：

1.

Дире́ктору
Торго́вого до́ма "Сиби́рь"
господи́ну Лео́нову А. С.

Уважа́емый Алекса́ндр Серге́евич!

Передаём Вам че́рез на́шего торго́вого представи́теля г-на Ивано́ва И. П. образцы́ на́ших но́вых това́ров.

Бу́дем о́чень благода́рны Вам, е́сли Вы в ближа́йшее вре́мя сообщи́те нам, каки́е това́ры Торго́вый дом "Сиби́рь" возьмёт на реализа́цию.

С уваже́нием

Дире́ктор
АО́ "И́мпульс"　　　　В. М. Бара́нов

2.

Дире́ктору
Торго́вого до́ма "Сиби́рь"
господи́ну Лео́нову А. С.

Уважа́емый Алекса́ндр Серге́евич!

Я наде́юсь, Вы по́мните, что во вре́мя после́дней встре́чи с Ва́ми я говори́л, что на́ша фи́рма заинтере́сована в вы́ходе на ваш региона́льный ры́нок.

В связи́ с э́тим обраща́юсь к Вам с про́сьбой. Не могли́ бы Вы порекомендова́ть нам о́пытного специали́ста, зна́ющего ме́стный ры́нок и владе́ющего англи́йским языко́м, кото́рый представля́л бы на́ши интере́сы на ры́нке сиби́рского регио́на.

Наде́юсь, что моя́ про́сьба не о́чень затрудни́т Вас.

С уваже́нием

Дире́ктор

АО́ "И́мпульс" В. М. Бара́нов

3.

Дире́ктору

Торго́вого до́ма "Сиби́рь"

господи́ну Лео́нову А. С.

Уважа́емый Алекса́ндр Серге́евич!

Обраща́емся к Вам по рекоменда́ции торго́вого представи́теля фи́рмы "Интерпу́льс" г-на Петри́щева В. А. Он сообщи́л нам, что на́ши това́ры по́льзуются больши́м спро́сом у потреби́телей сиби́рского регио́на.

В связи́ с э́тим посыла́ем Вам но́вый катало́г на́шей проду́кции. Про́сим отме́тить пози́ции, кото́рые Вас интере́су́ют. Ждем от Вас информа́ции и наде́емся на сотру́дничество.

С уваже́нием

Дире́ктор

АО́ "И́мпульс" В. М. Бара́нов

Зада́ние 22. Прочита́йте рекоменда́тельное письмо́ и вы́делите в нём ча́сти. (阅读推荐信并注意信的结构。)

—адреса́т

—обраще́ние

—по́вод для написа́ния письма́

—про́сьба

—благода́рность

—заверше́ние письма́.

Дире́ктору
АО́ "Не́вский проспе́кт"
господи́ну Харько́ву М. С.

30 ию́ня 1997 г.
г. Москва́

Ува́жа́емый Миха́йл Серге́евич!

Я узна́л, что в Ва́шей фи́рме создаётся отде́л по рекла́ме. В связи́ с э́тим обраща́юсь к Вам с про́сьбой рассмотре́ть по возмо́жности кандидату́ру Петре́нко Серге́я Алекса́ндровича на одну́ из вака́нсий в э́том отде́ле.

Петре́нко С. А. прорабо́тал у нас два го́да в ка́честве ме́неджера по рекла́ме и зарекомендова́л себя́ как квалифици́рованный и отве́тственный рабо́тник. В ближа́йшее вре́мя он переезжа́ет в Санкт-Петербу́рг по семе́йным обстоя́тельствам и хоте́л бы продо́лжить занима́ться рекла́мной де́ятельностью.

Я бу́ду о́чень благода́рен Вам, е́сли Вы смо́жете сде́лать что-нибу́дь для Петре́нко С. А.

С уваже́нием

Само́йлов С. М.

Зада́ние 23. Прочитайте фрагме́нты рекоменда́тельного письма́. Вы́берите и запиши́те в ну́жной после́довательности те вариа́нты, кото́рые г-н Само́йлов мог испо́льзовать при составле́нии те́кста письма́ г-ну Харько́ву. (阅读推荐信中的片断。按正确顺序选择一种方案,这种方案在 Само́йлов 先生给 Харько́в 先生的信中会使用到。)

1. Я бу́ду кра́йне призна́телен Вам, е́сли Вы смо́жете оказа́ть по́мощь Петре́нко С. А.
2. Я был рад узна́ть о созда́нии в Ва́шей фи́рме но́вого отде́ла.
3. Рабо́тая в тече́ние двух лет в на́шей фи́рме, Петре́нко С. А. занима́лся вопро́сами рекла́мы. И я с уве́ренностью могу́ рекомендова́ть его́ как о́пытного и зна́ющего специали́ста на до́лжность ме́неджера по рекла́ме.
4. Пишу́ Вам, что́бы предста́вить одного́ из на́ших сотру́дников— Петре́нко Серге́я Алекса́ндровича, кото́рый че́рез две неде́ли переезжа́ет в Санкт-Петербу́рг.
5. Наде́юсь, что моя́ про́сьба не отни́мет у Вас мно́го вре́мени.

Зада́ние 24. Напиши́те рекоменда́тельное письмо́ своему́ сотру́днику, кото́рый переезжа́ет в Екатеринбу́рг и хо́чет найти́ рабо́ту на совме́стном предприя́тии. (为您的同事写一封推荐信。他想到叶卡捷琳堡市的合资企业工作。)

РАЗДЕЛ Ⅲ(第三章)

Зада́ние 1. Прослу́шайте диало́г-разгово́р по телефо́ну. Как Вы ду́маете, кем явля́ется Джон Грин, чем занима́ется его́ фи́рма и заче́м он прие́хал в Москву́. (听电话对话,判断 ДЖОН ГРИН 的身份、公司的业务范围以及他到莫斯科的目的。)

Кулико́в: "Интерпроду́кт", до́брый день.

Грин: Здра́вствуйте. Мо́жно попроси́ть господи́на Кулико́ва?

Кулико́в: Я слу́шаю.

Грин: Михаи́л, э́то Джон Грин.

Кулико́в: О, Джон! Рад Вас слы́шать. Вы в Москве́?

Грин: Да. Я прилете́л вчера́ и сего́дня с утра́ уже́ занима́юсь дела́ми фи́рмы.

Кулико́в: Наде́юсь, у Вас всё в поря́дке?

Грин: О́чень мно́го пробле́м. Одну́ из них я хоте́л бы обсуди́ть с Ва́ми.

Кулико́в: С удово́льствием. Нам для э́того ну́жно встре́титься?

Грин: Я ду́маю, Михаи́л, мой вопро́с мы мо́жем реши́ть по телефо́ну. А встре́титься мы могли́ бы послеза́втра ве́чером и, е́сли Вы не возража́ете, вме́сте поу́жинать,.

Кулико́в: Хорошо́, Джон. То́лько дава́йте за́втра созвони́мся.

Грин: Хорошо́. Я позвоню́ Вам за́втра по́сле четырёх. Но сейча́с у меня́ всё—таки есть оди́н вопро́с.

Кулико́в: Да, Джон. Я до́лжен ско́ро уе́хать на перегово́ры, но де́сять мину́т у меня́ ещё есть. Я внима́тельно слу́шаю Вас.

Грин: Михаи́л, Вы не могли́ бы помо́чь мне связа́ться с хоро́шим ка́дровым аге́нтством? По́мните, когда́ мы с Ва́ми встреча́лись в Пари́же, Вы расска́зывали мне о том, что Вы успе́шно реша́ете ка́дровые вопро́сы с по́мощью одно́й росси́йской фи́рмы? Я, к сожале́нию, забы́л, как она́ называ́ется.

Кулико́в: Да, коне́чно, по́мню. Э́то о́бщество за́нятости "Три́за".

Грин: Как Вы ду́маете, они́ смо́гут подобра́ть для на́шего филиа́ла торго́вого представи́теля, гла́вного бухга́лтера и секретаря́-рефере́нта?

Кулико́в: Я в э́том уве́рен, Джон. "Три́за"— э́то крупне́йшая росси́йская компа́ния в о́бласти по́иска и подбо́ра высококвалифици́рованного персона́ла. У них то́лько в Москве́ два́дцать ка́дровых аге́нтств и, по-мо́ему, мно́го совме́стных предприя́тий по всей Росси́и.

Грин: Пра́вда? Э́то отли́чно!

Кулико́в: Кста́ти, "Три́за"—еди́нственная росси́йская компа́ния, кото́рая явля́ется чле́ном Междунаро́дной ассоциа́ции незави́симых консульта́нтов "Executive Search".

Грин：Я зна́ю, что стать чле́ном э́той ассоциа́ции непро́сто. Зна́чит, э́то соли́дная фи́рма.

Кулико́в：О́чень. По на́шему о́пыту́ могу сказа́ть, что “Три́за” —серьёзный и надёжный партнёр. К тому́ же, у них огро́мный банк да́нных. Еженеде́льно они́ подбира́ют персона́л почти́ для ты́сячи росси́йских и зарубе́жных компа́ний. Так что сове́тую Вам обрати́ться и́менно в “Три́зу”.

Грин：Спаси́бо за подро́бную информа́цию, Михаи́л. Я сего́дня же попыта́юсь с ни́ми связа́ться. У Вас есть их координа́ты?

Кулико́в：Да, коне́чно. Запиши́те, пожа́луйста телефо́ны дире́кции “Три́зы”: девятьсо́т двена́дцать- се́мьдесят-во́семьдесят во́семь и́ли девятьсо́т оди́ннадцать-девяно́сто два́-два́дцать четы́ре.

Грин：Спаси́бо, Михаи́л, я все записа́л. Тогда́ до за́втра?

Кулико́в：Да, Джон, жду Ва́шего звонка́. До свида́ния.

Зада́ние 2.

А. Прослу́шайте диало́г ещё раз. Запиши́те кра́тко информа́цию об о́бществе за́нятости “Три́за”.（再听一遍对话，简短记录有关“Триза”公司的信息。）

Б. Ваш партнёр подбира́ет сотру́дников для свое́й фи́рмы и про́сит Вас порекомендова́ть ему ка́дровое аге́нтство. Соста́вьте текст фа́кса, в кото́ром Вы рекоменду́ете ему́ обрати́ться в о́бщество “Три́за”. Испо́льзуйте информа́цию о “Три́зе”, кото́рая убеди́т Ва́шего партнёра в том, что и́менно э́то о́бщество за́нятости помо́жет ему́ реши́ть ка́дровые вопро́сы.（您的合作伙伴要为公司招聘工作人员，请您推荐人才机构。起草一份电传，向他介绍“Триза”公司的情况。使用有关“Три́за”的信息，以说服您的合作伙伴，让他认为正是这家就业公司能帮他解决人才问题。）

КАК ПОПРОСИ́ТЬ О ПО́МОЩИ И КАК ОТВЕ́ТИТЬ НА Э́ТУ ПРО́СЬБУ（如何求助以及如何对此做出答复）

—Вы не помо́жете мне связа́ться с аге́нтством “Три́за”?
—С удово́льствием, запиши́те их телефо́н.

—Могу́ ли я попроси́ть Вас помо́чь мне в э́том вопро́се?
—Коне́чно. Я бу́ду рад помо́чь Вам.

—Е́сли Вам не тру́дно, помоги́те мне, запо́лнить зая́вки на ру́сском языке́.
—Я бы с удово́льствием помо́г Вам, но, к сожале́нию, я сейчас до́лжен уйти́.

—Е́сли бы Вы могли́ мне помо́чь в реше́нии э́той пробле́мы!
—Я не бу́ду ничего́ Вам обеща́ть, но постара́юсь сде́лать всё возмо́жное.

Зада́ние 3. Зако́нчите диало́ги. (补全对话。)

1. —Вы не могли́ бы помо́чь мне установи́ть деловы́е конта́кты с фи́рмой "Интури́ст"?

—. . .

2. —Я ника́к не могу́ найти́ хоро́шего бухга́лтера. Могу́ ли я попроси́ть Вас помо́чь мне в э́том вопро́се?

—. . .

3. —Е́сли Вам не тру́дно, помоги́те мне провести́ интервью́ с кандида́тами на до́лжность ме́неджера по прода́жам.

—. . .

4. —Нам сро́чно ну́жно подгото́вить все материа́лы для вы́ставки, а наш ме́неджер по рекла́ме неожи́данно уво́лился. Е́сли бы Вы могли́ мне помо́чь в реше́нии э́той пробле́мы!

— . . .

Зада́ние 4. Восстанови́те диало́ги по отве́тным ре́пликам. (根据应答恢复对话。)

1. —. . .

—С удово́льствием. У меня́ есть телефо́н и а́дрес э́той фи́рмы.

2. —. . .

—Я бу́ду рад помо́чь Вам в э́том вопро́се. На каки́е до́лжности Вы и́щете кандида́тов?

3. —. . .

—Я был бы рад помо́чь Ва́м, но завтра я уезжа́ю в о́тпуск.

4. —. . .

—Я не хочу́ Вам ничего́ обеща́ть, но я бу́ду стара́ться сде́лать все возмо́жное.

КАК ПОПРОСИ́ТЬ О СОВЕ́ТЕ И КАК ОТВЕ́ТИТЬ НА Э́ТУ ПРО́СЬБУ(如何征求建议以及如何对此做出答复)

—Вы не посове́туете, где мо́жно сде́лать ка́чественный перево́д делово́й документа́ции?
—Я сове́тую Вам обрати́ться в центр "Ли́нгва", там ока́зывают подо́бные услу́ги.

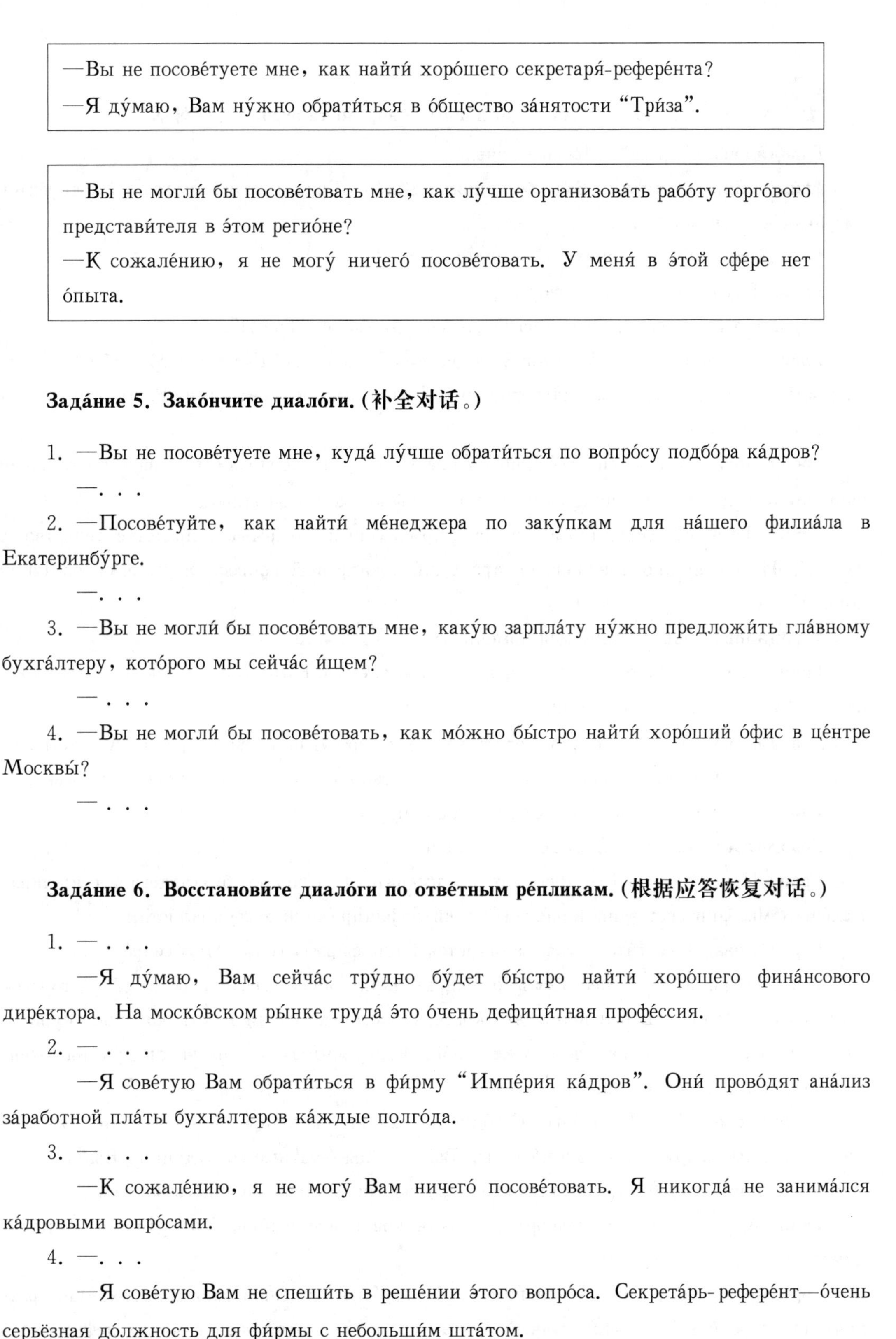

—Вы не посове́туете мне, как найти́ хоро́шего секретаря́-рефере́нта?
—Я ду́маю, Вам ну́жно обрати́ться в о́бщество за́нятости "Три́за".

—Вы не могли́ бы посове́товать мне, как лу́чше организова́ть рабо́ту торго́вого представи́теля в э́том регио́не?
—К сожале́нию, я не могу́ ничего́ посове́товать. У меня́ в э́той сфе́ре нет о́пыта.

Зада́ние 5. Зако́нчите диало́ги. (补全对话。)

1. —Вы не посове́туете мне, куда́ лу́чше обрати́ться по вопро́су подбо́ра ка́дров?
—. . .

2. —Посове́туйте, как найти́ ме́неджера по заку́пкам для на́шего филиа́ла в Екатеринбу́рге.
—. . .

3. —Вы не могли́ бы посове́товать мне, каку́ю зарпла́ту ну́жно предложи́ть гла́вному бухга́лтеру, кото́рого мы сейча́с и́щем?
— . . .

4. —Вы не могли́ бы посове́товать, как мо́жно бы́стро найти́ хоро́ший о́фис в це́нтре Москвы́?
— . . .

Зада́ние 6. Восстанови́те диало́ги по отве́тным ре́пликам. (根据应答恢复对话。)

1. — . . .
—Я ду́маю, Вам сейча́с тру́дно бу́дет бы́стро найти́ хоро́шего фина́нсового дире́ктора. На моско́вском ры́нке труда́ э́то о́чень дефици́тная профе́ссия.

2. — . . .
—Я сове́тую Вам обрати́ться в фи́рму "Импе́рия ка́дров". Они́ прово́дят ана́лиз за́работной пла́ты бухга́лтеров ка́ждые полго́да.

3. — . . .
—К сожале́нию, я не могу́ Вам ничего́ посове́товать. Я никогда́ не занима́лся ка́дровыми вопро́сами.

4. —. . .
—Я сове́тую Вам не спеши́ть в реше́нии э́того вопро́са. Секрета́рь-рефере́нт—о́чень серьёзная до́лжность для фи́рмы с небольши́м шта́том.

Зада́ние 7. Прослу́шайте диало́г-разгово́р по телефо́ну. (听对话。)

Городи́лова. "Три́за". До́брый день.

Грин. Здра́вствуйте, Вас беспоко́ит Джон Грин, исполни́тельный дире́ктор америка́нской фи́рмы "Макуэ́йг энд санз".

Городи́лова. О́чень прия́тно, господи́н Грин.

Грин. Прости́те, с кем я говорю́?

Городи́лова. Городи́лова Ири́на Петро́вна, дире́ктор "Три́зы".

Грин. О́чень прия́тно. Госпожа́ Городи́лова, Ваш телефо́н мне дал Михаи́л Кулико́в из совме́стного предприя́тия "Интерпроду́кт". Он рекомендова́л мне Ва́шу фи́рму как надёжного партнёра.

Городи́лова. Мне о́чень прия́тно слы́шать э́то. "Интерпроду́кт"—наш постоя́нный партнёр, и на́ше сотру́дничество с ни́ми всегда́ бы́ло взаимовы́годным.

Грин. Госпожа́ Городи́лова, на́ша фи́рма сейча́с открыва́ет представи́тельство в Москве́. И мне ну́жно дово́льно бы́стро реши́ть ка́дровый вопро́с. Я наде́юсь на Ва́шу по́мощь.

Городи́лова. Мы постара́емся помо́чь Вам.

Грин. Спаси́бо. Мне мо́жно поговори́ть на э́ту те́му с Ва́ми и́ли я до́лжен обрати́ться к кому́-нибу́дь из Ва́ших сотру́дников?

Городи́лова. Я могу́ сейча́с отве́тить на все интересу́ющие Вас вопро́сы. А пото́м Вам ну́жно бу́дет встре́титься с на́шим сотру́дником и запо́лнить все необходи́мые докуме́нты.

Грин. Спаси́бо. Тогда́ я перехожу́ к конкре́тным дела́м.

Городи́лова. Слу́шаю Вас, господи́н Грин.

Грин. Нам ну́жно найти́ торго́вого представи́теля, гла́вного бухга́лтера и секретаря́. Коне́чно, мы заинтересо́ваны в о́пытных и квалифици́рованных специали́стах.

Городи́лова. Прости́те, а чем занима́ется Ва́ша фи́рма, е́сли э́то не секре́т?

Грин. Извини́те. Я не сказа́л о направле́нии на́шей де́ятельности. Мы торгу́ем проду́ктами пита́ния. В основно́м, э́то консерви́рованные о́вощи и заморо́женное кури́ное мя́со. Я зна́ю, что у нас есть уже́ мно́го конкуре́нтов, но на́ша проду́кция о́чень ка́чественная и экологи́чески чи́стая.

Городи́лова. Да, Вы пра́вы. Сего́дня на ры́нке сбы́та проду́ктов пита́ния рабо́тает мно́го за́падных фирм. И я понима́ю, что Вам нужны́ о́пытные сотру́дники. Вы сказа́ли, что Вам ну́жно очень бы́стро реши́ть ка́дровый вопро́с. В тече́ние како́го вре́мени?

Грин. Мне хоте́лось бы подобра́ть сотру́дников за две неде́ли. Это возмо́жно, как Вы ду́маете?

Городи́лова. Мы постара́емся помо́чь Вам. У нас большой банк да́нных. Но сра́зу хочу́ предупреди́ть Вас, что гла́вный бухга́лтер сего́дня отно́сится к числу́ дефици́тных профе́ссий. Коне́чно, всё бу́дет зави́сеть от тре́бований, кото́рые Вы предъявля́ете к кандида́там на все три до́лжности. Вы должны́ бу́дете запо́лнить зая́вку на подбо́р специали́стов и указа́ть э́ти тре́бования.

Грин. Тогда́, я ду́маю, мне ну́жно как мо́жно скоре́е к Вам прие́хать.

Городи́лова. Господи́н Грин, мы зна́ем, как за́няты на́ши клие́нты, и поэ́тому всегда́ идём им навстре́чу. Наш сотру́дник мо́жет прие́хать к Вам в о́фис в удо́бное для Вас вре́мя и запо́лнить докуме́нты вме́сте с Ва́ми.

Грин. Спаси́бо большо́е. Но у нас в о́фисе сейча́с идёт ремо́нт. Там не́где да́же сесть. Поэ́тому мне бы́ло бы удо́бнее прие́хать к Вам.

Городи́лова. Пожа́луйста. Дава́йте договори́мся о вре́мени.

Грин. За́втра в де́сять утра́ бу́дет удо́бно?

Городи́лова. Да. Мы мо́жем встре́титься у меня́ в кабине́те.

Грин. Спаси́бо. Мо́жно я запишу́ Ваш а́дрес?

Городи́лова. Пожа́луйста. У́лица Тага́нская, дом два́дцать четы́ре, дробь оди́н. Вход со двора́. Второ́й эта́ж.

Грин. А но́мер Ва́шего кабине́та?

Городи́лова. Вы ска́жете охра́ннику, что идёте ко мне, и он Вас прово́дит.

Грин. Спаси́бо, госпожа́ Городи́лова. До за́втра.

Городи́лова. Всего́ до́брого, господи́н Грин, до встре́чи.

Зада́ние 8. Вы́берите вариа́нты отве́тов, соотве́тствующие содержа́нию те́кста диало́га зада́ния 7.(根据练习 7 的对话内容选择答案。)

1. “Макуэ́йг энд санз”—э́то	А. росси́йская фи́рма. Б. совме́стное предприя́тие. В. америка́нская фи́рма.
2. Фи́рма “Макуэ́йг энд санз” занима́ется	А. по́иском и подбо́ром специали́стов. Б. торго́влей проду́ктами пита́ния. В. формирова́нием ба́нков да́нных.
3. Фи́рме “Макуэ́йг энд санз” ну́жен	А. исполни́тельный дире́ктор. Б. дире́ктор. В. торго́вый представи́тель.
4. Господи́н Грин хо́чет подобра́ть сотру́дников фи́рмы	А. за оди́н день. Б. за две неде́ли. В. за три неде́ли.
5. СП “Интерпроду́кт” и фи́рма“Три́за” явля́ются	А. потенциа́льными партнёрами. Б. конкуре́нтами. В. постоя́нными партнёрами.

6. Тре́бования к кандида́там на три до́лжности господи́н Грин до́лжен указа́ть	А. во всех докуме́нтах. Б. в зая́вке на подбо́р специали́стов. В. в ба́нке да́нных.
7. К числу́ дефици́тных отно́сится профе́ссия	А. экономи́ста. Б. гла́вного бухга́лтера. В. секретаря́.

Зада́ние 9. Вы открыва́ете филиа́л свое́й фи́рмы в Санкт-Петербу́рге. Вам необходи́мо найти́ комме́рческого дире́ктора, ме́неджера по сбы́ту и ме́неджера по рекла́ме. Ваш францу́зский партнёр порекомендова́л Вам обрати́ться в аге́нтство за́нятости "Импе́рия ка́дров". Позвони́те в э́то аге́нтство. Во вре́мя разгово́ра не забу́дьте.（您打算在圣彼得堡开办一家分公司，需要副经理、销售和广告部门经理，您的法国伙伴向您介绍"Империя кадров" 人才公司，于是您给这家公司打电话咨询，电话中您要涉及以下内容。）

—предста́виться;
—рассказа́ть о свое́й фи́рме;
—сказа́ть, по чьей рекоменда́ции Вы зво́ните;
—сказа́ть, по како́му вопро́су Вы зво́ните;
—вы́разить наде́жду на по́мощь;
—договори́ться о встре́че.

Зада́ние 10. Прослу́шайте диало́г "В о́фисе о́бщества за́нятости "Три́за". （听对话。）

В О́ФИСЕ О́БЩЕСТВА ЗА́НЯТОСТИ "ТРИ́ЗА".

Грин: Я из америка́нской фи́рмы "Макуе́йг энд санз".

Охра́нник: Прости́те, Вы к кому́?

Грин: Госпожа́ Городи́лова назна́чила мне встре́чу на де́сять часо́в.

Охра́нник: Мо́жно како́й-нибу́дь докуме́нт?

Грин: Да, вот, пожа́луйста.

Охра́нник: Проходи́те, пожа́луйста. Я Вас провожу́.

Грин: Спаси́бо. Скажи́те, а где мо́жно разде́ться?

Охра́нник: В кабине́те у Ири́ны Петро́вны. (Стучи́т в дверь). Мо́жно? Ири́на Петро́вна, к Вам господи́н Грин.

Городи́лова: Да, пожа́луйста. Проходи́те. Ра́да Вас ви́деть, господи́н Грин.

Грин: Спаси́бо, я то́же.

Городи́лова: Пальто́ Вы мо́жете пове́сить сюда́. Сади́тесь, пожа́луйста. Что Вы бу́дете пить? Чай? *Ко́фе*?

Грин: Спаси́бо. Лу́чше чай. Пожа́луйста, без са́хара.

Городи́лова: Прошу́ Вас. (*протя́гивает ча́шку*). Вот моя́ визи́тная ка́рточка. А э́то не́которые материа́лы о на́шей фи́рме.

Грин: Спаси́бо. Я ви́жу, у Вас да́же есть со́бственный журна́л!

Городи́лова: Да. Мы принима́ем уча́стие в изда́нии журна́ла "Слу́жба персона́ла". Мы не то́лько обслу́живаем ры́нок труда́, но и тща́тельно изуча́ем его.

Грин: Вы, наве́рное, ока́зываете и консультацио́нные услу́ги?

Городи́лова: Коне́чно. К тому́ же, у нас есть и юриди́ческий департа́мент, кото́рый ока́зывает на́шим клие́нтам са́мый широ́кий спектр услу́г. А среди́ на́ших клие́нтов—бо́лее ты́сячи совме́стных предприя́тий и за́падных фирм, четы́ре ты́сячи росси́йских компа́ний.

Грин: Э́ти ци́фры говоря́т о многом! А Вы помога́ете открывать иностра́нные представи́тельства в Росси́и?

Городи́лова: Да, для иностра́нных клие́нтов мы прово́дим все мероприя́тия по откры́тию представи́тельства "с нуля́" до аккредита́ции. Мы та́кже мо́жем помо́чь найти́ о́фис, обору́довать его́ и, коне́чно же, подобра́ть персона́л.

Грин: Отли́чно. Я ду́маю, что я обращу́сь к Вам и за юриди́ческой по́мощью.

Городи́лова: С удово́льствием помо́жем Вам. У нас рабо́тают о́чень о́пытные юри́сты. Е́сли Вы не возража́ете, я сейча́с приглашу́ на́шу сотру́дницу, кото́рая бу́дет занима́ться подбо́ром кандида́тов для Ва́шей фи́рмы.

Грин: Да, коне́чно! Вре́мя не ждёт!

Городи́лова (*звони́т по телефо́ну*): Та́ня, у меня́ к Вам про́сьба: зайди́те, пожа́луйста, ко мне и принеси́те все докуме́нты. У нас зака́з на трёх кандида́тов. Спаси́бо.

Грин: Госпожа́ Городи́лова, я бы хоте́л узна́ть процеду́ру заключе́ния догово́ра.

Городи́лова: Да, коне́чно. Во-пе́рвых, Вы с на́шей по́мощью заполня́ете зая́вку на подбо́р специали́стов. Э́то основно́й докуме́нт. Конкре́тные усло́вия догово́ра во мно́гом зави́сят от Ва́ших тре́бований к кандида́ту.

Грин: Кста́ти, о конкре́тных усло́виях догово́ра. Меня́ интере́сует сто́имость контра́кта.

Городи́лова: Обы́чная сто́имость контра́кта—20% от годово́го фо́нда за́работной пла́ты. Э́то сре́дняя стоимость. Но существу́ют зака́зы на специали́стов ма́ссовых профе́ссий: охра́нников, води́телей, продавцо́в. Таки́х специали́стов, коне́чно, ле́гче подобра́ть, чем гла́вного бухга́лтера и́ли ме́неджера по заку́пкам.

Грин: И в э́том слу́чае сто́имость контра́кта ни́же?

Городи́лова: Да, е́сли к нам поступа́ет не́сколько зая́вок на специали́стов недефици́тных профе́ссий от одно́й фи́рмы, то мы снижа́ем це́ну.

Грин: Хорошо́. Нам, наве́рное, ско́ро бу́дет ну́жен техни́ческий персона́л, и мы учтём

Ва́ши усло́вия. Но я хоте́л бы верну́ться к на́шим трём специали́стам. И торго́вого представи́теля, и бухга́лтера, и секретаря́ мы берём на испыта́тельный срок—от ме́сяца до трёх.

Городи́лова: Мы зна́ем, что так при́нято на За́паде. Для Росси́и испыта́тельный срок не стал пока́ традицио́нным при подбо́ре ка́дров. На́ша фи́рма гаранти́рует беспла́тную заме́ну специали́ста, е́сли он не устра́ивает фи́рму. Причём мы берём максима́льно возмо́жный испыта́тельный срок—три ме́сяца.

Грин: Прекра́сно, что вы идёте навстре́чу свои́м клие́нтам!

Стук в дверь.

Семёнова: Мо́жно, Ири́на Петро́вна?

Городи́лова: Да, Та́нечка, заходи́те. Господи́н Грин, познако́мьтесь, пожа́луйста. Э́то Татья́на Семёнова. Она́ помо́жет Вам запо́лнить зая́вки на подбо́р специали́стов и бу́дет занима́ться Ва́шим зака́зом.

Грин: О́чень прия́тно.

Городи́лова: Я, к сожале́нию, должна́ вас оста́вить. У меня́ встре́ча с сотру́дниками одного́ из на́ших аге́нтств.

Грин: Был рад с Ва́ми познако́миться. Наде́юсь, что на́ше сотру́дничество будет взаимовы́годным.

Городи́лова: Я то́же наде́юсь на э́то. До свида́ния.

Грин: Всего́ хоро́шего.

Зада́ние 11. Прослу́шайте диало́г "В о́бществе за́нятости "Три́за" ещё раз. Вы́берите вариа́нты отве́тов, соотве́тствуйщие содержа́нию те́кста диало́га. (再听一遍对话,然后根据内容选择答案。)

1. Фи́рма "Три́за" ока́зывает
   - А. тра́нспортные услу́ги.
   - Б. консультацио́нные услу́ги.
   - В. ауди́торские услу́ги.

2. Среди́ клие́нтов фи́рмы "Три́за"-
   - А. то́лько за́падные фи́рмы.
   - Б. то́лько росси́йские фи́рмы.
   - В. совме́стные предприя́тия, за́падные и росси́йские фи́рмы.

3. Фи́рма "Три́за" мо́жет помо́чь
   - А. найти́ и обору́довать о́фис.
   - Б. изучи́ть ры́нок сбы́та проду́кции.
   - В. закры́ть представи́тельство.

4. Обы́чная сто́имость контра́кта с фи́рмой “Три́за”-	А. 20% от годово́го фо́нда за́работной пла́ты. Б. 20% от ме́сячной за́работной пла́ты. В. 20% от за́работной пла́ты за испыта́тельный срок.
5. Испыта́тельный срок в фи́рме “Макуэйг энд санз”-	А. оди́н ме́сяц. Б. от одного́ ме́сяца до трёх. В. три ме́сяца.
6. Зая́вку фи́рмы “Макуэ́йг энд санз” бу́дут заполнять	А. госпожа́ Городи́лова. Б. Татья́на Семёнова. В. господи́н Грин с по́мощью Татья́ны Семёновой.

Зада́ние 12. Напиши́те кра́тко информа́цию, кото́рую, по Ва́шему мне́нию, мог записа́ть господи́н Грин во вре́мя разгово́ра с госпожо́й Городи́ловой.（请根据您自己的观点，记录 Грин 先生和 Городи́лово 女生谈话中他感兴趣的问题。）

Зада́ние 13. Каки́е вопро́сы за́дали бы Вы госпоже́ Городи́ловой, е́сли бы Вы бы́ли на ме́сте господи́на Гри́на?（如果您是 Грин 先生，你会向 Городилова 女士提哪些问题？）

О ЧЁМ ВАС МО́ЖЕТ СПРОСИ́ТЬ ОХРА́ННИК И КАК ВЫ МО́ЖЕТЕ ЕМУ́ ОТВЕ́ТИТЬ

（保安人员会询问您哪些情况以及您对此如何回答）

—Прости́те, Вы к кому́?
—Я к господи́ну Петро́ву.

—Прости́те, Вы куда́?
—Я в юриди́ческий отде́л.

—Мо́жно како́й-нибу́дь докуме́нт?
—Да, пожа́луйста. Вот мой па́спорт.

—Извини́те, Ваш про́пуск.
—У меня́ нет про́пуска.

НЕ ЗАБУ́ДЬТЕ ПА́СПОРТ!

Обы́чно, что́бы войти́ в росси́йское госуда́рственное учрежде́ние, ну́жно зара́нее заказа́ть про́пуск. Для получе́ния про́пуска в бюро́ пропуско́в Вам ну́жно бу́дет предъяви́ть па́спорт. Па́спорт явля́ется в Росси́и основны́м докуме́нтом и необходи́м да́же для того́, что́бы купи́ть биле́т на по́езд, посели́ться в гости́нице, обменя́ть иностра́нную валю́ту. Для поє́здок за грани́цу гра́ждане Росси́и по́льзуются специа́льным заграни́чным па́спортом.

Води́тельское удостовере́ние (в Ро́ссии его́ называ́ют "права́") не име́ют тако́й юриди́ческой си́лы, как в Аме́рике. Э́тот докуме́нт предъявля́ется то́лько сотру́дникам госуда́рственной автомоби́льной инспе́кции (ГАИ́). Так что не удивля́йтесь, е́сли при вхо́де в учрежде́ние охра́нник ска́жет Вам: "Ваш па́спорт, пожа́луйста!".

Зада́ние 14. Прочита́йте моде́ли, приведённые ни́же. Вы́пишите моде́ли, кото́рые Вам незнако́мы. (阅读下列句型。抄写不熟悉的句型。)

КАК СПРО́СИТЬ СОБЕСЕ́ДНИКА О ЕГО́ СОГЛА́СИИ / РАЗРЕ́ШЕНИИ НА ВЫПОЛНЕ́НИЕ ВА́МИ КАКО́ГО-ЛИ́БО ДЕ́ЙСТВИЯ

(如何征求谈话方同意或允许您去做什么事)

—Е́сли Вы не возража́ете, я приглашу́ сейча́с в кабине́т гла́вного бухга́лтера.
—Да, коне́чно. Нам ну́жно всё с ним обсуди́ть. / Я ду́маю, что мы мо́жем реши́ть э́тот вопро́с без него́.

—С Ва́шего позволе́ния, я расскажу́ о на́шем разгово́ре партнёрам.
—Обяза́тельно. Они́ должны́ быть в ку́рсе всех дел. / Ни в ко́ем слу́чае! Э́то конфиденциа́льная информа́ция!

— Е́сли Вы согла́сны，мы мо́жем обсуди́ть э́тот вопро́с с на́шим юри́стом.
—Я не возража́ю. То́лько ну́жно подгото́вить все докуме́нты. / Я ду́маю，что по э́тому вопро́су лу́чше обрати́ться к ауди́тору.

Зада́ние 15. Зако́нчите диало́ги. Да́йте положи́тельный и отрица́тельный отве́ты. (补全对话，给出肯定和否定的答话。)

1. —Е́сли Вы не про́тив，я перенесу́ интервью́ с э́тим кандида́том на друго́й день.
   — . . .
2. —С Ва́шего позволе́ния，я не бу́ду пока́ отправля́ть э́тот факс на́шим партнёрам.
   — . . .
3. —Е́сли Вы не возража́ете，я спрошу́ об э́том исполни́тельного дире́ктора.
   — . . .
4. —Е́сли Вы согла́сны，мы мо́жем назна́чить перегово́ры на сре́ду.
   — . . .

Зада́ние 16. Восстанови́те диало́ги по отве́тным ре́пликам. (根据应答恢复对话。)

1. — . . .
   —Я счита́ю，что э́ту информа́цию на́ши партнёры пока́ не должны́ име́ть.
2. —. . .
   —Обяза́тельно. Гла́вный бухга́лтер до́лжен прису́тствовать на э́тих перегово́рах.
3. —. . .
   —Я ду́маю，что лу́чше обсуди́ть э́тот вопро́с с юри́стом.
4. —. . .
   —Да，коне́чно. Ме́неджер по рекла́ме помо́жет нам реши́ть э́тот во́прос.
5. —. . .
   Ни в ко́ем слу́чае! Э́то стро́го конфиденциа́льно!
6. —. . .
   —Я ду́маю，что не сто́ит беспоко́ить дире́ктора по э́тому вопро́су.
7. — . . .
   —Я не возража́ю. То́лько снача́ла ну́жно проконсульти́роваться с юри́стом.
8. —. . .
   —Я категори́чески про́тив! Э́то компете́нция не ме́неджера по сбы́ту，а комме́рческого дире́ктора.

Зада́ние 17. Вспо́мните ситуа́ции в о́фисе, когда́ Вам приходи́лось соглаша́ться с собесе́дником и́ли возража́ть ему́. Разыгра́йте диало́ги.（假设您在办公室里与某个同事谈论一个话题。您同意或反对他的看法。演练这样一个对话。）

Зада́ние 18. Прочита́йте моде́ли, приведённые ни́же. Вы́пишите моде́ли, кото́рые Вам незнако́мы.（阅读句型，抄写不熟悉的句型。）

КАК ВЫ́РАЗИТЬ ПРО́СЬБУ

(Я) поруча́ю Вам Я хочу поручи́ть Вам	соста́вить рекла́мный проспе́кт.

Я могу́ попроси́ть Вас Мо́жно попроси́ть Вас	напеча́тать э́тот текст?

У меня́ к Вам про́сьба: Я к Вам с про́сьбой:	принеси́те после́днюю корреспонде́нцию.

КАК ВЫ́РАЗИТЬ ПОРУЧЕ́НИЕ

Я (по)прошу́ Вас Я хочу́ попроси́ть Вас	позвони́ть в рекла́мное бюро́.

Я могу́ поручи́ть Вам Мо́жно поручи́ть Вам	офо́рмить э́ти докуме́нты?

У меня́ к Вам поруче́ние:	узна́йте телефо́ны рекла́много отде́ла.

Зада́ние 19. Вы генера́льный дире́ктор фи́рмы, в кото́рой рабо́тают: фина́нсовый дире́ктор, дире́ктор по внешнеэкономической де́ятельности, ме́неджер по заку́пкам, перево́дчик, секрета́рь. Скажи́те, кого́ и о чём Вы мо́жете попроси́ть, кому́ и что Вы мо́жете поручи́ть(假如您是总经理,下属有财务经理、外贸经理、购货经理、翻译、秘书。请问下列事情属于谁的职责范围。)

Про́сьбы / поруче́ния:

- принести́ па́пку с фа́ксами,
- провести́ перегово́ры с зарубе́жными партнёрами,
- связа́ться с заво́дом-поставщико́м,
- пригото́вить чай, ко́фе,
- перевести́ текст контра́кта,
- определи́ть разме́р зарпла́ты но́вых сотру́дников,
- отпра́вить факс клие́нтам,
- сде́лать ксероко́пии докуме́нтов,
- написа́ть письмо́ неме́цким партнёрам.

Зада́ние 20. Прочита́йте моде́ли, приведённые ни́же. Вы́пишите моде́ли, кото́рые Вам незнако́мы. (阅读下列句型,抄写不熟悉的句型。)

КАК ВЫ́РАЗИТЬ СОГЛА́СИЕ / ГОТО́ВНОСТЬ ВЫ́ПОЛНИТЬ ПОРУЧЕ́НИЕ, ПРО́СЬБУ
(如何表达同意帮对方办事、满足他的请求)

— Вы не мо́жете дать мне текст контра́кта?	— Пожа́луйста. —Коне́чно (могу́), пожа́луйста. —Сейча́с, (одну́) мину́ту. —Возьми́те, пожа́луйста. —Вот (он), пожа́луйста.

—Не забу́дьте, пожа́луйста, позвони́ть на́шим партнёрам.	— Обяза́тельно (непреме́нно) позвоню́. —Не волну́йтесь, позвоню́. —Не беспоко́йтесь, я по́мню.

—Соста́вьте, пожа́луйста, текст комме́рческого предложе́ния.	—Когда́ ну́жно соста́вить? — Как бы́стро э́то ну́жно сде́лать? — А (каки́е) сро́ки?

Зада́ние 21. Зако́нчите микродиало́ги. (补全小对话。)

1. —Ири́на, отпра́вьте, пожа́луйста, э́тот те́лекс.
   —. . .
2. Господи́н Па́влов, Вы не могли́ бы перенести́ перегово́ры на друго́й день?
   —. . .
3. Ива́н Дми́триевич, напиши́те, пожа́луйста, письмо́ в фи́рму "О́мнис".
   —. . .
4. —Никола́й, не забу́дьте, пожа́луйста, встре́тить на́ших партнёров.
   —. . .
5. Господи́н Бра́ун, Вы мо́жете дать нам но́вый катало́г Ва́шей проду́кции?
   —. . .
6. О́ля, у меня́ к Вам про́сьба: сде́лайте ко́пии э́тих рекла́мных материа́лов.
   —. . .
7. Михаи́л Серге́евич, я могу́ поручи́ть Вам заня́ться подбо́ром но́вых ка́дров?
   —. . .
8. Майкл, я хочу́ попроси́ть Вас сде́лать перево́д э́того письма́.
   —. . .

Зада́ние 22. Восстанови́те диало́ги по отве́тным ре́пликам. (根据应答恢复对话。)

1. —. . .
   —Обяза́тельно сообщу́.
2. —. . .
   —Не беспоко́йтесь, я по́мню.
3. — . . .
   —Возьми́те, пожа́луйста.
4. —. . .
   —Сейча́с, одну́ мину́ту.
5. —. . .
   —К како́му сро́ку?
6. —. . .
   —Как бы́стро э́то ну́жно сде́лать?
7. —. . .
   —Вот он, пожа́луйста.

Зада́ние 23. Скажи́те, с каки́ми про́сьбами Вы обы́чно обраща́етесь к свои́м сотру́дникам, каки́е фо́рмы выраже́ния про́сьбы Вы предпочита́ете испо́льзовать при делово́м обще́нии. (请说说在商务交往中,您一般会对自己的合作者有什么请求,您喜欢使用哪些表示请求的句型?)

Зада́ние 24. Скажи́те, каки́е поруче́ния Вы ча́ще всего́ даёте свои́м подчинённым, в како́й фо́рме Вы их выража́ете? (请问您常让下属办什么事,用什么句型表达?)

КАК ВЫ́РАЗИТЬ ЖЕЛА́НИЕ ПОЛУЧИ́ТЬ КАКУ́Ю-ЛИ́БО ИНФОРМА́ЦИЮ
(如何表达获取信息的愿望)

—Господи́н Петро́в. Меня́ интересу́ют сро́ки подбо́ра специали́стов.
—Обы́чно у нас на э́то ухо́дит неде́ля.

—Я хоте́л бы получи́ть информа́цию о вака́нтных должностя́х на Ва́шей фи́рме.
—К сожале́нию, вака́нтных должносте́й у нас уже́ нет.

—Мне хоте́лось бы ознако́миться с тре́бованиями, кото́рые фи́рма предъявля́ет к кандида́там на до́лжность бухга́лтера.
—Пожа́луйста. Возьми́те э́ту зая́вку. Там всё напи́сано.

Зада́ние 25. Зако́нчите диало́ги. (补全对话。)

1. —Серге́й Влади́мирович, я хоте́л бы получи́ть информа́цию о структу́ре Ва́шей фи́рмы.
   —. . . .
2. —Господи́н Ба́ринов, меня́ интере́су́ют анке́ты кандида́тов на до́лжность бухга́лтера.
   —. . . .
3. —О́льга Валенти́новна, мне хоте́лось бы ознако́миться с резюме́ кандида́тов на до́лжность ме́неджера по рекла́ме.
   —. . . .
4. —Я хоте́л бы узна́ть о процеду́ре оформле́ния зая́вки.
   —. . . .

Зада́ние 26. Восстанови́те диало́ги по отве́тным ре́пликам. (根据应答恢复对话。)

1. —...
   —К сожале́нию, у нас сейча́с нет информа́ции о вака́нтных должностя́х на э́той фи́рме.
2. —...
   —Вы мо́жете посмотре́ть па́спорт предприя́тия. Там всё ука́зано.
3. —...
   —Обы́чно наш испыта́тельный срок—два ме́сяца.
4. —.... .
   —К сожале́нию, я ничего́ не зна́ю о филиа́лах фи́рмы "Оме́га".

Зада́ние 27. Ва́ша фи́рма хо́чет откры́ть представи́тельство в Росси́и. Вы должны́ подобра́ть ка́дры для о́фиса в Москве́. Обрати́тесь в о́бщество за́нятости "Три́за" и вы́ясните всю интересу́ющую Вас информа́цию. (贵公司要在莫斯科设办事处,需要聘请工作人员,请向"Триза"人才公司咨询有关问题。)

Зада́ние 28.

А. Прочита́йте вопро́сы, кото́рые обы́чно задаю́т кандиа́там на вака́нтные до́лжности во вре́мя проведе́ния интервью́. (阅读下列向求职者提的问题。)

1. Каковы́ си́льные и сла́бые сто́роны Ва́шего хара́ктера?
2. Каковы́ Ва́ши профессиона́льная подгото́вка и профессиона́льный о́пыт?
3. Каковы́ са́мые значи́тельные достиже́ния в Ва́шей жи́зни?
4. Почему́ Вы и́щете рабо́ту?
5. Чем Вы мо́жете быть поле́зным для на́шей фи́рмы?
6. На каку́ю зарпла́ту Вы рассчи́тываете?

Б. Как бы Вы отве́тили на э́ти вопро́сы? (回答上述问题。)

В. Каки́е вопро́сы Вам задава́ли во вре́мя проведе́ния интервью́. (您求职时曾向您提过哪些问题。)

Зада́ние 30. Соста́вьте диало́ги, кото́рые мо́гут состоя́ться во вре́мя проведе́ния интервью́ ме́жду господи́ном Гри́ном и кандида́том на до́лжности а) торго́вого представи́теля, б) гла́вного бухга́лтера, в) секретаря́-рефере́нта. (编对话,反映 Грин 先生对以下应聘侯选人面试时可能说的话 (а) 贸易代表,(б) 总会计师,(в) 文秘。)

ГОТО́ВИМСЯ К ПОЕ́ЗДКЕ В РОССИ́Ю
（补充阅读——准备起程赴俄）

САМ СЕБЯ́ НЕ ПОХВА́ЛИШЬ — НИКТО́ ТЕБЯ́ НЕ ПОХВА́ЛИТ.

Одна́жды росси́йские учёные провели́ экспериме́нт. Лю́дям ра́зных национа́льностей предложи́ли спи́сок, в кото́рый входи́ли два́дцать черт хара́ктера. Из них ну́жно бы́ло вы́брать са́мые привлека́тельные. Интере́сно, как по-ра́зному отнесли́сь америка́нцы и ру́сские к тако́му ка́честву, как скро́мность. У ру́сских оно́ за́няло тре́тье ме́сто (по́сле доброты́ и че́стности), а у америка́нцев оказа́лось на четы́рнадцатом ме́сте. Э́тот тест помога́ет поня́ть два национа́льных стереоти́па поведе́ния, кото́рые проявля́ются, наприме́р, при приёме на рабо́ту.

В отли́чие от америка́нцев, большинство́ ру́сских не уме́ют себя́ хвали́ть и реклами́ровать. Они́ с трудо́м даю́т любу́ю положи́тельную самооце́нку, да́же е́сли она́ соде́ржит соверше́нно объекти́вную информа́цию. Так, наприме́р, во вре́мя интервью́ в оди́н из за́падных ба́нков выпускнику́ Санкт-петербу́ргской фина́нсовой акаде́мии за́дали вопро́с, рабо́тает ли он на компью́тере. Молодо́й челове́к отве́тил: "В о́бщем-то, да". Сотру́дники ба́нка реши́ли, что компью́тером он никогда́ не по́льзовался, и ме́сто в ба́нке он не получи́л. Все о́чень удиви́лись, когда́ пото́м узна́ли, что до поступле́ния в акаде́мию, он с отли́чием око́нчил те́хникум по специа́льности "программи́ст".

Е́сли Вы прово́дите интервью́ для приёма на рабо́ту с ру́сским, кото́рый никогда́ не рабо́тал на за́падной фи́рме, и хоти́те получи́ть по́лную информа́цию о его́ возмо́жностях, то напо́мните ему́ ста́рую шу́тку: "Скро́мность украша́ет челове́ка то́лько тогда́, когда́ ему́ не́чем бо́льше себя́ укра́сить."

Слова́ уро́ка(单词与词组):

аге́нтство *како́е?* 代理处,办事处
  ～ ка́дровое 主要代理处
адвока́т 律师
администра́ция 行政机构
аккредита́ция *чего́?* 信用
  ～ фи́рмы 公司的信用
а́кция 股票
ассортиме́нт *како́й?* 品种
  широ́кий ～种类齐全
ауди́тор 审计员
банк *чего́?* 库
  ～ да́нных 数据库
бланк чего́? 表格
  ～ зая́вки 申请表
бухга́лтер како́й? 会计师
  гла́вный ～ 总会计师

óпытный ～有经验的会计师
бухгалтéрия 财务处
бюрó 局，部，处
бюрó какóе?
～ реклáмное 广告部
бюрó чегó?
～ переводóв 翻译部
～ фи́рмы 公司的处
ведéние *чегó?* 领导，管理
～ документáции 管理文件
вести́ *что?* 进行
～ перепи́ску 往来通信
ви́це-президéнт *какóй?* 副总裁
～ пéрвый 第一副总裁
～ стáрший 首席副总裁
владéть *чем?* 掌握
～（иностpáнным）языкóм 掌握外语
～ компью́тером 掌握计算机
владéние *какóе?* 控制
свобóдное ～自由控制
владéние чем? 掌握
～（иностpáнным）языкóм 掌握外语
～ компью́тером 掌握计算机
вопрóсы *каки́е?* 问题
～ кáдровые 干部（人事）问题
води́тель 司机
грýппа *какáя?* 集团
～ воéнно-промы́шленная 军工集团
～ международная 国际集团
дéятельность *какáя?* 活动
внешнеэкономи́ческая ～对外经济活动
делопроизвóдство 公文处理
департáмент *какóй?* 司，局，部
～юриди́ческий 法律司
диплóм 文凭
дирéктор 经理
дирéктор какóй?
～ исполни́тельный 执行经理
～ техни́ческий 技术经理
～ финáнсовый 财务经理
дирéктор какóй?（по чемý?）
～ по внешнеэкономи́ческим свя́зям 负责对外贸易的经理
～ по кáдрам 负责人事的经理
～ по разви́тию 开发部经理
～ по сбы́ту 销售部经理
～ по э́кспорту 出口部经理
документáция *какáя?* 文件
деловáя～公文
техни́ческая ～技术文本
докумéнт *какóй?* 文件
официáльный ～官方文件
дóлжность 职务
дóлжность какáя?
вакáнтная ～空缺的职务
дóлжность когó?
～ бухгáлтера 会计职务
～ дирéктора 经理的职务
～ перевóдчика 翻译职务～ референта 办事员职务
～ секретаря́ 秘书职务
законодáтельство 法
законодáтельство какóе?
бáнковское～银行法
законодáтельство о чём?
～ о цéнных бумáгах 有价证券法
замéна *какáя?* 替换
бесплáтная ～免费更换
замести́тель *когó?* 副手
～ дирéктора 副经理
занимáть *что?* 占据
～ дóлжность 担任职务
зарплáта，зáработная плáта 工资 …
зáработная плáта какáя?
высóкая～高工资
ежемéсячная ～每月工资
ни́зкая～低工资
срéдняя ～中等工资

стаби́льная ～稳定的工资

за́работная пла́та кого́?

～ персона́ла 员工的工资

за́работная пла́та в чём?

～ в рубля́х 用卢布支付的工资

иноф́ирма，иностра́нная фи́рма 外国公司

инспе́ктор *како́й?* 督察员

нало́говый ～ 税务督察

инспе́кция *кака́я?* 督察

нало́говая ～税务督察

интервью́ *с кем?* 面试

～ с кандида́том (на до́лжность)对(竞聘某职务)候选人的面试

информа́ция *кака́я?* 信息

комме́рческая ～商业信息

конфиденциа́льная ～保密信息

ценова́я ～有价值的信息

канцеля́рия 办公室

касси́р 收款员

кварта́л 季度

компете́нтность *чья?* (*кого?*)管辖权力

～ специали́ста 专家的管辖权

компете́нция *чья?* (*кого?*)权限

～ дире́ктора 经理的权限

～ ме́неджера 经理的权限

компью́тер *како́й?* 电脑

персона́льный ～ (ПК)个人电脑

консульта́нт 咨询员，顾问

консульта́нт *како́й?*

незави́симый ～独立咨询员

консульта́нт *по чему́?*

по внешнеэкономи́ческой де́ятельности 对外经济活动顾问

～ по подгото́вке персона́ла 员工培训顾问

консульти́роваться/проконсульти́роваться *с кем?* 咨询

～ с юри́стом 向律师咨询

～ с экспе́ртом 向专家咨询

конто́ра *кака́я?* 处

нотариа́льная ～公证处

контра́кт *како́й?* (*по чему́?*)合同

～ по э́кспорту 出口合同

～ по и́мпорту 进口合同

контро́ль 监控

контро́ль *чего́?*

～ фина́нсов 财务监督

контро́ль *за чем?*

～ за выполне́нием *чего́?* 对执行…的监督

конце́рн *како́й?* 康采恩

～ междунаро́дный 国际康采恩

～ транснациона́льный 跨国康采恩

корреспонде́нция *кака́я?* 通讯

после́дняя ～最后一次通信

ксероко́пия *чего́?* 复制

～ докуме́нтов 复制文件

курье́р 信使

ку́рсы *каки́е?* (*по чему́?*)讲座

～ по бухга́лтерскому учёту 会计核算讲座

～ по марке́тингу 市场营销讲座

～ по станда́ртам учёта 核算标准讲座

лице́нзия 许可证

материа́л *како́й?* 材料，资料

информацио́нный ～信息资料

рекла́мный ～广告材料

машини́стка 打字员

маши́нопись 打字

ме́неджер *како́й?* (*по чему́?*)经理

～ по внешнеэкономи́ческой де́ятельности 外贸经理

～ по заку́пкам 采购经理

～ по ка́драм 人事经理

～ по марке́тингу 市场部经理

～ по персона́лу 员工经理

～ по прода́жам 销售经理

～ по рекла́ме 广告部经理

～ по сбы́ту 销售部经理

～ по тра́нспорту 运输部经理

～ по снабже́нию 供给部经理

мероприя́тия *каки́е*? 活动

маркéтинговые ～营销活动

на́вык *чего́*? 技能

～ управлéния 管理技能

нало́г 税收

налогообложе́ние 上税

нача́льник *чего́*? 领导

～ отдéла 处长

нота́риус 公证员

объедине́ние *како́е*? 联合体

～ торгóвое 商业联合体

～ финáнсовое 金融联合体

образова́ние *какое*? 教育

вы́сшее ～高等教育

специа́льное ～专门教育

срéднее～中等教育

техни́ческое ～技术教育

финáнсовое ～金融教育

экономи́ческое ～经济教育

обслу́живание 服务

обслу́живание какое?

юриди́ческое ～法律服务

обслу́живание кого?

～ клиéнтов 为客户服务

опера́ция *какая*? 业务

бáнковская ～银行业务

валю́тная ～外汇业务

коммéрческая ～商业业务

рублёвая ～卢布业务

финáнсовая ～金融业务

опла́та 支付

оплáта какáя?

высóкая ～高报酬

почасовáя ～计时报酬

сдéльная ～按件计酬

стаби́льная ～稳定的报酬

оплáта чегó?

～ трудá 劳动报酬

óпыт 经验

óпыт какóй?

ли́чный ～个人经验

óпыт чегó?

～ управлéния 管理经验

отделе́ние *чего́*? 处，科

～ фи́рмы 公司的处

отде́л 处，科

отдéл какóй?

валю́тный ～外汇部商务部

коммéрческий ～商务部

произвóдственный ～生产部

реклáмный ～广告部

техни́ческий ～技术部

трáнспортный ～运输部

финáнсовый ～金融部

экономи́ческий ～经济部

юриди́ческий ～法律部

отдéл чегó?

～ безопáсности 保安部

～ договóров 合同部

～ кáдров 人事处

～ контрáктов 合同处

～ маркéтинга 营销处

～ подготóвки кáдров 人事培训处

～ рабóты с клиéнтами 客户接待部

～ разви́тия 开发部

～ реклáмы 广告部

～ сбы́та 销售部

～ свя́зи с общéственностью 社会联络部

～ снабжéния 供给部

откры́тие *чего́*? 开设

～ филиáла 开分店

отноше́ния *каки́е*? 关系

экономи́ческие ～经济关系

о́тпуск *како́й*? 休假

ежегóдный ～每年的休假

оформлéние *чегó?* 表达，办理
～ заявки 写申请
～ перевóзок 填运单
охрáнник 保安员
партнёр ***какóй?*** 合作伙伴
зарубéжный ～外国伙伴
постоянный ～长期的伙伴
пéнсия 退休金
перевóдчик 翻译
перевóдчик *какóй?*
ýстный ～口译员
перевóдчик-синхронúст 同声传译员
перепúска *какáя?* 通信
деловáя ～公务信函
персонáл 员工
персонáл *какóй?*
технúческий～技术员工
подбóр *когó?* 挑选
～ кáдров 选拔干部
～ специалúста 选拔专家
подготóвка *когó?* 培养
～ персонáла 培养员工
покýпка *чегó?* 购买
～ áкций 买股票
пóльзование *чем?* 使用
～ компьютером 使用电脑
поступáть / **поступúть** *кудá?* 进，参加
на рабóту 参加工作
пóчта *какáя?* 邮局，邮件
электрóнная ～电子邮件
прáво *какóе?* 法
граждáнское～民事法
международное ～国际法
тамóженное ～海关法
торгóвое ～贸易法
предприятие *какóе?* 企业
крýпное ～大型企业
мéлкое ～小企业
разнопрóфильное ～不同行业的企业
представúтель *какóй?* 代表
～ торгóвый 贸易代表
прéмия 奖金
продвижéние *по чемý?* 前进
～ по слýжбе 职务高升
профéссия *какáя?* 职业
дефицúтная ～紧缺职业
проспéкт *какóй?* 说明书
реклáмный ～广告说明书
процедýра *какая?* 程序
процедýра *какáя?*
тамóженная～海关程序
юридúческая ～法律程序
процедýра *чегó?*
～ оформлéния 申报程序
процéнт *от чегó?* 百分比
～ от сдéлки 交易的百分比
рабóта 工作
рабóта *какáя?*
руководящая ～领导工作
рабóта *где?*
～ в бáнке 银行的工作
～ в инофúрме 在外企工作
рабóта кем?
～ бухгáлтером 做会计
～ экспéртом 做出口员
рабóта с *чем?*
～ с цéнными бумáгами 从事有价证券工作
рабóта на *чём?*
～ на компьютере 上机
рабóта по *чемý?*
～ по специáльности 做本行工作
расчёты 结算
расчёты *какúе?*
зарубéжные～国外结算
расчёты *с кем?*
～с бáнком 与银行结算
режúм *чегó?* 制度

～ рабо́ты 工作制度
рекоменда́ция 推荐信
рефере́нт 秘书
рефере́нт-перево́дчик 翻译兼秘书
рост *како́й?* 增长
профессиона́льный ～职业的增长
руководи́тель *чего́?* 领导
～ отде́ла 处长
руководи́ть *чем?* 领导
～ рабо́той 领导工作
ры́нок *како́й?* 市场
зарубе́жный ～国外市场
фина́нсовый ～金融市场
свя́зи *каки́е?* 联系
ли́чные ～个人联系
секрета́рь 秘书
секрета́рь-рефере́нт 文秘
систе́ма *чего́?* 体系
～ ауди́та 审计制度
～ учёта 核算制度
слу́жба *кака́я?* 服务
тра́нспортная ～ 交通服务
собесе́дование 谈话
соблюде́ние *чего́?* 遵守
～ конфиденциа́льности 保密
составля́ть / соста́вить *что?* 编
～ проспе́кты 编写说明书
сотру́дник 员工
сотру́дник какой?
вре́менный ～临时员工
квалифици́рованный ～高级员工
постоя́нный ～固定工
о́пытный ～有经验的员工
сотру́дник чего?
～ фи́рмы 公司的员工
совеща́ние *кого́?* 会议
～ сотру́дников 员工会议
сослужи́вец 同事
сотру́дник *како́й?* 员工
высококвалифици́рованный ～员工专家
квалифици́рованный ～高级员工
сотру́дничество *како́е?* 合作
взаимовы́годное ～互利合作
спектр *како́й?* 方面
～ широ́кий 广泛的方面
спектр *чего́?*
～ услу́г 服务领域
специали́ст 专家
специали́ст *како́й?*
высококвалифици́рованный ～高级专家
квалифици́рованный ～专家
о́пытный ～ 有经验的专家
специали́ст *по чему́?*
～ по внешнеэкономи́ческой де́ятельности 外贸专家
срок *како́й?* 期限
испыта́тельный ～实验期
станда́рты *чего́?* 标准
～ учёта 核算标准
стажёр 进修生
стажиро́вка *где?* (*на чём?*)进修
～ на фи́рме 在公司进修
стажирова́ться *на чём?* 进修
～ на фи́рме 在公司进修
стенографи́стка 速记员
сто́имость 价值
сто́имость кака́я?
обы́чная ～普通价值
стои́мость чего?
～ контра́кта 合同金额
сфе́ра *чего́?* 领域
～ де́ятельности 活动领域
те́хника *кака́я?* 技术
мно́жительная ～增加技术
това́р *како́й?* 商品
высокока́чественный ～高质量的商品
товаропроизводи́тель 生产者
торго́вля *кака́я?* 贸易

оптóвая ～批发贸易

увольня́ться/увóлиться *как*? 辞工

～ по сóбственному желáнию 自动辞职

убóрщица 清洁工

управлéние *кем*? 管理

～ персонáлом 管理员工

услóвия 条件

услóвия *какие*?

конкрéтные ～具体条件

услóвия *чегó*?

～ договóра 合同条件

учёт *какóй*? 核算

бухгáлтерский ～会计核算

фи́рма *какáя*? 公司

инострáнная ～，инофи́рма 外国公司

штат *какóй*? 员工

врéменный ～临时雇员

постоя́нный ～长期雇员

ценá *какáя*? 价格

ни́зкая ～低价格

экономи́ст *какóй*? 经济师

глáвный ～总经济师

стáрший ～高级经济师

экспéрт 专家

юри́ст 律师

юрискóнсульт 法律咨询员

第五课　公司的财务活动

УРОК 5. ФИНАНСОВАЯ ДЕЯТЕЛЬНОСТЬ ФИРМЫ

РАЗДЕ́Л Ⅰ (第一章)

КАКОВЫ́ ФИНА́НСОВЫЕ ПОКАЗА́ТЕЛИ ДЕ́ЯТЕЛЬНОСТИ ФИ́РМЫ (公司有哪些财务活动指标)

Годово́й дохо́д фи́рмы — 275 миллио́нов до́лларов.

Зада́ние 1. Прочита́йте и запиши́те ци́фрами. (读写下列数字。)

Образе́ц: Две́сти двадцать одна́ ты́сяча—221 000＝221 тыс.

Семьсо́т со́рок три ты́сячи—

Четы́реста во́семьдесят пять ты́сяч—

Девяно́сто два миллио́на—

Сто со́рок семь миллио́нов—

Три́ста пятьдеся́т четы́ре миллио́на—

Пятьсо́т два́дцать пять миллио́нов—

Шестьсо́т пятна́дцать миллиа́рдов—

ты́сяча—тыс.

миллио́н—млн.

миллиа́рд—млрд.

триллио́н—трлн.

В Росси́и, как и в США, по́льзуются ара́бкими ци́фрами, но росси́йский“язы́к цифр”всё-таки име́ет свои́ осо́бенности.

По росси́йскии пра́вилам, в фина́нсовых докуме́нтах ци́фры в больши́х чи́слах отделя́ются не запяты́ми, а интерва́лами. Налриме́р, така́я су́мма, как US $ 30, 000 в росси́йских фина́нсовых докуме́нтах бу́дет запи́сана так: 30 000 до́лларов США. В ру́сском написа́нии десяти́чных дробе́й по́сле це́лого числа́ ста́вится запята́я, а не то́чка, как в англи́йском. За́пись 32,3 *млн. рубле́й* сле́дуея чита́ть:《 три́дцатв два миллио́на две́сти ты́сяч рубле́й 》. Бу́дьте внима́тельны!

在俄罗斯和在世界各地一样,同样使用阿拉伯数字,但俄语的数字语言有其自身的特点。

根据俄语的规范,在财务文件中,较大的数字不用逗号,而用空格的形式,例如 $30,000 美元在财务文件里写做: 30 000 долларов США。在俄语里小数点用逗号,而不像汉语和英语那样用圆点,如:32,2 млн. рублей 读做"тридцать два миллиона двести тысяч рублей"。

Зада́ние 2. Прочита́йте вслух. (朗读。)

105 тыс.;	349 тыс.;	798 тыс.;
252 млн.;	664 млн.;	953 млн.;
101 млрд.;	448 млрд.;	832 млрд.

67 500; 81 360; 477 685; 250 575 000; 512 125 000

Зада́ние 3. Запо́лните табли́пу. (在表中的空白处填上合适的词。)

а)	Япо́ния	япо́нский
	ферма́ния	
	Голла́ндия	
	Швейца́рия	
	Ирла́ндия	
	Белору́ссия	
б)	Кана́да	кана́дский
	Украйна	
в)	Росси́я	росси́йский
	А́нглия	
	И́ндия	
	Австра́лия	
	А́встрия	
	Бе́льгия	
	И́ндия	

	Корéя	
г)	Амéрика	америкáнский
	Мéксика	
	Итáлия	италья́нский
д)	Пóльша	пóльский
	Швéция	швéдский
	Дáния	дáтский
	Чéхия	чéшский
	Грéция	грéческий
	Фрáнция	францу́зский
е)	Китáй	китáйский
Запóмните!	Великобритáния	британский

1. От аббревиату́ры США прилагáтельное в ру́сском язы́ке не образу́ется. В разговóрной рéчи вмéсто негó испóльзуется прилагáтельное *америкáнский*, а в деловы́х документах-констру́кция: существи́тельное + аббревиату́ра США. Напримéр: *валю́та США*, *доллар США*, *закóны США*.

2. От назвáния страны *Гермáния* образу́ется прилагáтельное *гермáнский*: *росси́йско-гермáнское предприя́тие*, *канáдско-гермáнские переговóры*. Когдá говоря́т о национáльной культуре, тради́циях, языкé, то испóльзуют прилагáтельное *немéцкий*: *немéцкий язы́к*, *немéцкая литерату́ра*, *немéцкий компози́мор*. Для назвáния валю́ты Гермáнии в разговóрной рéчи испóльзуется прилагáтельное *немéцкий*: *немéцкая мáрка*. В официáльно-деловóй рéчи испóльзуетсч словосочетáние *мáрка ФРГ*.

3. Англи́йскому прилагáтельному *Indian* в ру́сском языкé соотвéтствует два рáзных слóва: *инди́йский* — свя́занный со странóй И́ндия, и индéйский — свя́занный с америкáнскими индéйцами.

(1) США 是个缩写词，它在俄语里没有形容词。口语里可用形容词 *американский*，而在正式文件里要用名词+США 的形式，如：*валюта США*，*доллар США*，*законы США*.

(2) *Германия* 是国家名，它的形容词是 *германский*：*российско-германское предприятие*，*канадско-германские переговоры*. 但是，当表示民族、传统、语言时，要用另一个形容词 *немецкий*：*немецкий язык*，*немецкая литература*，*немецкий композитор*. 口语里表示德国的货币时用形容词 *немецкий*：*немецкая марка*. 在公文正式语言中要用词组 *марка ФРГ*.

(3) 英语里的形容词 *Indian* 在俄语里有两个对应的词：*индийский*— 印度的，它与印度这个国家相关，*индейский*— 印第安的，它与美洲印第安有关。

Зада́ние 4. Скажи́те, как по-ру́сски называ́ются валю́ты э́тих стран. (用俄语说出下列国家的货币名称。)

Образец: А́встрия—ши́ллинг.

Валю́та А́встрии называ́ется австри́йский ши́ллинг. (奥地利的货币名叫奥地利先令。)

Зада́ние 5. Запо́мните слова́ и словосочета́ния. (记住下列单词和词组。)

1)
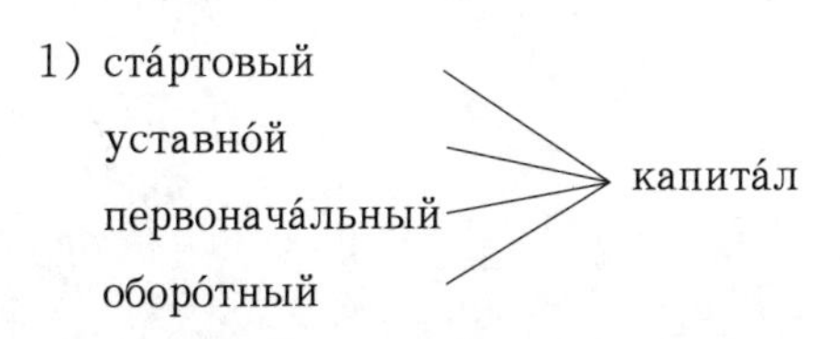

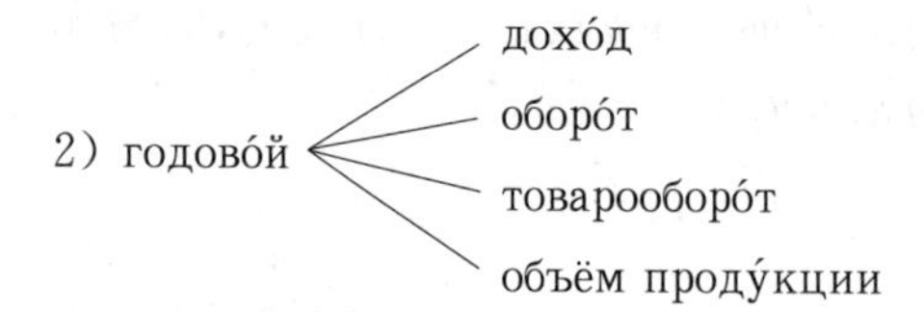

2) годово́й — дохо́д / оборо́т / товарооборо́т / объём проду́кции

3) чи́стый дохо́д
чи́стая при́быль

4) дохо́ды — расхо́ды
при́были — убы́тки

Зада́ние 6. Прочита́йте да́нные о фина́нсовых показа́телях де́ятельности фи́рмы. Запиши́те их ци́фрами. (下面是公司的财务经营状况，请阅读用数字记录下来。)

Обрае́ьц: Годово́й дохо́д предприя́тия — пятьсо́т во́семьдесят пять миллио́нов рубле́й.

Годово́й дохо́д предприя́тия — 585 млн. рубле́й

1. Годово́й товарооборо́т конце́рна — двена́дцать триллио́нов рубле́й.
2. Чи́стый дохо́д объедине́ния — семьсо́т девяно́сто миллио́нов рубле́й.
3. Ме́сячная при́быль фи́рмы — девятьсо́т со́рок во́семь ты́сяч рубле́й.
4. При́быль ба́нка — восемьсо́т се́мьдесят ты́сяч неме́цких ма́рок.
5. Чи́стая при́быль фи́рмы "Кана́да гэз" — четы́реста со́рок миллио́нов кана́дских до́лларов.
6. Годово́й оборо́т компа́нии "Во́льво" — се́мьдесят пять миллиа́рдов шве́дских крон.
7. Уставно́й капита́л компа́нии "Блэк Си энд Бо́лтик" — три́дцать миллио́нов фу́нтов сте́рлингов.
8. Реа́льный уставно́й капита́л акционе́рного о́бщества "Нори́льский ни́кель" — во́семь миллиа́рдо́в долларов США.

Дохо́д фи́рмы — составля́ет / составля́л / соста́вил — Миллиа́рд до́лларов.

Составля́ть / соста́вить, превыша́ть / превы́сить — Миллиа́рд, миллио́н, ты́сячу

Зада́ние 7. Сообщи́те о фина́нсовых показа́телях де́ятельности фи́рмы. (请说出公司的财务状况。)

Образе́ц: Чи́стый дохо́д ассоциа́ции—475 млн. до́лларов (США).

Чи́стый дохо́д ассоциа́ции соста́вил 475 миллио́нов до́лларов США/ америка́нских до́лларов.

1. Чи́стая при́быль конце́рна—13 млрд. ма́рок (Герма́ния).
2. Объём прода́ж компа́нии—660 млн. до́лларов (Канада).
3. Объём экспорта корпора́ции—340 трлн. лир (Ита́лия).
4. Объём и́мпорта фи́рмы—215 млн. фра́нков (Фра́нция).
5. Дохо́ды объедине́ния—730 млн. до́лларов (Сингапу́р).
6. Убы́тки предприя́тия—370 тыс. йен (Япо́ния).
7. Годово́й оборо́т фи́рмы—786 тыс. ру́пий (И́ндия).

По состоя́нию	**на 1 января́** **на нача́ло го́да**	**дохо́ды** **расхо́ды** **акти́вы** **пасси́вы** **при́былu** **убы́тки** **креди́ты**	**составля́ют 1млрд. рубле́й.**

На нача́ло **На коне́ц**	**го́да, полуго́дия, кварта́ла, ме́сяца**

Зада́ние 8. Допо́лните сообще́ние указанием на вре́мя. (指出时间,扩展句子。)

Образе́ц: Нача́ло 1992 го́да. Ста́ртовый капита́л "Инкомба́нка" составля́л 485 млн. рубле́й.

а) На нача́ло 1992 года ста́ртовый капита́л "Инкомба́нка" составля́л 485 млн. рубле́й.

б) По состоя́нию на нача́ло 1992 го́да стартовый капита́л "Инкомбанка" составля́л 485 млн. рубле́й.

1. 1 ма́рта. Дохо́ды компа́нии соста́вили 13 млрд. рубле́й.
2. Нача́ло го́да. Расхо́ды фи́рмы составля́ют 25 млн. фра́нков.
3. Коне́ц э́того полуго́дия. Годово́й оборот конце́рна превы́сил 5 млрд. до́лларов.
4. Коне́ц теку́щего кварта́ла. Чи́стая при́быль предприя́тия превыша́ет 75 млн. ма́рок.
5. 1 а́вгуста. Убы́тки кооперати́ва превы́сили 600 млн. рубле́й.
6. Нача́ло ны́нешнего го́да. Уставно́й фонд фи́рмы составля́ет 15 трлн. рубле́й.

Како́в годово́й оборо́т фи́рмы? **Какова́ чи́стая при́быль фи́рмы?**

Зада́ние 9.

А. Прочита́йте и запо́мните вопро́сы.（读下列问题并记住。）

1. Како́в ста́ртовый капита́л компа́нии?
2. Какова́ годова́я су́мма прода́ж фи́рмы?
3. Каковы́ дохо́ды предприя́тия?

Б. Зада́йте вопросы дру́г дру́гу, если вас интересу́ют.（互相提问。）

—первонача́льный капита́л фи́рмы,

—уставно́й капита́л ба́нка,

—чи́стая при́быль фи́рмы,

—годово́й оборо́т конце́рна,

—товарооборо́т компа́нии,

—объём проду́кции фи́рмы в э́том ме́сяце,

—объём прода́ж проду́кции,

—расхо́ды фи́рмы на рекла́му,

—убы́тки компа́нии в э́том кварта́ле,

—чи́сленность сотру́дников предприя́тия,

—число́ рабо́тников ба́нка.

Прочита́йте и сравни́те.（读并比较。）

а) Како́й дохо́д получи́ла фи́рма в э́том году́? Каку́ю при́быль получи́л ба́нк?	б) Како́в дохо́д фи́рмы в э́том году́? Какова́ при́быль ба́нка?

注意

Прилага́тельные *како́й*, *кака́я*, *како́е*, *каки́е* употребля́ются как определе́ния к существи́тельному (*дохо́д*, *при́быль*, *проце́нт*, *капита́л п др.*) в глаго́льном предложе́нии. Прилага́тельные *како́в*, *какова́*, *каково́*, *каковы* употребля́ются в ро́ли предика́та в безглаго́льном предложо́нии.

形容词 *какой*, *какая*, *какое*, *какие* 在动词句中作为名词的定语使用（*доход*, *прибыль*, *процент, оборот, капитал и др.*)。

形容词 *каков, какова, каково, каковы* 在无人称句中充当谓语。

Зада́ние 10. Сообщи́те о фина́нсоых показа́телях ва́шей фи́рмы и спроси́те о то́м же колле́г по гру́ппе. (说一说贵公司的财务状况，并询问一下同班同事中的公司的情况。)

Образе́ц: Уставно́й фонд на́шей фи́рмы составля́ет 200 млн. рубле́й.

А како́в уставно́й фо́нд ва́шей фи́рмы?

1. Годово́й оборо́т на́шей фи́рмы составля́ет 4,5 млн. до́лларов.
2. Чи́стый дохо́д на́шей компа́нии соста́вил в э́том году́ 850 млн. до́лларов.
3. При́быль на́шего ба́нка превыша́ет 75 млрд. рубле́й.
4. Годово́й товарооборо́т на́шей корпора́ции превы́сил 250 млн. ма́рок.
5. Годова́я су́мма прода́ж нашего магази́на превы́сила 350 млн. фу́нтов ста́рлингов.
6. Ста́ртовый капита́л на́шего предприя́тия соста́влял 2 млрд. рубле́й.
7. Расхо́ды фи́рмы на рекла́му превыша́ют 100 млн. рубле́й.
8. Расхо́ды компа́нии на обуче́ние персона́ла соста́вили 70 тыс. до́лларов.

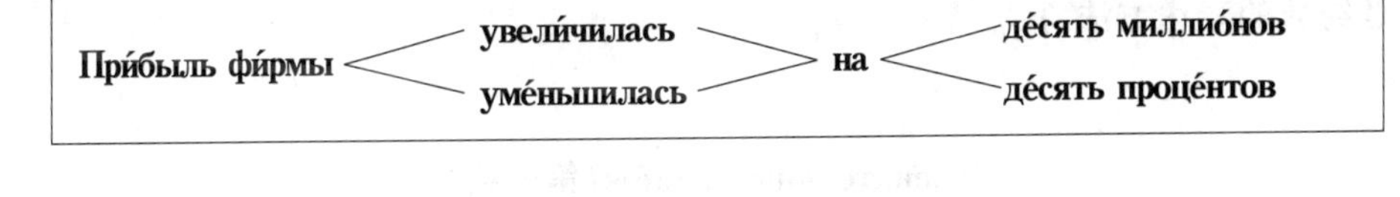

При́быль фи́рмы	**увели́чилась** / **уме́ньшилась**	**на**	**де́сять миллио́нов** / **де́сять проце́нтов**

увели́читься	на ско́лько?	на 2 проце́нта, на 5 миллио́нов
уме́ньшиться	во ско́лько раз?	в 2 ра́за, в 5 раз
	с ... до ...	с 20 миллио́нов до 75 миллио́нов

Зада́ние 11. Прочита́йте и скажи́те, как измени́лись фина́нсовые показа́тели де́ятельности фи́рмы. (读下面的信息，并说出公司的财务状况有什么变化。)

Образе́ц: На нача́ло го́да дохо́д фи́рмы соста́влял 10 млрд. рубле́й. В настоя́щий моме́нт дохо́д составля́ет 12, 5 млрд. За э́то вре́мя дохо́д фи́рмы увели́чился на 2,5 млрд. рубле́й.

А.

1. На коне́ц про́шлого го́да годово́й оборо́т компа́нии составля́л 500 млн. до́лларов. В настоя́щее вре́мя оборо́т составля́ет 959 млн. до́лларов.
2. В про́шлом году́ чи́стая при́быль ба́нка составля́ла 20 трлн. рубле́й. На нача́ло ию́ля ны́нешнего го́да при́быль составля́ет бо́лее 30 трлн. рубле́й.
3. Два́ го́да наза́д объём э́кспорта конце́рна составля́л 800 млн. до́лларов. На нача́ло ны́нешнего го́да он составля́л 780 млн. до́лларов.

4. Годово́й товарооборо́т фи́рмы в настоя́щее вре́мя составля́ет оди́н миллиа́рд рубле́й. На коне́ц про́шлого го́да товарооборо́т составля́л 1,3 млрд. рубле́й.

Б.

5. Два го́да наза́д уставно́й капита́л “Семба́нка” составля́л 223 млн. рубле́й. Тепе́рь он превыша́ет 10 млрд. рубле́й.
6. Год наза́д дохо́д росси́йского отделе́ния корпора́ции “Майкросо́фт” составля́л 11,5 млн. до́лларов. Сего́дня годово́й доход отделе́ния—14 млн. до́лларов.
7. В про́шлом году́ чи́стый дохо́д компа́нии “Дже́нерал мо́торс” составля́л 670 млн. до́лларов. В настоя́щее вре́мя он превыша́ет 2,5 млрд. до́лларов.
8. На нача́ло теку́щего кварта́ла убы́тки фи́рмы соста́вили 230 млн. рубле́й. В настоя́щий моме́нт они составля́ют 90 млн. рубле́й.

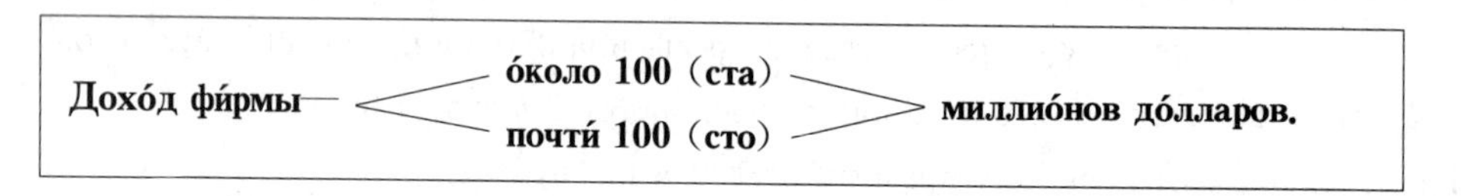

Зада́ние 12. Познако́мьтесь со спо́собами выраже́ния приблизи́тельного коли́пества. (下面是约数的表达方法。)

Имени́тельный паде́ж(第一格)

	оди́н	миллио́н
	одна́	ты́сяча
	два	миллио́на
	две	ты́сячи
почти́	три	миллио́на
приме́рно	четы́ре	ты́сячи
приблизи́тельно	пять	
бо́лее чем	три́дцать	
	пятьдеся́т	миллио́нов
	со́рок	ты́сяч
	сто	
	пятьсо́т	

Употребле́ние сло́в *приме́рно*, *приблизи́тельно* с числи́тельными в имени́тельном падеже́ возмо́жно в у́стной неофициа́льной ре́чи. (在非正式的口语里可以使用 *приме́рно*, *приблизи́тельно* 与数词连用第一格形式。)

Роди́тельный паде́ж(第二格)

	одного́ одно́й	миллио́на ты́сячи
о́коло свы́ше бо́лее ме́нее	двух трёх четырёх пяти́ тридцати́ пяти́десяти сорока́ ста пятисо́т	миллио́нов ты́сяч

Зада́ние 13. Замени́те то́чные цифровы́е да́нные приблизи́тельными.(用约数替代下列的确切数字。)

Образе́ц: 28—о́коло 30, 33—бо́лее 30.

49, 52, 73, 96, 108, 410, 679, 991.

Зада́ние 14. Прочита́йте ниформа́цию о фи́рмах и переда́йте её, замени́в то́чные цифровы́е да́нные приблизи́тельными.(下面是公司的信息,请用约数替换文中的确切数字。)

Образе́ц: В соста́в ассоциа́ции вхо́дит 47 фи́рм. Число́ сотру́дников—680 челове́к. Годово́й товарооборо́т—950 миллио́нов шве́дских крон.
В соста́в ассоциа́ции вхо́дит приме́рно 50 фирм. Число́ сотру́дников о́коло 700 челове́к. Годово́й товарооборо́т—Спочти́ миллиа́рд шве́дских крон.

1. В соста́в объедине́ния входит 19 предприя́тий. В объедине́нии рабо́тает 430 челове́к. Годово́й дохо́д объедине́ния—190 млн. фра́нков.
2. "Интерба́нк" име́ет 2 200 филиа́лов. Число́ сотру́дников ба́нка—105 ты́сяч челове́к. При́быль ба́нка—405 млн. фу́нтов сте́рлингов.
3. Корпора́ция име́ет 1060 филиа́лов в разных стра́нах. Товарооборо́т корпора́ции—118 млрд. до́лларов в год. Чи́сленность сотру́дников—12 ты́сяч челове́к.
4. Фи́рма име́ет 93 бюро́ в ра́зных стра́нах ми́ра. Годово́й оборо́т фи́рмы—2,8 млрд. до́лларов. Чи́стая при́быль фи́рмы—330 млн. до́лларов.
5. Компа́ния име́ет 12 отделе́ний в ра́зных города́х. В компа́нии рабо́тает 75 челове́к.

Годово́й оборо́т компа́нии—180 млрд. рубле́й.

Зада́ние 15. Зада́йте друг дру́гу вопро́сы и отве́тьте на них то́чно и приблизи́тельно.（互相提问并用确切数字或约数来回答。）

Образе́ц: — Ско́лько сотру́дников рабо́тает в фи́рме? (28).

—В фи́рме рабо́тает 28 челове́к.

—В фи́рме рабо́тает приме́рно 30 челове́к. / В фи́рме рабо́тает челове́к три́дцать.

1. Ско́лько филиа́лов име́ет фи́рма?（18）
2. Ско́лько фирм вхо́дит в конце́рн?（11）
3. Ско́лько компа́ний объединя́ет ассоциа́ция?（42）
4. Како́в уставно́й фонд предприя́тия?（1,2 млрд. рубле́й）
5. Како́в годово́й товарооборо́т компа́нии?（9,7 млрд. ма́рок）
6. Како́в чи́стый дохо́д корпора́ции?（3,2 млрд. крон）
7. Какова́ прибыль ба́нка?（415 млн. фра́нков）
8. Како́в ста́ртовый капита́л объедине́ния?（593 млн. рубле́й）
9. Како́в объём э́кспорта компа́нии?（725 млрд. рубле́й）

Зада́ние 16.

А. Скажи́те, понима́ете ли Вы сле́дующие словосочета́ния?（您是否理解下列词组的含义。）

1） приро́ст при́были
   ежего́дный приро́ст при́были
2） при́быльный това́р
   би́знес
   при́быльное произво́дство
   предприя́тие
3） убы́точное произво́дство
   предприя́тие
4） оборо́тный капита́л
   оборо́тные сре́дства
   де́ньги

Б. К ру́сским словосочета́ниям подбери́те соотве́тствующие кита́йские.（为这些词组选择合适的汉语表达。）

приро́ст при́были	净利润
оборо́тный капита́л	净亏损
убы́точное предприя́тие	周转资本
валова́я при́быль	利润增长
чи́стый убы́ток	亏损企业
ли́чные расхо́ды	个人开支
чи́стый дохо́д	毛利润

В. Переведи́те на кита́йский язы́к.（译成汉语。）

Ежего́дный приро́ст при́были，увеличе́ние чи́стой при́были，уменьше́ние ежеме́сячных убы́тков，увеличе́ние годово́го оборо́та，расхо́ды на рекла́му，тра́нспортные расхо́ды，дохо́ды от реализа́ции.

КАК КОНТРОЛИ́РУЕТСЯ ФИНА́НСОВАЯ ДЕ́ЯТЕЛЬНОСТЬ ФИ́РМЫ
（如何控制公司的财务活动）

Фи́рма “Рос－Ауди́т” прово́дит ауди́торскую прове́рку.

Зада́ние 17. Запо́мните словосочета́ния.（记住下列词组。）

1）ауди́торский — станда́рт / контро́ль

2）ауди́торская — фи́рма / слу́жба / прове́рка / процеду́ра / де́ятельность

3）ауди́торские — услу́ги / станда́рты

4）процеду́ра / станда́рт — ауди́та

5）проводи́ть / провести́　ауди́торскую　прове́рку

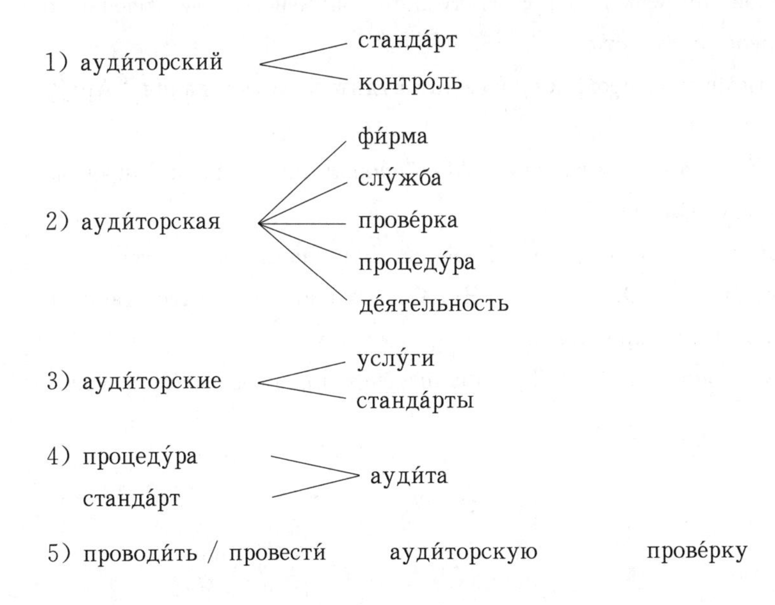

Зада́ние 18. Переведи́те на ру́сский язы́к. (译成俄语。)

审计，审计师，审计标准，审计公司，审计程序，审计服务，进行审计，财务状况。

Зада́ние 19. Зако́нчите предложе́ния. Испо́льзуйте словосочета́ния, да́нные спра́ва, в ну́жной фо́рме. (用右边所给词组的适当的形式补全句子。)

1. По э́тому вопро́су нам ну́жно обрати́ться в	ауди́торская слу́жба
2. Фи́рма "Бухучёт" занима́ется	ауди́торская фи́рма
3. На́ша фи́рма прово́дит все	ауди́торская де́ятельность
4. Компа́ния "Ауди́т — 93" никогда́ не проводи́ла . . . на на́шей фи́рме.	ауди́торские процеду́ры
5. . . . э́той компа́нии рабо́тает всегда́ чётко и корре́ктно.	ауди́торская прове́рка

Зада́ние 20. Скажи́те, на каки́е вопро́сы отвеча́ют сле́дующие предложе́ния? (请问下面这些句子可以回答哪些问题？)

1. Фи́рма "Инауди́т" занима́ется ауди́торской де́ятельностью.
2. Фи́рма "Финконтро́ль" ока́зывает ауди́торские и консультацио́нные услу́ги.
3. Ауди́тор проверя́ет фина́нсовую отчётность фирм, компа́ний, предприя́тий.
4. Для проведе́ния ауди́та наша фи́рма пригласи́ла ауди́тора из фи́рмы "Топ-Ауди́т".
5. В результа́те ауди́торской прове́рки фи́рма получа́ет докуме́нт — заключе́ние о достове́рности её фина́нсовой отчётности.
6. На фирме "Карги́лл" ауди́торскую прове́рку прово́дит ауди́торская компа́ния "Арту́р А́ндерсен".
7. Ауди́торскую прове́рку фина́нсового положе́ния АО "Нори́льский ни́кель" провела́ изве́стная фи́рма "Ку́перс энд Ла́йбранд".
8. Америка́нский институ́т бухга́лтеров утверди́л "Общепри́нятые станда́рты ауди́та".
9. Транснациона́льная компа́ния "Эрнст энд Янг" рабо́тает в соотве́тствии с междунаро́дными ауди́торскими станда́ртами.
10. Незави́симая ауди́торская фи́рма "Ауди́т-95" специализи́руется на прове́рке фина́нсовой отчётности ба́нков.

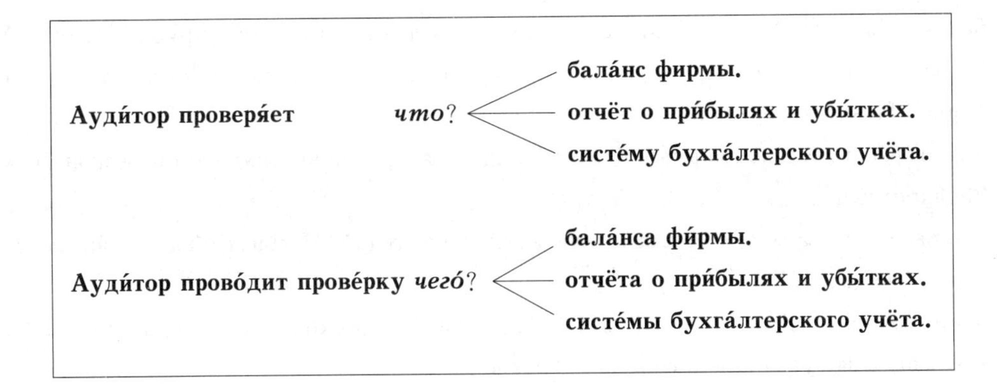

Задание 21. Сообщите о проведении аудиторской проверки.（请讲述一下审计工作。）

Образец: Аудиторская фирма "Бизнес-Аудит"— баланс АО"Русь".

а) Аудиторская фирма "Бизнес-Аудит" проверила баланс АО "Русь".

б) Аудиторская фирма "Бизнес-Аудит" провела проверку баланса АО "Русь".

1. "Русь-Аудит"— баланс компании "Центр-Плюс".
2. "Росэкспертиза"— годовой баланс фирмы "Дельта-М".
3. "Внешаудит"— годовой отчёт "Внешкомбанка".
4. "Финансист"— бухгалтерский учёт СП "Неон Роуз".
5. "Балт-Аудит"— система бухгалтерского учёта объединения "Олимпия".
6. "Прайс Уотерхауз"— отчёт о доходах и расходах АО "Аэрофлот".

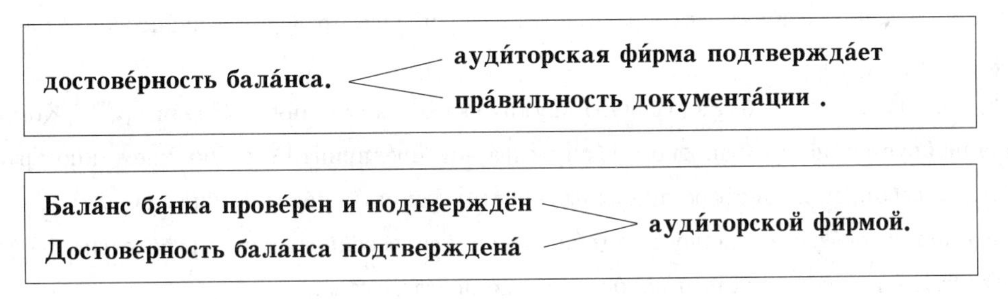

Задание 22.

А. Прочитайте сообщения аудииторской проверке. Выпишите названия фирм их аудиторов и аудиторских операций.（下面是关于审计的信息。请从中抄写出公司的名称、他们的审计师和审计业务。）

Образец: Годовой баланс "Кредит-Банка" проверен и подтверждён независимой аудиторской фирмой "Аудит-95".

"Кредит-Банк"— "Аудит-95"— годовой баланс.

1. Бала́нс компа́нии "Непту́н" прове́рен и подтверждёнауди́торской фи́рмой "Инауди́т".
2. Годово́й бала́нс АО "Пурнефтега́з" прове́рила и подтверди́ла изве́стная ауди́торская фи́рма "Прайс У́отерхауз".
3. Достове́рность бала́нса фи́рмы "Колу́мб" подтверждена́ незави́симой ауди́торской фи́рмой "Финконтро́ль".
4. Достове́рность бала́нса, отчёта о при́былях и убы́тках "Мосбизнесба́нка" подтверди́ла фи́рма "Ауди́т-95".
5. Достове́рность годово́го отчёта СП "Нео́н Ро́уз" о расхо́дах и дохо́дах за 1997 год подтверждена́ ауди́торской фи́рмой "Финанси́ст".
6. Систе́ма бухга́лтерского учёта "Инкомбанка", её соотве́тствие междунаро́дным станда́ртам прове́рена и подтверждена́ ауди́торской фи́рмой "Минх-Ауди́т".

Б. Восстанови́те по сде́ланным за́писям информа́цию об ауди́торской прове́рке.（根据所做的记录恢复关于审计的信息。）

Зада́ние 23. Прочита́йте те́ксты. Вы́делите информа́цию об ауди́торских услу́гах. (读下面的课文,找出有关审计的信息。)

1. О́бщество "Инауди́т" возни́кло в 1987 году́. Созда́ние совме́стных предприя́тий с уча́стием иностра́нного капита́ла потре́бовало испо́льзование при́нятой во всём ми́ре систе́мы незави́симой прове́рки де́ятельности фи́рм.

"Инауди́т" осуществля́ет все ви́ды ауди́торских прове́рок, ока́зывает консульта́ции по вопро́сам созда́ния совме́стных предприя́тий, прово́дит прове́рку фина́нсовой отчётности фи́рм.

2. В 1992 году́ была́ со́здана ауди́торская компа́ния "Эдва́йзер". Компа́ния специализи́руется на ауди́торском обслу́живании предприя́тий с уча́стием иностра́нного капита́ла, рабо́тающих в сфе́ре промы́шленности, услу́г, а та́кже фина́нсов.

Компа́ния ока́зывает консультацио́нные услу́ги росси́йским и зарубе́жным фи́рмам в о́бласти бухга́лтерского учёта и нало́гового законода́тельства.

Зада́ние 24. Переведи́те на кита́йский язы́к. (译成汉语。)

Ауди́т — это незави́симая прове́рка фина́нсовой отчётности. По́сле проведе́ния ауди́торской прове́рки незави́симые ауди́торы даю́т своё заключе́ние. Ауди́торские фи́рмы рабо́тают в соотве́тствии с Междунаро́дными ауди́торскими станда́ртами. Сего́дня ауди́торское де́ло бы́стро развива́ется в Росси́и и в други́х стра́нах СНГ.

Зада́ние 25. При перево́де те́кста на ру́сский язы́к бы́ло допу́щено не́сколько нето́чностей. Сравните ру́сский и англи́йский вариа́нты те́кста и испра́вьте перево́д.（在翻译成俄语的时候有个别的不准确。比较下列俄英文本并校正翻译。）

ACCOUNTING AND AUDITING

Auditing service of Ernst and Young company integrate local requirements with foreign standards. E & Y specializes in :

—account consultation and preparation of financial statements in accordance with Generally Accepted Accounting Principles（GAAP），International Accounting Standards（IAS），and local requirements；

—audit procedures for both national and international financial reproting；

—financial reviews.

БУХГА́ЛТЕРСКИЙ УЧЁТ И АУДИ́Т

Услу́ги по ауди́ту компа́нии "Эрнст энд Янг" удовлетворя́ют и ме́стным, и междунаро́дным станда́ртам. Среди́ услу́г "Эрнст энд Янг"：

—консульта́ции по бухга́лтерскому учёту и фина́нсовой отчётности в соотве́тствии с общепри́нятыми при́нципами бухга́лтерского учёта, междунаро́дными станда́ртами бухга́лтерского учёта и законода́тельством；

—ауди́торские процеду́ры в соотве́тствии как с ме́стными, так и с междунаро́дными тре́бованиями фина́нсовой отчётности；

—экономи́ческий ана́лиз.

КАКИ́Е БЫВА́ЮТ НАЛО́ГИ（税务种类）

Зада́ние 26.

A. Запо́мните словосочета́ния, характеризу́ющие нало́ги.（记住下列与税收有关的词组。）

высо́кий
ни́зкий
госуда́рственный
ме́стный
федера́льный
подохо́дный
прямо́й
ко́свенный
→ нало́г

налóг *на что?* — на зарплáту / на прúбыль / на добáвленную стóимость

Б. Скажúте, какúе налóги плáтит Вáша фúрма? （请问你们公司支付哪些税？）

В. Скажúте, какúе налóги плáтите лúчно Вы? （您个人上哪些税？）

Задáние 27. Зачеркнúте лúшнее слóво.（请删除多余的词。）

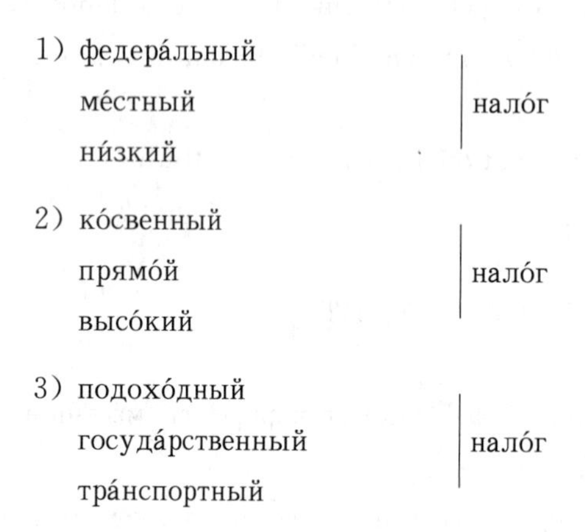

1）федерáльный / мéстный / нúзкий | налóг

2）кóсвенный / прямóй / высóкий | налóг

3）подохóдный / госудáрственный / трáнспортный | налóг

Задáние 28.

А. Запóмните словосочетáния.（记住下列词组。）

1）брáть / платúть — налóги

2）повышáть / снижáть — налóги

Б. Скажúте, какúе налóги берýт? （请问下列机构收缴哪些税？）

— федерáльные влáсти,

— мéстные влáсти.

В. Как Вы дýмаете, что знáчат словá и словсочетáния *налóгоплатéльщик*, *налóгообложéние*, *налóговое законодáтельство*, *налóговая полúтика*? （您认为下面几个词和词组是什么意思：*налóгоплатéльщик*， *налóгообложéние*， *налóговое законодáтельство*， *налóговая полúтика*？）

Зада́ние 29.

А. Переведи́те на ру́сский язы́к.（译成俄语。）

税，国家的税，地方税，直接税，间接税，收入税，利润税，上税，征税，降低税率，税率的降低，纳税人。

Б. Переведи́те на кита́йский язы́к.（译成汉语。）

Нало́ги—э́то обяза́тельные платежи́，кото́рые госуда́рство берёт в госуда́рственный и ме́стный бюдже́ты. Прямы́е нало́ги—это нало́г на при́быль，подохо́дный нало́г（пла́тят и с за́работной пла́ты，и с прибыли），нало́г на землю，нало́г на иму́щество и т. п. Ко́свенные нало́ги—это нало́г с оборо́та，налог на́ добавленную сто́имость，тамо́женные по́шлины и т. п.

В. Закро́йте учéбник и переведи́те полу́ченный кита́йский тéкст на ру́сский язы́к.（合上教科书，把汉语译文还原成俄语。）

Г. Сравни́те свой ру́сский тéкст с оригина́льным.（把您译的俄语课文与原文对照一下。）

Улыбни́тесь（小幽默）

Жена́ спра́шивает у му́жа—нало́гового инспе́ктора：“Чем отличается прямо́й нало́г от ко́свенного нало́га?”.

—Прямо́й нало́г—это те де́ньги，кото́рые ты берёшь пря́мо из моего́ карма́на，когда́ я сплю. А ко́свенный нало́г—это де́ньги，кото́рые эконо́мишь на на́шем пита́нии，что́бы купи́ть себе́ но́вое пла́тье.

ПОРАБО́ТАЕМ НАД ПРОИЗНОШЕ́НИЕМ, ЛЕ́КСИКОЙ И ГРАММА́ТИКОЙ
（语音、词汇、语法练习）

Зада́ние 30. Читайте вслух.（朗读。）

1）кана́дский до́ллар
шве́дская кро́на
да́тская кро́на
городско́й бюдже́т
де́тские това́ры

2）Убы́тки превыша́ют четы́реста ты́сяч.

Убы́тки фи́рмы превыша́ют четы́реста ты́сяч ма́рок.

3) При́быль фи́рмы— 100 миллио́нов фра́нков.

При́быль фи́рмы— 100 миллио́нов францу́зских фра́нков.

При́быль фи́рмы составля́ет 100 миллио́нов францу́зских фра́нков.

Чи́стая при́быль фи́рмы составля́ет 100 миллио́нов францу́зских фра́нков.

На 1 января́ ны́нешнего го́да чи́стая при́быль фи́рмы составля́ет 100 миллио́нов францу́зских фра́нков.

По состоя́нию на 1 января́ ны́нешнего го́да чи́стая при́быль фи́рмы составля́ет 100 миллио́нов францу́зских фра́нков.

Зада́ние 31. Объясни́те значе́ние слов и словосочета́ний. (解释词和词组的意思。)

Товарооборо́т, налогоплате́льщик, высокодохо́дное предприя́тие, низкопри́быльная проду́кция.

Зада́ние 32. Соста́вьте словосочета́ния с прилага́тельными. (构成带形容词的词组。)

высо́кий—высо́кий проце́нт, ...

ни́зкий—

то́чный—то́чный результа́т, ...

приблизи́тельный—

Зада́ние 33. Назови́те антоними́чные словосочета́ния. (指出下列表达的反义词组。)

высо́кая зарпла́та—

высо́кий проце́нт—

ни́зкие дохо́ды—

ни́зкие нало́ги—

то́чная су́мма—

то́чная да́та—

приблизи́тельное коли́чество—

приблизи́тельные показа́тели—

Зада́ние 34. Продо́лжите спи́ски словосочета́ний, испо́льзуя вы́деленные слова́. (用所给的划线词续写词组。)

1) Годово́й отчёт, ...

2) Ауди́торский контро́ль, ...

3) Объём э́кспорта, ...

4) Расхо́ды на зарпла́ту, ...

Зада́ние 35. Допо́лните табли́цу.（补充表格。）

ТО́ЧНОЕ КОЛИ́ЧЕСТВО	ПРИБЛИЗИ́ТЕЛЬНОЕ КОЛИ́ЧЕСТВО
1）сто ты́сяч	о́коло ста ты́сяч
сто миллио́нов	бо́лее ...
девяно́сто миллиа́рдов	не ме́нее ...
2）две́сти ты́сяч	свы́ше двухсо́т ты́сяч
три́ста миллио́нов	о́коло ...
четы́реста миллиа́рдов	ме́нее ...
3）пятьсо́т миллио́нов	бо́лее пятисо́т миллио́нов
семьсо́т ты́сяч	свы́ше ...
восемьсо́т миллиа́рдов	о́коло ...

Зада́ние 36. Вспо́мните наде́жные фо́рмы.（回忆格的形式。）

ЧТО?	ЧЕГО́?
предприя́тие	дохо́ды（чего?）предприя́тия
объедине́ние	расхо́ды ...
компа́ния	дире́ктор ...
корпора́ция	капита́л ...
проду́кция	э́кспорт ...
совме́стное предприя́тие	товарооборо́т ...
нау́чно-произво́дственое объедине́ние	филиа́л ...
америка́нская компа́ния	представи́тельство ...
изве́стная южнокоре́йская корпора́ция	при́были ...
выпуска́емая проду́кция	объём ...
междунаро́дная организа́ция	о́фис...

РАЗДЕ́Л Ⅱ (第二章)

ФИНА́НСОВЫЕ ПОКАЗА́ТЕЛИ ДЕ́ЯТЕЛЬНОСТИ ФИ́РМЫ.
(公司的财务活动指标)

Зада́ние 1.

А. Прочита́йте фрагме́нт журна́льной статьи́ (постара́йтесь не по́льзоваться словарём). Скажи́те, о чём говори́тся в э́той статье́. (读下面短文,尽量不要查阅词典,说一说文章的大意。)

"КОЛУ́МБ" ОТКРЫВА́ЕТ НО́ВЫЙ МАТЕРИ́К

Я хочу́ познако́мить вас с господи́ном Ма́йклом Фи́нком. Он генера́льный дире́ктор росси́йско-америка́нской фи́рмы с романти́ческим назва́нием "Колу́мб". Назва́ние фи́рмы возни́кло не случа́йно. Как сказа́л господи́н Финк, "на́ша цель — откры́ть для За́пада но́вый матери́к росси́йского ры́нка". Де́ло в том, что "Колу́мб"— это экспозицио́нно-посре́дническая фи́рма. Она явля́ется надёжным партнёром по организа́ции вы́ставок и рекла́мы в Росси́и и за рубежо́м. "Ведь мы так ма́ло зна́ем друг друга́!"—счита́ет господи́н Финк.

Фи́рма со́здана не так давно́. Она́ была зарегистри́рована в 1992 году́. "Мы откры́ли свой о́фис в Москве́ 11 октября́, я хорошо́ по́мню э́тот день", — вспомина́ет мой собесе́дник. Да, прошло́ всего́ не́сколько лет, но за э́то время, благодаря́ "Колу́мбу", уже́ мно́гие росси́йские, иностра́нные, а та́кже совме́стные предприя́тия и фи́рмы нашли́ деловы́х партнёров по произво́дству и сбы́ту проду́кции.

Учреди́тели "Колу́мба"— америка́нское акционе́рное общество "Э́кспо" и росси́йское торго́во-посре́дническое объедине́ние "Се́рвис". Уставно́й фонд совме́стного предприя́тия— 10 млн. до́лларов. Вклад в уставно́й фонд с америка́нской стороны́—49%.

"Колу́мб" име́ет представи́тельства, филиа́лы, постоя́нно де́йствующие вы́ставки в 8 стра́нах, — расска́зывает господи́н Финк. — Конечно, мы наде́емся на расшире́ние сфе́ры на́шей де́ятельности. Число́ постоя́нных сотру́дников фи́рмы в Москве́—бо́лее 20 челове́к. В основно́м э́то ме́неджеры, диза́йнеры, перево́дчики, юри́сты, техни́ческий персона́л. О́коло 100 челове́к рабо́тают в фи́рме по контра́кту".

Я прошу́ господи́на Фи́нка поподро́бнее рассказа́ть на́шим чита́телям (среди́ них нема́ло деловы́х люде́й, руководи́телей предприя́тий) о направле́ниях де́ятельности "Колу́мба". "Фи́рма, —говори́т генера́льный дире́ктор, —не то́лько прово́дит краткосро́чные и постоя́нно де́йствующие вы́ставки. Мы выполня́ем также фу́нкции комме́рческих аге́нтов по реализáции продýкции, организýем продáжу товáров по образцáм. Мы представля́ем коммéрческие интерéсы ря́да америкáнских фирм в Москвé и Петербýрге, обеспéчивая как презентáцию продýкции, так и организáцию переговóров. Крóме тогó, мы окáзываем услýги в óбласти мáлой полигрáфии". И господи́н Финк покáзывает мне продýкцию фи́рмы: я́ркие реклáмные проспéкты, крáсочные буклéты, разнообрáзные этикéтки.

Я задáю господи́ну Фи́нку послéдний, мóжет быть, нéсколько нескрóмный, вопрóс: "Каковá при́быль "Колýмба"? Наскóлько оправдывают дохóды фи́рмы напряжённый труд её сотрýдников?" Мой собесéдник с улы́бкой отвечáет: "Кто без ýстали рабóтает, тот бéз хлéба не бывáет! Кáжется, так говоря́т у рýсских? А éсли серьёзно, то мы, действи́тельно, удовлетворены́ тем, как идýт делá. Что же касáется конкрéтных цифр, то это нáша коммéрческая тайна. Ведь у вас есть послóвица: "Слóво — серебрó, а мóлчание — зóлото". "Вы прекрáсно владéете рýсским язы́ком!" — говорю́ я. "У меня́ бы́ли прекрáсные учителя́, — отвечает он, — а сейчáс мнóго рýсских друзéй, и я всегдá óчень интересовáлся рýсскими послóвицами и поговóрками. Ведь в них — душá нарóда".

Я прощáюсь, благодарю́ за встрéчу. Господи́н Финк приглашáет меня́ посети́ть вы́ставку "Мéбель — 97", организóванную "Колýмбом". Мы обмéниваемся визи́тными кáрточками.

Б. Скажи́те, почемý журнали́ст назвáл свою статью "Колýмб" открывáет нóвый матери́к? (说一说,为什么记者把自己的文章称为《"哥伦布"发现新大陆》?)

В. Отвéтьте на вопрóсы. (回答问题。)

1. Кто такóй г-н Майкл Финк? 2. Почемý фи́рма называ́ется "Колýмб"? 3. Кто явля́ется учреди́телем фи́рмы? 4. Лю́ди каких профéссий явля́ются постоя́нными сотрýдниками фи́рмы?

Задáние 2. Найди́те фрагмéнты тéста, где говори́тся о направлéниях дéятельности "Колýмба". Скажи́те, чем занимáется фи́рма? (请问文章的哪个部分谈到"哥伦布"的活动,说一说该公司是从事什么活动的?)

Задáние 3. За 20 секýнд! Найди́те в тéксте отвéт на кáждый из вопрóсов. (用20秒的时间在文章中找到对每一个问题的答案。)

1. Когдá былá зарегистри́рована фи́рма "Колýмб"? 2. Какóв уставнóй фонд фи́рмы? 3. Какóв вклад в уставнóй фонд с америкáнской стороны́? 4. В скóльких стрáнах имéются филиáлы "Колýмба"? 5. Каковá чи́сленность постоя́нных сотрýдников фи́рмы в Москвé? 6. Скóлько человéк рабóтает в фи́рме по контрáкту?

Зада́ние 4.

А. Ещё ра́з верни́тесь к те́ксту “Колу́мб” открыва́ет но́вый матери́к” (зада́ние 1). Предста́вьте себя́ в ро́ли генера́льнго дире́ктора фи́рмы. С по́мощью информа́ции из те́кста охарактеризу́йте (回到《“哥伦布”发现新大陆》这篇课文(练习 1)。假设您是公司的总经理，用课文里所给的信息来说明)：

—уставно́й фо́нд “Колу́мба”;

—вклад в уставно́й фонд с росси́йской и с америка́нской стороны́;

—чи́сленность постоя́нных сотру́дников фи́рмы;

—число́ специали́стов, рабо́тающих по контра́кту.

Б. Скажи́те,(说出)

—Как отве́тил г-н Финк на вопро́сы о дохо́дах фи́рмы? (Финк 先生是怎样回答有关公司收入的问题?)

—Как вы по́няли смысл ру́сских посло́виц“Кто без у́стали рабо́тает, тот без хле́ба не быва́ет”и“Сло́во — серебро́, молча́ние — зо́лото”? (您如何理解俄语谚语“Кто без у́стали рабо́тает, тот без хле́ба не быва́ет” 以及 “Сло́во—серебро́, молча́ние—зо́лото”?)

В. Прочита́йте не́сколько ру́сских посло́виц. Каки́е из них мо́жно употреби́ть, при обсужде́нии (в неформа́льной обстано́вке!) пробле́м, свя́занных с отноше́нием к рабо́те, дохо́дами, при́былью? Каку́ю посло́вицу мо́жно испо́льзовать, жела́я сохрани́ть комме́рческую та́йну? Каки́е посло́вицы говоря́т об отноше́нии ру́сских к деньга́м? Со все́ми ли посло́вицами Вы согла́сны? Есть ли в ва́шем языке́ подо́бные посло́вицы? (下面是几条俄语谚语。它们中哪些可用来讨论(在正式场合)有关工作、收入、利润等问题? 哪个谚语可以用来表示希望保守商业秘密? 哪些谚语讲俄国人对待金钱的态度? 您是否同意这些谚语的观点? 在汉语里有否类似的谚语?)

1. Кто ра́но встаёт, у того́ копе́йка растёт. 2. Спать до́лго — жить с до́лгом. 3. Копе́йка рубль бережёт. 4. Де́ньги лю́бят счёт. 5. Сло́во—серебро́, молча́ние—зо́лото. 6. Не име́й сто рубле́й, а име́й сто друзе́й. 7. Дру́жба — дру́жбой, а де́ньги врозь. 8. Не в деньга́х сча́стье.

Зада́ние 5.

А. Чита́ем, бы́стро! Просмотри́те в бы́стром те́мпе ряд информацио́нных сообще́ний о разли́чных фи́рмах. Вы́делите те сообще́ния, кото́рые мо́гут вы́звать у вас профессиона́льный интере́с. (快速阅读! 用很快的速度阅读下面关于几个公司的信息。找

出能引起您的职业兴趣的信息。）

1. Фи́рма “Хью́летт Пакка́рд”（США）со́здана в 1939 году́. Основна́я сфе́ра де́ятельности — произво́дство электро́нной и медици́нской те́хники. Годово́й оборо́т — 13 миллиа́рдов до́лларов. Име́ет представи́тельства, филиа́лы и магази́ны бо́лее чем в 70 стра́нах ми́ра.

2. Корпора́ция “Во́льво” вхо́дит в соста́в “Во́льво Групп”— крупне́йшей шве́дской компа́нии, занима́ющейся произво́дством легковы́х и грузовы́х автомоби́лей, авто́бусов, дви́гателей для судо́в и самолё́тов, дета́лей автоте́хники. Годово́й оборо́т “Во́льво Групп”— 75 миллиа́рдов шве́дских крон（бо́лее 12, 5 миллиа́рда до́лларов）. Чи́сленность сотру́дников— 75 ты́сяч челове́к. 80% проду́кции экспорти́руется.

Корпора́ция “Во́льво” занима́ется то́рговлей грузовы́ми автомоби́лями на ры́нках Росси́и, Восто́чной Евро́пы, А́фрики, А́зии и Бли́жнего Восто́ка. Оборо́т — 4 миллиа́рда шве́дских крон (о́коло 600 миллио́нов до́лларов). Те́лекс в Москве́ 411436.

3. Фи́рма “Ди́рос” явля́ется аге́нтом фи́рмы “Интерконгре́сс”, занима́ется торго́во-посре́днической де́ятельностью, а та́кже организа́цией вы́ставок и семина́ров. Представля́ет инте́ресы фи́рмы “Ами́на”（произво́дство о́буви）, “Сканбето́н”（произво́дство стро́ительных материа́лов）и др. Годова́я су́мма прода́ж — 10 миллио́нов крон（около 1, 7 миллио́на до́лларов）. Факс в Москве́: 2428967.

4. Торго́во-посре́дническая фи́рма “Интеркомпью́тер” создана́ в 1986 году́. Уставно́й фонд — 2 миллио́на до́лларов. Оборо́т — 16 миллио́нов до́лларов в год. Поставля́ет компью́терные систе́мы, диске́ты, проце́ссоры, при́нтеры, дета́ли компью́теров.

5. Ча́стная шве́йная фи́рма “Ре́нтекс”（По́льша）занима́ется изготовле́нием мужско́й, же́нской и молодё́жной ве́рхней оде́жды. Произво́дит 100 ты́сяч изде́лий в год. Чи́сленность рабо́тников — 300 челове́к. О́коло 50% проду́кции экспорти́руется в стра́ны За́падной Евро́пы.

6. Фи́рма “Ре́йтер Хо́лдингз” осно́вана в 1851 го́ду. Специализи́руется на междунаро́дной информацио́нной де́ятельности. Годово́й оборо́т 2, 16 млрд. до́лларов. Чи́стая при́быль составля́ет 331 миллио́н до́лларов. Коли́чество сотру́дников—бо́лее 1200 в 110 бю́ро по всему́ ми́ру.

7. Корпора́ция “Ай-Би-Эм” осно́вана в 1914 году́. Специализи́руется на произво́дстве и прода́же компью́теров всех основны́х кла́ссов, пи́шущих маши́нок и копирова́льной те́хники. Оборо́т в 1989 году́ соста́вил 62 710 миллио́нов до́лларов. Чи́стый дохо́д— 3 758 миллио́нов до́лларов. Во всём ми́ре на корпора́цию рабо́тают 383 ты́сяч сотру́дников.

О́фис корпора́ции был откры́т в Москве́ в 1972 году́. Телефо́н: 205-50-97.

Б. Прочита́йте заинтересова́вшие Вас информацио́нные сообще́ния ещё раз внима́тельно.（重读一下令您感兴趣的信息。）

B. Передáйте ýстно содержáние отмéченных вáми тéкстов, скажи́те, чем Вас привлеклá э́та информáция? (口头转述您所划出的信息内容,并说一说为什么这个信息使您感兴趣?)

Задáние 6. Руководи́тель Вáшей фи́рмы плани́рует издáть реклáмный проспéкт о её дéятельности на рýсском языкé. Вам порýчено подготóвить ту часть тéкста, где должнá быть отраженá слéдующая информáция о фи́рме. (您公司的领导打算印制一个关于公司情况的俄语广告材料。交给您一部分任务,里面有公司的下列信息。)

1) стáтус фи́рмы, 2) дáта и мéсто её основáния, 3) учреди́тели фи́рмы, 4) уставнóй фóнд (вклад в уставнóй фонд с росси́йской и америкáнской стороны́), годовóй оборóт, при́быль фи́рмы, 5) направлéние её дéятельности, 6) начáло рабóты на росси́йском ры́нке, 7) канáлы свя́зи.

Вы́полните поручéние руководи́теля фи́рмы. (请完成领导交代的任务。)

Задáние 7.

A. Прочитáйте текст, крáтко запиши́те информáцию, актуáльную для финáнсовой характери́стики дéятельности фи́рмы. (读下面的短文,简单记录下有关公司财务活动的信息。)

КОРПОРÁЦИЯ "ДЖÉНЕРАЛ МÓТОРС" ПОЛУЧИ́ЛА РЕКÓРДНУЮ ПРИ́БЫЛЬ

1995 год стал для корпорáции "Джéнерал мóторс" рекóрдным по глáвному финáнсовому показáтелю: ее консолиди́рованный чи́стый дохóд состáвил 6,9 млрд. дóлларов США. Показáтель 1994 гóда — 4,9 млрд. дóлларов. Дохóд вы́рос на 2 млрд., хотя́ в 1995 годý в мировóй автомоби́льной индустри́и наблюдáлся нéкоторый спад.

Осóбенно больши́е при́были бы́ли полýчены на североамерикáнском ры́нке: на нём по сравнéнию с 1994 гóдом чи́стый дохóд компáнии увели́чился с 677 млн. дóлларов до 2,4 млрд. дóлларов. По мнéнию президéнта и глáвного исполни́тельного дирéктора "Джéнерал мóторс" Джона Ф. Сми́та-млáдшего, основны́ми фáкторами успéха стáли, во-пéрвых, "значи́тельное повышéние эффекти́вности произвóдственных мóщностей" и, во-вторы́х, "сáмый высóкий за всю истóрию корпорáции кáчественный ýровень выпускáемой продýкции". Экспéртные оцéнки покáзывают, что по рéйтингу популя́рности у америкáнских и канáдских потреби́телей "Дженерал моторс" сегóдня значи́тельно опережает свои́х конкурéнтов.

"Джéнерал мóторс" вот уже бóлее 60 лет явля́ется крупнéйшим в ми́ре производи́телем автомоби́лей. Он контроли́рует на америкáнском авторы́нке 32,4 % объёма продáж.

Дохóды от постáвок маши́н "Джéнерал мóторс" в други́е стрáны вы́росли за год на 60 млн. до́лларов. Важне́йшим позити́вным фа́ктором для “Дже́нерал мо́торс” на междунаро́дных ры́нках ста́ло благоприя́тное подохо́дное налогообложе́ние в большинстве́ стран Евро́пы и Лати́нской Аме́рики. Среди́ негати́вных фа́кторов—поте́ри на ухудше́нии обме́нных ку́рсов для америка́нского до́ллара, а та́кже рост сто́имости материа́лов и рабо́чей си́лы в Лати́нской Аме́рике.

По ито́гам 1995 го́да, премиа́льные вы́платы по дохо́дам с при́былей получи́ли 352 ты́сячи америка́нских рабо́чих и слу́жащих “Дже́нерал мо́торс”. О́бщая су́мма э́тих вы́плат соста́вила 250 млн. до́лларов (в 1994 году́—185 млн. до́лларов).

Б. Испо́льзуя свои за́писи, зако́нчите предложе́ния. (利用自己的笔记,补全句子。)

1. В 1995 году́ консолиди́рованный чи́стый дохо́д корпора́ции “Дже́нерал мо́торс” соста́вил . . . .
2. По сравне́нию с 1994 го́дом, чи́стый дохо́д увели́чился на . . . (с. . . до. . .).
3. Осо́бенно больши́е при́были бы́ли полу́чены на се́вероамериканском ры́нке: по сравне́нию с 1994 го́дом, ...
4. На америка́нском авторы́нке “Дже́нерал мо́торс” контроли́рует . . . .
5. Дохо́ды от поста́вок маши́н в други́е стра́ны вы́росли . . . .
6. По ито́гам 1995 го́да 352 ты́сячи сотру́дников “Дже́нерал мо́торс” получи́ли. . .
7. О́бщая су́мма э́тих вы́плат соста́вила . . . .

Б. Вы-представи́тель компа́нии“Дже́нерал мо́торс”по свя́зям с обще́ственностью. Отве́тьте на вопро́сы журнали́стов. (假设您是“Дже́нерал мо́торс”(“通用汽车公司”)的外联部代表,请回答记者的下列问题。)

1. Как зако́нчился в фина́нсовом отноше́нии 1995 год для “Дже́нерал мо́торс”? 2. Каково́ положе́ние “Дже́нерал мо́торс” на америка́нском авторы́нке? 3. Каковы́ дохо́ды от поста́вок маши́н “Дже́нерал мо́торс” в други́е стра́ны? 4. Каки́е позити́вные и негати́вные фа́кторы влия́ли на результа́ты де́ятельности корпора́ции на междунаро́дных ры́нках?

Зада́ние 8. Скажи́те, располага́ете ли Вы све́дениями о результа́тах фина́нсовой де́ятельности фи́рмы, в кото́рой Вы рабо́таете, запроше́дший год. Как Вы их оце́ниваете? (请问您是否了解所在公司去年的财务状况。您如何评价这些状况?)

ПРОВЕ́РКА ФИНА́НСОВОЙ ОТЧЁТНОСТИ ФИ́РМЫ
(公司的财务检查)

Зада́ние 9.

А. Прочита́йте те́кст и скажи́те, что но́вого вы узна́ли об исто́рии ауди́та (读短文并回答您

对审计的历史有了哪些了解。)

АУДИ́Т: ИСТО́РИЯ И СОВРЕМЕ́ННОЕ СОСТОЯ́НИЕ

Ауди́т — это незави́симый вид фина́нсового контро́ля. Основна́я цель де́ятельности ауди́торских фирм — проводи́ть экономи́ческую эксперти́зу фина́нсовой или фина́нсово-хозя́йственной де́ятельности ба́нков, комме́рческих фирм и предприя́тий. По́сле проведе́ния всех ауди́торских процеду́р незави́симые ауди́торы даю́т своё заключе́ние о достове́рности прове́ренной экономи́ческой информа́ции.

Профе́ссия "ауди́тор" появи́лась в середи́не про́шлого ве́ка. Когда́ англи́йские инве́сторы напра́вились в Се́верную Аме́рику, вме́сте с ни́ми пое́хали и незави́симые ауди́торы для защи́ты интере́сов кру́пных англи́йских кредито́ров.

В США ауди́торская слу́жба получи́ла бы́строе разви́тие. В 1887 году́ была́ образо́вана америка́нская ассоциа́ция ауди́торов. А в 1896 году́ в шта́те Нью-Йорк был при́нят зако́н, регули́рующий ауди́торскую де́ятельность.

С нача́ла э́того ве́ка в США постепе́нно формиру́ется систе́ма стандартиза́ции процеду́р ауди́та. В 1948 г. Американский институ́т бухга́лтеров утверди́л "Общепри́нятые станда́рты ауди́та".

Испо́льзование компью́теров и разрабо́тка информацио́нных техноло́гий для бухга́лтерского учёта потре́бовали проведе́ния но́вого ви́да ауди́та. Э́то ауди́т автоматизи́рованных систем, кото́рый осуществля́ется для контро́ля систе́м электро́нной обрабо́тки бухга́лтерских да́нных.

Разви́тие ауди́торского де́ла привело́ к созда́нию крупне́йших транснациона́льных ауди́торских фи́рм, кото́рые име́ют свои́ филиа́лы и представи́тельства во мно́гих стра́нах ми́ра. Так, представи́тельства фи́рмы "Эрнст энд Янг" рабо́тают в 179 стра́нах, "Арту́р А́ндерсен" и "Прайс У́отерхауз" — бо́лее чем в 100 стра́нах. В после́дние го́ды представи́тельства Э́тих фирм бы́ли откры́ты и в Росси́и. Их клие́нтами явля́ются в основно́м за́падные фи́рмы и кру́пные, преуспева́ющие на вну́треннем и мирово́м ры́нках, росси́йские компа́нии и предприя́тия.

Сло́во "ауди́т" для Росси́и не но́вое. Оно́ появи́лось ещё в XVIII ве́ке. Пе́рвые ауди́торы занима́лись дела́ми, свя́занными с иму́щественными спо́рами в а́рмии. Одна́ко серьёзного разви́тия в Росси́и ауди́торское де́ло не получи́ло, хотя́ в ра́зные го́ды предпринима́лись попы́тки созда́ния систе́мы образова́ния ауди́торов и сда́чи и́ми специа́льных экза́менов.

Сего́дня в Росси́и существу́ет уже́ мно́го ауди́торских фирм. Создаётся систе́ма незави́симого ауди́торского контро́ля, реша́ются вопро́сы подгото́вки квалифици́рованных специали́стов-ауди́торов и лицензирова́ние их де́ятельности. В Росси́и при́нят "Зако́н об ауди́торской де́ятельности", кото́рый регламенти́рует обя́занности, права́ и отве́тственность ауди́торов.

Б. Вы́берите вариа́нты отве́тов, кото́рые наибо́лее по́лно и то́чно отража́ют содержа́ние прочи́танного те́кста. (在下列选项中找出最完整、最准确反映课文内容的答案。)

1. В нача́ле XX ве́ка в США	А. создаю́тся транснациона́льные ауди́торские фи́рмы. Б. для ауди́та испо́льзуются компью́теры. В. начина́ет формирова́ться систе́ма стандартиза́ции процеду́р ауди́та.
2. Разви́тие ауди́торского де́ла привело́ к	А. созда́нию институ́та бухга́лтеров США. Б. появле́нию крупне́йших транснациона́льных ауди́торских фи́рм. В. появле́нию систе́м электро́нной обрабо́тки да́нных.
3. Клие́нтами представи́тельств транснациона́льных ауди́торских фи́рм в Росси́и явля́ются	А. за́падные и кру́пные росси́йские фи́рмы. Б. росси́йские предприя́тия. В. за́падные предприя́тия.

Зада́ние 10.

А. Вы́пишите из те́кста (см. зада́ние 9 А) все словосочета́ния со слова́ми *ауди́т*, *ауди́торский*, *ауди́тор* и переведи́те их на кита́ский язы́к. (在课文(见练习 9 A 中找出所有与 *ауди́т*, *ауди́торский*, *ауди́тор* 等词搭配的词组并把它们译成汉语。)

Б. Испо́льзуя вы́писанные Ва́ми словосчета́ния, расскажи́те. (用抄写下来的词组,讲一讲:)

—Что тако́е ауди́т;

—Для чего́ нужны́ ауди́торские фи́рмы.

Зада́ние 11. Сост́авьте пять наибо́лее ва́жных, на ваш взгляд, вопро́сов по те́ксту "Ауди́т"и зада́йте их колле́гам по гру́ппе. (就课文"Ауди́т"提出五个您认为最重要的问题,并对同组同事提问。)

Зада́ние 12. Вы — бухга́лтер фи́рмы. Вам ну́жно рассказа́ть стажёру фи́рмы об ауди́те. (假设您是公司的会计。您要向在公司实习的学员介绍有关审计的情况。)

А. Соста́вьте пи́сьменный план ва́шей бесе́ды. (先起草一个书面的谈话提纲。)

Б. Испо́льзуя план, расскажи́те стажёру об ауди́те. (然后用提纲向学员讲述有关审计的事情。)

Зада́ние 13.

А. Прочита́йте текст. Скажи́те, что Вы узна́ли о фи́рме "Прайс У́отерхаус". (读短文。说一说你对"Прайс У́отерхаус"公司有了哪些了解。)

"ПРАЙС У́ОТЕРХАУС" В РОССИ́И

Фи́рма "Прайс У́отерхаус" предоставля́ет услу́ги по ауди́ту, налогообложе́нию и юриди́ческим вопро́сам. Она́ предлага́ет консульта́ции в о́бласти фина́нсовой и хозя́йственной де́ятельности крупне́йшим и са́мым процвета́ющим компа́ниям и ба́нкам во всём ми́ре. Она́ име́ет 525 о́фисов в 117 стра́нах, поэ́тому хорошо́ подгото́влена к рабо́те с ча́сто меня́ющимися тре́бованиями в о́бласти междунаро́дного налогообложе́ния. "Прайс У́отерхаус" успе́шно даёт консульта́ции по организа́ции междунаро́дного би́знеса не то́лько в конкре́тной стране́, но и по всему́ ми́ру.

В настоя́щее вре́мя "Прайс У́отерхаус" акти́вно расширя́ет свою́ де́ятельность на росси́йском ры́нке. Она́ откры́ла представи́тельства и о́фисы в Москве́, Санкт-Петербу́рге, Толья́тти, Владивосто́ке и на о́строве Сахали́н. Сотру́дники "Прайс У́отерхаус" прекра́сно зна́ют за́падную систе́му бухга́лтерского учёта и пра́ктику веде́ния би́знеса, а та́кже специ́фику росси́йского ры́нка. Это позволя́ет им предоста́влять услу́ги по ауди́ту бо́лее чем 200 росси́йским и иностра́нным компа́ниями по междунаро́дным станда́ртам с учётом росси́йских усло́вий и тре́бований.

Высококвалифици́рованные специали́сты "Прайс У́отерхаус" консульти́руют клие́нтов по сло́жным вопро́сам росси́йского бухга́лтерского учёта, по пробле́мам междунаро́дного и росси́йского налогообложе́ния. Клиентами "Прайс У́отерхаус" в Росси́и явля́ются таки́е крупне́йшие компа́нии и ба́нки, как "Ай-Би-Эм", "Пе́пси", "Со́ни", "Про́ктер энд Гэмбл", "Дже́нерал Эле́ктрик", "Ко́дак", "Оксиде́нтал Петро́леум", "Томскне́фть", "Газпро́м", РАО ЕЭС, "Аэрофло́т", "Автова́з", "Сберба́нк" и др.

Б. Отве́тьте на вопро́сы. (回答问题。)

1. Благодаря́ чему́ сотру́дники "Прайс У́отерхаус" хорошо́ ориенти́руются в ча́сто меня́ющихся тре́бованиях междунаро́дного налогообложе́ния? 2. Что помога́ет им хорошо́ разбира́ться в сло́жных вопро́сах росси́йского налогообложе́ния, в специ́фике росси́йского бухга́лтерского учёта? 3. Почему́ клие́нтами "Прайс У́отерхаус" в Росси́и ста́ли крупне́йшие за́падные, росси́йские и совме́стные компа́нии?

Зада́ние 14.

А. Познако́мьтесь с информа́цией об основны́х услу́гах, кото́рые предоставля́ет свои́м клие́нтам"Прайс У́отерхаус". (读短文，了解一下"Прайс У́отерхаус"公司为客户提供哪些服务。)

АУДИ́ТОРСКИЕ И КОНСУЛЬТАЦИО́ННЫЕ УСЛУ́ГИ ФИ́РМЫ "ПРАЙС У́ОТЕРХАУС" В РОССИ́И.

—проведе́ние ауди́та по междунаро́дным станда́ртам,

—ауди́т в соотве́тстви́и с российским законода́тельством,

—составле́ние фина́нсовой (бухгалте́рской) отчётности по междунаро́дным станда́ртам,

—консульта́ции по междунаро́дному нало́говому законода́тельству,

— консульта́ции по систе́ме нало́гового законода́тельства в Росси́и и адапта́ции к росси́йским усло́виям,

—консульта́ции по ме́стному налогообложе́нию,

—консульта́ции по НДС (нало́г на доба́вленную сто́имость) и тамо́женным вопро́сам,

—спра́вки о фина́нсовом положе́нии фирм для потенциа́льных инве́сторов.

Б. Ва́ша фи́рма заинтересо́вана в сотру́дничестве с"Прайс У́отерхаус". (贵公司有兴趣与"Прайс У́отерхаус"公司合作。)

1) Договори́тесь по телефо́ну с сотрудни́ком отде́ла ауди́торских и консультацио́нных услу́г,"Прайс У́отерхаус"в Москве́ о делово́й встре́че. (请用电话与"Прайс У́отерхаус"公司驻莫斯科的审计和咨询部工作人员商量见面事宜。)

2) Обсуди́те с ним при ли́чной встре́че хара́ктер сотру́лничества. (见面时请与他们讨论一下合作的性质。)

В. Сравни́те объём услу́г, кото́рые предлага́ют фи́рмы"Прайс У́отерхаус"и"Эрнст энд Янг" (уро́к 5, разде́л 1, зада́ние 28) на росси́йском рынке (请比较一下"Прайс У́отерхаус"与"Эрнст энд Янг". (第五课，第一章，练习 28)在俄罗斯市场上提供的服务范围有哪些不同。)

Зада́ние 15. Переведи́те на ру́сский язы́к. (译成俄语。)

1. *Price Waterhouse Russia* 公司提供专业化的审计、财务、商业咨询、税务、金融私有化以及信息技术等多项服务。

这是一家多领域的审计和咨询公司。

2. *Ernst & Young* 公司的税务专家向客户提供国际税收(包括增值税)和国际财务等多方面的服务。

外国税务项目部向跨国公司的客户提供有关国际税收疑难案件的咨询。该项目部的税务专家来自不同国家,包括澳大利亚、巴西、加拿大、丹麦、法国、德国、日本、墨西哥、荷兰、新西兰、瑞典、瑞士、英国、美国等,在阿姆斯特丹、奥克兰、芝加哥、达拉斯、法兰克福、伦敦、洛杉矶、纽约、巴黎、多伦多、东京、悉尼等地都有自己的业务。

Ernst & Young 的客户包括了世界级的银行和金融组织。在欧洲,25 家欧洲最大银行中有 5 家由 *Ernst & Young* 公司提供审计。

НЕМНО́ГО О НАЛО́ГАХ(税务简介)

Зада́ние 16.

А. Прочита́йте текст. Скажи́те,како́й пробле́ме он посвящён? (读短文,说一说它讲的是什么问题?)

НУ́ЖНО МЕНЯ́ТЬ НАЛО́ГОВУЮ ПОЛИ́ТИКУ

Председа́тель Госкомите́та РФ по подде́ржке и разви́тию ма́лого предпринима́тельства Вячесла́в Про́хоров счита́ет, что росси́йский ма́лый би́знес нужда́ется в нормализа́ции нало́гового законода́тельства. Оно́ должно́ быть упрощено́. При э́том необходи́мо предоста́вить нало́говые льго́ты в пе́рвую о́чередь товаропроизводи́телям, что́бы стимули́ровать их де́ятельность.

Оте́чественный ма́лый би́знес обеспе́чивает сего́дня 15-20% нало́говых поступле́ний в региона́льные бюдже́ты, в то вре́мя как в развиты́х стра́нах э́тот показа́тель составля́ет 50-80%. Вме́сте с тем то́лько в Москве́ в сфе́ре ма́лого предпринима́тельства за́нято о́коло 1,8 миллио́на челове́к, и́ли почти́ 36% занято́го населе́ния столи́цы.

Мэр Москвы́ подписа́л Ко́мплексную програ́мму разви́тия и подде́ржки ма́лого предпринима́тельства на 1996-1997 го́ды. Реализа́ция програ́ммы потре́бует бо́лее 1 триллио́на рубле́й. Полови́на средств посту́пит из бюдже́та Москвы́, а пя́тую часть соста́вят нало́говые поступле́ния в ме́стный бюдже́т от предпринима́телей.

Почти́ 50% дохо́дной ча́сти моско́вского бюдже́та формиру́ется из нало́говых поступле́ний от небольши́х фирм, так что бо́льшую до́лю средств на выполне́ние програ́ммы даду́т предприя́тия ма́лого би́знеса.

Б. Отве́тьте на вопро́сы. (回答问题。)

1. В чём, по мне́нию г-на Про́хорова, пре́жде всего́ нужда́ется росси́йский ма́лый би́знес? 2. Кака́я гру́ппа предпринима́телей должна́ получи́ть нало́говые льго́ты? 3. Како́в проце́нт населе́ния Москвы́ за́нят сего́дня в сфе́ре ма́лого би́знеса? 4. Како́й докуме́нт

подписа́л мэр Москвы́? Каковы́ сро́ки реализа́ции програ́ммы? 5. Каки́е фина́нсовые сре́дства потре́буются для реализа́ции програ́ммы? 6. Кто бу́дет фина́нсировать э́ту програ́мму?

Дава́йте обсу́дим!

Зада́ние 17.

А. Скажи́те, какова́ роль небольши́х фирм? (谈一谈小公司的作用。)

— в формирова́нии дохо́дной ча́сти моско́вского бюдже́та,

— в формирова́нии региона́льных бюдже́тов в Росси́и,

— в Ва́шей стране́.

Б. Прими́те уча́стие в обсужде́нии сле́дующих вопро́сов. (请参加下面问题的讨论。)

Как вы ду́маете, почему́ в Росси́и сего́дня актуа́льна "Програ́мма подде́ржки ма́лого би́знеса"?

Счита́ете ли вы, что в други́х стра́нах сего́дня нужны́ осо́бые (нало́говые) ме́ры госуда́рственной подде́ржки ма́лого би́знеса? Почему́?

Существу́ет ли пробле́ма ма́лого би́знеса в США? Е́сли да, то как она́ реша́ется? Кто ока́зывает фина́нсовую подде́ржку ма́лым предприя́тиям? В чём заключа́ется эта подде́ржка?

Зада́ние 18.

А. Вам поручи́ли вы́ступить на рабо́чем совеща́нии с информа́цией о фина́нсовой де́ятельности Ва́шей фи́рмы за проше́дший год. Соста́вьте план своего́ сообще́ния, отрази́те в нём сле́дующую информа́цию. (领导委托您就公司去年的财务活动在工作会议上进行发言,请准备一个发言提纲,里面应反映出下面的信息。)

Годово́й оборо́т фи́рмы, гла́вный фина́нсовый показа́тель де́ятельности фи́рмы, консолиди́рованный чи́стый дохо́д, гла́вный исто́чник при́былей, годово́й объём прода́ж, подохо́дное налогообложе́ние в стране́, дохо́ды предыду́щего го́да, премиа́льные вы́платы с при́былей, о́бщая су́мма вы́плат.

Б. Соста́вьте пи́сьменный те́кст своего́ выступле́ния. (起草一份书面的发言。)

ДЕЛОВА́Я ПЕРЕПИ́СКА **公务信函**

КАК НАПИСА́ТЬ ПИСЬМО́-ЗАПРО́С О ФИНА́НСОВОМ ПОЛОЖЕ́НИИ ФИ́РМЫ

(如何书写有关公司财务状况的查询函)

Зада́ние 19. Прочита́йте те́кст письма́-запро́са о фина́нсовом положе́нии фи́рмы-покупа́теля. Вы́делите в нём основны́е едини́цы информа́ции. (下面是一封有关买方公司财务状况的咨询信。请说出信中的主要信息。)

Инкомба́нк

Отде́л валю́тных опера́ций　　　　　　　　　　　　　　　　26 июля 1997г.

Уважа́емые господа́!

На́ша компа́ния получи́ла большо́й зака́з от СП "Москва́-96", которое явля́ется клие́нтом ва́шего ба́нка.

Мы бы́ли бы о́чень призна́тельны вам за предоставле́ние нам информа́ции о фина́нсовом положе́нии э́той фи́рмы. Мы хоте́ли бы узна́ть, наско́лько бу́дет опра́вдан риск единовре́менной прода́жи совме́стному предприя́тию "Москва́-96" на́ших това́ров в креди́т на су́мму 80 000 до́лларов США.

Вы можете быть уве́рены, что предоста́вленную ва́ми информа́цию мы бу́дем рассма́тривать в ка́честве конфиденциа́льного докуме́нта.

С уваже́нием

ви́це-президе́нт компа́нии "Си́гма Кли́нинг"

Майкл То́мпсон.

Те́кст письма́-запро́са о фина́совом положе́нии фи́рмы, как пра́вило, содéржит сле́дующие едини́цы информа́ции (关于公司财务状况的咨询信通常包含下列内容):

—*обраще́ние к адреса́ту письма́;*

—*сообще́ние причи́ны направле́ния письма́-запро́са;*

—*запро́с информа́ции о фина́нсовом положе́нии фи́рмы;*

—*гара́нтии соблюде́ния конфиденциа́льности;*

—*заверше́ние письма́.*

Зада́ние 20.

А. Познако́мьтесь с разли́чными спо́собами выраже́ния запро́са информа́ции о фина́нсовом положе́нии фирм.（下面是关于公司财务状况咨询信的各种表达方式。）

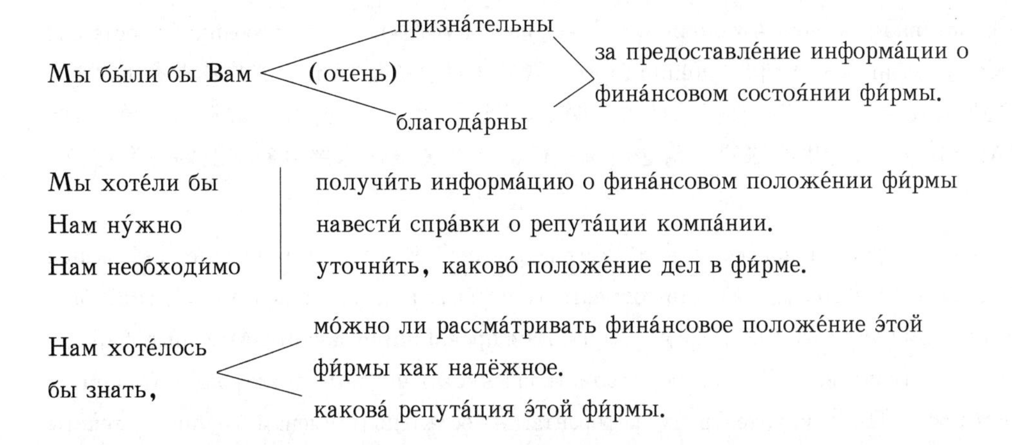

Мы бы́ли бы Вам
(очень)
призна́тельны
благода́рны
за предоставле́ние информа́ции о фина́нсовом состоя́нии фи́рмы.
Мы хоте́ли бы
Нам ну́жно
Нам необходи́мо
получи́ть информа́цию о фина́нсовом положе́нии фи́рмы
навести́ спра́вки о репута́ции компа́нии.
уточни́ть, каково́ положе́ние дел в фи́рме.
Нам хоте́лось бы знать,
мо́жно ли рассма́тривать фина́нсовое положе́ние э́той фи́рмы как надёжное.
какова́ репута́ция э́той фи́рмы.

Б. Вы́пишите предложе́ния, кото́рые Вы бу́дете испо́льзовать, составля́я те́кст письма́-запро́са.（利用学到的句子，起草一份咨询信。）

Зада́ние 21.

А. Познако́мьтесь с моде́лями, испо́льзуемыми при выраже́нии гара́нтии соблюде́ния конфиденциа́льности.（下面是保证守密的几种表达句型。）

Мы гарантируем
- по́лную / стро́гую конфиденциа́льность полу́ченной от Ва́с информа́ции.
- соблюде́ние на́ми по́лной / стро́гой конфиденциа́льности в отноше́нии э́того догово́ра.
- сохране́ние Ва́шего отве́та в полно́й конфиденциа́льности.

Заверя́ем Вас,	что мы сохрани́м Ваш отве́т в по́лной конфиденциа́льности.
Вы мо́жете быть уве́рены,	что мы бу́дем рассма́тривать эту информа́цию как конфиденциа́льную.
Гаранти́руем,	что Ва́ше мнение́ бу́дет рассма́триваться на́ми в ка́честве конфиденциа́льного докуме́нта.

Б. Вы́пишите мо́дели, кото́рые Вы бу́дете испо́льзовать при составле́нии писем-запро́сов.（抄写几个句型来起草一份咨询信。）

Зада́ние 22.

А. Вы — представи́тель фи́рмы “Адида́с” в Москве́. Ваша́ фи́рма получи́ла зака́з на приобрете́ние в креди́т па́ртии компле́ктов спорти́вной оде́жды на су́мму 8 000 до́лларов США от спорти́вного клу́ба“Автомобили́ст”, которы́й име́ет счет в “Автоба́нке”. Соста́вьте письмо́-запро́с о фина́нсовом положе́нии э́того клу́ба́. (假设您是“Адидас”驻莫斯科的代表。贵公司收到“Автомобилист”体育俱乐部关于贷款订购价值 8 000 美圆运动服的定单，该俱乐部在“Автобанке”银行里有账户。请您起草一份询问有关该俱乐部财务状况的咨询信。)

Б. Вы дире́ктор строи́тельной компа́нии “Интерби́лдинг”. Ва́ша компа́ния ище́т надёжных росси́йских партнёров для реализа́ции совме́стного прое́кта по строи́тельству в Подмоско́вье кру́пного гости́ничного ко́мпекса. Свои́ услу́ги Вам предложи́ли две строи́тельные фи́рмы: “Моско́вский строи́тель” (счета́ в Промстройба́нке) и “Мостехстро́й” (счета́ в Мосбизнесба́нке). Продикту́йте свои́м рефере́нтам — остальны́м чле́нам гру́ппь — те́ксты пи́сем-запро́сов о фина́нсовом состо́янии э́тих ирм. Пусть Ва́ши рефере́нты запи́шут их и сравня́т свои́ за́писи. (您是“Интербилдинг”建筑公司的经理。贵公司正在寻找可靠的俄罗斯合作伙伴，准备在莫斯科郊区共同建造一个大型宾馆。现有两家建筑公司向您们提出了合作意愿，一家是“Моско́вский строи́тель”(счета́ в Промстройба́нке)，另一家是“Мостехстро́й”(счета́ в Мосбизнесба́нке). 现在您要向秘书(即班上的其他同学)口头表述一封有关这两家公司财务状况的咨询信。请您的秘书记录下这两封信的内容，然后比较一下记录和原意。)

КА́К НАПИСА́ТЬ ПИСЬМО́-ОТВЕ́Т НА ЗАПРО́С О ФИНА́НСОВОМ ПОЛОЖЕ́НИИ ФИ́РМЫ
(如何回复有关公司财务状况的查询函)

Зада́ние 23.

А. Прочита́йте те́кст письма́-отве́та на запро́с о фина́нсовом состоя́нии фи́рмы-покупа́теля. Вы́делите в нём основны́е едини́цы информа́ции. (下面是对咨询买方公司财务状况信件的回复，请找出里面的基本信息点。)

Ви́це-президе́нту
компа́нии “Си́гма Кли́нинг”

от Л. Н. Авдеевой,
нача́льника отде́ла
валю́тных опера́ций “Инкомбанка”.

Уважáемый господи́н Томпсон!

Отвечáем на Вáше письмó от 26 ию́ля по пóводу финáнсового положéния совмéстного предприя́тия “Москвá-96”. Интересу́ющая Вас фи́рма имéет соли́дную репутáцию. Она явля́ется нáшим клиéнтом на протяжáнии двух лет и всегдá вóвремя плáтит по счетáм.

Су́мма креди́та, котóрую Вы плани́руете вы́делить э́той фи́рме, предоставля́лась ей неоднокрáтно рáнее и всегдá в срок былá оплáчена.

Полагáем, что Вáша рабóта с СП “Москвá-96” не бу́дет рискóванной. Мы рекоменду́ем Вам э́ту фи́рму как надёжного партнéра.

С уважéнием

начáльник отдéла валю́тных операций “Инкомбáнка”

Л. Н. Авдéева

30. 07. 1997

Б. Скажи́те, мóжио ли назвáть это письмó“рекомендáтельным”? Почему́?（请问可否把这封信称做“推荐信”？为什么?）

Рекомендáтельные пи́сьма, как прáвило, содéржат слéдующие едини́цы информáции:（推荐信通常包含下列内容：）

—*обращéние к адресáту письмá,*

—*подтверждéние получéния письмá-запрóса,*

—*сообщéние о репутáции фи́рмы,*

—*сообщéние о выполнéнии фи́рмой своих финáнсовых обязáтельства в предыду́щие гóды,*

—*рекомендáции,*

—*завершéние письмá.*

Ру́сская тради́ция оформлéния деловы́х пи́сем нéсколько отличáется от америкáнской. Так, дáта мóжет стоя́ть не в начáле, а в концé письмá, ря́дом с пóдписью. Запóмните: éсли дáта запи́сана с пóмощью ци́фр, то сначáла бу́дет стоя́ть числó, затéм мéсяц, а не наоборóт. Напримéр, 04. 12. 96-четвёртое декабря́1996 г.

Дóлжность и и́мя адресáта(в дáтельном падéже) обы́чно пи́шут в вéрхнем прáвом углу́. Ни́же укáзывают, от когó пóслано письмó.

Текст самогó письмá начинáется с обращéния. пóсле котóрого стáвится восклицáтельный знáк (напримéр: *Дорогóй Олéг Николáвич! Уважáемый господи́н Смит!*) Фрáзы, котóрые завершáют письмó(напримéр: *И́скренне Ващ/С уважéнием/С надéждой на успéшное сотрýдничество* и т. п.) пи́шутся слéва и пóсле них не стáвится запятáя.

Кáждый абзáц начинáется с《крáсной строки́》, т. е. егó пéрвая стрóчка начинáется немнóго правéе ,чем все остальны́е стрóки. Расстоя́ния мéжду абзáцами такóе же, как и мéжду стрóчками внутри́ негó.

Не забýдьте, что при обращéнии к одномý лицý местоимéния *Вы*, *Ваш* (*Вáша*, *Вáше*, *Вáши*) пи́шутся с большóй бýквы.

俄罗斯起草公文信函的格式与中文有相同和不同之处。例如，日期可以与汉语一样放在末尾，与签名在一起。但要记住：日期的数字应该先是日，然后是月，最后才是年，例如04. 12. 96— четвёртое декабря 1996 г.

收信人的职务和名字(用第三格)通常写在右上端，底下写发信人。

信的开头先写称呼，后面用感叹号（如：*Дорогой Олег Николаевич*！*Уважаемый господин Смит*！）信末尾的句子（如：*Искренне Ваш* / *С уважением* / *С надеждой на успешное сотрудничество и т. п.*）放在左侧，后面不用点逗号。

每一段开头都要空格大写。段与段之间的空行与段内各行之间的大小一样。

别忘了当对方为一个人时，代词 *Вы*，*Ваш*（*Ваша*，*Ваше*，*Ваши*）要以大写开头。

Задáние 24. Познакóмьтесь с разли́чными спóсобами подтверждéния получéния письмá-запрóса, с котóрого обы́чно начинáется письмó-отвéт. (下面是回函的各种开头，告诉对方已经收到他们的询价信函。)

Отвечáем на Вáше письмó от 3 мáя.

Подтверждáем получéние Вáшего письмá от 28 ию́ня.

В отвéт на Вáше письмó от 20 мáрта сообщáем, что...

В отвéт на Ваш запрóс от 31 января́ о положéнии фи́рмы “X” извещáем Вас, что ...

Задáние 25.

А. Познакóмьтесь с модéлями, испóльуемыми при сообщéнии о репутáции фи́рмы. (下面是表达公司信誉的几种模式。)

Фи́рма “ЭКО”— этó фи́рма с соли́дной репутáцией.

Фи́рма “ЭКО” имéет прекрáсную репутáцию.

Фи́рма “ЭКО” имéет репутáцию (в вы́сшей стéпени) надёжного партнéра.

Фи́рма “ЭКО” извéстна (среди́ специали́стов) как фи́рма с безупрéчной репутáцией.

У фи́рмы “ЭКО” óчень хорóшая репутáция в нáшей странé и за рубежóм.

Б. Сообщи́те своему́ собесе́днику о репута́ции Ва́ших фирм-партнёров. Испо́льзуйте сле́дующие словосочета́ния.（请用下面的词组告诉对方您的合作伙伴公司的信誉情况。）

хоро́шая прекра́сная блестя́щая превосхо́дная идеа́льная безупре́чная безукори́зненная соли́дная	репута́ция

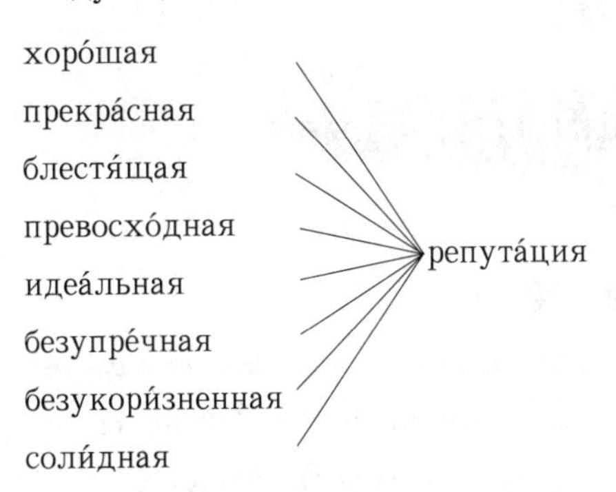

Зада́ние 26. Познако́мьтесь с моде́лями, испо́льзуемыми при сообще́нии о выполне́нии фи́рмой фина́нсовьх обяза́тельств.（下面是介绍公司完成财务责任的几种常用表达方式。）

1）Фи́рма всегда́ пла́тит — по счета́м. / по свои́м обяза́тельствам.

2）Фи́рма всегда́ опла́чивает во́время（в срок）свои́ счета́.

Зада́ние 27. Познако́мьтесь с моде́лями, испо́льзуемыми при рекоменда́ции фи́рмы.（下面是推荐某个公司时所使用的句型。）

Мы	с уве́ренностью с гото́вностью с удово́льствием	рекоменду́ем Вам фи́рму “ЭКО” как хоро́шего партнёра.

Мы	мо́жем гото́вы ра́ды	рекомендова́ть Вам фи́рму “ЭКО” для совме́стной рабо́ты.

Зада́ние 28. Соста́вьте рекоменда́тельные пи́сьма, отпра́вленные Промстройба́нком и Мосбизнесба́нком в а́дрес компа́нии “Интерби́лдинг”（см. зада́ние 26 Б）.（请起草一份Промстройба́нком银行和Мосбизнесба́нком银行给“Интерби́лдинг”公司写的推荐信，见练习26 Б。）

РАЗДЕ́Л Ⅲ (第三章)

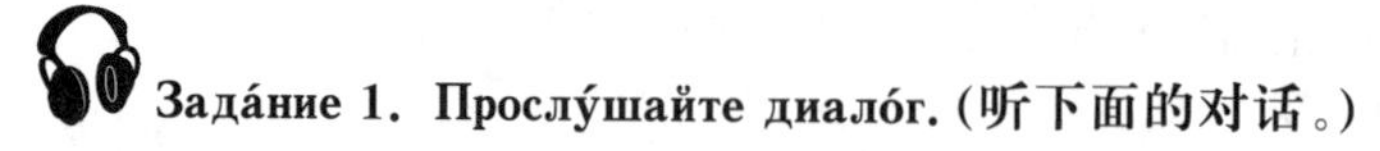

ПЕРВОЕ ЗНАКОМСТВО С ФИРМОЙ(初次了解公司)

Зада́ние 1. Прослу́шайте диало́г. (听下面的对话。)

Дире́ктор росси́йско-америка́нского СП "Нео́н ро́уз" Хи́ллари Мпллз звони́т в фи́рму "Финанси́ст". На телефо́нныи звоно́к отвеча́ет ме́неджсер о́фиса фи́рмы "Финанси́ст" Миха́йл Степа́нов. (俄美合资企业"*Неон роуз*"总经理 *Хиллари Миллз* 给"*Финансист*"公司打电话。接电话的是"*Финансист*"公司办公室主任 *Михаил Степанов*。)

Степа́нов. "Финанси́ст". До́брый день.

Миллз. Здра́вствуйте. Вас беспоко́ит дире́ктор СП "Нео́н ро́уз" Хи́ллари Миллз.

Степа́нов. О́чень прия́тно, госпожа́ Миллз. Я ме́неджер о́фиса Миха́йл Степа́нов.

Миллз. О́чень прия́тно. Скажи́те, пожа́луйста, с кем я могу́ поговори́ть по вопро́су ауди́торской прове́рки на́шей фи́рмы?

Степа́нов. Ауди́том на совме́стных предприя́тиях у нас занима́ется отде́л, кото́рым руководи́т Петро́в Ива́н Дми́триевич.

Миллз. А как мне с ним связа́ться?

Степанов. Его́ телефо́н-две́сти со́рок де́вять-шестна́дцать-восемна́дцать. Но сейча́с его́ нет на ме́сте. Он на перегово́рах.

Миллз. А когда́ он бу́дет?

Степа́нов. За́втра у́тром. Но я могу́ переда́ть ему́, что Вы звони́ли, и он позвони́т Вам. Мо́жно записа́ть номер Ва́шего телефо́на?

Миллз. Да, пожа́луйста. Сто два́дцать оди́н-четы́рнадцать-со́рок три.

Степа́нов. Так, записа́л. Не беспоко́йтесь, госпожа́ Миллз, я переда́м ему всю информа́цию.

Миллз. Спаси́бо. Вы о́чень любе́зны. Я бу́ду ждать звонка́ господи́на Петро́ва. Всего́ до́брого.

Степа́нов. Пожа́луйста. До свида́ния.

КА́К СКАЗА́ТЬ, ЧТО ЧЕЛОВЕ́К, С КОТО́РЫМ ХОТЯ́Т ПОГОВОРИ́ТЬ ПО ТЕЛЕФО́НУ, ОТСУ́ТСТВУЕТ (电话中如何告知对方要找的人不在)

Извини́те, (но) его (её) сейча́с нет (на ме́сте).

Он（она）	на перегово́рах
	на вы́ставке
	на семина́ре
	на собра́нии
	в командиро́вке
	в о́тпуске

У него́	перегово́ры
	собра́ние
	о́тпуск

Он уе́хал	на перегово́ры
	на вы́ставку
	на семина́р
	на собра́ние
	в командиро́вку
	в о́тпуск

Зада́ние 2. Восстанови́те микродиало́ги по ре́пликам.（根据应答恢复小对话。）

1. — Фи́рма “О́мнис”. До́брый день.
   — . . .
   — К сожале́нию，господи́на Па́влова сейча́с нет. Он на вы́ставке.
   — . . .
   — Я ду́маю，он вернётся по́сле трёх часо́в.
   — . . .
   — Не́ за что. Всего́ до́брого.
   — . . .
2. — . . .
   — Здра́вствуйте. Мо́жно попроси́ть Любо́вь Па́вловну?
   — . . .
   — А когда́ она́ бу́дет на ме́сте?
   — . . .
   — Спаси́бо. До свида́ния.
3. — Фи́рма “Финанси́ст”. Здра́вствуйте.
   — . . .
   — Извини́те，но его́ нет. Он в о́тпуске.

— . . .

— Шестна́дцатого а́вгуста.

— . . .

— Пожа́луйста. Всего́ хоро́шего.

4. — . . .

— До́брый день. С Ва́ми говоря́т из фи́рмы "Де́льта". Вы не могли́ бы попроси́ть к телефо́ну госпожу́ Те́рехову?

— . . .

— А когда́ зако́нчится собра́ние?

— . . .

— Спаси́бо. Я позвоню́ по́сле трёх.

— . . .

5. — АО "Карги́лл". До́брый день.

— . . .

— Извини́те. Но он в командиро́вке. Прости́те, а кто его спра́шивает?

— . . .

— О́чень прия́тно. Дми́трий Вале́риевич как раз проси́л переда́ть Вам, что е́сли у Вас сро́чный вопро́с, Вы мо́жете позвони́ть ему в Ло́ндон.

— . . .

— Да, коне́чно, запи́сывайте. Три́ста оди́н-семна́дцать-два́дцать четы́ре.

— . . .

— Не́ за что. Всего́ до́брого.

Зада́ние 3. Соста́вьте диало́г, кото́рый мо́жет состоя́ться в сле́дующей ситуа́ции: Вы-дире́ктор росси́йско-америка́нского СП "Интерпрое́кт"—звони́те в фи́рму "Ауди́т-93" по вопро́су проведе́ния ауди́торс. (编一个对话，情景如下：您是俄美合资企业"Интерпроект"的经理，您给"Аудит—93"公司打电话，商谈有关您公司审计的事宜。接电话的是"Аудит—93"的秘书并给了您审计员 Михайлов Иван Семёнович 的电话号码，该审计员现正在一个展览会上。)

Зада́ние 4. Прослу́шайте диало́г и скажи́те, по како́му вопро́су г-н Петро́в звони́л в фи́рму"Финанси́ст". (听对话并说出 Петро́в 先生因什么事情给"Финанси́ст"公司打电话。)

Нача́льник отде́ла фи́рмы "Финанси́ст" Петро́в Ива́н Дми́триевич звони́т в СП "Нео́н ро́уз".

Же́нский го́лос. "Нео́н ро́уз". До́брый день.

Петро́в. Здра́вствуйте. Вас беспоко́ят из фи́рмы "Финанси́ст". Мо́жно попроси́ть госпожу́ Миллз?

Же́нский го́лос. Извини́те. Но сейча́с госпожа́ Миллз на совеща́нии. Что ей переда́ть?

Петро́в. Переда́йте, пожа́луйста, что звони́л Петро́в из фи́рмы "Финанси́ст" по вопро́суауди́торской прове́рки. И е́сли ей не тру́дно, пусть она мне позвони́т, когда́ освободи́тся.

Же́нский го́лос. Хорошо́, господи́н Петро́в. Я обяза́тельно переда́м.

Петро́в. Спаси́бо. До свида́ния.

Же́нский го́лос. Всего́ до́брого.

КА́К ПЕРЕДА́ТЬ КАКУ́Ю—ЛИ́БО ИНФОРМА́ЦИЮ ПО ТЕЛЕФО́НУ(如何通过电话转达信息)

— **Что ей переда́ть?**
— **Переда́йте, пожа́луйста, что звони́л Петро́в из фи́рмы "Финанси́ст".**

— **Что ей (ему́) переда́ть?**
— **Переда́йте, пожа́луйста, что перегово́ры за́втра не состоя́тся.**

Зада́ние 6. Соста́вьте диало́ги, кото́рые состоя́ся в сле́дующей ситуа́ции: Вы звони́те на фи́рму, но челове́к, кото́рому Вы хоти́те сообщи́ть определённую информа́цио, отсу́тсвует. Вы передаёте для него́ э́ту информа́цю. (编几个对话,情景如下:您给一个公司打电话,但您要找的人不在,您想把下面的信息转达给他。)

Образе́ц: — "Тверь". До́брый день.

— Здра́вствуйте, мо́жно попроси́ть гла́вного ме́неджера?

— Извини́те. Он на перегово́рах. Что ему́ переда́ть?

— Переда́йте, пожа́луйста, что звони́л Миха́йлов из "Инкомба́нка" и что на́ша встре́ча перено́сится на сре́ду.

— Хорошо́. Я всё переда́м.

Фи́рма, в кото́рую Вы звони́те.	Челове́к, кото́рому Вы звони́те и передаёте информа́цию.	Информа́ция.
1. АО "Тверь"	Гла́вный инжене́р	Вы хоти́те взять у него́ техни́ческую документа́цию на но́вое обору́дование.
2. СП "Ма́ркет"	Оле́я Никола́евич Авде́ев	Вы хоти́те перенести́ перегово́ры на друго́й день
3. МП "Ока́"	Комме́рческий дире́ктор	Вам ну́жно что́бы он сро́чно присла́л Вам по фа́ксу текст контра́кта
4. ГП "Мосто́рг"	Ли́дия Петро́вна Бело́ва	Вы хоти́те с ней встре́титься по вопро́су цен на но́вые това́ры.
5. НПО "Квант"	Семёнов Серге́й Алекса́ндрович	Вы хоти́те обсуди́ть с ним програ́мму совме́стного семина́ра.

Зада́ние 7. Прочита́йте моде́ли, приведённые ни́же. Вы́пишите моде́лм, кото́рые Вам незнако́мы. (读下面的句型。抄写您不熟悉的句型。)

КАК СПРОСИ́ТЬ У СОБЕСЕ́ДНИКА О ЕГО́ СОГЛА́СИИ / ВОЗМО́ЖНОСТИ ПРИНЯ́ТЬ ВАС
(如何征求对方的同意或能够接见您)

Е́сли	мо́жно, э́то возмо́жно, э́то удо́бно для Вас,	(то) я прие́ду послеза́втра.
Е́сли Вас это	устро́ит, устра́ивает,	(то) я могу́ прие́хать к Вам за́втра.
Е́сли Вы	позво́лите, разреши́те, не возража́ете, не про́тив,	(то) я мог бы прие́хать в четве́рг.

Зада́ние 8. Восстанови́те пропу́щенные ча́сти предложе́ний, испо́льзуя приведённые вы́ше моде́ли.（使用前面的句型恢复句子中缺少的部分。）

1. . . . , я хоте́л бы встре́титься с Ва́ми в сре́ду. 2. . . . , я мог бы прие́хать к Вам че́рез неде́лю. 3. . . . , мы могли́ бы встре́титься с Ва́ми в четве́рг у́тром. 4. . . . , я прие́ду к Вам в понеде́льник по́сле обе́да. 5. . . . , я могу́ прие́хать в Вам дня че́рез два. 6. . . . , я мог бы прийти́ к Вам для бо́лее конкре́тного разгово́ра.

Зада́ние 9. Восстанови́те микродало́ги по ре́пликам.（根据应答恢复小对话。）

1. — ...
— Мне э́то о́чень удо́бно, так что жду Вас за́втра в де́сять утра́.
2. — ...
—Коне́чно-коне́чно, приезжа́йте, пожа́луйста. По́сле четы́рнадцати я бу́ду у себя́.
3. — ...
— Меня́ вполне́ устра́ивает э́то время́, и я с удово́льствием приму́ вашу делега́цию.
4. — ...
— Хорошо́. Я согла́сен приня́ть Вас за́втра вме́сте с Ва́шим комме́рческим дире́ктором.
5. — ...
— К сожале́нию, в э́то вре́мя у меня́ бу́дет зара́нее заплани́рованная встре́ча. Она́ зако́нчится приме́рно в три часа́. Позвони́те мне в э́то вре́мя, хорошо́?

Зада́ние 10. Вы звони́те в организа́цию и про́сите пригласи́ть к телефо́ну ну́жното Вам челове́ка. Каки́е диало́ги мо́гут состоя́ться ме́жду Ва́ми и Ва́шим собесе́дником, е́сли Вам необходи́мо спроси́ть его́ о возмо́жности приня́ть Вас.（您给一个单位打电话并请某个人接电话。您问对方能否和你见一面,电话里该怎么说?）

Собесе́дник	Реа́кция собесе́дника
Заве́дующий юриди́ческим отде́лом ба́нка “Столи́чный”	Вре́мя, предлага́емое Ва́ми для встри́чи, его не устра́ивает. Он мо́жет приня́ть Вас во второ́й полови́не сле́дующего дня.
Консульта́нт Центра́льной нало́говой инспе́кции	Предлага́ет приня́ть Вас в сре́ду и́ли четве́рг в пе́рвой полови́не дня.
Нача́льник отде́ла валю́тных опера́ций ба́нка	Согла́сен приня́ть Вас в удо́бное для Вас вре́мя.

Кассúр операциóнного зáла бáнка	Мóжет принять Вас в любóй рабóчий день с 9.00 до 13.00
Глáвный бухгáлтер фúрмы "Финансист"	В ближáйшие три дня встрéтиться с Вáми не мóжет, т. к. уезжáет в командирóвку.

Задáние 11. Прочитáйте модéли, приведённые нúже. Вы́пишите модéлм, котóрые Вам незнакóмы. (读下面的句型。抄写您不熟悉的句型。)

КАК СКАЗÁТЬ СОБÉСЕДНИКУ (ОБЪЯСНИ́В ПРИЧИ́НУ), ЧТО ВАС НЕ УСТРÁИВАЕТ ВРÉМЯ, НА КОТÓРОЕ ОН НАЗНАЧÁЕТ ВСТРÉЧУ
(如何告知谈话人所拟订的会晤时间不合适并说明理由)

Извинúте, пожáлуйста, (но)	я не смогý встрéтиться с Вáми в э́тот день. меня́ не устрáивает э́то врéмя. меня́ (как раз) в э́ти дни не бýдет в Москвé.
Извинúте, (но) (как раз) в э́то врéмя я	(буду) óчень зáнят. дóлжен быть в посóльстве.
Извинúте, (но) у меня́ (как раз) на э́тот час	назначены переговóры. назнáчена встрéча с партнёром.

Задáние 12. Восстановúте рéплики микролиалóгов. Объяснúте, почемý Вас не устрáивает назнáченное Вáшим собесéдником врéмя встрéчи. (恢复下面的小对话。解释一下为什么您觉得对方提出的见面时间不合适。)

1. — Вы мóжете приéхать к нам в óфис в пя́тницу ýтром?
   — ...
2. — Вам удóбно бýдет встрéтиться со мнóй в понедéльник во вторóй половúне дня?
   — ...
3. — Я могý планúровать встрéчу с Вáми на дéсять утрá в четвéрг?
   — ...

4. — Я могу́ приня́ть Вас за́втра в двена́дцать?
 — ...
5. — Мы могли́ бы встре́титься в сре́ду в пе́рвой полови́не дня.
 — ...

注意 **Обрати́те внима́ние на то, что при указа́нии причи́ны испо́льзуются сле́дующие предло́ги, сою́зы и сою́ные слова́**(在表达原因时用下列前置词、连接词和关联词):

в у́стной и пи́сьменной ре́чи: *из-за*, *так как*, *потому́ что*, *поско́льку*, *из-за того́ что* (在口头和笔头言语中: *из-за*, *так как*, *потому́ что*, *поско́льку*, *из-за того́ что*);

в официа́льной пи́сьменной ре́чи: *ввиду́ того́ что*, *вследствие того́ что*, *в связи́ с тем что*. (在正式的书面言语中: *ввиду́ того́ что*, *вследствие того́ что*, *в связи́ с тем что*).

Извини́те, но я не смогу́ с Ва́ми встре́титься в это вре́мя,	так как потому́ что поско́льку	за́втра я уезжа́ю в командиро́вку.

Ввиду́ того, что Всле́дствие то́го, что В связи́ с тем, что (*типи́чно для делово́й ре́чи*)	в предлага́емое Ва́ми для на́шей встре́чи вре́мя у нас уже́ назна́чены перегово́ры, с сожале́нием сообща́ем Вам, что не смо́жем в э́тот день посети́ть Ва́шу фи́рму.

Для выраже́ния сле́дственного значе́ния испо́льзуются сою́зы *поэ́тому*, *так что* (表达结果意义时使用下列连接词: *поэ́тому*, *так что*):

За́втра я рабо́таю на вы́ставке,	поэ́тому так что	встре́титься с Ва́ми не смогу́.

Зада́ние 13. Объясни́те своему́ собесе́днику причи́ну, по кото́рой встре́ча в предлага́емое им вре́мя для Вас невозмо́жна. (向对方解释一下他提出的见面时间对您来说不合适的原因。)

Образе́ц: Извини́те, но я ника́к не могу́ встре́титься с Ва́ми в э́то вре́мя, потому́ что у меня́ назна́чена ва́жная встре́ча.

1. Ва́ши партнёры присла́ли Вам приглаше́ние на откры́тие вы́ставки, у Вас на э́то же вре́мя назна́чены ва́жные перегово́ры.

2. Нало́говый инспе́ктор хо́чет встре́титься с Ва́ми в четве́рг у́тром, а Вы в сре́ду уезжа́ете в командиро́вку на три дня.

3. Ва́ши колле́ги про́сят Вас вы́ступить в нача́ле сентября́ на семина́ре “Иностра́нные инвести́ции в Росси́и: пробле́мы и перспекти́вы”, но у Вас на э́то вре́мя наме́чен о́тпуск.

4. Вы получи́ли приглаше́ние на юбиле́йный ве́чер от ба́нка, акционе́ром кото́рого явля́етесь, но Вас в э́то вре́мя не бу́дет в Москве́.

5. Ауди́торская фи́рма мо́жет провести́ прове́рку Ва́шей организа́ции че́рез два дня, но у Вас к э́тому вре́мени не бу́дет гото́ва вся документа́ция.

Зада́ние 14. Назови́те причи́ны, по кото́рым Вас ча́ще всего́ не устра́ивает назнача́емое Ва́шим собесе́дником вре́мя встре́чи. Что Вы обы́чно говори́те в подо́бных ситуа́циях? (说出您经常感到见面时间不合适的原因,在这类情况下您通常怎么说?)

Зада́ние 15. Соста́вьте диало́г-разгово́р по телефо́ну, кото́рый мо́жет состоя́ться в сле́дующей ситуа́ции: господи́н Петро́в, нача́льник отде́ла ауди́та фи́рмы “Финанси́ст”, звони́т госпоже́ Ми́ллз, дире́ктору росси́йско-америка́нского СП “Нео́н ро́уз”, что́бы договори́ться о встре́че в о́фисе СП “Нео́н ро́уз”. Испо́льзуйте моде́ли, да́нные в зада́ниях 7 и 11. (编一个打电话的对话,情景如下: Петро́в 先生是“Финанси́ст”公司的审计处处长,他给俄美合资企业“Нео́н ро́уз”的 Ми́ллз 女士打电话,想约她在“Нео́н ро́уз”公司见面。请用上练习 7 和 11 所给的句型。)

Зада́ние 16. Прослу́шайте диало́г “В о́фисе СП “Нео́н ро́уз”. (听下面在“Неон роуз”办公室里谈话的内容。)

В о́фис СП “Нео́н ро́уз” прихо́дит нача́льник отде́ла фи́рмы “Финанси́ст” Ива́н Дми́триевич Петро́в. В приёмной дире́ктора его́ встреча́ет секрета́рь-рефере́нт.

Петро́в. До́брый день! Моя́ фами́лия Петро́в. Я из фи́рмы “Финанси́ст”.

Секрета́рь-рефере́нт. Здра́вствуйте, господи́н Петро́в. О́чень прия́тно. Госпожа́ Миллз ждёт Вас. Проходи́те, пожа́луйста.

Петро́в. Спаси́бо (*проходит в кабинет госпожи Миллз*). Мо́жно? Здра́вствуйте, госпожа́ Миллз! Я — Петро́в.

Миллз. До́брый день, господи́н Петро́в. Ра́да Вас ви́деть. Проходи́те, сади́тесь, пожа́луйста. Вы нас бы́стро нашли́?

Петро́в. Да. Я хорошо́ зна́ю э́тот райо́н. Когда́-то я здесь жил. Пра́вда, тру́дно бы́ло припаркова́ться о́коло ва́шего о́фиса. Пришло́сь оста́вить маши́ну на сосе́дней у́лице.

Миллз. Да. Я зна́ю. Здесь всегда́ так мно́го машин! В э́том зда́нии о́фисы пяти́ фирм. Но, ка́жется, в ближа́йшее вре́мя э́та пробле́ма бу́дет решена́. Сейча́с во дворе́ на́шего зда́ния де́лают специа́льную стоя́нку, и у нас там бу́дут свои́ места́. Что Вы бу́дете пить, господи́н Петро́в? Чай? Ко́фе?

Петро́в. Спаси́бо. Е́сли мо́жно, ко́фе.

Миллз. Вот, пожа́луйста, моя́ визи́тная ка́рточка. И проспе́кт на́шей фи́рмы.

Петро́в. Спаси́бо. Возьми́те, пожа́луйста, мою́ визи́тную ка́рточку. А э́то наш рекла́мный проспе́кт. Мы рабо́таем всего́ три го́да, но у нас уже́ мно́го постоя́нных клие́нтов.

Миллз. Я слы́шала о́чень хоро́шие о́тзывы о рабо́те Ва́ших ауди́торов. Мне порекомендова́ла Ва́шу фи́рму госпожа́ Карелина из СП "Техникгра́фикс".

Петро́в. Спаси́бо! Мне о́чень прия́тно слы́шать э́то. У нас с э́той фи́рмой прекра́сные деловы́е конта́кты. Госпожа́ Миллз, Вы давно рабо́таете на росси́йском ры́нке?

Миллз. Всего́ год. Мы занима́емся изготовле́нием нео́новой рекла́мы. Сейча́с на э́том ры́нке больша́я конкуре́нция, но мы испо́льзуем нове́йшую техноло́гию, кото́рая гаранти́рует прекра́сное ка́чество и выполне́ние зака́зов в кратча́йшие сро́ки. Сего́дня у нас мно́го клие́нтов и уже большо́й годово́й оборо́т. Нам сейча́с необходи́мо провести́ ауди́торскую прове́рку. Мы зна́ем, что Вы занима́етесь ауди́том де́ятельности совме́стных предприя́тий.

Петро́в. Да, мы специали́зируемся на э́том ви́де ауди́торских процеду́р. В де́ятельности совме́стных предприя́тий есть специ́фика. Она́ заключа́ется в осо́бенностях веде́ния бухга́лтерского учета. Э́то, безусло́вно, влия́ет и на ауди́торские процеду́ры. Пре́жде всего́, нас интересу́ет, како́й вид ана́лиза фина́нсово-хозя́йственной де́ятельности Ва́шей фи́рмы Вам необходи́м? Экспре́сс—ана́лиз или углубленный фина́нсовый ана́лиз?

Миллз. Я думаю, что сего́дня мы заинтересо́ваны в проведе́нии экспре́сс-ана́лиза. Нас интересу́ют такие показа́тели, как при́быль, убы́тки, креди́ты, рента́бельность. У нас о́чень квалифици́рованный гла́вный бухга́лтер. К тому́ же мы соблюда́ем все зако́ны, во́время и че́стно пла́тим нало́ги. И все же нам хоте́лось бы получи́ть объекти́вное заключе́ние незави́симого ауди́тора. Кро́ме того́, нас интересу́ют перспекти́вы на́шего разви́тия, фина́нсовый прогно́з.

Петро́в. Я Вас по́нял, госпожа́ Миллз. Мы с удово́льствием проведем экспре́сс-ана́лиз де́ятельности Ва́шего СП. На́ши специали́сты мо́гут предложи́ть Вам консульта́ции по бухга́лтерскому учёту и налогообложе́нию. Мы занима́емся та́кже вопро́сами ме́неджмента и ма́ркетинга, экономи́ческого плани́рования и прогнози́рования, ба́нковского и страхово́го де́ла. До́лжен сказа́ть, что в своей рабо́те мы руково́дствуемся междунаро́дными но́рмами ауди́та.

Миллз. Прекра́сно! Тогда́ в проце́ссе рабо́ты мы определи́м те вопро́сы, в реше́нии кото́рых нам нужна́ бу́дет Ва́ша по́мощь.

Петро́в. Коне́чно. Мы гото́вы к сотру́дничеству с Ва́ми по всем интересу́ющим Вас вопро́сам. Для нача́ла мы должны́ с Ва́ми обсудить те́ксты догово́ра на оказа́ние ауди́торских услу́г и догово́ра на консультацио́нно-информацио́нное обслу́живание.

Миллз. Хорошо́. У Вас, наве́рное, есть типовы́е контра́кты?

Петро́в. Да. Вот, пожа́луйста, возьми́те.

Миллз. Спаси́бо. Мы их изу́чим. А каки́е докуме́нты нужны́ для ауди́торской прове́рки?

Петро́в. Для рабо́ты нам нужны́ уста́в фи́рмы, догово́ры, протоко́лы заседаний правле́ния совме́стного предприя́тия, вы́писки ба́нка, счета́, а́кты, журна́лы-ордера́, Гла́вная кни́га и бала́нс.

Миллз. Хорошо́. Мы подгото́вим все э́ти докуме́нты. Сейча́с на́ш главный бухга́лтер на междунаро́дном семина́ре по иностра́нным инвести́циям. За́втра мы с ним обсу́дим все вопро́сы и я позвоню́ Вам. Ду́маю, что в понеде́льник мы уже́ бу́дем гото́вы к встре́че с Ва́ми.

Петро́в. Замеча́тельно. Я бу́ду ждать Ва́шего звонка́, госпожа́ Миллз. О́чень рад был с Ва́ми познако́миться и наде́юсь на взаимовы́годное сотру́дничество.

Миллз. Я уве́рена в э́том. Спаси́бо. Всего́ до́брого.

Петро́в. До свида́ния.

Зада́ние 17. Вы́берите вариа́нты отве́тов, соотве́тствующие содержа́нию те́кста диало́га“В о́фисе СП“Нео́н ро́уз ”.（请根据在“Нео́н ро́уз”公司对话的内容选择答案。）

1. СП “Нео́н ро́уз” занима́ется изготовле́нием	А. визи́тных ка́рточек. Б. рекла́мных проспе́ктов. В. нео́новой рекла́мы.
2. Фи́рма “Финанси́ст” специализи́руется на ауди́те	А. комме́рческих ба́нков. Б. ма́лых предприя́тий. В. совме́стных предприя́тий.
3. Фи́рма “Финанси́ст” рабо́тает всего́	А. год. Б. три го́да. В. неде́лю.
4. На росси́йском ры́нке нео́новой рекла́мы	А. ма́ло клие́нтов. Б. большая́ конкуре́нция. В. нет конкуре́нции.
5. Фи́рма “Финанси́ст” бу́дет проводи́ть в СП “Нео́н ро́уз”	А. углублённый фина́нсовый ана́лиз де́ятельности СП. Б. экспре́сс-ана́лиз де́ятельности СП. В. ана́лиз инвестицио́нной де́ятельности СП.

Зада́ние 18.

А. Прочита́йте диало́г по роля́м.（按角色读对话。）

Б. Соста́вьте пять наибо́лее ва́жных, на ва́ш взгляд, вопро́сов по те́ксту диало́га и зада́йте их друг дру́гу.（根据对话内容编五个您认为最重要的问题并互相提问。）

Зада́ние 19. Вы — представи́тель фи́рмы "Финанси́ст". Испо́льзуя информа́цию, да́нную в диадо́ге "В о́фисе СП "Нео́н ро́уз", расскажи́те о фи́рме "Финанси́ст" свои́м потенции́альным клие́нтам и постара́йтесь заинтересова́ть их в сотру́дничестве с Ва́ми.（您是"Финанси́ст"公司的代表。请利用在"Нео́н ро́уз"公司的谈话内容向别人介绍一下"Финанси́ст",并尽可能使对方产生与您合作的兴趣。）

Зада́ние 20. Прочита́йте моде́ли, приведённые ни́же. Вы́пишите моде́ли, кото́рые Вам незнако́мы.（读下面的句型。抄写您不熟悉的句型。）

КАК СКАЗА́ТЬ СОБЕСЕ́ДНИКУ, ПО ЧЬЕ́Й РЕКОМЕНДА́ЦИИ ВЫ К НЕМУ́ ОБРАЩА́ЕТЕСЬ / КТО ДАЛ ВАМ ЕГО́ КООРДИНА́ТЫ
（如何告知对方是谁推荐您求见他的）

Я взя́л Ваш телефо́н у господи́на Бело́ва.	Г-н Бело́в (любе́зно) дал мне Ваш телефо́н.
Я узна́л Ва́ши координа́ты от г-на Ивано́ва.	Г-н Ивано́в (любе́зно) сообщи́л мне Ва́ши координа́ты.
Я обраща́юсь (и́менно) к Вам по сове́ту Петра́ Миха́йловича.	Петр Миха́йлович посове́товал мне обрати́ться и́менно к Вам.
Я звоню́ Вам по рекоменда́ции г-жи́ Бра́ун.	Г-жа́ Бра́ун порекомендова́ла мне ва́шу фи́рму.
Я слы́шал о Ва́шей фи́рме от г-на Кулико́ва.	Г-н Кулико́в расска́зывал мне о Ва́шей фи́рме.

Зада́ние 21. Сообщи́те собесе́днику, по чьей рекоменда́ции Вы к нему́ обраща́етесь, вы́разив да́нную информа́цию по-друго́му. (告诉对方是谁推荐您来找他,用另一种方式表达下面的信息。)

Образе́ц: Господи́н Миха́йлов расска́зывал мне о Ва́шей фи́рме мно́го интере́сного.
—Я слы́шал мно́го интере́сного о Ва́шей фи́рме от господи́на Миха́йлова.

1. Г-жа́ Са́тина дала́ мне но́мер Ва́шего телефо́на. 2. Но́мер Ва́шего фа́кса мне сообщи́л Ива́н Дми́триевич. 3. Серге́й Алекса́ндрович порекомендова́л мне обрати́ться и́менно в Ва́ше рекла́мное аге́нтство. 4. О де́ятельности Ва́шей фи́рмы меня́ подро́бно проинформи́ровал господи́н Клобуко́в. 5. Евге́ния Вади́мовна порекомендова́ла мне обрати́ться и́менно в Ваш юриди́ческий отде́л. 6. Г-н Благове́щенский заве́рил меня́, что Вы о́чень бы́стро вы́полните наш зака́з.

Зада́ние 22. Отреаги́руйе на положи́тельную оце́нку де́ятельностеи фи́рмы, рабо́ты её сотру́дников, испо́льзуя сле́дующие моде́ли. (用下面的句型,对公司的工作及其员工的情况作出肯定的评价。)

Спаси́бо,	мне очень прия́тно я о́чень ра́д(а)	слы́шать	э́то э́ти слова́ э́ти о́тзывы	о на́шей рабо́те. о на́шей фи́рме.

Спаси́бо за	до́брые тёплые	слова́	в а́дрес на́шей фи́рмы. в наш а́дрес.

1. — Господи́н Попо́в, мне хоте́лось бы получи́ть у Вас консульта́цию по вопро́су о нало́гах. Мои колле́ги из фи́рмы “Шелл” сказа́ли, что у Вас рабо́тают са́мые компете́нтные в Москве́ специали́сты.
   — ...
2. — Мы с удово́льствием рабо́таем с Ва́шей фи́рмой, господи́н Уайт. Нам о́чень нра́вится Ва́ша чёткость и операти́вность в рабо́те с партнёрами.
   — ...
3. — Госпожа́ Постно́ва, мне необходи́мо откры́ть валю́тный счет. Я хочу́ сде́лать э́то и́менно в Ва́шем ба́нке. Мои́ многочи́сленные зарубе́жные колле́ги — Ва́ши клие́нты — говоря́т, что у Вас са́мые ни́зкие коми́ссии и са́мое бы́строе и ка́чественное обслу́живание.
   — ...

4. — Господи́н Сти́венсон, я благодарю́ Вас за совме́стную рабо́ту. Прия́тно име́ть де́ло с таки́ми обяза́тельными и корре́ктными партнёрами.

— ...

5. — Ири́на, большо́е спаси́бо за организа́цию приёма. Всё бы́ло изы́сканно и с больши́м вку́сом. На́ши го́сти оста́лись о́чень дово́льны.

— ...

Зада́ние 23. В Ва́шей фи́рме необходи́мо провести́ ауди́торскую прове́рку. (您的公司里要进行审计。)

А. Посове́туйтесь со свои́ми колле́гами, в каку́ю ауди́торскую фи́рму лу́чше всего́ обрати́ться. (与您的同事们商量一下最好找哪家审计公司。)

Б. Обрати́тесь в ауди́торскую фи́рму, кото́рую Вам порекмендова́ли. Обсуди́те все интересу́ющие Вас вопро́сы. (去找别人推荐给您的审计公司,与他们讨论所有您感兴趣的问题。)

ГОТО́ВИМСЯ К ПОЕ́ЗДКЕ В РОССИ́Ю
(补充阅读——准备起程赴俄)

НЕ В ДЕ́НЬГАХ СЧА́СТЬЕ... Е́СЛИ ИХ МА́ЛО.

Осо́бенности ру́сского национа́льного хара́ктера я́рко проявля́ются в отноше́нии к деньга́м. Ру́сские ча́сто соря́т деньга́ми (и́ли де́лают вид, что гото́вы так поступи́ть), да́же е́сли на са́мом де́ле они́ бедны́, как церко́вные кры́сы. Бога́тые лю́ди в Росси́и ре́дко вспомина́ют, что копе́йка рубль бережёт, а бе́дные россия́не стара́ются не дрожа́ть над после́дней копе́йкой. Пра́вда, за после́дние го́ды мно́гие ста́ли сомнева́ться в справедли́вости посло́вицы "Не в де́ньгах сча́стье".

Е́сли Вы пошли́ в кафе́ и́ли в рестора́н с ру́сским спу́тником, то он обяза́тельно начнёт боро́ться за пра́во заплати́ть по счёту незави́симо от того́, кто кого́ пригласи́л. Мо́жно сказа́ть, что небольша́я диску́ссия по э́тому по́воду явля́ется составно́й ча́стью росси́йского этике́та поведе́ния в рестора́не. По́сле акти́вного обсужде́ния обы́чно всё встаёт на свои́ места́: и́ли пла́тит тот, кто пригласи́л, и́ли ка́ждый пла́тит за себя́. Однако, е́сли оди́н из прису́тствующих — же́нщина, то ситуа́ция меня́ется. В отли́чие от "эмансипи́рованной" Ама́рики, в Росси́и же́нщины почти́ всегда позволя́ют за себя́ заплати́ть.

Ещё одна́ росси́йская осо́бенность — это отсу́тствие секре́тов о зарпла́те. На э́том вопро́се в Росси́и не лежи́т табу́, его́ ча́сто обсужда́ют на рабо́те и до́ма. То́лько от ча́стого обсужде́ния де́нежных пробле́м де́нег почему́—то не стано́вится бо́льше...

Слова́ уро́ка(单词与词组)

ана́лиз *како́й*? 分析
финáнсовый ～ 财务分析
бала́нс *чего́*? 资产负债表
～ фи́рмы 公司的资产负债表
би́знес *како́й*? 生意
вы́годный ～ 有利的生意
при́быльный ～赢利的生意
букле́т *како́й*? 说明书
кра́сочный ～彩色说明书
бюдже́т 预算
бюдже́т како́й?
госуда́рственный ～ 国家预算
ме́стный ～ 地方预算
региона́льный ～ 地区预算
бюдже́т *чего́*?
～ госуда́рства 国家的预算
вводи́ть / **ввести́** *что*? 实施
～ нало́ги 实施税收
взима́ть *что*? 征收
～ нало́ги 征税
вложе́ния *каки́е*? 投入
де́нежные ～资金的投入
входи́ть *во что*? 进入,加入
～ в ассоциа́цию 加入协会
～ в конце́рн 并入康采恩
～ в соста́в чего́? 成为……的一员
выделя́ть/**вы́делить** *что*? 划拨
～ сре́дства 划拨资金
вы́писка *чего́*? 抄录
～ ба́нка 银行帐目抄录
вы́ставка *кака́я*? 展览会
краткосро́чная ～短期展览会
постоя́нно де́йствующая ～常年的展览会
гла́вная кни́га ～ 总帐

де́ло *како́е*? 档案
ба́нковское ～银行档案
страхово́е ～保险档案
дета́ль *чего́*? 零件
～ автомоби́ля 汽车零件
～ компью́тера 电脑零件
де́ньги *каки́е*? 资金
оборо́тные ～周转资金
де́ятельность 活动,业务
де́ятельность *кака́я*?
ауди́торская ～审计业务
информацио́нная ～ 信息业务
фина́нсовая ～财务业务
фина́нсово- хозя́йственная ～财务经营业务
де́ятельность *чего́*?
～ ба́нка 银行的业务
～ предприя́тия 企业的业务
～ фи́рмы 公司的业务
диза́йнер 设计师
догово́р *на что*? 协议
～ на обслу́живание 服务协议
докуме́нт *како́й*? 文件
конфиденциа́льный ～机密文件
документа́ция *на что*? 文件,说明
～ на обору́дование 设备说明
до́ллар *како́й*? 元,美元
австрали́йский ～澳大利亚元
кана́дский ～加拿大元
сингапу́рский ～新元
～ США 美元
достове́рность *чего́*? 可靠性
～ бала́нса 资产负债表的可靠性
～ отчёта 报告的可靠性
～ отчётности 报表的可靠性

дохóд 收入

дохóд *какóй*?

годовóй ～年收入

консолидúрованный ～整理收入

чúстый ～纯收入

дохóд от *чегó*?

～ от постáвок 供货所得的收入

журнáл-óрдер 票据簿

заключéние о *чём*? 结论

～ о достовéрности（отчёта）关于可靠性（报告）的结论

законодáтельство *какóе*? 法律

налóговое ～税法

тамóженное ～海关法

запрóс о *чём*? 质询

～ о（финáнсовом）положéнии 关于（财务）状况的质询

защúта *чегó*? 维护

～ интерéсов 维护利益

защищáть/ защитúть *что*? 保护

～～ дохóды 保护收入

инвéстор 投资人

интерéсы *какúе*? 利益

коммéрческие ～商业利益

йéна *какáя*? 元

япóнская ～日元

канáл *чегó*? 渠道

～ свя́зи 沟通的渠道

капитáл *какóй*? 资本

оборóтный ～流动资本

первоначáльный ～原始资本

стáртовый ～启动资本

уставнóй ～注册资本

кáрточка *какáя*? 卡

～ кредúтная 信用卡

квартáл *какóй*? 季度

текýщий ～本季度

клиéнт *какóй*? 顾客，客户

потенциáльный ～潜在的客户

комúссия *какáя*? 委员会

нúзкая ～下层委员会

компáния *какáя*? 公司

преуспевáющая ～成功的公司

кóмплекс *какóй*? 综合体

гостúничный ～综合宾馆

консультáции *какúе*?（*по чемý*?）咨询

～ по налогообложéнию 税收咨询

～ по（финáнсовым）вопрóсам（金融）问题咨询

контрáкт *какóй*? 合同

типовóй ～标准合同

кредитóр *какóй*? 债权人

крýпный ～大型债权人

крóна *какáя*? 克朗

дáтская ～丹麦克朗

чéшская ～捷克克朗

швéдская ～瑞典克朗

курс

курс *какóй*? 汇率

обмéнный ～换汇率

курс чегó?

～ обмéна 换汇率

лицензúрование *чегó*? 许可

～ дéятельности 经营许可

мóщности *какúе*? 能力，规模

произвóдственные 生产规模

назначáть / назнáчить *что*? 指定，任命

～ переговóры 指定谈判

налóг 税

налóг какóй?

высóкий ～高税

кóсвенный ～间接税

мéстный ～地方税

нúзкий ～低税

подохóдный ～所得税

прямóй ～直接税

трáнспортный ～运输税

налóг на что?

～ на добáвленную стóимость 增值税

～ на имýщество 财产税

～ на прúбыль 利润税

налогообложéние *какóе*? 征税

благоприя́тное ～顺利的征税

междунарóдное ～国际征税

налогоплатéльщик 纳税人

населéние *какóе*? 人口

зáнятое ～有工作的人口

обеспечéние *какóе*? 保证，保障

прогрáммное ～程序保证

облагáть 课，征

～ налóгом 征税

обрабóтка 加工

обрабóтка *какáя*?

автоматизúрованная ～自动加工

обрабóтка *чегó*?

～ дáнных 数据加工

обучéние 教，学

～ персонáла 员工的教学

оборóт *какóй*? 周转

годовóй ～年周转

объединéние *какóе*? 联合公司

торгóво-посрéдническое ～贸易中介公司

объём 量，额

～ úмпорта 进口额

～ продáж 销售额

～ продýкции 产量

～ э́кспорта 出口额

обязáтельство *какóе*? 债务，责任，义务

～ финáнсовое 金融债务

окáзывать 给予

～ услýги 提供服务

оперáция *какáя*? 业务

аудúторская ～审计业务

валю́тная ～外汇业务

опережáть / **опередúть** *когó*? 超过

～ конкурéнтов 超过竞争对手

оплáта *чегó*? 支付，付费

～ консультáций 支付咨询费

～ проéкта 支付设计费

отделéние *чегó*? 部，处

～ корпорáции 公司的部，处

отменя́ть / **отменúть** *что*? 取消

～ налóги 免税

óтпуск 休假

отчёт *о чём*? 报告

～ о прúбылях 赢利报告

～ об убы́тках 亏损报告

отчётность *какáя*? 报表

～ финáнсовая 财务报表

партнёр *какóй*? 伙伴，合伙人

деловóй ～生意伙伴

надёжный ～可靠的伙伴

партнёр *какой*? (*по чемý*?)

～ по произвóдству 生产合伙人

～ по сбы́ту 销售伙伴

перенестú *что*? 改期

～ встрéчу 将会面改期

～ переговóры 将谈判改期

письмó *какóе*? 信函

деловóе ～公务信函

рекомендáтельное ～推荐信

планúрованис *какóе*? 规划

экономúческое ～经济规划

планúровать / **запланúровать** *что*? 安排

～ встрéчу 安排会面

повышáть *что*? 提高

～ налóг 提高税收

～ цéну 提高价格

положéние *какóе*? 状况

финáнсовое ～财务状况

полугóдие 半年

предпринимáтельство *какóе*? 企业活动

ма́лое ～小企业活动

предприя́тие *како́е*？企业

преуспева́ющее ～成功的企业

при́быльное ～赢利的企业

убы́точное ～亏损的企业

представля́ть *что*？代表

～ интере́сы 代表利益

презента́ция *чего́*？提出票据

～ проду́кции 产品的票据

при́быль 利润

при́быль *кака́я*？

чи́стая ～纯利润

при́быль *чего́*？

～ ба́нка 银行的利润

при́нтер 打印机

приро́ст 增长

приро́ст *како́й*？

ежего́дный ～年增长

ежеме́сячный ～月增长

приро́ст *чего́*？

～ при́были 利润的增长

прове́рить *что*？检查

～ достове́рность 检查是否属实

прове́рка *кака́я*？检查

ауди́торская ～审计

прогно́з *како́й*？预测

фина́нсовый ～金融预测

прода́жа 出售

прода́жа *кака́я*？

единовре́менная ～同时出售

прода́жа *кака́я*？（*по чему́*？）

～ по образца́м 按样品出售

прое́кт *како́й*？草案

инвестицио́нный ～投资方案

совме́стный ～合作方案

произво́дство *како́е*？生产

при́быльное ～有利润的生产

убы́точное ～亏损的生产

проспе́кт *како́й*？说明书

рекла́мный ～广告说明书

протоко́л *чего́*？意向书

～ заседа́ния 会议记录

процеду́ра *кака́я*？程序

ауди́торская ～审计程序

проце́ссор 处理器

рабо́тать *как*？（*по чему́*？）

～ по контра́кту 按合同工作

разрабо́тка *чего́*？开发

～（компью́терных）систе́м 开发电脑系统

расхо́ды 开支

расхо́ды *каки́е*？

ли́чные ～个人开支

тра́нспортные ～运输开支

расхо́ды *чего́*？

～ фи́рмы 公司的开支

расхо́ды *каки́е*？（*на что*？）

～ на рекла́му 广告开支

～ на обуче́ние 培训开支

реализа́ция *чего́*？实施

～ програ́ммы 实施计划

регули́ровать *что*？调整

～ де́ятельность 调整工作

рекоменда́ция *чего́*？介绍

～ фи́рмы 介绍公司

репута́ция 声誉

репута́ция *кака́я*？

соли́дная ～好声誉

репута́ция *чего́*？

～ фи́рмы 公司的声誉

ресу́рсы *каки́е* 资金？

креди́тные ～贷款资金

риск *како́й*？冒险

опра́вданный ～有理由的冒险

рост *чего́*？增长，上升

～ инфля́ции 通货膨胀的上升

рубль *какóй*? 卢布
российский ～ 俄罗斯卢布
руководи́тели *чегó*? 领导人
～ предприя́тия 企业领导人
ры́нок *какóй*? 市场
автомоби́льный ～，авторы́нок 汽车市场
систéма 系统，制度
систéма *какáя*?
автоматизи́рованная ～自动化系统
компью́терная ～微机系统
систéма *чегó*?
～ налогообложéния 缴税制度
слýжба *какáя*? 服务
ауди́торская ～审计服务
снижáть *что*? 降低
～ цéну 降价
～ налóги 降低税收
соблюдáть *что*? 遵守
～ закóн 遵守法律
соблюдéние *чегó*? 遵守
～ конфиденциáльности 保守机密
соотвéтствие *чемý*? 符合
～ стандáртам 符合标准
состоя́ние *какóе*? 状况
финáнсовое ～财务状况
соучреди́тель 合作创办人
спад *чегó*? 下降
～ произвóдства 生产下降
специали́ст *какóй*? 专家
компетéнтный ～有权威的专家阿
спор *какóй*? 纠纷
имýщественный ～财产纠纷
срéдства *какúе*? 资金
возврáтные ～返还资金
оборóтные ～周转资金
стандáрт 标准
стандáрт *какóй*?
ауди́торский ～审计标准
общепри́нятый ～普遍采用的标准
стандáрт *чегó*?
～ ауди́та 审计标准
стандартизáция *чегó*? 标准化
～ процедýры 标准化程序
стати́стика *какáя*? 统计
официáльная ～官方的统计
стимули́ровать *что* 刺激？
～ произвóдство 刺激生产
сýмма *чегó*? 总数，总额
～ продáж 销售总额
счёт *какóй*? 账户
валю́тный ～外汇账户
тáйна *какáя*? 机密
коммéрческая ～商业机密
тамóжня 海关
тéхника *какáя*? 技术，设备
копировáльная ～复制技术(设备)
медици́нская ～医疗技术(设备)
электрóнная ～电子技术(设备)
технолóгия *какáя*? 工艺规程
информациóнная ～信息工艺规程
товáр *какóй*? 商品
при́быльный ～盈利商品
товарооборóт *какóй*? 贸易额
годовóй ～年贸易额
убы́ток 亏损
убы́ток *какóй*?
чи́стый ～纯亏损
убы́ток *чей*? *чегó*?
～ кооперати́ва 合作社的亏损
～ предприя́тия 企业的亏损
～ фи́рмы 公司的亏损
уменьшéние *чегó*? 减少
～ дохóдов 收入减少
～ при́были 盈利减少
～ убы́тков 亏损减少
ýровень 级别

уровень какóй?

ка́чественный 质量级别～

ýровень чегó?

～ продýкции 产品级别

учёт чегó? 考虑

～ трéбований 考虑要求

～ услóвий 考虑条件

учи́тывать / **учéсть** *что*? 考虑

～ трéбования 考虑要求

～ услóвия 考虑条件

фонд какóй? 基金

гаранти́йный ～保障基金

уставнóй ～法定基金

фунт стéрлингов *какóй*? 英镑

брита́нский 英镑

экспрéсс-ана́лиз 快速检验

第六课　复习与测试

УРОК 6. ОБОБЩЕНИЕ И КОНТРОЛЬ

РАЗДЕ́Л Ⅰ (第一章)

ПРОВЕ́РИМ, ЧТО МЫ УЖЕ ЗНА́ЕМ
(知识复习)

Зада́ние 1.

А. Запиши́те ци́фрами. (写出数字。)

Семьсо́т семна́дцать ты́сяч сто семь,
девятьсо́т двена́дцать миллио́нов две́сти девятна́дцать ты́сяч,
две́сти шестьдеся́т оди́н миллиа́рд шестьсо́т пятьдеся́т пять миллио́нов.

Б. Прочита́йте. (读数字。)

7 819, 13 572, 2 634 758.

Зада́ние 2. Зачеркни́те ли́шнее сло́во. (删除多余的词。)

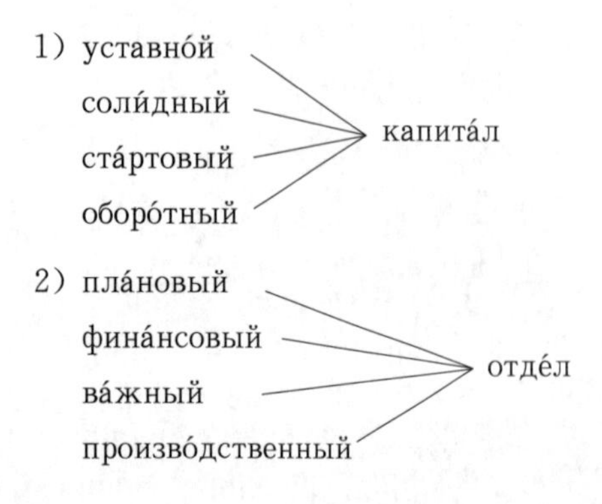

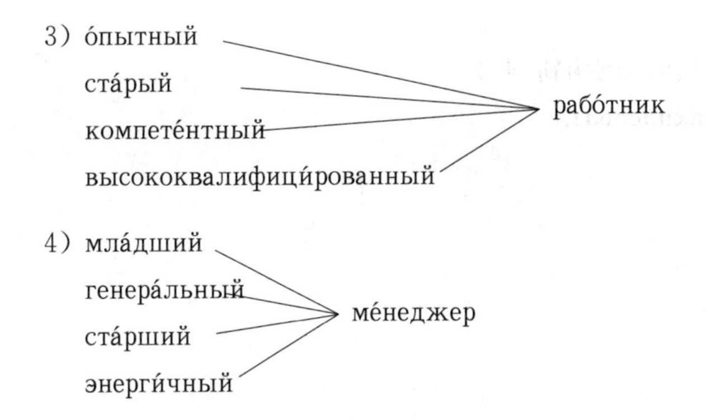

Зада́ние 3. Определи́те, кто где рабо́тает.（判断左侧人员的工作单位。）

1. Юриско́нсульт	экономи́ческий отде́л
2. Ме́неджер по сбы́ту	рекла́мный отде́л
3. Аге́нт по рекла́ме	юриди́ческий отде́л
4. Гла́вный экономи́ст	отде́л сбы́та

Зада́ние 4. Скажи́те, каки́е специали́сты рабо́тают в сле́дующих отде́лах.（请说出下列部门的工作人员。）

1. В техни́ческом отде́ле рабо́тают ... .
2. В бухгалте́рии рабо́тают ... .
3. В тра́нспортном отде́ле рабо́тают ... .
4. В отде́ле сбы́та рабо́тают ... .

Зада́ние 5. Расположи́те в поря́дке иера́рхии.（请按职位为下列人员排队。）

1) дире́ктор,
ме́неджер по рекла́ме,
замести́ель дире́ктора по марке́тингу и рекла́ме,
рекла́мный аге́нт,
нача́льник отде́ла рекла́мы
2) касси́р,
генера́льный дире́ктор,
фина́нсовый дире́ктор,
гла́вный бухга́лтер,
бухга́лтер,
ста́рший бухга́лтер

Зада́ние 6. Образу́йте по образцу́. (仿示例构新词。)

Обра́зе́ц: Техни́ческий па́спорт—техпа́спорт.

замести́тель дире́ктора—...

за́работная пла́та—...

бухга́лтерский учёт—...

медици́нская те́хника—...

Зада́ние 7. Продо́лжите. (续写下列词组。)

Ме́неджер по рекла́ме, по произво́дству, ...

Замдире́ктора по ка́драм, по внешнеэкономи́ческой де́ятельности, ...

Нача́льник отде́ла ка́дров, валю́тного отде́ла, ...

Зада́ние 8. Вы́разите да́нную информа́цию по-друго́му. (用另一种方式表达下列信息。)

1. Господи́н Плато́нов—замести́тель дире́ктора фи́рмы.
2. Анто́нова Ири́на Па́вловна—гла́вный экономи́ст объедине́ния.
3. Фи́рме тре́буется бухга́лтер.
4. Ауди́торская фи́рма прово́дит прове́рку фина́нсового положе́ния предприя́тия.
5. Уставно́й фонд ба́нка—45 трлн. рубле́й.

Зада́ние 9. Вы́берите пра́вильный вариа́нт. (选择正确答案。)

1. Ушако́в Ю́рий Ви́кторович—
   Ушако́в рабо́тает в до́лжности...
   Он рабо́тает ...

   А. гла́вный инжене́р.
   Б. гла́вным инжене́ром.
   В. гла́вного инжене́ра.

2. Все сотру́дники фи́рмы владе́ют ...
   Е́сли Вы хоти́те рабо́тать в фи́рме, Вы должны́ знать ... .
   В фи́рме рабо́тают рефере́нты со зна́нием ...

   А. англи́йский язы́к.
   Б. англи́йского языка́.
   В. англи́йским языко́м.

3. Фи́рме тре́буются ...
   Фи́рма приглаша́ет на рабо́ту ...
   Фи́рма гаранти́рует высо́кую зарпла́ту ...

   А. о́пытные перево́дчики.
   Б. о́пытным перево́дчикам.
   В. о́пытных перево́дчиков.

Зада́ние 10. Образу́йте от да́нных прилага́тельных существи́тельные со значе́нием при́знака.（仿示例构新词。）

Образе́ц: образо́ванный—образо́ванность.

инициати́вный—...，
компете́нтный—...，
эффекти́вный—...，
коммуника́бельный—...，
изве́стный—...，
отве́тственный—...，
пре́данный—...，
доброжела́тельный—....

Зада́ние 11. Напиши́те слова́ с противополо́жным значе́нием.（写出反义词组。）

дохо́д увели́чился—дохо́д ....
значи́тельные убы́тки—значи́тельные ...，
приблизи́тельная су́мма—... су́мма，
на нача́ло го́да—... го́да.

Зада́ние 12. Прочита́йте тре́бования к бухга́лтеру фи́рмы. Вы́черкните ли́шнее.（阅读公司对会计的要求，删除多余的词。）

1. Вы́сшее фина́нсовое и́ли экономи́ческое образова́ние.
2. Зна́ние росси́йской и европе́йской систе́м фина́нсовой отчётности.
3. О́пыт рабо́ты в до́лжности ме́неджера.
4. Владе́ние ПК.
5. Води́тельские права́.
6. Свобо́дное владе́ние англи́йским и́ли неме́цким языко́м.

Зада́ние 13. Напиши́те вопро́сы, на кото́рые отвеча́ют да́нные предложе́ния.（就下列句子提问题。）

1. Годово́й товарооборо́т фирмы—250 млрд. япо́нских йен.
2. Чи́стая при́быль предприя́тия—6 млн. до́лларов США.
3. Дохо́ды кооперати́ва—900 млн. рубле́й.
4. Убы́тки компа́нии в э́том ме́сяце—100 ты́сяч фра́нков.

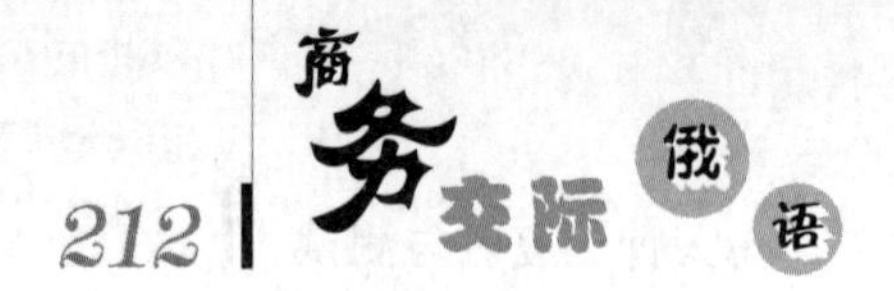

Зада́ние 14. Соста́вьте все возмо́жные словосочета́ния, испо́льзуя слова́ ле́вой и пра́вой коло́нок. (用左右两栏的词组成词组。)

1) внешнеэкономи́ческий
внешнеполити́ческий
внешнеторго́вый

курс
отноше́ния
поли́тика
свя́зи
организа́ция

2) высококвалифици́рованный
высокопрофессиона́льный

специали́ст
рабо́тник
сотру́дник
труд
де́ятельность
персона́л

Зада́ние 15. Продо́лжите(续写词组)**:**

Ауди́торский контро́ль, ...
Ауди́торская слу́жба, ...
Ауди́торские услу́ги, ...

РАЗДЕ́Л Ⅱ(第二章)

ПРОВЕ́РИМ, ЧТО МЫ УМЕ́ЕМ(技能复习)

Зада́ние 1.

А. Прослу́шайте текст. Запиши́те, каки́е специали́сты нужны́ сего́дня на росси́йском ры́нке труда́ и каки́е профессиона́льные тре́бования к ним предъявля́ются.(听课文,记录当今俄罗斯劳动市场需要什么专门人才以及对他们的要求。)

ХОРО́ШИЙ СПЕЦИАЛИ́СТ ВСЕГДА́ В ЦЕНЕ́

Сего́дня одно́й из важне́йших пробле́м би́знеса явля́ется подбо́р квалифици́рованного персона́ла. На росси́йском ры́нке труда́ наблюда́ется постоя́нный спрос на ме́неджеров по марке́тингу. Э́ти специали́сты должны́ уме́ть подгото́вить и реализова́ть контра́кты на заку́пку и поста́вку това́ра.

Существу́ет та́кже большо́й спрос на гла́вных бухга́лтеров. Они́ должны́ име́ть вы́сшее фина́нсовое и́ли экономи́ческое образова́ние, о́пыт рабо́ты по специа́льности, на́выки рабо́ты с компью́тером и знать междунаро́дные систе́мы бухга́лтерского учёта.

Мно́гие фи́рмы приглаша́ют на рабо́ту секретаре́й-рефере́нтов, свобо́дно владе́ющих иностра́нными языка́ми. Они́ должны́ уме́ть рабо́тать с компью́тером, оргте́хникой, знать делопроизво́дство. Таки́м специалиста́м гаранти́руется высо́кая зарпла́та, кото́рая мо́жет постоя́нно повыша́ться.

Б. Ва́ши колле́ги бесе́дуют о ситуа́ции на росси́йском ры́нке труда́. Оди́н из них утвержда́ет, что сего́дня на́йти хоро́шую рабо́ту на фи́рме о́чень тру́дно, вака́нсий практи́чески нет. Испо́льзуя информа́цию прослу́шанного те́кста, вы́скажите своё мне́ние по э́тому по́воду.(您的同事们正在交谈俄罗斯劳动市场的情况,有人认为在公司找到好的工作不容易,没有空岗,请用听到的信息就此问题发表自己的看法。)

Зада́ние 2.

А. Прочита́йте текст. Сформули́руйте основну́ю пробле́му, кото́рая в нём обсужда́ется.(阅读课文,找出课文中讨论的主要问题。)

СПЕЦИАЛИ́СТ В ИНОФИ́РМЕ СТО́ИТ ДОРО́ЖЕ?

Иссле́дования, проведённые в 1996 году́ на росси́йском ры́нке труда́, показа́ли, что за́работная пла́та сотру́дников инофи́рм ре́зко отлича́ется от зарпла́ты сотру́дников росси́йских компа́ний. Так, наприме́р, высококвалифици́рованный гла́вный бухга́лтер в росси́йской компа́нии получа́ет в сре́днем 5 миллио́нов рубле́й, а в иностра́нной фи́рме— 12 миллио́нов рубле́й. Веду́щий ме́неджер "в росси́йской фи́рме получа́ет де́вять миллио́нов рубле́й, а в инофи́рме—четы́рнадцать.

Интере́сно, что ещё полтора́ го́да наза́д за́работная пла́та в росси́йских и в зарубе́жных компа́ниях в сре́днем была́ одина́ковой. В чём же причи́на?

Специали́сты по трудоустро́йству утвержда́ют, что в после́днее вре́мя инофи́рмы измени́ли своё отноше́ние к росси́йским специали́стам. Соли́дные компа́нии, прише́дшие на росси́йский ры́нок с серьёзными наме́рениями, стремя́тся име́ть квалифици́рованный штат постоя́нных сотру́дников, ведь фи́рмы дорожа́т свои́ми комме́рческими секре́тами. Е́сли специали́ст перехо́дит из одно́й фи́рмы в другу́ю, он всегда́ "уно́сит" с собо́й не́которые зна́ния, кото́рые мо́гут быть испо́льзованы конкуре́нтами. Поэ́тому инофи́рмы ста́ли плати́ть свои́м росси́йским сотру́дникам высо́кую зарпла́ту, страхова́ть их, регуля́рно выпла́чивать им преми́и. Мно́гие за́падные компа́нии открыва́ют сотру́дникам счета́ в росси́йских ба́нках и вво́дят систе́му перечисле́ния за́работной пла́ты на креди́тные ка́рточки.

Всё э́то привело́ к тому́, что в инофи́рмах в после́днее вре́мя ре́зко сократи́лась теку́честь ка́дров. Предложи́в бо́лее высо́кие зарпла́ты и социа́льные льго́ты, за́падные компа́нии вы́играли пре́жде всего́ в ка́честве. Высококла́ссный специали́ст, прорабо́тавший на подо́бных усло́виях како́е—то вре́мя, вряд ли бу́дет меня́ть ме́сто рабо́ты. Заче́м? Как говори́тся в ру́сской наро́дной посло́вице, "от добра́ добра́ не и́щут".

(По материа́лам статьи́ дире́ктора О́бщества за́нятости "Три́за" В. Се́дленека)

Б. Отве́тьте на вопро́сы. (回答问题。)

1. Какова́ ситуа́ция с за́работной пла́той на росси́йском ры́нке труда́ сего́дня? 2. Почему́ оди́н и тот же специали́ст получа́ет в росси́йской и зарубе́жной фи́рме ра́зную зарпла́ту? 3. Каки́е социа́льные льго́ты име́ют обы́чно сотру́дники инофи́рм? 4. Каки́е результа́ты принесла́ но́вая ка́дровая поли́тика на инофи́рмах?

В. Вы́скажите своё отноше́ние к пробле́ме, обсужда́емой в те́ксте. (请说出您对课文中问题的看法。)

Зада́ние 3. А. Как вы понима́ете смысл посло́вицы “От добра́ добра́ не и́щут”? Приведи́те аналоги́чную кита́йскую посло́вицу. (您如何理解成语 “От добра́ добра́ не и́щут”? 汉语中是否有类似的例子?)

Б. Прочита́йте не́сколько ру́сских посло́виц о труде́. В каки́х ситуа́циях их мо́жно употреби́ть? (阅读几个有关劳动的俄语成语,说出它们在什么样的语境中使用。)

1. Де́лу — вре́мя, поте́хе — час. 2. Без труда́ не вы́тянешь и ры́бку из пруда́. 3. Труди́ться всегда́ пригоди́тся. 4. Рабо́та не волк, в лес не убежи́т.

В. Есть ли в кита́йском языке́ подо́бные посло́вицы(汉语中有相似的例子吗)?

Зада́ние 4. В моско́вском филиа́ле америка́нской фи́рмы есть вака́нтная до́лжность гла́вного ме́неджера по прода́жам. Есть два претенде́нта на вака́нтное ме́сто: 1) высококвалифици́рованный росси́йский специали́ст с хоро́шим зна́нием росси́йского ры́нка, кото́рый пока́ пло́хо зна́ет англи́йский язы́к, и 2) высококвалифици́рованный америка́нский специали́ст, кото́рый пока́ пло́хо зна́ет ру́сский язы́к и росси́йский ры́нок. Кого́, по Ва́шему мне́нию, целесообра́знее приня́ть на рабо́ту? (就以下问题讨论:某公司销售经理的职位出现空缺,有两位求职者:(1) 非常熟悉俄罗斯市场但英语较差的俄罗斯专家;(2) 俄语不好也不熟悉俄罗斯市场的美国专家。你认为招聘谁更合适?)

Зада́ние 5.

А. Прослу́шайте интервью́ с сотру́дником фи́рмы “Прайс У́отерхаус Росси́я” Алекса́ндром Попо́вым. Перечи́слите пробле́мы, кото́рые обсужда́ли собесе́дники. (听对话,列出谈话者讨论的问题。)

ИНТЕРВЬЮ́ С СОТРУ́ДНИКОМ ФИ́РМЫ “ПРАЙС У́ОТЕРХАУС РОССИ́Я” АЛЕКСА́НДРОМ ПОПО́ВЫМ

Корреспонде́нт: Господи́н Попо́в, скажи́те, каково́ сейча́с состоя́ние ауди́торского де́ла в Росси́и?

А. Попо́в: Необходи́мость в ауди́те появи́лась в нача́ле девяно́стых годо́в, когда́ в Росси́и ста́ли акти́вно создава́ться акционе́рные о́бщества. На сего́дняшний день ры́нок ауди́торских услу́г уже́ относи́тельно насы́щен как кру́пными междунаро́дными, так и небольши́ми фи́рмами.

Корреспонде́нт: Каки́е ауди́торские фи́рмы рабо́тают на росси́йском ры́нке?

А. Попо́в: Э́то, пре́жде всего́, все чле́ны так называ́емой “большо́й шестёрки”: “Эрнст энд Янг”, *KPMG*, “Ку́перс энд Ла́йбранд”, “Прайс У́отерхаус”, “Арту́р

А́ндерсен", "Дело́йт энд Туш", а также́ росси́йские ауди́торские фи́рмы, наприме́р, "Росауди́т". Но росси́йские фи́рмы то́лько начина́ют конкури́ровать с кру́пными междунаро́дными фи́рмами, их сфе́ра услу́г, в основно́м, ограни́чивается специ́фикой росси́йского законода́тельства.

Корреспонде́нт: Скажи́те, господи́н Попо́в, в Ва́шей фи́рме рабо́тают, в основно́м, иностра́нные специали́сты?

А. Попо́в: В "Прайс У́отерхаус Росси́я" рабо́тают специа́листы из ра́зных стран: брита́нцы, америка́нцы, австрали́йцы, испа́нцы, италья́нцы, япо́нцы и други́е. Фи́рма по́льзуется та́кже услу́гами росси́йских специали́стов, пре́жде всего́, для изуче́ния ме́стного законода́тельства.

Корреспонде́нт: На каки́х должностя́х в основно́м рабо́тают россия́не?

А. Попо́в: Росси́йские специали́сты занима́ют са́мые разли́чные до́лжности: э́то ауди́торы, перево́дчики, рабо́тники отде́ла ка́дров, секретари́ и техни́ческий персона́л. Да́же среди́ совладе́льцев фи́рмы, есть на́ша сооте́чественница Ната́лья Мильчако́ва, специали́ст по систе́ме налогообложе́ния.

Корреспонде́нт: Каковы́ перспекти́вы разви́тия ауди́та в Росси́и?

А. Попо́в: Всё зави́сит от экономи́ческой ситуа́ции в стране́, от направле́ния экономи́ческих рефо́рм в Росси́и, от у́ровня интегра́ции росси́йской эконо́мики в мирово́й би́знес. О́пыт после́дних пяти́ лет позволя́ет смотре́ть на бу́дущее ауди́торского де́ла в Росси́и с оптими́змом.

Б. Вы́берите вариа́нты отве́тов, соотве́тствуюшие содержа́нию интервью́. (根据谈话内容选择答案。)

1. Фи́рма "Прайс У́отерхаус Росси́я" явля́ется
   А. торго́вой фи́рмой.
   Б. ауди́торской фи́рмой.
   В. посре́днической фи́рмой.

2. На росси́йском ры́нке рабо́тают
   А. то́лько иностра́нные ауди́торские фи́рмы.
   Б. то́лько роси́йские ауди́торские фи́рмы.
   В. иностра́нные и росси́йские ауди́торские фи́рмы.

3. В фи́рме "Прайс У́отерхаус Росси́я" рабо́тают
   А. то́лько америка́нские специали́сты.
   Б. то́лько росси́йские специали́сты.
   В. специали́сты из ра́зных стран.

Зада́ние 6.

А. В интервью́ сотру́дника “Прайс У́отерхаус Росси́я”（зада́ние 5А）упомина́лась фи́рма “Арту́р А́ндерсен”. Скажи́те，что вы зна́ете об э́той фи́рме.（练习 5A 中的采访谈到了“Артур Андерсен”公司，您对这个公司有哪些了解？）

Б. Прочита́йте текст о де́ятельности фи́рмы “Артур А́ндерсен” в Росси́и. Запиши́те информа́цию о трёх основны́х направле́ниях де́ятельности фи́рмы.（阅读介绍俄罗斯“Артур Андерсен”公司的文章，记下这个公司的三个主要业务范围。）

“АРТУ́Р А́НДЕРСЕН” В РОССИ́И

“Арту́р А́ндерсен”— одна́ из веду́щих междунаро́дных ауди́торских компа́ний. Она́ ста́ла пе́рвой междунаро́дной фи́рмой，получи́вшей пра́во проводи́ть аудит в Росси́и и стра́нах СНГ.

“Арту́р А́ндерсен” занима́ется ауди́торской де́ятельностью в э́том регио́не с 1990 го́да. В то вре́мя чи́сленность персона́ла компа́нии в Росси́и составля́ла 4 челове́ка. В 1996 году́ коли́чество сотру́дников увели́чилось до 600. Сего́дня её специали́сты ока́зывают крупне́йшим предприя́тиям стран СНГ по́лный ко́мплекс профессиона́льных услу́г.

Пре́жде всего́，это ауди́торские услу́ги. Компа́ния прово́дит незави́симую эксперти́зу фина́нсовой де́ятельности разли́чных фирм на осно́ве мировы́х и региона́льных станда́ртов.

Сотру́дники компа́нии ока́зывают и конса́лтинговые услу́ги— по́мощь в ана́лизе фина́нсового положе́ния фирм，в составле́нии бухга́лтерской отчётности.

Кроме́ того́，компа́ния “Арту́р А́ндерсен” занима́ется профессиона́льным обуче́нием рабо́тников фина́нсовой и комме́рческой сфе́ры，организу́ет програ́ммы и ку́рсы для начина́ющих и для профессиона́лов.

Компа́ния име́ет свои́ представи́тельства в Москве́，Санкт-Петербу́рге，Новосиби́рске，Ташке́нте，Алма́-Ате́.

Б. Ваш друг живёт в Ташке́нте. Он хо́чет пройти́ обуче́ние на соли́дной иностра́нной фи́рме，что́бы стать хоро́шим специали́стом в обла́сти фина́нсовой де́ятельности. Посове́туйте ему́ ку́рсы，кото́рые организу́ет компа́ния “Арту́р А́ндерсен”. Расскажи́е всё，что Вы зна́ете об э́той компа́нии.（您的朋友住在塔什干。他想到大型外企接受培训以成为金融业的行家好手。向他介绍“Артур Андерсен”公司组织的培训班，并向他介绍您所了解的情况。）

ГОТО́ВИМСЯ К ПОЁЗДКЕ В РОССИ́Ю
（补充阅读——准备起程赴俄）

ЗАГА́ДОЧНАЯ РУ́ССКАЯ ДУША́ И ТРУДОВО́Е ЗАКОНОДА́ТЕЛЬСТВО.

Е́сли Вы хоти́те рабо́тать в Росси́и или сотру́дничать с росси́йской фи́рмой，то ва́жно по́мнить, что у ру́сских и америка́нцев есть разли́чия и в отноше́нии к рабо́те, и в отноше́ниях ме́жду колле́гами на рабо́те.

В Росси́и не при́нято ча́сто меня́ть рабо́ту. К челове́ку, кото́рый ча́сто меня́ет рабо́ту, обы́чно отно́сятся неодобри́тельно. В отде́лах ка́дров их не лю́бят принима́ть на вака́нтные до́лжности. Ру́сские ча́сто по мно́го лет, иногда́—до пе́нсии, рабо́тают на о́дном и том же предприя́тии, поэ́тому отноше́ния в коллекти́ве ча́сто скла́дываются "семе́йные". Колле́ги приглаша́ют друг дру́га в го́сти, вме́сте прово́дят о́тпуск.

Приём на рабо́ту во мно́гих слу́чаях определя́ется ли́чными свя́зями и знако́мствами. Ко́нкурсная систе́ма, когда́ на каку́ю-то руководя́щую до́лжность беру́т челове́ка "со стороны́", —пока́ ещё ма́ло при́нята в Росси́и.

Россия́нину, рабо́тающему под нача́лом америка́нца, обы́чно тру́дно смири́ться с систе́мой приня́тия реше́ний "све́рху — вниз". В Росси́и при́нято, что все сотру́дники уча́ствуют в обсужде́нии перспекти́в своего́ предприя́тия и́ли каки́х-ли́бо измене́ний в нём. Фра́за "*Он не посоветовался с коллективом*" звучи́т в Росси́и как упрёк руководи́телю.

Зарпла́ты в госуда́рственных росси́йских учрежде́ниях зави́сят от до́лжности и ча́сто — от ста́жа рабо́ты сотру́дника. Разли́чная опла́та труда́ двух колле́г, занима́ющих одина́ковые до́лжности, в зави́симости от эффекти́вности их рабо́ты — пока́ ещё больша́я ре́дкость да́же в комме́рческих росси́йских структу́рах.

При америка́нском подхо́де к рабо́те гла́вное — э́то реализа́ция прое́кта. Ру́сские же всегда́ бу́дут учи́тывать "челове́ческий фа́ктор": "Он пло́хо рабо́тает, но ему́ оста́лось два го́да до пе́нсии", "Она́ всегда́ опа́здывает и никогда́ не успева́ет доде́лать свою́ рабо́ту, мне прихо́дится рабо́тать за неё. Но ничего́ не поде́лаешь, ведь её сы́ну то́лько семь лет".

Всегда́ удивля́ют иностра́нцев ру́сские привы́чки коллекти́вно пить чай и мно́го раз в день выходи́ть из кабине́та покури́ть. С друго́й стороны́, чи́сто росси́йским фено́меном явля́ется привы́чка горячо́ обсужда́ть рабо́чие пробле́мы до́ма и во вре́мя о́тдыха. Когда́ иностра́нные фи́рмы то́лько пришли́ на росси́йский ры́нок и откры́ли свои́ представи́тельства в Росси́и, то пе́рвое, что сде́лали мно́гие за́падные ме́неджеры, запрети́ли чаепи́тия и переку́ры. Как ни стра́нно, эффекти́вность труда́ ру́сских ре́зко упа́ла, и постепе́нно запре́ты сня́ли.

Реша́я ка́дровые вопро́сы в Росси́и, не забыва́йте о зага́дочности ру́сской души́!

第七课　俄罗斯的商品市场

УРОК 7. РОССИЙСКИЙ РЫНОК ТОВАРОВ

РАЗДЕЛ Ⅰ(第一章)

КАКИЕ ТОВАРЫ ПОСТАВЛЯЮТ ФИРМЫ НА РОССИЙСКИЙ РЫНОК
(公司向俄罗斯市场提供什么样的商品)

—Что поставля́ет Ва́ша фи́рма на росси́йский ры́нок?
—На́ша фи́рма поставля́ет на росси́йский ры́нок де́тское пита́ние.

Зада́ние 1. Зада́йте вопро́сы и отве́тьте на них.(仿示例问答。)

Образе́ц: "Конфи́на" (Герма́ния)—шокола́д и шокола́дные изде́лия.

—Что (како́й това́р, каки́е това́ры, каку́ю проду́кцию) поставля́ет компа́ния "Конфи́на" на росси́йский ры́нок?

—Изве́стная неме́цкая фи́рма "Конфи́на" поставля́ет на росси́йский ры́нок шокола́д и шокола́дные изде́лия.

1. Корпора́ция "Не́стле" (Швейца́рия)—ра́зные сорта́ ко́фе.
2. Фи́рма "Дэй Э́гбертс" (Голла́ндия)—чай торго́вой ма́рки Pickwick.
3. Компа́ния "Марс" (США)—шокола́д.
4. Компа́ния "Чин энд Чин"—виногра́дные бе́лые, кра́сные и ро́зовые ви́на.
5. Компа́ния "Дэн Кейк" (Да́ния)—пече́нье, ке́ксы, руле́ты.
6. Конце́рн "Белгоми́лк" (Бе́льгия)—13 сорто́в моро́женого из натура́льных проду́ктов.
7. Компа́ния "Та́йсон Фудс" (США)—свежеморо́женая пти́ца.
8. Компа́ния "Ика́рус" (Росси́я-Ве́нгрия)—городски́е авто́бусы.

Зада́ние 2. Спроси́те, что (каки́е това́ры) произво́дят и поставля́ют на росси́йский ры́нок сле́дующие фи́рмы? (询问下列公司生产并向俄罗斯市场提供哪些商品?)

"Адида́с", "Си́менс", "Кристиа́н" "Дио́р", Ревло́н", "Карги́лл", "Хьюлетт Пакка́рд", "дже́нерал мо́торс", "Бо́инг", "Ко́ка-ко́ла", "Ре́йнольдс Toба́кко", "Панасо́ник", "Фи́липп Мо́ррис", "Ри́бок".

Фи́рма — **предлага́ет / продаеёт / реализу́ет** — **проду́кты пита́ния**

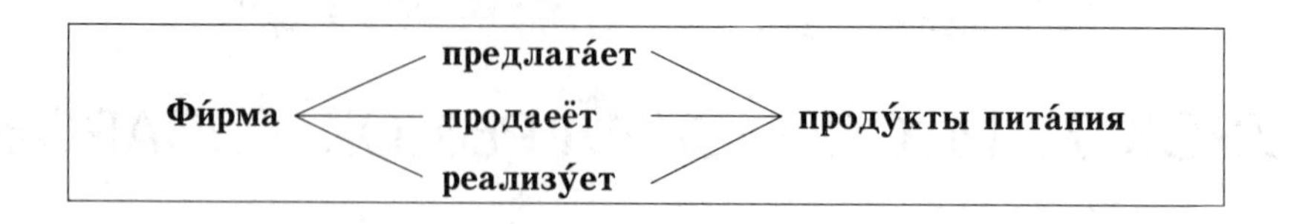

Зада́ние 3. Скажи́те, что предлага́ет, продаёт, реализу́ет, поставля́ет на росси́йский ры́нок фи́рма. Отве́тьте, вы́брав материа́л, да́нный спра́ва? (选用右栏的材料,说出下列公司向俄罗斯市场提供哪些商品。)

1. Нау́чно-комме́рческий центр "Электро́-ника"...	совре́менная ме́бель для о́фисов
2. Торго́вая фи́рма "Ростексти́ль"...	спорти́вная оде́жда и о́бувь
3. Фи́рменный магази́н "Интерье́р"...	во́дка и други́е алкого́льные напи́тки
4. Компа́ния "Спорт-М"...	персона́льные компью́теры
5. А/О "Автоэкспре́сс"...	разнообра́зные тка́ни
6. А/О "Ша́цкий ликёро-во́дочный заво́д"...	все моде́ли легковы́х автомоби́лей ("Ла́да", "Во́лга", "Газе́ль", "Жигули́", "Та́врия")

КАКИ́Е БЫВА́ЮТ ГРУ́ППЫ ТОВА́РОВ
(商品划分几大类)

Зада́ние 4. Познако́мьтесь с наименова́ниями това́рных групп. (记住商品种类的名称。)

I. Проду́кты пита́ния

Мясны́е проду́кты

Мя́со.

Пти́ца.

Колба́сы и колба́сные изде́лия.

Мясны́е консе́рвы.

Ры́ба и морепроду́кты

Ры́ба.

Морепроду́кты.

Ры́бные консе́рвы.

Моло́чные проду́кты

Сыры́.

Ма́сло и маргари́н.

Молоко́.

Йо́гурт.

Де́тское пита́ние

Сухи́е сме́си.

Фрукто́вые и овощны́е консе́рвы.

Бакале́я

Мука́.

Кру́пы.

Макаро́нные изде́лия.

Ма́сло расти́тельное.

Са́хар.

Чай, кака́о, ко́фе.

Конди́терские изде́лия

Шокола́д.

Конфе́ты.

Пече́нье.

Жева́тельная рези́нка.

II. Напи́тки и таба́чные изде́лия

Алкого́льные напи́тки

Во́дка.

Конья́к, бре́нди.

Ви́ски.

Джин.

Ликёры.

Ви́на.

Шампа́нское.

Пи́во.

Безалкого́льные напи́тки

Со́ки.

Минера́льная вода́.

Фрукто́вая вода́.

Таба́чные изде́лия

Сигаре́ты.

Сига́ры.

Таба́к.

III. Оде́жда, о́бувь, тка́ни

Оде́жда

Ве́рхняя оде́жда.

Костю́мы, пиджаки́.

Ю́бки, брю́ки.

Блу́зки, руба́шки.

Ни́жнее бельё.

Де́тская оде́жда.

Спорти́вная оде́жда.

Головны́е убо́ры.

О́бувь

О́бувь же́нская.

О́бувь мужска́я.

О́бувь де́тская.

Обувь спорти́вная.

IV. Парфюме́рия и косме́тика

Духи́, одеколо́н, туале́тная вода́.

Дезодора́нты.

Туале́тное мы́ло.

Шампу́ни.

V. Бытова́я хи́мия

Стира́льные порошки́.

Мо́ющие и чи́стящие сре́дства.

VI. Ме́бель, предме́ты интерье́ра

VII. Бытова́я те́хника и электро́ника

Бытовы́е прибо́ры

Холоди́льники.

Стира́льные маши́ны.

Шве́йные маши́ны.

Утюги́. Пылесо́сы.

Фéны. Бри́твы.

А́удио-, видеотéхника

Телеви́зоры.

Аудиоаппарату́ра.

Видеоаппарату́ра.

Кассéты, компакт-ди́ски.

Киноаппарáты, фототовáры, фотоаппарáты.

VIII. Компью́теры и оргтéхника

Компью́теры.

При́нтеры.

Ксéроксы.

Пи́шущие маши́нки.

Телефóны, фáксы.

VII. Бáнковское и кассóвое обору́дование

Кáссовые аппарáты.

Счётчики банкнóт.

Фи́рма предлагáет ширóкий ассорти́мéнт шоколáда.

Задáние 5. Переведи́те на ру́сский язы́к.（将下列单词译成俄语。）

面条，食油，黄油，照相机，冰箱，蛋糕，巧克力，内衣，软饮料，海鲜

Ассортимéнт включáет 100 — **мáрок** / **сортóв** / **модéлей** — **чегó**?

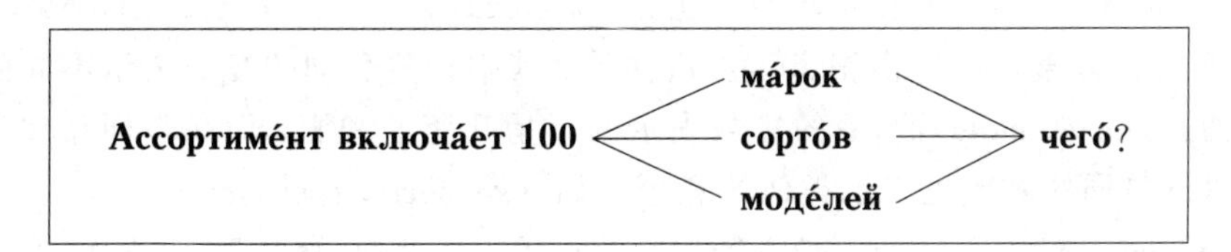

Задáние 6.

А. Продóлжите пéречень мáрок.（续写下列品牌。）

—автомоби́лей: "Форд", "Жигули́" ...

—холоди́льников: "Си́менс", ...

—телеви́зоров: "Шарп" ...

—джи́нсов: "Ливáйс" ...

—сухóго винá: "Ри́слинг" ...

—овощны́х консéрвов: "Хайнц"...

Б. Сравни́те：比较：

Ма́рка	Моде́ль
Автомоби́ль ма́рки “Мерседе́с-Бенс” Холоди́льник ма́рки “Минск”	Автомоби́ль моде́ли “Мерседе́с-Бенс-500” Холоди́льник моде́ли “Минск-357”

ма́рка	сорт
Ма́рка дже́ма Ма́рка вина́ Ма́рка сигаре́т	Сорт я́блок Сорт виногра́да Сорт табака́

Существи́тельные, обознача́ющие вещества́, употребля́ются в ру́сском языке́ в еди́нственном числе́. наприме́р, *молоко*, *мясо*, *мёд*, *рис*, *серебро́*, *зо́лото*, бензин и др . Не́которые из э́тих веще́ственных существи́телвных мо́гут употребля́ться в фо́рме мно́жественного числа́, кото́рое пока́зывает не коли́чество, а ма́рку и́ли, сорт. наприме́р: *масла́*, *вина́*—не‘бутылки с ма́слом и вино́м’, а ‘сорта́ ма́сла’, ‘ма́рки вина́’. тако́е же значе́ние нме́ют слова́ *колба́сы*, *со́ки*, *соусы*, *супы́*, *коньяки́*, *кре́мы*. *шампу́ни*, *лосьо́ны*, и т. п. (俄语中表示物质的名词只使用单数。比如：(*молоко́*, *мя́со*, *мёд*, *рис*, *серебро́*, *зо́лото*, *бензин*)牛奶，肉，蜂蜜，大米，白银，黄金，汽油等。其中有些名词的复数表示不同的品牌和品种。比如：(*масла*, *вина*)油，酒的复数表示的不是几瓶油和酒，而是不同品牌和品种的油和酒。以下单词的复数也表示类似的意思。如：(*колбасы*, *соки*, *соусы*, *супы*, *коньяки*, *кремы*. *шампуни*, *лосьоны и т. п.*)香肠，汁，沙司，汤，白兰地，润肤膏，洗发水，润肤乳等。)

Зада́ние 7. Прочитайте тексты. Скажите, что предлагают (выпуска́ют, произво́дят) фирмы. Выпишите словосочета́ния со словом “ассортимент”. (阅读下列课文，说出下列公司生产什么产品，抄写与品种有关的词组。)

1. Фи́рма “Продто́рг” предлага́ет широ́кий ассортиме́нт колба́с, колба́сных изде́лий, деликате́сов.
2. АОЗТ “Майкопски́й конди́тер” разрабо́тал широ́кий ассортиме́нт конди́терских изде́лий.
3. АООТ “Ша́цкий ликёро-во́дочный заво́д” предлага́ет по́лный ассортиме́нт во́дки и ликёро-во́дочных изде́лий.
4. Торго́во-промы́шленная гру́ппа “Амте́л” сдала́ в эксплуата́цию заво́д, где бу́дут

изготавливаться высококáчественные фруктóвые сóки в ширóком ассортимéнте.

5. Торгóвая фи́рма “Ди́лма” поставля́ет на росси́йский ры́нок высококáчественный чай. Ассортимéнт включáет бóлее 300 (трёхсóт) наименований продýкта.
6. Бельги́йский концéрн “Бельгоми́лк” производит и поставля́ет морóженое из натурáльных продýктов. В ассортимéнте вани́льное, шоколáдное, фруктóвое и многие други́е сортá морóженого.
7. Компáния “Рязáнь” произвóдит ликёро-вóдочные издéлия и безалкогóльные напи́тки. Компáния интенси́вно рабóтает над расшире́нием ассортимéнта выпускáемой продýкции.
8. Росси́йско-америкайско-югослáвское предприя́тие “Helen” предлагáет пóлный ассортимéнт мужскóй и жéнской вéрхней одéжды.
9. Фи́рма “Альтернати́ва” предлагáет бóлее 2000 наименовáний парфюмéрии и космéтики. В постоя́нном ассортимéнте продýкция извéстных во всём ми́ре фирм - “Л′Ореáль”, “Ревлóн”, “Флорéна”, “Швáрцкопф” и други́х.

Задáние 8. Прочитáйте пéречень предлагáемых товáров. Вы́пишите из негó назвáния продýктов питáния. (阅读下列商品品名,抄写与食品有关的商品名称。)

Мя́со, колбáсы, мы́ло, сáхар, мáсло, óбувь, молокó, табáчные издéлия, ковры́, рыбопродýкты, сóки, сигарéты, конфéты, макарóны, часы́, фрýкты, сýмки, сыры́, конди́терские издéлия, ткáни, шампýни.

Задáние 9. Прочитáйте пéречень товáров и распредели́те их по грýппам. (阅读下列商品品名并将商品分类。)

1. Продýкты питáния	**2.** Бытовáя и электротéхника	**3.** Одéжда, óбувь
мясопродýкты	телеви́зоры	пальтó

рыбопродýкты, молокó, ю́бки, холоди́льники, брю́ки, кóфе, какáо, стирáльные маши́ны, чай, óвощи, мясны́е консéрвы, швéйные маши́ны, костю́мы, сапоги́, утюги́, пылесóсы, компью́теры, трикотáжные издéлия, шáпки, рубáшки, тýфли, плащи́.

Задáние 10.

А. Скажи́те, каки́е товáры вхóдят в грýппы. (说说还有哪些产品属于下列类型的产品。)

1. Напи́тки, табáчные издéлия.

2. Товáры для дóма.

3. Компью́теры и оргте́хника.

Б. Скажи́те, каки́е това́ры выпуска́ет/ поставля́ет ва́ша фи́рма?（说说你们公司生产什么产品。）

а）назови́те гру́ппы това́ров,

б）перечи́слите конкре́тные това́ры.

КАКОВЫ́ ПОТРЕБИ́ТЕЛЬСКИЕ СВО́ЙСТВА ТОВА́РОВ
（商品的消费特点）

—**Каки́м до́лжен быть това́р**?
—**Пре́жде всего́, това́р до́лжен быть высо́кого ка́чества / высококачественным.**

Зада́ние 11. Прочита́йте. Убери́те ли́шнее, на ваш взгляд, определе́ние. Скажи́те, каки́е определе́ния мо́гут быть доба́влены.（删除您认为多余的特点，补充缺少的特点。）

1. Проду́кты пита́ния должны́ быть ...	све́жими. вку́сными. экологи́чески чи́стыми. знако́мыми.
2. О́бувь должна́ быть ...	удо́бной. я́ркой. мо́дной. краси́вой.
3. Бытова́я те́хника должна́ быть ...	безопа́сной. экономи́чной. надёжной. дешёвой.
4. Ме́бель должна́ быть ...	краси́вой. долгове́чной. прести́жной. удо́бной.

5. Спорти́вная оде́жда должна́ быть ... лёгкой. / свобо́дной. / удо́бной. / тёплой.

Проду́кция э́той фи́рмы по́льзуется
спро́сом.
успе́хом.
популя́рностью.
изве́стностью.

Зада́ние 12.

А. Запо́мните слова́ и словосочета́ния. (记住下列单词及词组。)

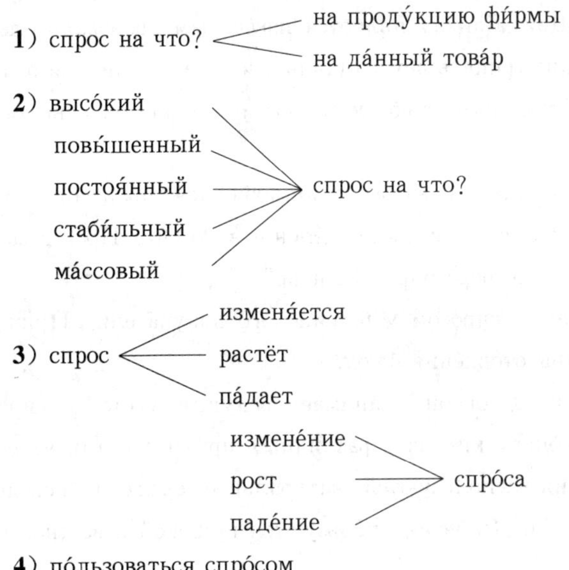

Б. Переведи́те на ру́сский язы́к. (将下列词组译成俄语。)

成为倍受需求产品，成为成功产品，成为受大众欢迎产品，成为紧俏产品。

Зада́ние 13. Скажи́те, почему́ проду́кпия сле́дующих фирм по́льзуется спро́сом/успе́хом/популя́рностью? (说说为什么下列公司的产品畅销。)

Образе́ц: Ме́бель шве́дской фи́рмы "Саре́н"-экологи́чески чи́стая, совреме́нная.

Ме́бель шве́дской фи́рмы "Саре́н" по́льзуется спро́сом потому́, что она́

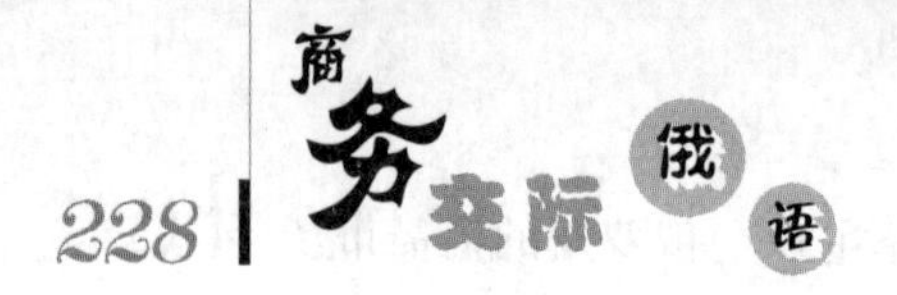

экологи́чески чи́стая и совреме́нная.

1. Же́нская оде́жда фи́рмы “Эска́да” ...
2. Парфюме́рия францу́зских фирм ...
3. Спорти́вная оде́жда фо́рмы “Адида́с” ...
4. Бытова́я те́хника фи́рмы “Си́менс”...
5. Телефо́ны фи́рмы “Панасо́ник” ...
6. Автомоби́ли компа́нии “Дже́нерал Мо́торс” ...

(совреме́нный, мо́дный, удо́бный, прести́жный, экономи́чный, лёгкий, надёжный, недорого́й, высо́кое ка́чество, совреме́нный диза́йн).

Зада́ние 14.

А. Прочита́йте те́ксты. вы́пишите информа́цию о спро́се на проду́кцию фи́рмы.（阅读下列课文。抄写与公司商品需求有关的信息。）

1. Фи́рма “Джа́фферджи Бра́зерс” (Шри-Ланка́) явля́ется изве́стным производи́телем и экспортёром цейло́нского ча́я. После́дние три́цать лет поставля́ет чай на росси́йский ры́нок. Проду́кция компа́нии по́льзуется неизме́нным спро́сом у россия́н благодаря́ высо́кому ка́честву и разнообра́зию сорто́в.

2. CNC-Inc. -одна́ из крупне́йших компа́ний ми́ра, занима́ющаяся произво́дством и поста́вкой проду́ктов пита́ния. В 1993 году́ создала́ своё отделе́ние в Росси́и. Поставля́ет на росси́йский ры́нок супы́, бульо́ны, со́усы и пюре́ ма́рки “Кнорр”.
Проду́кция компа́нии по́льзуется высо́ким спро́сом у росси́йского покупа́теля. Причи́на- высо́кие вкусовы́е ка́чества, быстрота́ приготовле́ния блюд.

3. Америка́нская фи́рма “Джо́нсон и Джо́нсон” занима́ет веду́щее ме́сто в ми́ре по произво́дству де́тских шампу́ней, лосьо́нов, кре́мов и разли́чных предме́тов для ухо́да за детьми́. Для изготовле́ния проду́кции испо́льзуются натура́льное сырьё и передова́я техноло́гия. Изде́лия фи́рмы “Джо́нсон и Джо́нсон” по́льзуются широ́кой изве́стностью и постоя́нным спро́сом во всём ми́ре.

4. Компа́ния “Ве́ссо-Линк” поставля́ет на росси́йский ры́нок пе́йджеры. Проду́кция фи́рмы по́льзуется повы́шенным спро́сом, так как “Ве́ссо-Линк” обеспе́чивает высо́кое ка́чество пе́йджеринга и са́мые ни́зкие в Росси́и це́ны.

Б. Обьясни́те колле́гам, почему́ проду́кция вышеука́занных фирм по́льзуется спро́сом на рынке това́ров.（向同行解释一下，为什么以上公司的商品畅销。）

Зада́ние 15. Зако́нчите диало́ги. (补全对话。)

Образе́ц: —Что нра́вится покупа́телям в э́той о́буви? (она́ долгове́чная)

—Её долгове́чность.

1. —Что нра́вится пассажи́рам в по́езде "Кра́сная стрела́"? (он удо́бный)
   —...
2. —Что нра́вится владе́льцам магази́нов в но́вой колле́кции оде́жды? (она́ практи́чная)
   —...
3. —Что привлека́ет води́телей в автомоби́лях ма́рки "Кадилла́к"? (они́ прести́жные)
   —...
4. —Что привлека́ет покупа́телей в япо́нской видеоте́хнике? (она́ надёжная)
   —...
5. —Что привлека́ет покупа́телей в фи́нской ме́бели? (она́ про́чная)
   —...
6. —Что не нра́вится бизнесме́нам в росси́йском законода́тельстве? (оно́ нестаби́льное)
   —...

Зада́ние 16. Запо́мните словосочета́ния. (记住以下词组。)

1) удо́бный / удо́бство — в испо́льзовании

2) просто́й / простота́ — в обраще́нии

3) лёгкий / лёгкость — в употребле́нии

4) надёжный / надёжность — в эксплуата́ции

Зада́ние 17. Отве́тьте на вопро́сы. (回答问题。)

Образе́ц: —Почему́ по́льзуются популя́рностью автомоби́ли ма́рки Ford? (лёгкость в управле́нии и надёжность в эксплуата́ции).

—Э́тот автомоби́ль лёгкий в управле́нии и надёжный в эксплуата́ции.

1. —Почему́ покупа́тель предпочита́ет пи́шущую маши́нку фи́рмы "Ло́кис"? (компа́ктность и простота́ в обраще́нии).
2. —Почему́ домохозя́йки предпочита́ют стира́льный порошо́к "Ариэ́ль"? (экономи́чность и эффекти́вность в испо́льзовании).
3. —Почему́ по́льзуются спро́сом компью́теры компа́нии "Ай-Би-Эм"? (надёжность и безопа́сность в эксплуата́ции)

4. —Почему́ по́льзуется успе́хом де́тская оде́жда фи́рмы “Де́тский мир”? (я́ркость, лёгкость, про́чность)

Зада́ние 18. Скажи́те, к каки́м това́рам мо́гут относи́ться э́ти фрагме́нты рекла́мных те́кстов? (以下广告词适用于哪些商品?)

1. Краси́вый, комфорта́бельный, долгове́чный!
2. Простота́ в обраще́нии, удо́бство в испо́льзовании, досту́пность в цене́!
3. Мо́дно, краси́во, элега́нтно, же́нственно!
4. Высо́кое ка́чество и абсолю́тная надёжность на́шей проду́кции гаранти́руют чистоту́ и поря́док в Ва́шем до́ме!
5. Надёжный авторите́т фи́рмы-гара́нтия эффекти́вности и долгове́чности на́шей проду́кции.
6. Этало́н ка́чества и красоты́! Реко́рдное коли́чество прода́ж за 1996 год!
7. На́ша проду́кция в Ва́шем до́ме повы́сит прести́ж Ва́шей семьи́!
8. На́ша проду́кция вкусна́, доступна́ всем и конкурентоспосо́бна на мирово́м ры́нке.

—Каки́м тре́бованиям должна́ соотве́тствовать проду́кция?
—Пре́жде всего́, проду́кция должна́ соотве́тствовать де́йствующим станда́ртам.

Зада́ние 19. Запо́мните слова́ и словосочета́ния. (记住以下单词及词组。)

соотве́тствовать отвеча́ть	чему́?	мировы́м европе́йским росси́йским ме́стным общепри́нятым де́йствующим	станда́ртам

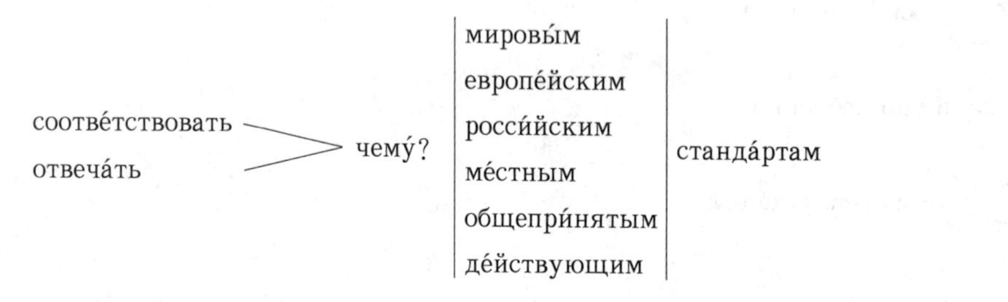

Зада́ние 20. Прочита́йте те́ксты. Переда́йте информа́цию, объясни́в, почему́ проду́кция фирм соотве́тствует станда́ртам. (阅读课文并转述内容,解释为什么这些公司的产品符合标准。)

1. Инжене́рно-техни́ческая фи́рма “Алько́р” специализи́руется на произво́дстве и поста́вках торго́вого и холоди́льного обору́дования. Всё обору́дование фи́рмы соотве́тствует междунаро́дным станда́ртам.

2. Торго́вая фи́рма “Кара́д” занима́ется поста́вкой мя́са, мясопроду́ктов, сыро́в и морепроду́ктов на росси́йский ры́нок. Фи́рма предлага́ет то́лько све́жие проду́кты, соотве́тствующие мировы́м станда́ртам ка́чества.

3．Фи́рма “Инвико́м”（Москва́）предлага́ет безалкаго́льные напи́тки，изгото́вленные из натура́льных ингридие́нтов по америка́нской техноло́гии. Выпуска́емая проду́кция отвеча́ет росси́йским и европе́йским станда́ртам.

4．Заво́д “Родни́к”（Белару́сь）выпуска́ет газиро́ванные напи́тки и минера́льные во́ды. Вся проду́кция изгота́вливается на совреме́нном обору́довании и соотве́тствует общепри́нятым станда́ртам.

Зада́ние 21.

А. Прочита́йте текст. вы́делите в нём сле́дующую информа́цию офи́рме：напра́вление де́ятельности，ка́чество проду́кции，возмо́жность её приобрете́ния，отноше́ние к ней потреби́теля.（阅读课文，指出有关公司的以下信息：业务范围，产品质量，购买渠道，用户意见。）

“Блиц”- крупне́йшая в Москве́ фи́рма по произво́дству штор и жалюзи́ для о́кон. Проду́кция фи́рмы отвеча́ет европе́йским станда́ртам：“Блиц” обеспе́чивает высо́кое ка́чество，предлага́ет широ́кий ассортиме́нт изде́лий.

В магази́нах фи́рмы мо́жно купи́ть и́ли заказа́ть разнообра́зные што́ры и жалюзи́ любы́х цвето́в и разме́ров для жилы́х домо́в и о́фисов.

Проду́кция фи́рмы по́льзуется популя́рностью у населе́ния. Объём прода́ж постоя́нно растёт.

Б. Соста́вьте по анало́гии с да́нным те́кстом сообще́ния о проду́кции сле́дующих фирм.（以本篇课文为例，介绍下列公司的产品。）

1．Фи́рма “Си́менс”-холоди́льники，50 моде́лей.
2．А/О “Ба́лтика”（Санкт-Петербу́рг）— пи́во，ра́зные сорта́.
3．Америка́нская компа́ния “Ре́йнольдз Тоба́ко”-сигаре́ты，100 разли́чных ма́рок.
4．Фи́рма “Кре́кер”-пече́нье，кре́кер，де́тское пита́ние.
5．Американска́я фи́рма “Ревло́н”-косме́тика.

Зада́ние 22. Познако́мьтесь со спо́собами выраже́ния предложе́ния и спро́са.（了解报价和求购的表达方式。）

Предложе́ние	Спрос
1．Продаём Реализу́ем Предлага́ем на реализа́цию	Покупа́ем / ку́пим Приобрета́ем / приобретём
2．Предлага́ем < сотру́дничество / партнёрство Приглаша́ем к сотру́дничеству	И́щем < партнёров / клие́нтов

Зада́ние 23. Запо́мните словосочета́ния.（记住下列词组。）

1）дава́ть/дать	реклам́у куда́?	в газе́ту, в журна́л, на ра́дио, на телеви́дение; в рекла́мный отде́л газе́ты, в рекла́мное бюро́, в рекла́мное аге́нтство
2）публикова́ть / опубликова́ть печа́тать / напеча́тать	рекла́му где?	на пе́рвой, на после́дней страни́це; на пе́рвой полосе́, на обло́жке журна́ла, в рекла́мном вы́пуске газе́ты
3）размеща́ть/ размести́ть	рекла́му где?	в газе́тах, в журна́лах, на́ радио, на телеви́дении, в сре́дствах ма́ссовой информа́ции

Зада́ние 24.

А. Соста́вьте словосочета́ния.（组成词组。）

рекла́мное аге́нтство,...	текст, бюро́, изда́ние, материа́лы, объявле́ние, информа́ция, сообще́ние, спра́вочник, страни́ца, кампа́ния

Б. Зако́нчите предложе́ния, испо́льзуя подходя́щие по смы́слу словосочета́ния.（使用意思合适的词组造句。）

1. На́до дать в газе́ту ....
2. Соста́вьте, пожа́луйста, ...
3. Позвони́те, пожа́луйста, ...
4. Узна́йте, ско́лько сто́ит ...
5. Отпра́вьте на́шим партнёрам ...
6. Переведите, пожа́луйста, на англи́йский язы́к ...

Зада́ние 25. Соста́вьте вопро́сы, на кото́рые мо́жно бы́ло бы отве́тить с по́мощью да́нных предложе́ний.（仿示例问答。）

Образе́ц: **Фи́рмы размеща́ют свою́ рекла́му на ра́дио, телеви́дении и в други́х сре́дствах ма́ссовой информа́ции.**

—Где размеща́ют свою́ рекла́му би́ржи и ба́нки?

1. Аге́нтство “Экспре́сс-рекла́ма” занима́ется изготовле́нием и размеще́нием рекла́мы.
2. Журна́лы “Ры́нок”, “Оптови́к”, “Това́ры и це́ны” публику́ют рекла́мные объявле́ния.

3. Аге́нтство “Делово́й мир” принима́ет зака́зы на рекла́му от организа́ций и ча́стных лиц.
4. Центра́льное телеви́дение пока́зывает рекла́му в дневно́е, вече́рнее и ночно́е вре́мя.
5. Фи́рма “Элега́нт-Косме́тик” размеща́ет свою́ рекла́му в ра́зных рекла́мно-спра́вочных изда́ниях.
6. Рекла́ма в журна́лах “Ры́нок” и “Това́ры и це́ны” адресо́вана оптовика́м и ча́стным ли́цам.

Раздел Ⅱ (第二章)

КАКИ́Е ТОВА́РЫ ПОСТУПА́ЮТ НА РЫ́НОК
(什么样的商品进入市场)

Зада́ние 1.

А. Прослуша́йте текст. Скажи́те, о како́й гру́ппе това́ров в нём говори́тся? (听课文。说说是谈的哪一类商品。)

РАБО́ЧЕЕ СОВЕЩА́НИИ НА СОВМЕ́СТНОМ ПРЕДПРИЯ́ТИИ "ЭЛЕГА́НТ-КОСМЕ́ТИК"

На совеща́нии прису́тствуют сле́дующие сотру́дники СП "Элега́нт-Косме́тик":

Ро́уэн Джонсо́н— генера́льный дире́ктор
Дми́трий Норе́йко— комме́рческий дире́ктор
Серге́й Ба́ринов— ме́неджер по прода́жам
О́льга Семёнова— рефере́нт-перево́дчик

Джо́нсон: До́брое у́тро, колле́ги! Рад вас всех ви́деть!

Все: До́брое у́тро.

Джо́нсон: Как говоря́т в Росси́и, сла́ва Бо́гу, уже́ ви́ден коне́ц организацио́нной рабо́ты по созда́нию на́шего совме́стного предприя́тия.

Норейко: Да, на сле́дующей неде́ле мы полу́чим все лице́нзии.

Ба́ринов: И сертифика́ты ка́чества.

Джо́нсон: Пора́ серьёзно поду́мать о рекла́ме, Дми́трий, у Вас есть после́дние да́нные о ры́нке косме́тики и парфюме́рии?

Норе́йко: Да. На моско́вском ры́нке сего́дня дово́льно жёсткая конкуре́нция среди́ продавцо́в косме́тики и парфюме́рии из США. Но немно́гие из них име́ют, как мы, прямы́е поста́вки от фирм-производи́телей. В основно́м все рабо́тают че́рез посре́дников.

Ба́ринов: Во вся́ком слу́чае немно́гие фи́рмы име́ют в ка́честве партнёров семь америка́нских фирм, выпуска́ющих косме́тику и парфюме́рию. Причём у нас с ни́ми прямы́е торго́вые свя́зи.

Джо́нсон: Да, в э́том на́ша си́льная сторона́. Но мне ка́жется, что нам нельзя́ расчи́тывать то́лько на моско́вский ры́нок. На́до выходи́ть в други́е регио́ны. Что Вы ду́маете по э́тому по́воду?

Норéйко: Я увéрен, что вы́ход на регионáльные ры́нки необходи́м. Но здесь есть оди́н чи́сто психологи́ческий момéнт. Он свя́зан с ужé сложи́вшимся стереоти́пом вку́сов регионáльных потреби́телей. Еще в совéтское врéмя считáлось, что лу́чшая космéтика-францу́зская.

Бáринов: Да, Дми́трий прав. Но онá и тогдá былá сáмой дорогóй. Пóэтому в региóнах предпочитáли пóльскую и́ли болгáрскую космéтику.

Джóнсон: Я ду́маю, что кáчество предлагáемых нáми товáров и нáши цéны обеспéчат стаби́льный спрос на них. К тому́ же у нас большóй ассортимéнт вéрсий рáзных ви́дов францу́зской туалéтной воды́, котóрые выпускáет фи́рма Elite Parfumes.

Баринов: Да, э́то óчень вáжно. В региóнах популя́рны "Óпиум", "Шанéль № 5", а мы как раз мóжем предложи́ть их вéрсии.

Джóнсон: Хорошó. Сейчáс ну́жно проду́мать, в каки́х издáниях мы бу́дем размещáть нáшу реклáму. Ну́жно учéсть, что онá бу́дет адресóвана оптóвым покупáтелям.

Норéйко: Сáмыми соли́дными и популя́рными сегóдня явля́ются реклáмно-спрáвочные издáния "Ры́нок", "Товáры и цéны", "Оптови́к", "В рóзницу и óптом", "Услу́ги и цéны".

Бáринов: Кстáти, спрáвочник "Ры́нок" пóльзуется сáмым больши́м спрóсом. Егó прóсто невозмóжно купи́ть! Там, поми́мо реклáмной информáции, даю́тся темати́ческие обзóры, рéйтинги фирм и товáров, мóниторинги цен, анáлиз различных ры́нков.

Джóнсон: Прекрáсно. Сергéй, я попрошу́ Вас связáться с издáтелями "Ры́нка" и узнáть об их рабóте на регионáльных ры́нках.

Бáринов: Хорошó, я сегóдня же позвоню́ им и всё вы́ясню.

Семёнова: Сергéй, Вы не забы́ли о тéксте объявлéния, котóрый мы с Вáми состáвили?

Бáринов: Спаси́бо, Óля, что напóмнили. Вот, Рóуэн, посмотри́те, пожáлуйста. Как Вы ду́маете, такóй текст подойдёт?

Джóнсон: Спаси́бо. (Читáет). "Совмéстное росси́йско-америкáнское предприя́тие "Элегáнт-Космéтик" предлагáет ширóкий ассортимéнт космéтики и парфюмéрии извéстных фирм США: Revlon, Lori Anne, Kiki, Bari Cosmetics, Max Factor, Elite Parfums, Jean Philippe. Прямы́е постáвки. Систéма индивиду́альной рабóты с постоя́нными клиéнтами. Ни́зкие цéны. Ги́бкая систéма скéдок." Так, хорошó. Но я ду́маю, что ну́жно добáвить еще рабóту с магази́нами. Нам óчень вáжно установи́ть постоя́нные контáкты со стаби́льными торгóвыми тóчками.

Норéйко: Я считáю, что ну́жно обязáтельно написáть "предоставля́ем бесплáтно реклáмную продýкцию фирм-производи́телей и упакóвочные материáлы".

Семёнова: Коллéги, как вам кáжется, ну́жно писáть о сертификáтах кáчества?

Джóнсон: Обязательно!

Бáринов: Мóжет быть, ещё добáвить, что для регионáльных ди́леров у нас льгóтные услóвия?

Джо́нсон：Да，коне́чно. Ведь мы бу́дем формирова́ть ди́лерскую сеть. О́льга，напеча́тайте，пожа́луйста，по́лный текст объявле́ния. Вы записа́ли все на́ши дополне́ния?

Семёнова：Да. У меня́ всё запи́сано.

Джо́нсон：До конца́ неде́ли мы должны́ размести́ть на́шу рекла́му.

Зада́ние 2. Вы́берите вариа́нты отве́тов, соотве́тствующие содержа́нию прочитанного Ва́ми фрагме́нта рабо́чего совеща́ния. (根据所阅读的工作会议内容选择正确答案。)

1. "Элега́нт-Космéтик"— э́то	А. росси́йская фи́рма. Б. америка́нская фи́рма. В. совме́стное предприя́тие.
2. На моско́вском ры́нке косме́тики и парфюме́рии	А. нет конкуре́нции. Б. жёсткая конкуре́нция. В. небольшо́й ассортиме́нт.
3. У СП "Элега́нт-Косме́тик" с	америка́нскими фи́рмами-производи́телями. А. прямы́е торго́вые свя́зи. Б. торго́вые свя́зи че́рез посре́дников. В. нет торго́вых свя́зей
4. СП "Элега́нт-Косме́тик" хо́чет вы́йти	А. то́лько на моско́вский ры́нок. Б. то́лько на региона́льные ры́нки. В. на моско́вский и региона́льные ры́нки.
5. СП "Элега́нт-Косме́тик" продаёт проду́кцию	А. францу́зских фирм. Б. по́льских и болга́рских фирм. В. америка́нских фирм.
6. Рекла́ма СП "Элега́нт-Косме́тик" адресо́вана	А. ча́стным ли́цам. Б. опто́вым покупа́телям. В. то́лько магази́нам.
7. Са́мым больши́м спро́сом по́льзуется рекла́мно-спра́вочное изда́ние	А. "Оптови́к". Б. "Ры́нок". В. "Това́ры и цены".
8. СП "Элега́нт-Косме́тик"	А. не предоставля́ет упако́вочные материа́лы. Б. продаёт упако́вочные материа́лы. В. предоставля́ет беспла́тно упаково́чные материа́лы.

Зада́ние 3.

А. Соста́вьте план, по кото́рому, по ва́шему мне́нию, господи́н джо́нсон прово́дил рабо́чее совеща́ние. (为 Джонсон 先生起草一份会议提纲。)

Б. Напиши́те текст рекла́много объявле́ния СП "Элега́нт-Косме́тик". (起草一份介绍合资企业"Элегант-Косметик"的广告词。)

Зада́ние 4. Прочита́йте моде́ли, приведённые ни́же. вы́пишите моде́ли, кото́рые Вам незнако́мы. (阅读以下句型结构,抄写不熟悉的句型结构。)

КАК УЗНА́ТЬ МНЕ́НИЕ СОБЕСЕ́ДНИКА
ПО КАКО́МУ-ЛИ́БО ВОПРО́СУ
(怎样了解谈话方对某项问题的看法)

— Как Вы ду́маете / счита́ете, нам ну́жно расши́рить ассортиме́нт това́ров?
— Я полага́ю, что мы э́то сде́лаем че́рез ме́сяц.

— Что Вы ду́маете о вы́ходе на́шей фи́рмы на региона́льные ры́нки?
— Я счита́ю, что снача́ла ну́жно провести́ марке́тинговое иссле́дование.

— Что Вы мо́жете сказа́ть по по́воду уменьше́ния спро́са на э́ти това́ры?
— Мне ка́жется, что это вре́менное измене́ние.

— Каково́ Ва́ше мне́ние по вопро́су формирова́ния ди́лерской се́ти в Петербу́рге?
— По мне́нию сотру́дников на́шего отде́ла, там больша́я конкуре́нция. Ну́жно искать други́е ры́нки сбы́та.

Зада́ние 5. Зако́нчите диало́ги. (补全对话。)

1. —Как Вы счита́ете, Алекса́ндр, нам ну́жно дать но́вое рекла́мное объявле́ние?
—. . .

2. —Ири́на, что Вы ду́маете по вопро́су вы́хода на́шей фи́рмы на ры́нок Сиби́ри?

—. . .

3. —Михайл, что Вы мо́жете сказа́ть по по́воду сниже́ния ре́йтинга на́ших това́ров?

—. . .

4. —Джон, каково́ Ва́ше мне́ние по вопро́су беспла́тного предоставле́ния клие́нтам рекла́мной проду́кции фирм-производи́телей?

—. . .

Зада́ние 6. Восстанови́те диало́ги по отве́тным ре́пликам .(根据应答恢复对话。)

1. —. . .

—Я полага́ю, что нам ну́жно размести́ть рекла́му не то́лько в газе́тах и журна́лах, но и на ра́дио.

2. —. . .

—Я ду́маю, что нам не сто́ит боя́ться конкуре́нции в э́том регио́не. Ры́нок косме́тики там то́лько начина́ет формирова́ться.

3. —. . .

—По моему́ мне́нию, нам ну́жно сро́чно иска́ть надёжных ди́леров на Украи́не.

4. —. . .

—Я счита́ю, что в рекла́мном объявле́нии мо́жно об э́том не писа́ть.

Зада́ние 7. Вы — дире́ктор фи́рмы. Проведи́те рабо́чее совеща́ние со свои́ми сотру́дниками (ро́ли распредели́те зара́нее), в хо́де кото́рого вы́ясните мне́ние ка́ждого. (假设您是公司经理,请主持一个工作会议(提前将角色分配好),并在会议过程中搞清楚每位同事对以下问题的意见。)

— по вопро́су вы́хода на региона́льные ры́нки, — по по́воду размеще́ния рекла́мы. Обсуди́те текст рекла́много объявле́ния.

Зада́ние 8.

А. Прослу́шайте диало́г-разгово́р по телефо́ну. (听对话。)

Же́нский го́лос. “Ры́нок”. До́брый день.

Ба́ринов. Здра́вствуйте. Скажи́те, пожа́луйста, у кого́ я могу́ узна́ть, в каки́х регио́нах выхо́дит ваш спра́вочник?

Же́нский го́лос. В отде́ле распростране́ния.

Ба́ринов. Прости́те, а Вы мне не подска́жете их но́мер телефо́на?

Же́нский го́лос. Пожа́луйста. Девятьсо́т оди́ннадцать-двена́дцать-девяно́сто четы́ре.

Ба́ринов. Спаси́бо. До свида́ния.

Же́нский го́лос. Всего́ до́брого.

Б. Скажи́те, как мо́жно спроси́ть но́мере телефо́на?（请问如何询问电话号码?）

Зада́ние 9. Прочита́йте моде́ли, приведённые ни́же. Вы́пишите моде́ли, кото́рые вам незнако́мы.（阅读以下句型，抄写不熟悉的句型。）

КАК УЗНА́ТЬ ЧЬИ-ЛИ́БО КООРДИНА́ТЫ
（怎样了解对方的地址）

— Прости́те, Вы мне не подска́жете / не дади́те но́мер телефо́на фи́рмы "Русь"?
— Да, коне́чно. Две́сти три-четы́рнадцать-шестьдеся́т во́семь.

Извини́те, у меня́ (нас) нет их телефо́на.

— Извини́те, Вы не зна́ете а́дрес магази́на "Салю́т"?
— Куту́зовский проспе́кт, дом два́дцать шесть.
/К сожале́нию, нет.

— Прости́те, у Вас случа́йно нет но́мера фа́кса фи́рмы "Весна́"?
— Пожа́луйста. Запиши́те: сто шестьдеся́т два-ноль во́семь-четы́рнадцать. / Одну́ мину́ту, я сейча́с посмотрю́.

Зада́ние 10. Восстанови́те диало́ги по отве́тным ре́пликам.（根据应答恢复对话。）

1. —. . .

—К сожале́нию, нет. Я зна́ю то́лько, что они́ перее́хали в но́вый о́фис.

2. —. . .

—По-мо́ему, у них на скла́де тепе́рь нет фа́кса.

3. —. . .

—Вы зна́ете, где-то он у меня́ был запи́сан. Е́сли найду́, я перезвоню́ Вам, хорошо́?

4. —. . .

—Извини́те, у меня́ нет их телефо́на. Я ду́маю, что мо́жно узна́ть по “09”.

Зада́ние 11. Зако́нчите диало́ги. (补全对话。)

1. —Извини́те, Вы не зна́ете телефо́н гла́вного бухга́лтера фи́рмы “Интерсве́т”?
   —. . .
2. —Прости́те, Вы мне не дади́те телефо́н нало́говой инспе́кции?
   —. . .
3. —Извини́те, у Вас случа́йно нет а́дреса центра́льного о́фиса “Три́зы”?
   —. . .
4. —Прости́те, Вы не подска́жете но́мер фа́кса “Росауди́та”?
   —. . .

Зада́ние 12. Прослу́шайте диало́г. Скажи́те, куда́ и заче́м звони́л г-н Ва́ринов. (听电话对话，请问 Ба́ринов 先生往哪儿打的电话，什么目的？)

Судако́ва: “Ры́нок”. До́брый день.

Ба́ринов: Здра́вствуйте. Вас беспоко́ят из СП “Элега́нт-Косме́тик”.

Судако́ва: Слу́шаю Вас.

Баринов: Прости́те, а с кем я разгова́риваю?

Судако́ва: Ири́на Судако́ва, руководи́тель отде́ла распростране́ния.

Ба́ринов: О́чень прия́тно. Я ме́неджер по прода́жам Серге́й Ба́ринов.

Судако́ва: О́чень прия́тно. Что Вас интересу́ет, Серге́й?

Баринов: Мы хоте́ли бы размести́ть рекла́му в Ва́шем спра́вочнике. И я хоте́л бы узна́ть, где и как он распространя́ется. Вы мо́жете удели́ть мне немно́го вре́мени?

Судако́ва: Да, пожа́луйста. Вас интересу́ет моско́вский и́ли региона́льный ры́нок?

Ба́ринов: И тот, и друго́й.

Судако́ва: Спра́вочник “Ры́нок” име́ет два вы́пуска-обы́чный и региона́льный. Региона́льный вы́пуск выхо́дит раз в две неде́ли. Его́ ти́раж-130 ты́сяч экземпля́ров.

Ба́ринов: А как бы́стро э́тот вы́пуск поступа́ет в регио́ны?

Судако́ва: В тече́ние су́ток.

Ба́ринов: А в каки́е регио́ны?

Судако́ва: Спра́вочник “Ры́нок” распространя́ется в пяти́десяти девяти́ регио́нах. Бо́льше полови́ны тиража́ поступа́ет в четы́реста городо́в Росси́и, Белору́ссии, Украи́ны, Молдо́вы, Ла́твии и Казахста́на.

Ба́ринов: Е́сли я вас пра́вильно по́нял, объявле́ние для по́иска региона́льных партнёров ну́жно размеща́ть в региона́льном но́мере, а объявле́ние для Москвы́ в обы́чном?

Судако́ва：Да. Вы соверше́нно пра́вы. Кста́ти，в Москве́ спра́вочник рассыла́ется в 9 000 кру́пных комме́рческих фирм и магази́нов. Распространя́ется на вы́ставках，я́рмарках и ры́нках.

Ба́ринов：А у вас нет электро́нной ве́рсии спра́вочника?

Судако́ва：Есть. Э́ту ве́рсию "Ры́нка" мо́жно получи́ть за три дня до вы́хода еженеде́льника в свет.

Ба́ринов：Отли́чно! И после́дний вопро́с. Сто́имость ва́ших услу́г и ски́дки.

Судако́ва：Э́то объёмная информа́ция. Я могу́ присла́ть Вам её по фа́ксу.

Ба́ринов：Спаси́бо. Запиши́те，пожа́луйста，наш факс：две́сти три́дцать-со́рок два-шестна́дцать.

Судако́ва：Я сего́дня же пришлю́ Вам все материа́лы.

Ба́ринов：Спаси́бо. Всего́ до́брого.

Судако́ва：До свида́ния.

Б. Как вы ду́маете, будет ли СП "Элега́нт-Косме́тик" размеща́ть свою́ рекла́му в спра́вочнике "Ры́нок"? Аргументи́руйте свой отве́т.（您认为"Элегант-Косметик"合资公司会在《Рынок 指南》上刊登自己的广告吗？论证自己的结论。）

КАК СПРОСИ́ТЬ，ПО КАКО́МУ ВОПРО́СУ К ВАМ ОБРАЩА́ЮТСЯ
（怎样询问对方找您的事由）

Что（име́нно） Кака́я информа́ция Како́й вопро́с	Вас интересу́ет?

Прости́те，Вы по како́му	де́лу вопро́су	пришли́? звони́те?

Зада́ние 13. Восстанови́те диало́ги по ре́пликам.（根据应答恢复对话。）

1. — ... .

— Меня́ интересу́ют сро́ки публика́ции рекла́мных объявле́ний.

2. — ...

— Мне ну́жно получи́ть консульта́цию по вопро́су составле́ния те́кста рекла́мы.

3. — ... .

— Я звоню́，что́бы узна́ть，ско́лько сто́ит рекла́ма в ва́шей газе́те.

4. —... .

— Меня́ интересу́ет，как мо́жно бы́стро вы́йти на региона́льный ры́нок.

Зада́ние 14. Зако́нчите диало́ги. (补全对话。)

1. —Како́й вопро́с Вас интересу́ет?
   — . . . .
2. —Кака́я информа́ция Вас интересу́ет?
   — . . . .
3. —Что и́менно Вас интересу́ет?
   — . . . .
4. —Прости́те, по како́му де́лу Вы пришли́?
   — . . . .

Зада́ние 15. Прочита́йте микродиало́ги и скажи́те, в каки́х ситуа́циях они́ мо́гут состоя́ться. (读小对话，说出对话是在什么样的语境中进行的。)

КАК СПРОСИ́ТЬ СОБЕСЕ́ДНИКА, МО́ЖЕТ ЛИ ОН УДЕЛИ́ТЬ ВАМ ВРЕ́МЯ
(怎样询问对方可否抽出时间与您交谈)

— Прости́те, Вы може́те удели́ть мне немно́го вре́мени?
— Да, пожа́луйста. Слу́шаю Вас.

— Извини́те, у вас есть вре́мя для разгово́ра со мной?
— К сожале́нию, всего́ два́дцать мину́т. Вас э́то устра́ивает?

— У Вас бу́дет пять мину́т, что́бы обсуди́ть э́тот вопро́с?
— Извини́те, я сейча́с ухожу́ на совеща́ние. Дава́йте поговори́м по́сле обе́да. Хорошо́?

Зада́ние 16. Восстанови́те диало́ги по отве́тным ре́пликам. (根据应答恢复对话。)

1. —. . . .
   — К сожале́нию, у меня́ сейча́с нет ни мину́ты. Дава́йте вернёмся к это́му вопро́су за́втра.
2. —. . . .

Да, коне́чно. Слу́шаю Вас внима́тельно.

3. —. . . .

— Извини́те, у меня́ сейча́с начина́ются перегово́ры. Зайди́те ко мне че́рез два часа́. Хорошо́?

4. —. . . .

— Не обижа́йтесь, но у меня́ сего́дня совсе́м нет вре́мени. Мо́жете позвони́ть мне за́втра у́тром?

Зада́ние 17. Зако́нчите диало́ги. (补全对话。)

1. —Вы мо́жете удели́ть мне пять мину́т?

— . . . .

2. —Извини́те, у Вас бу́дет сего́дня полча́са для разгово́ра со мной?

— . . . .

3. —Извини́те, у вас есть сейча́с вре́мя, что́бы обсуди́ть оди́н ва́жный вопро́с?

— . . . .

4. —У Вас есть мину́т де́сять? Я хоте́л вам показа́ть но́вую документа́цию.

— . . . .

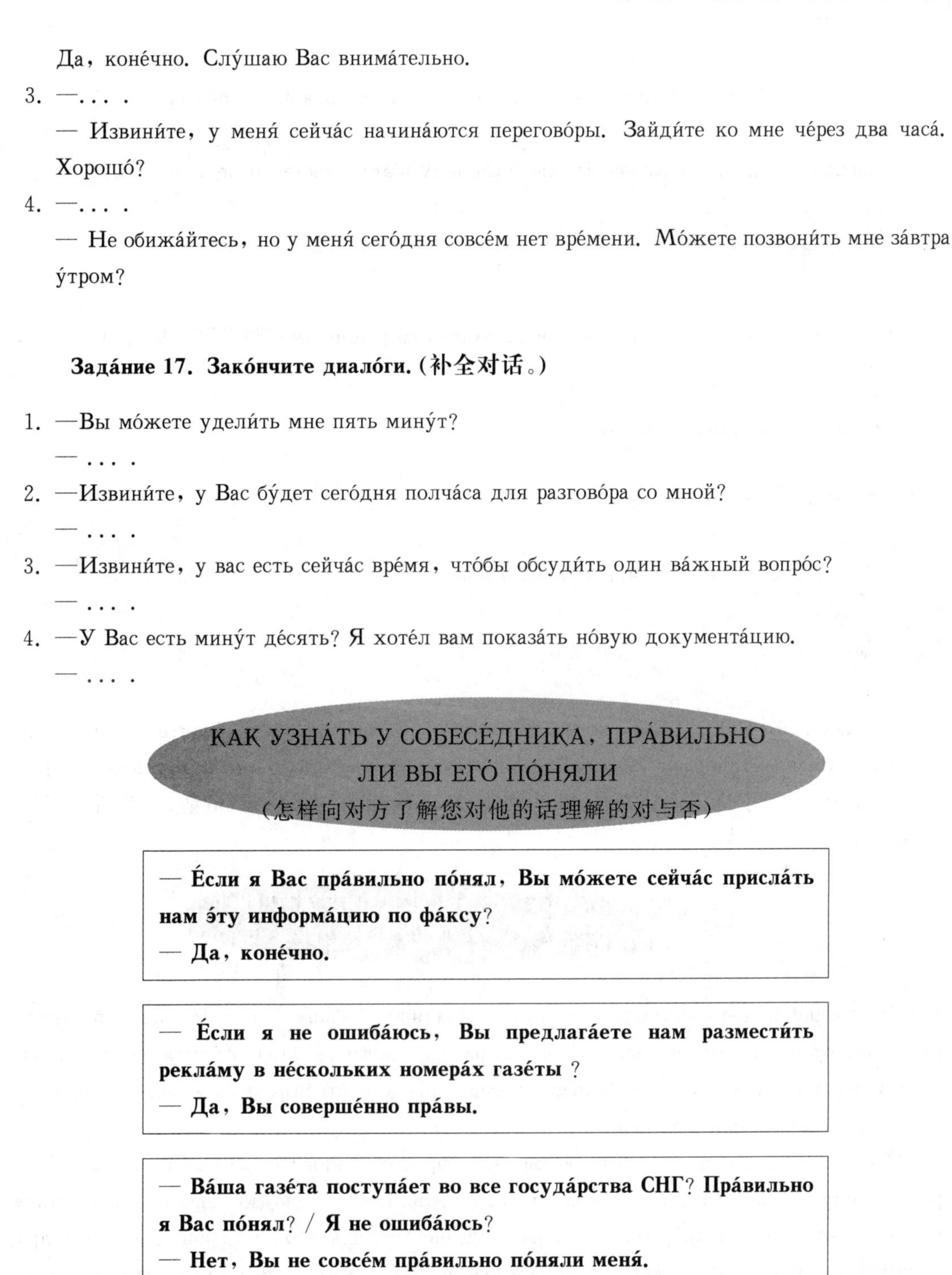

КАК УЗНА́ТЬ У СОБЕСЕ́ДНИКА, ПРА́ВИЛЬНО ЛИ ВЫ ЕГО́ ПО́НЯЛИ

(怎样向对方了解您对他的话理解的对与否)

— Е́сли я Вас пра́вильно по́нял, Вы мо́жете сейча́с присла́ть нам э́ту информа́цию по фа́ксу?
— Да, коне́чно.

— Е́сли я не ошиба́юсь, Вы предлага́ете нам размести́ть рекла́му в не́скольких номера́х газе́ты ?
— Да, Вы соверше́нно пра́вы.

— Ва́ша газе́та поступа́ет во все госуда́рства СНГ? Пра́вильно я Вас по́нял? / Я не ошиба́юсь?
— Нет, Вы не совсе́м пра́вильно по́няли меня́.

Зада́ние 18. Зако́нчите диало́ги. (补全对话。)

1. —Е́сли я Вас пра́вильно по́нял, э́тот факс ну́жно отпра́вить за́втра?

— . . . .

2. Е́сли я не ошиба́юсь, на́ши конкуре́нты выхо́дят на региона́льный ры́нок?

— . . . .

3. —Мы бо́льше не бу́дем размеща́ть свою́ рекла́му в э́той газе́те. Я не ошиба́юсь?

— . . . .

4. —Мы должны́ изучи́ть спрос на э́ти това́ры. Я Вас пра́вильно по́нял?

Зада́ние 19. Восстанови́те диало́ги по отве́тным ре́пликам. (写出第一句话。)

1. —. . . .

— К сожале́нию, Вы ошиба́етесь.

2. —. . . .

— Да, Вы соверше́нно пра́вы.

3. —. . . .

— Нет. Вы не совсе́м пра́вильно по́няли меня́.

4. —. . . .

— Да, коне́чно.

Зада́ние 20. Ва́ша фи́рма хо́чет размести́ть рекла́мное обьявле́ние в спра́вочнике "Ры́нок". Позвони́те в о́фис "Ры́нка" и запроси́те интересу́ющую вас информа́цию. (贵公司想在《Ры́нок 指南》杂志上刊登广告，请您给《Ры́нок 指南》办公室打电话，了解所感兴趣的问题。)

ГОТО́ВИМСЯ К ПОЕ́ЗДКЕ В РОССИ́Ю
(补充阅读——准备起程赴俄)

В большинстве́ представи́тельств за́падных фирм в Росси́и рабо́тают интернациона́льные коллекти́вы. И несмотря́ на то что в э́тих фи́рмах соблюда́ются междунаро́дные но́рмы веде́ния би́знеса, нере́дко представи́тели ра́зных культу́р удивля́ют друг друга́ свои́ми привы́чками.

Так, россия́не не привы́кли к пи́сьменной фо́рме обще́ния внутри́ одного́ о́фиса. Е́сли росси́йскому руководи́телю необходи́мо сообщи́ть каку́ю-нибу́дь информа́цию свои́м подчинённым, он и́ли пригласи́т всех на собра́ние (совеща́ние), и́ли попро́сит секретаря́ написа́ть одно́ о́бщее объявле́ние. Е́сли э́та информа́ция но́сит распоряди́тельный хара́ктер, то руководи́тель соста́вит текст прика́за. В том слу́чае, когда́ информа́ция адресо́вана одному́ челове́ку, она́ обы́чно передаётся в у́стной фо́рме при ли́чной бесе́де и́ли че́рез кого́-ли́бо из сотру́дников.

Име́нно поэ́тому меморандумы, столь привы́чные для за́падной би́знес-коммуника́ции, мóгут вы́звать у росси́йских сотрýдников недоумéние, удивлéние и дáже оби́ду. К томý же в рýсском языкé "меморáндум"—это докумéнт большóй госудáрственной и́ли общéственной знáчимости. Поэ́тому "меморáндум о рационáльном испóльзовании скрéпок" вызывáет улы́бку у россия́н.

Росси́йские сотрýдники, начáвшие рабóтать в óфисе инострáнной фи́рмы, не срáзу привыкáют к пóльзованию электрóнной пóчтой для передáчи своим коллегáм по офису небольшóй по объёму информáции.

В послéдние гóды в связи́ с плохóй рабóтой почтóвой слýжбы россия́не с недовéрием отнóсятся к её услýгам. Поэ́тому в Росси́и дáже поздравлéния с прáздником деловы́м партнёрам тепéрь чáще всегó посылáют по фáксу. Мнóгие предпочитáют разговóр по телефóну.

Словá урóка(单词与词组):

ассортимéнт 品种
ассортимéнт *какóй* ?
богáтый ～丰富的品种
пóлный ～齐全的品种
постоя́нный ～固定的品种
ассортимéнт *чегó*?
～ продýкции 产品品种
безопáсность в *чём*? 安全
～ в эксплуатáции 使用安全
борьбá 斗争,竞争
борьбá *какáя* ?
конкурéнтная ～竞争
борьбá *за что*?
～ за при́быль 争利润
грýппа *какáя* ? (*чегó*?) 种类
～ товáров 产品种类
дефици́т 短缺
ди́лер *какóй* ? 生意人
регионáльный ～地区性的经销人
дистрибью́тор *какóй* ? 推销商
эксклюзи́вный ～严格的推销商
дóля *чегó*? 份额
～ и́мпорта 进口的份额
занимáть / заня́ть *что*? 占有,占据
～ (прóчные) пози́ции 占有牢固的位置
издáние *какóе* ? 刊物
реклáмное ～广告刊物
спрáвочное ～指南刊物
реклáмно-спрáвочное ～
издéлия *каки́е* ? 制品
ликёровóдочные ～甜酒制品
табáчные ～烟草制品
изменéние *чегó*? 变化
～ спрóса 需求的变化
изучéние 研究
изучéние *какóе*?
внимáтельное ～认真的研究
детáльное ～详细的研究
подрóбное ～详尽的研究
постоя́нное ～经常的研究
при́стальное ～集中的研究
тщáтельное ～仔细的研究
изучéние *чегó*?
～ ры́нка 研究市场
～ спрóса 研究需求
инвести́ции *каки́е*? 投资
прямы́е ～直接投资
ингредиéнты *каки́е* ? 部分

дополни́тельные ～补充部分

интере́с *како́й* ? 兴趣

растýщий ～增长的兴趣

иссле́дование *како́е* ? 研究

марке́тинговое ～市场营销研究

исто́чник 来源,源泉

исто́чник *како́й* ?

альтернати́вный ～可供选择的源泉

исто́чник *чего́*?

～ сырья́ 原料来源

капита́л *како́й* ? 资本

промы́шленный ～工业资本

катало́г *чего́*? 目录

～ това́ров 商品目录

катего́рия 范畴

катего́рия *кака́я* ?

вы́сшая ～高级的范畴

катего́рия *чего́*?

～ ка́чества 质的范畴

ка́чества *ка́кие* ? 质地

вкусовы́е ～味的质地

ка́чественный 优质的

～ продýкт 优质的食品

～ (-ое) изде́лие 优质的产品

колле́кция *чего́*? 藏品

～ оде́жды 收集衣服

компа́ния *кака́я* ? 公司

чаепроизводя́щая ～茶叶生产公司

ко́мплекс *како́й* ? 综合体

произво́дственный ～生产综合体

комфорта́бельность 舒适

конкуре́нция *кака́я*? 竞争

жёсткая ～ 严酷的竞争

конта́кт *како́й* ? 联系

те́сный ～紧密的联系

конта́кты *каки́е*? 联系

взаимовы́годные ～互利的联系

контро́ль *како́й*? 监督

гаранти́рованный ～保障监督

корзи́на *кака́я* ? 篮,筐,篓

потреби́тельская ～消费者的篮子

ма́рка *чего́*? 品牌

～ ча́я 茶叶的品牌

～ вина́ 酒的品牌

материа́лы *каки́е* 材料?

высокока́чественные ～高质量的材料

упако́вочные ～包装材料

ме́бель кака́я ? (*для чего́*?)家具

～ для о́фисов 办公家具

моде́ль *чего*? 型号

～ автомоби́ля 汽车的型号

～ о́буви 鞋的型号

～ телеви́зора 电视机的型号

～ холоди́льника 电冰箱的型号

надёжность *в чём*? 可靠性

～ в испо́льзовании 使用可靠

наименова́ние *чего́*? 名称

～ продýкта 食品名称

напи́тки *каки́е* ? 饮料

алкого́льные ～带酒精的饮料

безалкого́льные ～非酒精的饮料

десе́ртные ～甜酒

оборýдование *како́е* 装置?

диагности́ческое ～诊断装置

совреме́нное 现代装置～

оборýдовать *что*? 装备

～ заво́д 装备工厂

～ фа́брику 装备工厂

оборýдовать как?

～ по после́днему сло́ву те́хники 用最新技术装备

объявле́ние *како́е* ? 广告

рекла́мное ～广告

окупа́ть / окупи́ть *что*? 弥补

～ поте́ри 弥补损失

опережа́ть / опереди́ть *что*? 超过

～ предложéние 超过报价
организóвывать / **организовáть** *что?* 组织
～ произвóдство 组织生产
освáивать / **освóить** *что?* 开发
～ рынок 开发市场
осуществля́ть / **осуществи́ть** *что?* 实行
～ провéрку 实行检查
падéние *чего?* 降低
～ спрóса 需求降低
пáртия *кáкая?* 批量
минимáльная ～最小批量
оптóвая ～批发的量
партнёр *какóй?* 合作伙伴
потенциáльный～潜在的合作伙伴
партнёрство 伙伴关系
переоснащéние *чегó?* 重新装备
～ произвóдства 重新装备生产
перераспределéние *чегó?* 重新分配
～ спрóса 重新分配需求
пéречень *чегó?* 目录
～ продýкции 产品目录
письмó *какóе?* 信
сопроводи́тельное 附信～
пи́ща *какáя?* 食品
высококалори́йная ～高热量的食品
полноцéнная ～完全合格的食品
подхóд *какóй?* 方法
маркéтинговый ～市场营销方法
пóльзоваться *чем?* 享有，拥有
～ извéстностью 享有知名度
～ популя́рностью 享有广泛性
～ спрóсом 有需求
～ успéхом 有成绩
постáвка 提供
постáвка *какáя?*
прямáя ～直接提供
постáвка *чегó?*
～ продýкции 提供产品
поставля́ть / **постáвить** 提供
поставля́ть / постáвить *что? кудá?*
～ товáр на рынок 向市场提供商品
продýкт *какóй?* 食品
экологи́чески чи́стый ～环保干净的食品
потрéбность *в чём?* 需求
～ в товáре 需求商品
～ в услýгах 需要服务
практи́чность *чегó?* 实用性
～ товáра 商品的实用性
предлагáть / **предложи́ть** 提供
предлагáть / предложи́ть *что?*
～ товáр 提供商品
предлагáть / предложи́ть *как?* (*по чему?*)
～ по контрáкту 按合同提供
～ со склáда 从库存中提供
представи́тель *какой?* 代表
регионáльный ～地区代表
прейскурáнт 商品价目表
привлечéние *чегó?* 吸引
～ капитáла 吸引资本
приглашáть / **пригласи́ть** *к чемý?* 邀请
～ к сотрýдничеству 邀请合作
провéрка *какáя?* (*на что?*) 检查
～ на кáчество 质量检查
прогрáмма *какая?* 规划
маркéтинговая ～市场营销规划
продвижéние *чегó?* 推广
～ товáра 推广商品
продýкция *какáя?* 产品
высококáчественная ～高质量的产品
кáчественная ～质量好的产品
надёжная ～可信的产品
прести́жная ～有威信的产品
простáя в обращéнии 使用简单的产品～
удóбная ～方便的产品

экологи́чески чи́стая ～环保干净的产品

прое́кт *како́й* ？方案

взаимовы́годный ～互利的方案

промы́шленность *кака́я* ？工业

конди́терская ～糖果工业

проспе́кт *како́й*？内容提要

рекла́мный ～商品说明书

простота́ в *чём*？简单

～ в обраще́нии 使用简便

про́филь *чего́*？专业特点

～ предприя́тия 企业的专业特点

про́чность *чего́*？结实

～ изде́лия 制品解释耐用

публикова́ть/ опубликова́ть 刊登

публикова́ть / опубликова́ть *что*？

～ объявле́ние 刊登公告

～ рекла́му 刊登广告

публикова́ть / опубликова́ть *где*？

～ в газе́те 报上刊登

～ в журна́ле 杂志上刊登

размеща́ть/ размести́ть 安排

размеща́ть/ размести́ть *что*？

～ рекла́му 安排广告

размеща́ть/ размести́ть *где*？

～ в газе́тах 安排在报上

～ в журна́лах 安排在杂志上

～ в сре́дствах ма́ссовой информа́ции 安排在大众传媒上

～ на ра́дио 安排在广播上

～ на телеви́дении 安排在电视上

разнообра́зие *чего́*？多种多样

～ сорто́в 多样的品种

～ упако́вок 多样的包装

разрабо́тка *чего́*？研究

～ изде́лий 研究制品

рассчи́тывать *на что*？考虑

～ на взаимоде́йствие 考虑相互配合

～ на взаимопонима́ние 考虑相互理解

～ на конта́кты 考虑联系

～ на свя́зи 考虑关系

～ на установле́ние 考虑规定

расчёт *како́й*？考虑

～ на одного́ челове́ка 考虑一个人

расшире́ние *чего́*？拓宽

～ ассортиме́нта 拓宽品种

расширя́ть / расши́рить *что*？拓宽

～ ассортиме́нт 拓宽品种

реализа́ция *чего*？出售

～ това́ра 出售商品

реклами́ровать *что*？用广告宣传

～ проду́кцию 用广告宣传产品

～ това́р 用广告宣传商品

репута́ция *кака́я* ？声望

до́брая ～好名声

заслу́женная ～应得的好声誉

рост *чего́*？增长

～ прода́ж 销售增长

～ спро́са 需求增长

ры́нок 市场

ры́нок *како́й* ？

безграни́чный ～广阔的市场

региона́льный ～地区市场

ры́нок *чего́*？

～ косме́тики 化妆品市场

～ парфюме́рии 化妆品市场

сво́йства 特点

сво́йства *чего*？

～ това́ра 商品特点

сво́йства *каки́е* ？

потреби́тельские 消费特点～

свя́зи *каки́е* ？关系

взаимовы́годные ～互利的关系

сегме́нт *чего́*？部分

～ ры́нка 市场的一部分

сеть *кака́я* ？网

ди́лерская ～经销网

систéма 系统，制度

систéма *какáя* ?

гúбкая ～灵活的制度

систéма *чегó*?

～ платежá 支付体系

～ скúдок 打折制度

склад *какóй* ? 库房

центрáльный ～中心库房

снижéние *чегó*? 降低

～ продáж 降低销售

сообщéние *какóе* ? 消息

реклáмное ～广告消息

соотвéтствие 符合

соотвéтствие *чегó*?

～ образцóв 与样品相符

соотвéтствие *чему*?

～ плáнам 符合计划

～ стандáртам 符合标准

сорт 等级

сорт *какóй* ?

вы́сший ～高级

сорт *чегó*?

～ виногрáда 葡萄等级

～ я́блок 苹果等级

～ табакá 烟草等级

сотрýдничество *какóе* ? 合作

плодотвóрное ～富有成果的合作

специ́фика *чегó*? 特色

～ ры́нка 市场特色

спрáвочник *какóй* ? 指南

реклáмный ～广告指南

спрос 需求

спрос *какóй* ?

высóкий ～高需求

мáссовый ～群众需求

повы́шенный ～较高的需求

постоя́нный ～经常的需求

потреби́тельский ～消费需求

стаби́льный ～稳定的需求

спрос *на что*?

～ на продýкцию 对产品的需求

～ на товáр 对商品的需求

стандáрты *какúе*? 标准

европéйские ～欧洲标准

мировы́е ～世界标准

общепри́нятые ～通用的标准

сфéра *какáя*?（*чегó*?）领域

～ перерабáтывающей промы́шленности 加工领域

～ пищевóй промы́шленности 食品工业范围

сырьё *какóе* ? 资源

натурáльное ～自然资源

технолóгия *какáя* ? 工艺

оригинáльная ～独特的工艺

передовáя ～现进的工艺

экологи́чески чи́стая ～环保型的工艺

тирáж 分数，印数

товáр ***какой*** ? 商品

надёжный ～可靠的商品

удóбный ～方便的商品

экологи́чески чи́стый 环保干净的商品～

увеличéние 扩大

увеличéние *какóе*?

сущéственное ～实质性的扩大

увеличéние чегó?

～ товарооборóта 贸易额扩大

～ спрóса 需求扩大

увели́чивать / **увели́чить** *что*? 扩大

～ ассортимéнт 扩大品种

удóбный *в чём*? 放遍

～ в испóльзовании

удóбство *какóе*?（*в чём*?）

～ в испóльзовании 使用方便

удовлетворя́ть / **удовлетвори́ть** **что**? 满足

～ спрос 满足需求

уменьшéние чего? 缩小

～ спрóса 缩小需求

упакóвка 包装

упакóвка **какáя** ?

конкурéнтная 比赛包装～

упакóвка **чего**?

～ товáра 商品包装

～ чáя 茶叶包装

уступáть / уступи́ть по чемý? 差

～ по кáчеству 质量差

～ по потреби́тельским свóйствам 消费特点差

учáстие чегó? 假如

～ (инострáнного) капитáла 外国资本加入

фасóвка чегó? 分装

～ товáра 分装商品

～ чáя 分装茶叶

харáктер какóй? 特点

сезóнный ～季节特点

эффекти́вность в чём? 有效

～ в испóльзовании 使用效果好

第八课　俄罗斯的商品及服务市场

УРОК 8. РОССИЙСКИЙ РЫНОК ТОВАРОВ И УСЛУГ

РАЗДЕ́Л Ⅰ (第一章)

КАКИ́Е БЫВА́ЮТ ЦЕ́НЫ И ФО́РМЫ ОПЛА́ТЫ
(价格及支付方式)

Ко́фе компа́нии "Не́стле"— это высо́кое ка́чество и ни́зкие це́ны

Зада́ние 1. Прочита́йе рекла́мные объявле́ния. Вы́пишите информа́цию о це́нах. (读下列广告,记录有关价格的信息。)

1. Фи́рма́ реализу́ет со скла́да в Москве́ мя́со и мясопроду́кты да́тского произво́дства. Це́ны минима́льные.

2. Торго́вая фи́рма "Волна́" предлага́ет 100 ви́дов ры́бной проду́кции. Це́ны досту́пные.

3. Специализи́рованный магази́н предлага́ет бога́тый ассортиме́нт оте́чественных сыро́в. Це́ны уме́ренные.

4. Фи́рма "ДЭН" реализу́ет со скла́да в Москве́ во́дку заво́да "Криста́лл", молда́вские ви́на, шампа́нское. Це́ны ни́зкие.

5. В магази́нах Санкт-Петербу́рга всегда́ в прода́же широ́кий ассортиме́нт пи́ва зарубе́жных и оте́чественных производи́телей. Це́ны прие́млемые.

6. В магази́нах име́ется широ́кий вы́бор натура́льных со́ков изве́стной венге́рской фи́рмы "Са́мос". Высо́кое ка́чество и са́мые ни́зкие це́ны.

Зада́ние 2. Запо́мните словосочета́ния. (记住以下词组。)

1) Це́ны — высо́кие, сре́дние, ни́зкие, минима́льные, умере́нные, досту́пные, прие́млемые

Це́ны — свобо́дные, ры́ночные, догово́рные, ги́бкие, твёрдые, мировы́е, европе́йские, ме́стные

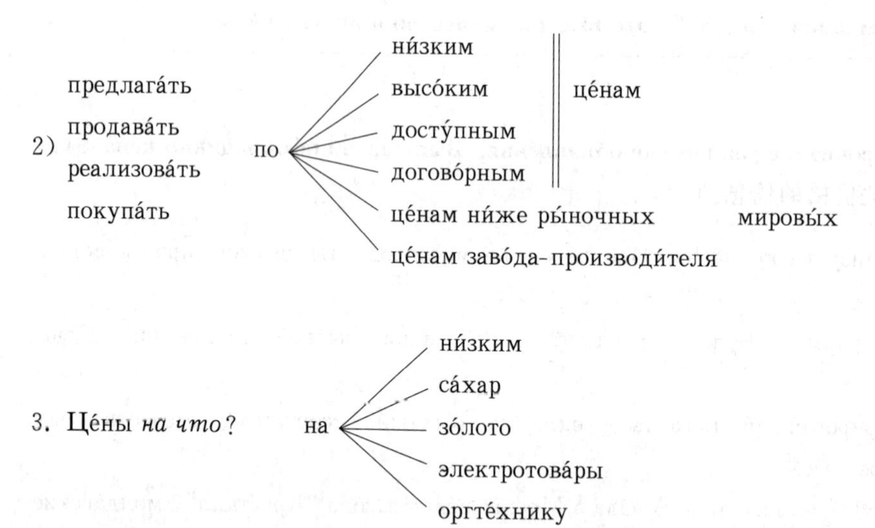

2) предлага́ть / продава́ть / реализова́ть / покупа́ть — по — ни́зким / высо́ким / досту́пным / догово́рным — це́нам; це́нам ни́же ры́ночных / мировы́х; це́нам заво́да-производи́теля

3. Це́ны *на что*? — на — ни́зким, са́хар, зо́лото, электротова́ры, оргте́хнику

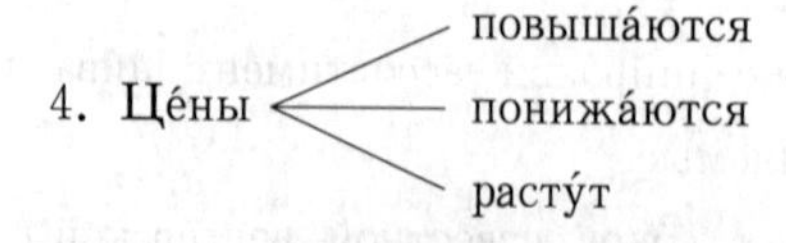

4. Це́ны — повыша́ются, понижа́ются, расту́т

—**По каки́м це́нам фи́рма предлага́ет свою́ проду́кцию?**

—**Фи́рма предлага́ет свою́ проду́кцию по це́нам ни́же ры́ночных.**

Зада́ние 3. Зако́нчите предложе́ния.（仿示例造句。）

Образе́ц:

Фи́рма "Викто́рия-Плюс" поставля́ет де́тское пита́ние.	**са́мые ни́зкие в Росси́и це́ны**

Фи́рма"Викто́рия-Плюс" поставля́ет де́тское пита́ние по са́мым ни́зким в Росси́и це́нам.

1. Фи́рма НЭП предлага́ет же́нскую оде́жду произво́дства США.	о́чень досту́пные це́ны
2. Ма́лое предприя́тие "Ло́кис" продаёт электро́нные пи́шущие маши́нки.	весьма́ уме́ренные це́ны
3. Фи́рма "Сти́лан-Рус" реализу́ет изде́лия из мя́са.	це́ны ни́же мировы́х
4. Компа́ния EURO-SPORT поставля́ет на росси́йский ры́нок спорти́вную оде́жду.	це́ны ни́же европе́йских
5. АО комбина́т "Оста́нкино" предлага́ет по́лный ассортиме́нт моло́чных проду́ктов.	це́ны ни́же ры́ночных
6. Фи́рма "Вико́" поставля́ет лу́чшие сорта́ росси́йских сыро́в.	цены заво́да-производи́теля
7. Торго́вая компа́ния "Норд" реализу́ет пи́во оте́чественного произво́дтства.	це́ны заво́да-изготови́теля

Зада́ние 4. Спроси́те, по каки́м це́нам фи́рмы, в кото́рых рабо́тают ва́ши колле́ги по гру́ппе, реализуют свою́ проду́кцию?（询问一下您同学供职的公司以什么样的价格销售自己的商品。）

> **—Каковы́ сего́дня це́ны на о́фисную ме́бель?**
>
> **—Це́ны на о́фисную ме́бель стаби́льные.**

Зада́ние 5. Зада́йте друг дру́гу вопро́сы о це́нах на ра́зные това́ры и отве́тьте на них.（相互问答各种商品的价格。）

> **—Какова́ фо́рма опла́ты?**
>
> **—Фо́рма опла́ты люба́я— нали́чный и безнали́чный расчёт.**

Зада́ние 6. Запо́мните словосочета́ния.（记住下列词组。）

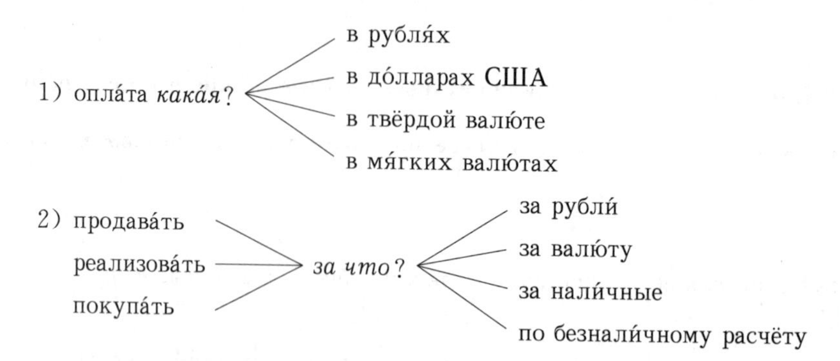

Зада́ние 7. Переведи́те на ру́сский язы́к.（将下列词组译成俄语。）

А. 市价，固定的价格，公道的价格，降价，稳定的价格，最初成本

Б. 现金结帐，支票结帐，适当的期限

Зада́ние 8. Прочита́йте рекла́мные предложе́ния фирм. Вы́пишите информацию о предложе́ниях и усло́виях опла́ты.（阅读各公司的广告报价，抄写有关报价及支付方式的信息。）

1. Междунаро́дная кофе́йная компа́ния "Не́стле"（Nestlé）предлага́ет широ́кий ассортиме́нт ко́фе. Фо́рма опла́ты люба́я.

2. АО "А́бба Ltd." предлага́ет по́лный ассортиме́нт ме́бельных тка́ней по са́мым ни́зким це́нам. Возмо́жен нали́чный и безнали́чный расчёт.

3. Представи́тельство неме́цкой фи́рмы "Хельд" в Росси́и поставля́ет су́мки, рюкзаки́ и други́е изде́лия из ко́жи. Це́ны прие́млемые. Опла́та в рубля́х по ку́рсу ММВБ * на моме́нт опла́ты.

（* ММВБ—Моско́вская межба́нковская валю́тная би́ржа）

4. Фи́рма "Кристи́на" поставля́ет бытову́ю хи́мию оте́чественного и и́мпортного произво́дства по миниму́льным це́нам. Фо́рма опла́ты-люба́я.

5. Торго́вая фи́рма "Ко́мплекс" предлага́ет по ни́зким це́нам те́ле-, ви́део-, аудиоте́хнику. Опла́та в рубля́х по ку́рсу ММВБ.

6. Фа́брика "Принт" предлага́ет в широ́ком ассортиме́нте канцеля́рские това́ры высо́кого ка́чества—бума́гу, тетра́ди, альбо́мы по це́нам изготови́теля. Опла́та—в ра́зных валю́тах.

КАКИ́МИ БЫВА́ЮТ УСЛО́ВИЯ ПОСТА́ВКИ
（供货条件）

Зада́ние 9. Запо́мните словосочета́ния.（记住以下词组。）

1）поставля́ть/поста́вить　товáр

2）опто́вые / ро́зничные → поста́вки

3）продава́ть / покупа́ть / торгова́ть → о́птом и в ро́зницу

4）кру́пный / сре́дний / ме́лкий → опт

Зада́ние 10. Познако́мьтесь с основны́ми усло́виями поста́вки.（记住各种供货条件。）

Сро́ки	Коли́чество	Спо́соб доста́вки
Поставля́ем	Продаём	Доставля́ем
1）сро́чно, неме́дленно; 2）в тече́ние су́ток, трёх-пяти́ су́ток; 3）сра́зу по́сле опла́ты, по фа́кту опла́ты;	1）больши́ми, небольши́ми, ме́лкими па́ртиями; 2）па́ртиями по 50, 100 штук ми́нимум; 3）о́птом и в ро́зницу;	1）свои́м тра́нспортом в трёх и пятито́нных конте́йнерах; 2）доста́вка зака́зчика (самовы́воз); доста́вка поставщика́

Зада́ние 11. Запо́мните словосочета́ния.（记住以下词组。）

1）доставля́ть/доста́вить товáр	автотра́нспортом авиатра́нспортом	
2）доста́вка това́ра	железнодоро́жным тра́нспортом	морски́м

Зада́ние 12. Прочита́йте рекла́мные предложе́ния. Вы́делите информа́цию об усло́виях оплаты, це́нах и усло́виях доста́вки.（阅读以下广告报价，抄写有关支付方式和供货条件的信息。）

1. Ма́лое предприя́тие продаёт небольши́ми па́ртиями пи́шущие маши́нки. Опла́та в

рублях. Цены приемлемые. Возможна доставка автотранспортом поставщика.

2. Производственное объединение предлагает товары народного потребления — одежду, детский трикотаж, бытовую технику. Оплата наличными. Поставка по факту оплаты. Доставляем железнодорожным транспортом в любую точку России.

3. Фирма "Большой слон" предлагает ковровые покрытия производства США. Оптовая и розничная продажа. Самые низкие в Москве цены. Доставка транспортом заказчика.

4. Компания "Сити-Сайн" (City Sign) продолжает сезонную распродажу женской обуви крупным, средним и мелким оптом. Минимальная партия-12 пар. Форма оплаты любая.

5. Компания "Унилэнд" — крупнейший поставщик товаров ведущих парфюмерно-косметических фирм мира — предлагает духи, туалетную воду, дезодоранты в широком ассортименте. Продажа крупными и мелкими партиями. Цены — ниже европейских. Форма оплаты любая.

6. Фирма "Росмебель" предлагает самый широкий выбор мебели отечественного производства для офиса, банка и дома. Поставляется оптом со склада в Москве. Доставка железнодорожными контейнерами. Самые низкие цены в России и странах СНГ.

Задание 13. Дополните данные ниже коммерческие предложения указаниями на условия оплаты, цены, условия поставки. (为下列商业报价补全支付方式及供货条件。)

1. Предприятие предлагает со складов в Санкт-Петербурге ковры и ковровые изделия производства Турции, Ирана, Индии.

2. Фирма продаёт импортные товары народного потребления — ткани, одежду, обувь, кожаные изделия.

3. Торговая организация поставляет в регионы России компьютеры, факсы, видео- и аудиотехнику южнокорейского производства.

4. Объединение реализует телевизоры и видеомагнитофоны японских фирм.

5. Представительство компании "Ита" в России предлагает широкий ассортимент венгерских вин и продуктов.

6. АО "Логоваз" реализует иномарки и машины отечественного производства.

В КАКОМ СЛУЧАЕ ПРЕДОСТАВЛЯЮТСЯ СКИДКИ
(什么情况下打折)

Постоянным покупателям предоставляются скидки.

Задание 14. Запомните слова и словосочетания. (记住以下单词及词组。)

1) предоставлять/предоставить скидку

2）значи́тельная / суще́ственная → ски́дка

3）систе́ма ски́док

гибкая систе́ма ски́док

Зада́ние 15. Прочита́йте рекла́мные предложе́ния из журна́ла “Ры́нок”. Вы́пишите информа́цию о ски́дках.（读《市场》杂志上面的广告报价。抄写有关优惠条件的信息。）

1. Компа́ния “Ко́фе-Клуб” предлага́ет ко́фе ма́рки “Го́лден Брази́л”. Фо́рма опла́ты—нали́чный и безнали́чный расчёт. Опто́вым покупа́телям предоставля́ется ски́дка.
2. Фи́рма “А́льфа-Э́ко”— крупне́йший поставщи́к са́хара. Предлага́ет любы́е па́ртии со скла́да по ни́зким це́нам. Доста́вка железнодоро́жным тра́нспортом во все регио́ны Росси́и. Постоя́нным клие́нтам предоставля́ется значи́тельная ски́дка.
3. Торго́вый дом “Ба́лтия” поставля́ет ры́бу и рыбопроду́кты па́ртиями от пяти́ до двадцати́ тонн. Доста́вка специа́льными ваго́нами-рефрижера́торами. Фо́рма опла́ты—люба́я. Ги́бкая систе́ма ски́док.
4. Фи́рма “Ист Ко́мпани Л” реализу́ет со скла́да в Москве́ первокла́ссные строи́тельные материа́лы из Финля́ндии, Герма́нии и По́льши. Осуществля́ется доста́вка автомаши́нами, конте́йнерами и ваго́нами. При опла́те нали́чными—максима́льные ски́дки.

Зада́ние 16. Прочита́йте фрагме́нты рекла́мных объявле́ний и скажи́те, кому́ и при каки́х усло́виях предоставля́ются ски́дки.（读广告词片段，说出在什么样的条件下可以向谁提供优惠价格。）

1. Опто́вым покупа́телям предоставля́ется значи́тельная ски́дка.
2. Постоя́нным клие́нтам предоставля́ется больша́я ски́дка.
3. При опла́те нали́чными возмо́жна ски́дка.
4. В слу́чае самодоста́вки това́ра предусмо́трена ски́дка.

Зада́ние 17. Прочита́йте те́ксты рекла́мных объявле́ний. Вы́пишите основну́ю информа́цию: предлага́емый това́р, усло́вия поста́вки и доста́вки, це́ны, ски́дки.（阅读以下广告词，抄写主要信息：提供何种商品，供货及运货条件，价格，优惠条件。）

1. Конди́терская фа́брика “Кра́сный Октя́брь”（Москва́）— крупне́йший производи́тель конди́терских изде́лий—предлага́ет широ́кий ассортиме́нт шокола́дных конфе́т.

Поставля́ет со скла́да в Москве́ в тече́ние су́ток.

Конте́йнерная доста́вка железнодоро́жным тра́нспортом в любу́ю то́чку Росси́и.

Опто́вым покупа́телям предоставля́ется ски́дка!

Все конфе́ты—вы́сший класс!

Покупа́йте их у нас!

Хоро́ший това́р—хоро́шие це́ны!

2. Продово́льственная ба́за "Мир" поставля́ет бо́лее 300 наименова́ний това́ров повы́шенного спро́са. Фо́рма опла́ты — нали́чный и безнали́чный расчёт. Доста́вка по Москве́ и Моско́вской о́бласти автотра́нспортом, в друѓие регио́ны Росси́и—конте́йнерные и ваго́нные поста́вки.

В зави́симости от фо́рмы и сро́ков опла́ты—ски́дка до 8 %!

Зада́ние 18. Познако́мьтесь с рекла́мными фо́рмулами, говоря́щими о предоставле́нии ски́дки. (记住有关提供优惠价格的广告词模式。)

1. Оптовика́м—ски́дка!
2. На больши́е па́ртии—ски́дка!
3. При кру́пном о́пте—серьёзные ски́дки!
4. При опла́те нали́чными—значи́тельные ски́дки!
5. Постоя́нным партнёрам—суще́ственные ски́дки!
6. Постоя́нным опто́вым покупа́телям—максима́льные ски́дки!

Зада́ние 19. Соста́вьте рекла́мные объявле́ния о това́рах и услу́гах, кото́рые предлага́ет Ва́ша фи́рма. Укажи́те в них усло́вия поста́вки, опла́ты, це́ны и ски́дки. (起草一份贵公司可提供的商品及服务的广告词,内容包括供货条件,支付方式,价格及优惠条件。)

ЧТО ГАРАНТИ́РУЮТ ФИ́РМЫ
(公司保障什么)

—**Что гаранти́рует фи́рма**?

—**Фи́рма гаранти́рует высо́кое ка́чество проду́кции.**

Зада́ние 20. Запо́мните словосочета́ния. (记住以下词组。)

гаранти́ровать *что*?
- высо́кое ка́чество проду́кции;
- экологи́ческую чистоту́ и безопа́сность проду́ктов пита́ния;
- надёжность и экономи́чность бытово́й те́хники;
- соотве́тствие проду́кции де́йствующим станда́ртам;
- сро́чность поста́вки товара́

Зада́ние 21. Прочита́йте рекла́мные предложе́ния. Вы́пишите информа́цию о гара́нтиях.（阅读广告报价，抄写有关保障的信息。）

1. "Союзконтра́кт" предлага́ет проду́кты пита́ния в широ́ком ассортиме́нте. Ка́чество това́ра и стаби́льность цен на вре́мя доста́вки гаранти́руем.

2. Фи́рма "Молдо́ва" реализу́ет по минима́льным це́нам натура́льные молда́вские со́ки. Экологи́ческая чистота́, отсу́тствие консерва́нтов гаранти́руются.

3. Фи́рма "Орио́н" продаёт това́ры бытово́й хи́мии. Ка́чество и экологи́ческая безопа́сность гаранти́руются.

4. Ма́лое предприя́ттие "Универса́л" предлага́ет услу́ги по перево́зке гру́зов. Ни́зкие це́ны и минима́льные сро́ки гаранти́руются.

5. Объедине́ние "Цирко́н-Мед" реализу́ет медикаме́нты оте́чественного и и́мпортного произво́дства. Гаранти́руется по́лное соотве́тствие това́ров междунаро́дным станда́ртам.

6. Фи́рма "Коро́на" предлага́ет канцеля́рские това́ры. Гаранти́руются широ́кий ассортиме́нт, уме́реные це́ны, доста́вка в любу́ю то́чку Москвы́ и Моско́вской о́бласти.

Фи́рма гаранти́рует высо́кое ка́чество това́ра.	**Высо́кое ка́чество това́ра гаранти́руется**

Зада́ние 22. Вы́разите информа́цию о гара́нтиях разли́чными спо́собами.（仿示例，用不同的表达方式做出保证。）

Образе́ц: Фи́рма гаранти́рует уме́ренные це́ны.
Мы гаранти́руем уме́ренные це́ны.
Уме́ренные це́ны гаранти́руются.

1. Фи́рма-поставщи́к гаранти́рует отли́чное ка́чество проду́ктов пита́ния и разу́мные це́ны.
2. Мы гаранти́руем сотру́дникам фи́рмы высо́кую зарпла́ту.
3. Юриди́ческая по́мощь клие́нтам гаранти́руется.
4. Фи́рма гаранти́рует постоя́нным покупа́телям значи́тельные ски́дки.
5. Сро́чность доста́вки това́ра и его́ сохра́нность гаранти́руется.
6. Мы гаранти́руем соотве́тствие на́шей проду́кции междунаро́дным станда́ртам.

КАКИ́Е УСЛУ́ГИ ОКА́ЗЫВАЮТ ФИ́РМЫ
（公司提供哪些服务）

Фи́рма ока́зывает организа́циям и ча́стным ли́цам юри́дические услу́ги.

Зада́ние 23. Запо́мните, каки́е быва́ют услу́ги.（记住以下各项服务。）

1. Услу́ги
   - *каки́е?* — информацио́нные, рекла́мные, посре́днические, тра́нспортные, се́рвисные, складски́е
   - *по чему́?* — по обуче́нию, по обслу́живанию, по ремо́нту, по перево́зке, по страхова́нию, по хране́нию, по доста́вке
   - *в о́бласти чего́?* — в о́бласти тури́зма, в о́бласти торго́вли
2. Предлага́ть / ока́зывать — услу́ги

Рабо́таем в па́рах!

Зада́ние 24. Спроси́те, чем занима́ются сле́дующие фи́рмы и скажи́те, каки́е услу́ги они́ ока́зывают.（仿示例交谈下列各公司从事的业务及可提供的服务。）

Образе́ц: Рекла́мно-информацио́нное аге́нтство “По́иск”—

—Чем занима́ется рекла́мно-информацио́нное аге́нтство “По́иск”?

—Аге́нтство “По́иск” ока́зывает рекла́мные и информацио́нные услу́ги.

1. Рекла́мное аге́нтство “Фо́рум”—
2. Аудито́рская фи́рма “Росэксперти́за”—
3. Полиграфи́ческое объедине́ние “Гра́фика-М”—
4. Тра́нспортное аге́нтство “Рейс”—
5. Туристи́ческий центр “Меридиа́н”—
6. Юриди́ческая ассоциа́ция “Ле́гис”—

Зада́ние 25. Спроси́те, каки́е услу́ги ока́зывают фи́рмы.（交谈下列公司可提供的服务。）

1. Объедине́ние “Ло́тос” ока́зывает рекла́мно-спра́вочные услу́ги.
2. Гости́нично-тури́стический ко́мплекс “Тверь” предлага́ет услу́ги по обслу́живанию тури́стов.
3. Ремо́нтно-строи́тельное объедине́ние “Заря́” ока́зывает услу́ги по ремо́нту кварти́р и о́фисов.
4. Акционе́рное о́бщество “Автосе́рвис” предлага́ет услу́ги по ремо́нту и техобслу́живанию грузовы́х автомоби́лей.
5. Рекла́мно-посре́дническое аге́нтство “Партнёр” предлага́ет услу́ги по распростране́нию рекла́мы.
6. Торго́вая фи́рма “Се́вер” предлага́ет услу́ги по реализа́ции това́ров наро́дного

потребле́ния.

7. Компа́ния “Интурсе́рвис” ока́зывает услу́ги в о́бласти междунаро́дного тури́зма.

—Услу́гами како́й юриди́ческой фи́рмы по́льзуется Ва́ша компа́ния? **—Мы по́льзуемся услу́гами фи́рмы “Бе́ккер энд Макке́нзи”.**

Рабо́таем в па́рах!

Зада́ние 26. Спроси́те колле́г по гру́ппе, услу́гами каки́х фирм они́ по́льзуются, е́сли им ну́жно. (问班里的同行,如果需要,他们可获得哪些公司的下列服务。)

—получи́ть юриди́ческую консульта́цию,

—провести́ аудито́рскую прове́рку,

—размести́ть рекла́му фи́рмы,

—перевезти́ гру́зы,

—сде́лать ремо́нт в офи́се.

Образе́ц: **—Услу́гами како́й фи́рмы Вы по́льзуетесь, е́сли ну́жно сде́лать катало́г Ва́шей проду́кции?**

—Когда́ нам ну́жно сде́лать катало́г на́шей проду́кции, мы по́льзуемся услу́гами полиграфи́ческой фи́рмы “Техногра́фикс”.

Фи́рма “Ко́ка-Ко́ла” явля́ется ли́дером по произво́дству **и прода́же безалкого́льных напи́тков.**

Зада́ние 27.

А. Познако́мьтесь со спо́собами обозначе́ния ме́ста фи́рмы на ры́нка. (记住公司在市场所处地位的表达方式。)

1. Фи́рма лиди́рует на ры́нке моро́женого.
2. Фи́рма занима́ет пе́рвое ме́сто в ми́ре (в стране́, в регио́не) по произво́дству компью́теров.

Б. Скажи́те, каки́е америка́нские фи́рмы явля́ются ли́дерами по произво́дству? (说出哪些美国公司在哪个生产领域中处于领先地位。)

—автомоби́лей,

—бытово́й те́хники,

—проду́ктов пита́ния,

—спорти́вной оде́жды и о́буви,

—парфюме́рии и косме́тики,

—таба́чных изде́лий.

РАЗДЕ́Л Ⅱ (第二章)

КОНКУРЕ́НЦИЯ ФИРМ НА РОССИ́ЙСКОМ РЫ́НКЕ
(俄罗斯市场公司间的竞争)

Зада́ние 1.

А. Прочита́йте 3 те́кста. Скажи́те, како́й о́бщей те́мой они́ объединены́. Озагла́вьте ка́ждый текст.(读下列三篇课文,说出它们共同的主题,并为每篇课文写出题目。)

Текст 1.

"Ко́ка-Ко́ла" объяви́ла, что до конца́ 1997 го́да она́ инвести́рует 100 млн. до́лларов в це́лях расшире́ния своего́ би́знеса в Росси́и. Согла́сно заявле́нию представи́теля фи́рмы, благодаря́ э́тому "Ко́ка-Ко́ла" ста́нет веду́щей компа́нией, рабо́тающей на ры́нке прохлади́тельных напи́тков в Росси́и.

"Пе́пси-Ко́ла" вы́ступила с проте́стом. Она́ заяви́ла, что остаётся на пе́рвом ме́сте по объёму прода́жи ко́лы. По слова́м представи́теля "Пе́пси" К. Хью́за, компа́ния контроли́рует 58 проце́нтов росси́йского ры́нка ко́лы и лиди́рует в состяза́нии с гла́вным конкуре́нтом со счётом 2:1. Одна́ко Хьюз не опубликова́л ци́фры, пока́зывающие объём проду́кции.

Интере́сно, что до 1985 го́да "Пе́пси" облада́ла исключи́тельным пра́вом на де́ятельность в СССР. Только в 1990 году "Ко́ка" на́чала де́лать в Росси́и кру́пные инвести́ции, кото́рые в после́дние го́ды соста́вили 500 миллио́нов до́лларов.

Текст 2.

В апре́лс 1994 го́да компа́ния "Ко́ка-Ко́ла" и росси́йское акционе́рное о́бщество "Ко́ка-Ко́ла" рефре́шментс Москва́ "откры́ли в подмоско́вном го́роде Со́лнцево но́вый заво́д по произво́дству прохлади́тельных напи́тков, ста́вших популя́рными у россия́н: "Ко́ка-Ко́лы", "Фа́нты", "Спра́йта". Производи́тельность предприя́тия — 9000 двухлитро́вых пла́стиковых буты́лок в час. Стро́ительство заво́да сто́ило фи́рме 35 млн. до́лларов.

Текст 3.

Ле́том 1996 го́да в ко́смосе находи́лись росси́йская ста́нция "Мир" с двумя́ россия́нами и америка́нкой на борту́ и америка́нский "шаттл" "Инде́вор" с экипа́жем из 6 челове́к. Компа́ния "Пе́пси-ко́ла" заплати́ла Росси́йскому косми́ческому аге́нтству семизна́чную су́мму в до́лларах за рекла́мную съёмку космона́втов “Ми́ра” в откры́том ко́смосе с гига́нтской ба́нкой “Пе́пси”.

Компа́ния “Ко́ка-Ко́ла” в свою́ о́чередь установи́ла на борту́ “ша́ттла” автома́т, кото́рый до́лжен был выдава́ть америка́нским космона́втам прохлади́тельный напи́ток. Но автома́т слома́лся. Как сказа́л оди́н из руководи́телей НА́СА Джефф Бентл, он ничего́ не знал о договорённости “Пе́пси-Ко́лы” с росси́йским косми́ческим аге́нтством. Возмо́жно, что и на “ша́ттлах” в ско́ром бу́дущем бу́дут снима́ть рекла́мные ро́лики. Так что рекла́ма распространя́ется уже́ и в ко́смосе.

Б. Отве́тьте на вопро́сы. (回答问题。)

1. Како́й сегме́нт росси́йского ры́нка представля́ет интере́с для компа́ний “Ко́ка-Ко́ла” и “Пе́пси-Ко́ла”? 2. Кака́я компа́ния име́ла преиму́щества при вы́ходе на росси́йский ры́нок? Почему́?

В. Расскажи́те о де́йствиях, кото́рые предпринима́ет “Ко́ка-Ко́ла”, чтобы заня́ть лиди́руйщее положе́ние на росси́йском ры́нке прохлади́тельных напи́тков : а) инвести́ции, б) строи́тельство заво́да, в) рекла́мная компа́ния. (讲述“可口可乐”公司为了在俄饮品市场占据领先的地位采取了哪些行动:(а)投资;(б)建厂;(в)广告活动。)

Дава́йте обсу́дим!

Г. Существу́ет ли конкуре́нция “Ко́ка-Ко́лы” и “Пе́пси-Ко́лы” на америка́нском ры́нке прохлади́тельных напи́тков? Вы́годно ли э́то потреби́телям? Кака́я из э́тих компа́ний лиди́рует в США? Каковы́ перспекти́вы э́той конкуре́нтной борьбы́? (在美国的可乐“可口可乐”公司与“百事”可乐公司之间存在着竞争吗? 这种竞争对消费者有利吗? 哪家公司在美国处于领先地位? 这场竞争的前景如何?)

Зада́ние 2.

А. Прочита́йте текст. Скажи́те, на ры́нке како́й проду́кции конкури́руют фи́рмы “Ри́бок” и “На́йк”? (阅读课文,谈谈“Ри́бок” 和 “Найк”两家公司在什么产品市场上竞争?)

“НАЙК” И “РИ́БОК” -ВЕ́ЧНЫЕ КОНКУРЕ́НТЫ

Любо́й предпринима́тель стреми́тся заня́ть лиди́рующее положе́ние на ры́нке да́нного това́ра или́ на определённой террито́рии. Но занима́ть лиди́рующее положе́ние на ры́нке—де́ло сло́жное и дорогосто́ящее. Ведь ли́дером ры́нка стано́вится компа́ния, кото́рая име́ет до 40% ры́ночного объёма реализа́ции. Ли́деру принадлежи́т инициати́ва в конкуре́нтной борьбе́. Он ли́бо снижа́ет це́ну, ли́бо организу́ет эффекти́вную систе́му стимули́рования спро́са.

Интере́сна в э́том отноше́нии исто́рия конкуре́нтной борьбы́ двух изве́стных фирм-"Найк" и "Ри́бок". Компа́ния "Найк", занима́ющая значи́тельную до́лю ры́нка спорти́вной о́буви, попа́ла в сло́жное положе́ние, когда́ её ры́ночную ни́шу ста́ла захва́тывать но́вая фи́рма-"Ри́бок", кото́рая вы́пустила о́бувь для заня́тий аэро́бикой и "бе́гом ра́ди жи́зни".

Оказа́вшись на вторы́х пози́циях, компа́ния "Найк" провела́ ры́ночные иссле́дования и ста́ла испо́льзовать в произво́дстве свое́й о́буви бо́лее привлека́тельную мо́дную отде́лку и но́вую цветову́ю га́мму. Кро́ме того́, "Найк" вложи́ла огро́мные де́ньги в нау́чно-иссле́довательские разрабо́тки и нашла́ но́вую техноло́гию—"Найк Эйр". Э́та техноло́гия позво́лила производи́ть спорти́вную о́бувь с ма́ленькими окошками в каблуке́ для во́здуха.

В отве́т на э́ту техноло́гию фи́рма "Ри́бок" предложи́ла ры́нку моде́ль "Памп": в спорти́вные ту́фли помести́ли возду́шную по́мпу для вентиля́ции ног при заня́тиях спо́ртом. Когда́ э́ту нови́нку оцени́л ры́нок, це́ны на а́кции фи́рмы "Найк" ре́зко упа́ли. Фи́рма "Ри́бок" догнала́ "Найк" и по расхода́м на рекла́му: продвиже́ние моде́ли "Памп" обошло́сь фи́рме "Ри́бок" в 10 млн. до́лларов.

Сего́дня фи́рмы занима́ют на ры́нке спорти́вной о́буви приме́рно одина́ковое положе́ние. Борьба́ продолжа́ется.

Б. Скажи́те, с по́мощью каки́х де́йствий фи́рмы "Ри́бок" и "Найк" пыта́ются завоева́ть лиди́рующее положе́ние на ры́ньке. В отве́те испо́льзуйте словосочета́ния, да́ннькe ни́же. (谈谈为争得市场上的领先地位两家公司将采取哪些行动。回答问题时请使用下面提供的词组。)

Проводи́ть эффекти́вные ры́ночные иссле́дования, вкла́дывать де́ньги в нау́чно-иссле́довательские разрабо́тки, соверше́нствовать техноло́гию, создава́ть но́вые моде́ли, испо́льзовать но́вый материа́л, снижа́ть це́ну, проводи́ть эффекти́вную рекла́мную кампа́нию.

В. Испо́льзуя информа́цию те́кста, докажи́те, что быть ли́дером на ры́нке "де́ло сло́жное и дорогосто́ящее".(利用课文中的信息证明为了市场领先地位的争斗很复杂,有时会付出昂贵的代价。)

Г. Скажи́те, каково́ ме́сто Ва́шей фи́рмы на ры́нке. Ста́вит ли Ва́ша фи́рма цель завоева́ть лиди́рующее положе́ние на ры́нке? Каки́е компа́нии лиди́руют в том сегме́нте ры́нка, где рабо́тает Ва́ша фи́рма?(谈谈贵公司在市场中的地位,贵公司有志于争夺市场的领先地位吗?在贵公司的业务范围内哪些公司领先?)

Зада́ние 3.

А. Прочита́йте текст. Скажи́те, компа́нии каки́х стран конкури́руют сего́дня на росси́йском ры́нке моро́женого?(阅读课文,谈谈当今俄罗斯冰淇淋市场上有哪些国家的公司在竞争。)

РАСТУ́ЩАЯ КОНКУРЕ́НЦИЯ НА РОССИ́ЙСКОМ РЫ́НКЕ МОРО́ЖЕНОГО

Сего́дня на росси́йском ры́нке моро́женого рабо́тает мно́жество иностра́нных и росси́йских фирм. Но несмотря́ на э́то в Росси́и, осо́бенно в прови́нции, моро́женое до сих пор в дефици́те. На ка́ждого россия́нина в год прихо́дится не бо́лее 2 кг моро́женого, а но́рма рациона́льного пита́ния—5 кг. Не хвата́ет не то́лько оте́чественного, но и и́мпортного моро́женого. И́менно поэ́тому его́ произво́дство и прода́жа—э́то весьма́ при́быльный би́знес в Росси́и.

Сего́дня мно́гие зарубе́жные компа́нии предлага́ют на росси́йском ры́нке не то́лько моро́женое, но и обору́дование для его́ произво́дства. Э́то всеми́рно изве́стная да́тская компа́ния ▮ *Tetra Laval Food Hoyer*, выпуска́ющая лу́чшее в ми́ре обору́дование для произво́дства моро́женого, италья́нские фи́рмы *Garpigiani*, *Bravo S. P. A.* и *Tekno-Ice S. R. L.*, америка́нская компа́ния "Стив", предлага́ющая компле́кт обору́дования для произво́дства моро́женого, не име́ющего ана́логов в Росси́и.

Сего́дня на росси́йском ры́нке моро́женого растёт конкуре́нтная борьба́ между́ росси́йскими и зарубе́жными производи́телями. Интере́сно сравни́ть направле́ние рекла́мных кампа́ний, кото́рые веду́т росси́йские и зарубе́жные производи́тели. Росси́йские производи́тели де́лают упо́р на тради́ции: ру́сский челове́к привы́к к моро́женому калори́йному, пита́тельному. Росси́йское моро́женое—э́то натура́льные проду́кты без иску́сственных доба́вок.

Иностра́нцы не спо́рят, но счита́ют всё э́то ... недоста́тком. Преиму́щества моро́женого, по их мне́нию, заключа́ются в ни́зкой калори́йности, уника́льном вку́се ка́ждого со́рта и широча́йшем ассортиме́нте. Таки́е подхо́ды отража́ют разли́чное отноше́ние к потреби́тельским сво́йствам моро́женого как това́ра. Время́ пока́жет, кто вы́йдет победи́телем в э́той конкуре́нтной борьбе́.

Б. Почему́, по мне́нию а́втора, росси́йский ры́нок моро́женого сеeодня—э́то при́быльную се́ктор вложе́ния де́нег? (为什么作者认为目前俄罗斯冰淇淋市场是投资赢利的一个领域?)

В. Охарактеризу́йте отноше́ние росси́йских и зарубе́жных производи́телей к потреби́тельским сво́йствам моро́женого. Чья рекла́мная поли́тика произво́дит на Вас как на потреби́теля бо́лее си́льное впечатле́ние? (评价一下俄罗斯及外国厂家对冰淇淋消费特点的态度。谁的广告方针更能使作为消费者的您产生深刻的印象?)

Г. Как Вы счита́ете, кто победи́т в конкуре́нтной борьбе́ на росси́йском ры́нке моро́женого? (您认为谁会在俄罗斯冰淇淋市场的竞争中胜出呢?)

Зада́ние 4. Проду́кция каки́х фирм предста́влена на кита́йском ры́нке моро́женого? Ощуща́ется ли конкре́нция разли́чных фирм? Каки́е фи́рмы лиди́руют в э́том сегме́нте ры́нка? Каки́е де́йствия предпринима́ют фи́рмы, что́бы сохрани́ть своё лиди́рующее положе́ние на ры́нке? (中国的冰淇淋市场都有哪些公司的产品？各公司之间存在竞争吗？在这块市场上有哪些公司处于领先地位？为保住这一地位，他们都有哪些举措？)

Зада́ние 5. Вам ну́жно купи́ть ме́бель для о́фиса. Прочита́йте рекла́мные объявле́ния ря́да конкури́рующих фирм. В каку́ю фи́рму Вы обрати́тесь и почему́? (假设您需要为办公室买家具。请您读一下各大公司的广告，并说说您准备咨询哪个公司的产品，为什么？)

1. Фи́рма "Диза́йн" предлага́ет са́мый широ́кий вы́бор о́фисной ме́бели. 500 наименова́ний! Ски́дки! Пре́мии посре́дникам! Самовы́воз со скла́да в Подмоско́вье.

2. АО "Интерье́р" продаёт о́птом и в ро́зницу экологи́чески чи́стую о́фисную ме́бель. Це́ны производи́телей! Доста́вка со скла́да в Москве́. Ги́бкая систе́ма ски́док.

3. АОЗТ "О́никс" предлага́ет италья́нскую ме́бель для о́фисов. Разли́чные цвета́. Люба́я комплекта́ция. Возмо́жна доста́вка. Це́ны уме́ренные. Гара́нтия—1 год.

4. ИЧП "Серж"—широ́кий ассортиме́нт о́фисной ме́бели. Беспла́тно: диза́йн—прое́кт, доста́вка. Поста́вка в тече́ние 3-х дне́й с моме́нта опла́ты. На́ши це́ны—минима́льные!

5. Фи́рма "Стиль"—о́фисная ме́бель на зака́з. Оптовика́м ски́дка. Доста́вка со скла́да в Москве́. Люба́я фо́рма опла́ты.

РОССИ́ЙСКИЙ РЫ́НОК УСЛУ́Г(俄罗斯的服务市场)
УСЛУ́ГИ В СФЕ́РЕ ОБЩЕ́СТВЕННОГО ПИТА́НИЯ(公共饮食服务)

Зада́ние 6.

А. Прочита́йте текст. Скажи́те, где нахо́дится рестора́н "Три пескаря́"? (阅读课文，说出"Три пескаря"餐厅的位置。)

"ТРИ ПЕСКАРЯ́"-МОСКО́ВСКИЙ РЕСТОРА́Н, С КОТО́РЫМ ТРУ́ДНО КОНКУРИ́РОВАТЬ

Рестора́н "Три пескаря́" был откры́т в Москве́ в ноябре́ 1995 го́да, а в 1996 году́ уже́ был при́знан рестора́ном с лу́чшей ку́хней. В чём же причи́на тако́го успе́ха? Почему́ рестора́н "Три пескаря́" так популя́рен среди́ представи́телей росси́йских и за́падных делові́х круго́в? Почему́ о нём уже́ говоря́т в Евро́пе, а когда́ приезжа́ют в Москву́, стара́ются обяза́тельно побыва́ть в э́том рестора́не?

Де́ло в том, что "Три пескаря́"— э́то пе́рвый и еди́нственный в Москве́ рестора́н, в кото́ром посети́телям предлага́ется большо́й ассортиме́нт живо́й ры́бы. Ры́ба поставля́ется не́сколько раз в неде́лю из подмоско́вных ры́бных хозя́йств, изве́стных экологи́ческой чистото́й и ка́чеством выра́щиваемой ры́бы. Посети́тели рестора́на мо́гут вы́брать для́ себя живу́ю ры́бу пря́мо из аква́риумов, находя́щихся в за́ле. Го́рдость рестора́на — жива́я форе́ль.

Высоча́йшее ка́чество проду́ктов, кото́рые испо́льзуются при приготовле́нии блюд европе́йской и росси́йской ку́хни,— э́то оди́н из секре́тов успе́ха "Трёх пескаре́й". 80% проду́ктов поставля́ют веду́щие за́падные фи́рмы, давно́ зарекомендова́вшие себя́ на ры́нках Евро́пы как производи́тели проду́кции безупре́чного ка́чества.

Прямы́е торго́вые свя́зи у рестора́на и с производи́телями алкого́льных напи́тков. В "Трёх пескаря́х" великоле́пная и са́мая больша́я, по сравне́нию с други́ми рестора́нами, колле́кция коньяко́в, ви́ски и вин. Э́ту колле́кцию мо́жно уви́деть на специа́льно изгото́вленном стеллаже́, кото́рый украша́ет интерье́р ба́ра. По ассортиме́нту предлага́емых посети́телям спиртны́х напи́тков у "Трёх пескаре́й" в Росси́и нет конкуре́нтов!

Высо́кий профессионали́зм и прекра́сный вкус люде́й, рабо́тающих в рестора́не, проявля́ется абсолю́тно во всём. Шеф-по́вар "Трёх пескаре́й"— францу́з Мише́ль Балбарани́ — при́знан лу́чшим шеф-по́варом Москвы́. На глаза́х у посети́телей пря́мо в за́ле он ло́вко и элега́нтно гото́вит свои́ изы́сканные блю́да.

Госте́й поража́ет великоле́пный интерье́р, ча́стью кото́рого явля́ется устано́вленный вдоль одно́й из стен аква́риум с экзоти́ческими ры́бами и да́же аллига́тором! На стена́х— морски́е пейза́жи росси́йских худо́жников. На стола́х — тонча́йший францу́зский фарфо́р, хруста́ль, серебро́. В за́ле рестора́на звучи́т а́рфа, что создаёт атмосфе́ру поко́я. Руково́дство "Трёх пескаре́й" забо́тится не то́лько о душе́вном поко́е посети́телей, но и об их безопа́сности. Э́тими вопро́сами и на стоя́нке автомоби́лей, и в рестора́не занима́ется со́бственная специа́льная слу́жба.

Ме́неджеры и официа́нты име́ют прекра́сную профессиона́льную подгото́вку. Они́ сра́зу и безоши́бочно определя́ют, како́му посети́телю что ну́жно. Они́ уме́ют не то́лько вку́сно накорми́ть люде́й, но и созда́ть усло́вия для о́тдыха. Проду́мано всё до мелоче́й. Существу́ет да́же два ви́да меню́: с це́нами — для приглаша́ющих и без цен — для приглашённых. И ещё не́ было слу́чая, чтобы официа́нт, предлага́я меню́, оши́бся, кто есть кто. В рестора́не принима́ется люба́я фо́рма опла́ты, име́ется пункт обме́на валю́ты.

В "Трёх пескаря́х" есть зал "*V. I. P.*", в кото́ром прохо́дят делов́ые обе́ды, у́жины. Э́тот зал, как и сто́лик в рестора́не, мо́жно заказа́ть зара́нее по те́лефо́нам: 201-87-38, 201-87-39. Рестора́н располо́жен в це́нтре Москвы́, пря́мо на Садо́вом кольце́ (Зу́бовский бульва́р, д. 4), в пяти́ мину́тах езды́ от посо́льства США.

Е́сли Вы побыва́ете в "Трёх пескаря́х", Вы поймёте, почему́ с э́тим рестора́ном тру́дно конкури́ровать.

Б. Вы́берите вариа́нт, соответству́ющий содержа́нию те́кста. (选择符合课文内容的答案。)

1. Рестора́н "Три пескаря́"—э́то...	А. старе́йший рестора́н Москвы́. Б. старе́йший рестора́н в Евро́пе. В. но́вый моско́вский рестора́н.
2. Рестора́н "Три пескаря́" по́льзуется большо́й популя́рностью среди́...	А. моско́вских студе́нтов Б. представи́телей росси́йских и за́падных деловы́х круго́в В. францу́зских бизнесме́нов
3. В рестора́не "Три пескаря́" предлага́ются...	А. то́лько блю́да росси́йской ку́хни Б. то́лько блю́да францу́зской ку́хни В. блю́да росси́йской и европе́йской ку́хни
4. Специ́фика рестора́на "Три пескаря́"—...	А. блю́да францу́зской ку́хни Б. блю́да из све́жей ры́бы В. вегетариа́нские блю́да
5. Поставщика́ми проду́ктов для рестора́на "Три пескаря́" явля́ются...	А. то́лько веду́щие за́падные фи́рмы Б. то́лько подмоско́вные ры́бные хозя́йства В. лу́чшие росси́йские и зарубе́жные производи́тели
6. Рестора́н "Три пескаря́" нахо́дится	А. на окра́ине Москвы́ Б. в при́городе Москвы́ В. в це́нтре Москвы́

Зада́ние 7. Отве́тьте на вопро́сы. (回答问题。)

1. Благодаря́ чему́ в рестора́не "Три пескаря́" обеспе́чивается

—высо́кое ка́чество блюд, предлага́емых посети́телям;

—высо́кое ка́чество обслу́живания клие́нтов;

—уника́льный ассортиме́нт спиртны́х напи́тков;

—атмосфе́ра ро́скоши, ую́та и поко́я?

2. Заче́м в рестора́не существу́ет два ви́да меню́?

ЛУ́ЧШЕ НАЛИ́ЧНЫМИ!

Иностра́нцы, приезжа́ющие в Росси́ю да́же на коро́ткий срок, сра́зу обраща́ют внима́ние на большо́е коли́чество нали́чных де́нег. В магази́нах и при расчётах друг с дру́гом ру́сские по́льзуются нали́чными. Сто́ит отме́тить осо́бое отноше́ние в Росси́и к ка́честву иностра́нных купю́р. До́ллары, кото́рые Вы получи́ли в ба́нке США, у Вас мо́гут не приня́ть в росси́йском ба́нке или́ в пу́нкте обме́на валю́ты, е́сли на э́тих купю́рах есть каки́е-нибу́дь шта́мпы или́ на́дписи.

В после́днее вре́мя дово́льно популя́рными ста́ли пла́стиковые ка́рточки, хотя́ снять с них де́ньги не всегда́ про́сто, осо́бенно в прови́нции. Банкома́ты явля́ются большо́й ре́дкостью. Интере́сно, что че́ковые кни́жки, с по́мощью кото́рых в США произво́дится о́коло 90% платеже́й, в Росси́и практи́чески не испо́льзуются.

Поэ́тому для поéздки в Росси́ю обяза́тельно возьмите с собо́й немно́го нали́чных де́нег, и пусть э́то бу́дут но́вые и чи́стые купю́ры.

Зада́ние 8.

А. Вы гла́вный ме́неджер рестора́на "Три пескаря́". Дире́ктор поручи́л Вам соста́вить текст рекла́много объявле́ния о рестора́не для журна́ла "Делові́е лю́ди". Вы́полните поруче́ние дире́ктора. (您是 Три пескаря 餐厅的部门经理，总经理请您起草一份给"Делові́е лю́ди"杂志的介绍饭店的广告词。请完成经理的委任。)

Б. Вы сотру́дник рекла́много аге́нтства. Подгото́вьте сцена́рий рекла́много телевизио́нного ро́лика о рестора́не "Три пескаря́". Кака́я информа́ция о рестора́не бу́дет звуча́ть, а что, на Ваш взгляд, телезри́тели должны́ уви́деть? (您是广告公司的工作人员，正在制作介绍"Три пескаря"餐厅的广告。您认为观众应该了解餐厅那些情况?)

Зада́ние 9.

А. Как Вы ду́маете, мо́жно ли зайти́ в рестора́н "Три пескаря́", чтобы о́чень бы́стро и недо́рого пообе́дать? Аргументи́руйте свой отве́т. (您认为可以便宜快捷地在 Три пескаря 餐厅用餐吗? 论述自己的观点。)

Б. Скажи́те, где в КНР мо́жно бы́стро и недо́рого перекуси́ть? Что Вы зна́ете о фи́рме "Макдо́налдс"? Как Вы ду́маете, есть ли рестора́ны э́той фи́рмы в Росси́и? (说出中国物美价廉的餐厅。对"麦当劳"公司您了解什么? 您认为这家公司在俄罗斯有分店吗?)

В. Прочита́йте текст. Скажи́те, подтверди́лось ли Ва́ше предположе́ние о рабо́те фи́рмы "Макдо́налдс" на росси́йском ры́нке? (阅读课文,说说您对"麦当劳"公司在俄市场的工作看法得到证明了吗?)

"МАКДО́НАЛДС" В РОССИ́И-НЕПЛОХО́Й ПРИМЕ́Р!

"Москва́-Макдо́налдс"—э́то совме́стное предприя́тие, в кото́ром до́ля "Мосресторансе́рвиса" составля́ет 51 проце́нт. Сего́дня в соста́в э́того СП вхо́дит не́сколько предприя́тий. Они́ ежедне́вно обслу́живают со́тни ты́сяч клие́нтов, а их пе́рвенец за пять лет посети́ло свы́ше 70 миллио́нов челове́к.

Свои́ дохо́ды "Макдо́налдс" из Росси́и не выво́зит. Компа́ния реализу́ет основно́й при́нцип де́ятельности совме́стного предприя́тия — все зарабо́танные сре́дства вкла́дывать в разви́тие произво́дства и загото́вку продово́льственного сырья́ в ме́стных хозя́йствах, испо́льзовать дохо́ды на созда́ние но́вых рестора́нов бы́строго обслу́живания. Така́я пра́ктика — неплохо́й приме́р для мно́гих други́х совме́стных предприя́тий, рабо́тающих на росси́йском ры́нке.

Со́здан та́кже центр произво́дства пищевы́х проду́ктов для предприя́тий "Макдо́налдса". Число́ ме́стных поставщико́в продолжа́ет расти́ — их уже́ бо́лее 150 в Росси́и и други́х стра́нах СНГ. Постро́енный в подмоско́вном го́роде Со́лнцево заво́д—оди́н из са́мых совреме́нных в Евро́пе. Центр осуществля́ет жёсткий контро́ль за перерабо́ткой проду́кции в соотве́тствии со стро́гими тре́бованиями и станда́ртами фи́рмы. То́лько мясны́е проду́кты прохо́дят бо́лее 40 прове́рок на ка́чество. Конкури́ровать с "Макдо́налдсом" тру́дно. Ведь "Макдо́налдс"—э́то 11 ты́сяч рестора́нов в 54 стра́нах ми́ра.

Зада́ние 10.

А. Отве́тьте на вопро́сы. (回答问题。)

1. Что представля́ет собо́й фи́рма "Москва́-Макдо́налдс"? ("莫斯科-麦当劳"是个什么样的公司?) 2. Как испо́льзует свои́ дохо́ды СП "Москва́-Макдо́налдс"? ("莫斯科-麦当劳"合资企业怎样利用自己的收入的?) 3. Кто поставля́ет проду́кты для рестора́нов бы́строго обслу́живания СП "Москва́-Макдо́налдс"? (谁为"莫斯科-麦当劳"合资企业快餐店供应食品?) 4. Как осуществля́ется контро́ль за ка́чеством проду́кции? (如何对食品质量监督?)

Б. Объясни́те, почему́ текст называ́ется "Макдо́налдс" в Росси́и — неплохо́й приме́р!"(解释课文为什么题为"俄罗斯的'麦当劳'——不错的榜样!")

В. Соста́вьте текст рекла́много объявления о рестора́не "Москва́-Макдо́налдс". (起草一份介绍"莫斯科-麦当劳"餐厅的广告词。)

Дава́йте обсу́дим!

Зада́ние 11. Скажи́те, что Вы ви́дите о́бщего в рабо́те рестора́на "Три пескаря́" и рестора́нов бы́строго обслу́живания компа́нии "Макдо́налдс"? Чем таки́е предприя́тия обще́ственного пита́ния отлича́ются друг от дру́га? Кто явля́ется клие́нтами рестора́на "Три пескаря́" и рестора́нов фи́рмы "Макдо́налдс"? Како́в Ваш ли́чный о́пыт клие́нта фи́рмы "Макдо́налдс"? Хоти́те ли Вы побыва́ть в рестора́не "Три пескаря́"?（说出"Три пескаря"餐厅与"麦当劳"快餐店工作中的共同点和区别，各自顾客群体的特点。您作为"麦当劳"的顾客，个人经验是什么？您愿意光顾哪家餐厅？）

ТРА́НСПОРТНЫЕ УСЛУ́ГИ НА РОССИ́ЙСКОМ РЫ́НКЕ
（俄罗斯市场中的交通服务）

Зада́ние 12.

А. Вам ну́жно отпра́вить па́ртию све́жих цвето́в (вес 300 кг) из Со́чи в Москву́.

Прочита́йте не́сколько рекла́мных объявле́ний фирм, кото́рые ока́зывают тра́нспортные услу́ги и вы́берите ту фи́рму, кото́рая Вам подхо́дит. Аргументи́руйте свой вы́бор.（你们需要从索契运一批（重量为 300 公斤的）鲜花到莫斯科。读以下几篇介绍运输服务公司的广告，选择中意的一家，论证自己的选择。）

1. Фи́рма "МВ-Рейс" предлага́ет доста́вку гру́зов железнодоро́жными конте́йнерами. Име́ются рефрижера́торные ваго́ны и цисте́рны для жи́дких гру́зов. Госуда́рственные це́ны! Гаранти́руется сро́чная доста́вка, по́лное оформле́ние документов, сохра́нность гру́за.

2. Фи́рма "Диспе́тчер" осуществля́ет железнодоро́жные перево́зки по Росси́и и СНГ конте́йнерами всех ти́пов, рефрижера́торными се́кциями, грузовы́ми и почто́выми ваго́нами. Предлага́ется по́лный ко́мплекс услу́г: пода́ча и вы́воз конте́йнеров, складски́е и тамо́женные услу́ги, страхова́ние и охра́на гру́зов. Гаранти́руется сро́чность перерево́зок и ни́зкие це́ны. Де́йствует ги́бкая систе́ма ски́док!

3. Фи́рма "Коммивояжёр" предлага́ет автоперево́зки из Москвы́ и Санкт-Петербу́рга в ра́зные города́ Росси́и и СНГ. Гаранти́руется сро́чность доста́вки, сохра́нность гру́за. Постоя́нным клие́нтам предоставля́ется льго́та — опла́та одного́ направле́ния. Надёжно, дёшево, бы́стро!

4. Авиацио́нное аге́нтство предлага́ет грузовы́е перво́зки в кру́пные города́ Росси́и и СНГ. Груз от 50-ти килогра́ммов. Ока́зывается по́мощь в оформле́нии. Ни́зкие це́ны. Постоя́нным клие́нтам предоставля́ется ски́дка.

Б. Свяжи́тесь с фи́рмой, кото́рую Вы вы́брали, и договори́тесь о транспортиро́вке Ва́шего гру́за.(同你们选中的公司联系并商定运输事宜)。

Зада́ние 13.

А. Прочита́йте текст. Скажи́те, каки́е услу́ги ока́зывает компа́ния "Си-Лэнд".(阅读课文,说出"Си-Лэнд"公司是从事哪项服务业的。)

"СИ-ЛЭНД": СЕ́РВИС ГЛОБА́ЛЬНЫЙ —ОРИЕНТА́ЦИЯ РЕГИОНА́ЛЬНАЯ

В 1956 году́ америка́нская судохо́дная компа́ния "Си-Лэнд" пе́рвой в ми́ре начала́ осуществля́ть конте́йнерные перево́зки. За 40 лет существова́ния компа́ния накопи́ла бога́тый о́пыт рабо́ты, ста́ла мировы́м ли́дером в морски́х перево́зках. "Си-Лэнд" обслу́живает свои́х клие́нтов в 80 стра́нах ми́ра в 120 морски́х порта́х и термина́лах.

Представи́тельство "Си-Лэнд" в Росси́и бы́ло откры́то в Москве́ в 1990 году́. Сего́дня компа́ния име́ет на террито́рии бы́вшего СССР 12 о́фисов и обслу́живает порты́ Санкт-Петербу́рга, Ри́ги, Оде́ссы, Новороссі́йска, Нахо́дки и По́ти.

Поми́мо морски́х перево́зок "Си-Лэнд" име́ет развиту́ю железнодоро́жную и автотра́нспортную сеть, что позволя́ет компа́нии осуществля́ть доста́вку гру́зов во всех стра́нах ми́ра на усло́виях "от двери́ к двери́".

Компа́ния "Си-Лэнд" и Министе́рство железнодоро́жного тра́нспорта Росси́и явля́ются соучреди́телями совме́стного предприя́тия "Транссиби́рский Экспре́сс Се́рвис" (Трансси́б). Оно́ осуществля́ет транспортиро́вку гру́зов практи́чески по все́й террито́рии бы́вшего Сове́тского Сою́за.

"Си-Лэнд" предлага́ет свои́м клие́нтам регуля́рные перево́зки из Роттерда́ма в Москву́, Алма́-Ату́, Ташке́нт, Екатеринбу́рг, Восто́чный и Владивосто́к.

"Си-Лэнд" ока́зывает свои́м клие́нтам услу́ги высоча́йшего ка́чества. Она́ стреми́тся находи́ть для свои́х зака́зчиков наилу́чшие вариа́нты транспортиро́вки, что эконо́мит их вре́мя и де́ньги. Компа́ния гаранти́рует свои́м клие́нтам получе́ние то́чной и по́лной информа́ции в любо́й то́чке ми́ра. Какова́ бы ни была́ цель ва́шего телефо́нного звонка́ в "Си-Лэнд", сотру́дники компа́нии отве́тят Вам на любы́е вопро́сы и помо́гут найти́ оптима́льное реше́ние. Звони́те пря́мо сейча́с: (095) 258-27-37. Факс: 961-32-32.

Б. Скажи́те, каки́е ви́ды перево́зок осуществля́ет компа́ния "Си-Лэнд". (说出"Си-Лэнд"公司运输何种类型的货物。)

Зада́ние 14. Отве́тьте на вопро́сы.（回答问题。）

1. Ско́лько лет рабо́тает фи́рма “Си-Лэнд” на ры́нке тра́нспортных услу́г? 2. Когда́ фи́рма вы́шла на росси́йских ры́нок? 3. Какова связь ме́жду компа́нией “Си-Лэнд” и СП “Транссиби́рский Экспре́сс Се́рвис”? 4. Чем занима́ется СП “Транссйб”?

Зада́ние 15.

А. Испо́льзуя информа́цию те́кста, приведи́те фа́кты, ци́фры, свиде́тельствующие о том, что “Си-Лэнд” явля́ется мировы́м ли́дером в морски́х перево́зках.（使用课文提供的事实、数字等信息举例说明“Си-Лэнд”公司是国际运输的龙头。）

Б. Объясни́те, как Вы понима́ете выраже́ние “*перево́зки на усло́виях от двери́ к двери́*”? По́льзовались ли Вы ко́гда-нибу́дь таки́м ви́дом перево́зки? Что и куда́ Вы перевози́ли? Каки́м ви́дом тра́нспорта Вы по́льзовались? Кака́я фи́рма ока́зывала Вам тра́нспортные услу́ги?（解释您对词组“перевозки на условиях от двери к двери”的理解。您使用过此类运输方式吗？运过什么货物，运往何处？哪家公司为你们提供的服务？）

Зада́ние 16.

А. Вы́пишите из те́кста “Си-Лэнд”: се́рвис глоба́льный — ориента́ция региона́льная” (зада́ние 13 А) информа́цию, подтвержда́ющую, что “Си-Лэнд” ока́зывает свои́м клие́нтам тра́нспортные услу́ги высоча́йшего кла́сса.（从课文“Си-Лэнд”：сервис глобальный — ориента́ция региона́льная 中抄写信息，证明“Си-Лэнд”公司为用户提供最优质服务的信息（练习 13 А）。）

Б. Ваш колле́га и́щет надёжную компа́нию, кото́рая ока́зывает высокока́чественные тра́нспортные услу́ги. Испо́льзуя свои́ за́писи, порекоменду́йте ему́ компа́нию “Си-Лэнд”.（您的同事正在寻找一家提供优质服务的可靠公司，利用自己的笔记向他推荐“Си-Лэнд”公司。）

ИНФОРМАЦИО́ННЫЕ УСЛУ́ГИ НА РОССИ́ЙСКОМ РЫ́НКЕ
(俄罗斯市场中的信息服务)

Зада́ние 17.

А. Прочита́йте текст и скажи́те, чем занима́ется аге́нтство "Дан и Брэ́дстрит". (阅读课文并说出"Дан и Брэдстрит"公司所从事的业务。)

ДАН И БРЭ́ДСТРИТ

"Дан и Брэ́дстрит"— старе́йшее и крепне́йшее в ми́ре америка́нское аге́нтство делово́й информа́ции, кото́рое даёт свои́м клие́нтам объекти́вные све́дения о компа́ниях во всех стра́нах ми́ра. Корпора́ция была́ осно́вана в США в 1841 году́ и в настоя́щее вре́мя явля́ется ли́дером мирово́го ры́нка информацио́нных услу́г. В феврале́ 1992 го́да она́ вы́шла на росси́йский ры́нок и откры́ла своё представи́тельство в Москве́. Сейча́с "Дан и Брэ́дстрит" акти́вно расширя́ет сфе́ры своего́ влия́ния на ры́нке информацио́нных услу́г СНГ.

Для получе́ния дополни́тельной информа́ции обраща́йтесь в наш офис в Москве́: 3-й Хороше́вский прое́зд, дом 1, ко́рпус 1, 4-й эта́ж.

Б. Вы́пишите информа́цию, актуа́льную для представле́ния фи́рмы. (抄写以下介绍公司所必须的信息内容。)

— год основа́ния аге́нтства "Дан и Брэ́дстрит";
— год откры́тия представи́тельства фи́рмы в Москве́;
— о́пыт рабо́ты на росси́йском и мирово́м ры́нках информацио́нных услу́г;
— а́дрес аге́нтства.

Зада́ние 18. Ваш друг, америка́нский бизнесме́н, плани́рует вы́ход свое́й компа́нии на ры́нки стран СНГ. Ему́ необходи́мо получи́ть достове́рную информа́цию о возмо́жных и конкуре́нтах. (你的朋友是一位美国商人，打算将自己的公司面向独联体国家开放。他需要获得有关潜在的竞争的可靠信息。)

Посове́туйте ему́ обрати́ться в представи́тельство аге́нтства "Дан и Брэ́дстрит", расскажи́те ему́ об э́том аге́нтстве, испо́льзуя свои́ за́писи (зада́ние 17 Б). (利用自己掌握的笔记(练习 17 Б)向他建议咨询"Дан и Брэдстрит"公司办事处。)

КАК НАПИСА́ТЬ ПИСЬМО́-ПОДТВЕРЖДЕ́НИЕ ПОСТОЯ́ННОМУ ПАРТНЁРУ
(怎样给固定客户写确认函)

Зада́ние 19. Прочита́йте текст письма́-подтвержде́ния от постоя́нного партнёра. Вы́делите в нём основны́е едини́цы информа́ции. (阅读给固定客户的确认函,摘出主要信息单位。)

Нау́чно-произво́дственное объедине́ние "Электро́ника"

121057, Москва́, Куту́зовский пр., 5. Тел.: 240-14-81

№689/542 "3" ма́рта 1997 го́да

А/О "БРИТИШКОМПЬЮТЕР"

12 Мо́рган стрит,

Ло́ндон, Е. С. 2,

А́нглия

Уважа́емые господа́!

С благода́рностью подтвержда́ем получе́ние Ва́шего после́днего катало́га но́вой проду́кции. Мы дета́льно изу́чим его́ и в ближа́йшее вре́мя сообщи́м Вам, каки́е образцы́ мы хоте́ли бы получи́ть.

С уваже́нием

Дире́ктор

НПО "Электро́ника" Н. А. Семёнов

Зада́ние20. Познако́мьтесь с разли́чными сре́дствами выраже́ния благода́рности в пи́сьмах-подтвержде́ниях. (记住确认函中的各种表示谢意的方式。)

С благода́рностью	сообща́ем...
	извеща́ем...
	подтвержда́ем...
Благодари́м за	предоставле́ние *чего́*?
	то, что предоста́вили *что*?
Большо́е спаси́бо за	*что*?

Зада́ние 21. В а́дрес Ва́шей фи́рмы поступи́ли не́которые материа́лы и докуме́нты от Ва́ших постоя́нных партнёров. Напиши́те письмо́-подтвержде́ние, вы́разите благода́рность партнёрам. (贵公司收到了固定客户的一些资料和文件,请给各位客户写确认函表达谢意。)

1) Материа́лы:

— альбо́м образцо́в тка́ней,

— пе́речень но́вых това́ров,

— но́вый прейскура́нт,

— после́дний рекла́мный проспе́кт.

2) Докуме́нты:

— текст контра́кта,

— гаранти́йное письмо́,

— предложе́ние на медици́нское обору́дование.

КАК НАПИСА́ТЬ ПИСЬМО́- ПОДТВЕРЖДЕ́НИЕ ПОТЕНЦИА́ЛЬНОМУ ПАРТНЁРУ
(怎样给潜在客户写确认函)

Зада́ние 22. Прочита́йте текст письма́-подтвержде́ния, направля́емого потенциа́льному партнёру. Сравни́те его́ кра́тким письмо́м-подтвержде́нием, да́нным в зада́нии 19. Вы́делите но́вые едини́цы информа́ци, назови́те их. (阅读发给潜在客户的确认函,与给固定客户(练习 19)的确认函相比较,找到并说出新的信息单位。)

Совме́стное росси́йско-америка́нское предприя́тие
"МЕДДИАГНО́СТИКА"

197137, г. Санкт-Петербу́рг, Большо́й пр., 40, корп. 2.
Тел.: 232-51-58

НПЦ "Медте́хника" 8.03.97г.
121076, г. Москва́,
ул. Красносе́льская, 6

Уважа́емые господа́!

С благода́рностью сообща́ем Вам, что при́сланные Ва́ми материа́лы вы́звали интере́с у сотру́дников на́шей фи́рмы.

Мы внима́тельно изучи́ли Ва́ши но́вые катало́ги. Ра́ды сообщи́ть Вам, что диагности́ческая аппарату́ра, предста́вленная в Ва́шем после́днем катало́ге (пози́ции 5, 8, 11, 24) по́лностью соотве́тствует направле́нию де́ятельности на́шей фи́рмы. Мы гото́вы к сотру́дничеству с Ва́ми. Нам бы́ло бы интере́сно ознако́миться с Ва́шей рабо́той по созда́нию компью́терных мето́дик медици́нской диагно́стики.

Мы бы́ли бы о́чень призна́тельны Вам, е́сли бы Вы позво́лили мне и гла́вному инжене́ру на́шей фи́рмы посети́ть Ваш центр для обсужде́ния перспекти́в на́шей совме́стной де́ятельности. Мы мо́жем прие́хать в любо́е удо́бное для Вас вре́мя.

С наде́ждой на плодотво́рное сотру́дничество и наилу́чшими пожела́ниями

Пи́тер У́айт

дире́ктор

Развёрнутый текст письма́-подтвержде́ния, как пра́вило, соде́ржит сле́дующие едини́цы информа́ции:

—обраще́ние к партнёрам,

—подтвержде́ние получе́ния материа́лов и выраже́ние благода́рности,

—удовлетворе́ние полу́ченной информа́цией,

—гото́вность к сотру́дничеству,

—приглаше́ние к делово́й встре́че,

—заверше́ние письма́, фо́рмы проща́ния.

Зада́ние 23.

А. Познако́мьтесь с разли́чными спо́собами выраже́ния удовлетворе́ния полу́ченной информа́цией. Вы́пишите предложе́ния, кото́рые Вы испо́льзуете, составля́я текст письма́-подтвержде́ния. (记住各种对收到的信息表示满意的方法。抄写用于确认函的句子。)

Мы	с удово́льствием изучи́ли	Ва́ши рекла́мные материа́лы.
	с удово́льствием прочита́ли	
	с ра́достью получи́ли	

Мы бы́ли ра́ды	Нам бы́ло прия́тно
	узна́ть, что между́ на́шими фи́рмам возмо́жны делові́е конта́кты

Мы це́ним	Ва́ше стремле́ние	к сотру́дничеству с на́шей фи́рмой.
	Ваш интере́с	

Б. Напиши́те фрагме́нт письма́-подтвержде́ния, вы́разив удовлетворе́ние сле́дующим. (写一段对以下事物表示满意的确认函。)

—получе́нием но́вых катало́гов,

—проя́вленным интере́сом к де́ятельности Ва́шей фи́рмы,

—возмо́жностью делови́х свя́зей.

Зада́ние 24.

А. Познако́мьтесь с разли́чными спо́собами выраже́ния гото́вности к сотру́дничеству.（记住表达愿意合作的各种方法。）

Мы гото́вы | сотру́дничать / к сотру́дничеству | с Ва́ми.

Мы ра́ды сообщи́ть Вам о свое́й гото́вности к сотру́дничеству с Ва́ми.

Мы приве́тствуем любы́е фо́рмы сотру́дничества с Ва́ми.

Мы с удово́льствием и благода́рностью принима́ем Ва́ше приглаше́ние к конструкти́вному сотру́дничеству.

Мы ра́ды приня́ть Ва́ше приглаше́ние к сотру́дничеству.

Б. Вы́разите гото́вность Ва́шей фи́рмы к сотру́дничеству с партнёрами.（表达贵公司愿意与客户合作。）

КАК НАПИСА́ТЬ ПИСЬМО́-КОММЕ́РЧЕСКОЕ ПРЕДЛОЖЕ́НИЕ И КАК ОТВЕ́ТИТЬ НА НЕГО́
（怎样写商业报价信以及如何回复）

Зада́ние 25.

А. Представи́тели заво́да “Светла́на” в Санкт-Петербу́рге получи́лм письмо́ из Инди́и. Переведи́те его́.（驻圣彼得堡的 Светла́на 工厂的代表收到一封来自印度的信。将其翻译成俄语。）

亲爱的先生们！

我们是一家专门经营电子产品的大型批发商店。我们收到一些关于你们“Юность”电视机，特别是关于便携式“Юность-303-312”型号的资料。

我们相信市场上对此有很大的需求。请您给我们寄来最后价目表和附带详细说明书，好吗？我们会为您给予我们大批购买提供折扣的任何信息表示感激。我们也还需要宣传资料。

如果您能从库存中为我们提供 200 台，我们很有兴趣立即定购。

期待与您经常性地合作。

您真诚的

王平经理

Б. Переведи́те отве́т нача́льника отде́ла реализа́ции заво́да “Светла́на” на кита́ский язы́к. (将 Светла́на 工厂销售部主任的答复信翻译成汉语。)

Уважа́емый господи́н С. П. Сингх!

Мы бы́ли ра́ды получи́ть Ва́ше письмо́ с предложе́нием о сотру́дничестве. Телеви́зоры моде́ли “Ю́ность 303-312” по́льзуются повы́шенным спро́сом на росси́йском ры́нке, благодаря́ свое́й надёжности и минима́льной цене́.

Кро́ме э́той моде́ли, наш заво́д выпуска́ет широ́кий ассортиме́нт электро́нной те́хники. Мы заинтересо́ваны в сотру́дничестве с Ва́шей фи́рмой и гото́вы предоста́вить вам ги́бкую систе́му ски́док при поста́вках кру́пным и сре́дним о́птом.

Гото́вы в кратча́йшие сро́ки поста́вить телеви́зоры “Ю́ность 303-312” и про́сим сообщи́ть фо́рмы опла́ты.

Рекоменду́ем Вам воспо́льзоваться услу́гами компа́нии “Балтка́рго”, занима́ющейся морски́ми конте́йнерными перево́зками и явля́ющейся на́шим постоя́нным и надёжным партнёром.

С уваже́нием

И. Л. Кузнецо́в,
нача́льник отде́ла реализа́ции

РАЗДЕ́Л Ⅲ (第三章)

Зада́ние 1.

А. Прослу́шайте диало́г-разгово́р по телефо́ну. Скажи́те, по како́му вопро́су г-н Миха́йлов обрати́лся в компа́нию"Си-Лэнд"? (听电话对话,说出 Миха́йлов 先生就什么问题给"Си-Лэнд"公司打电话。)

Петро́ва. До́брое у́тро. "Си-Лэнд". Ната́лья Петро́ва.

Миха́йлов. Здра́вствуйте, меня́ зову́т Па́вел Миха́йлов. Я—зам. дире́ктора компа́нии "Тексти́ль Интернэ́шнл".

Петро́ва. Чем могу́ Вам помо́чь?

Миха́йлов. Де́ло в том, что на́ша компа́ния заключи́ла контра́кт с партнёрами из Великобрита́нии на поста́вку на́шей проду́кции. Осуществля́ете ли Вы тако́го рода перево́зки?

Петро́ва. Да, мы осуществля́ем конте́йнерные перево́зки почти́ во все стра́ны Евро́пы, Аме́рики, А́зии на усло́виях "от двери́ до двери́", "от порта́ до порта́", в зави́симости от зака́за клие́нта. А како́в предполага́емый объём Ва́шего гру́за?

Миха́йлов. Мы плани́руем перево́зку двух сорокафуто́вых конте́йнеров в неде́лю в тече́ние трёх ме́сяцев. Вы мо́жете сообщи́ть нам Ва́ши це́ны и транзи́тное вре́мя на перево́зку гру́за из Москвы́ в Фе́ликстоу?

Петро́ва. Да, коне́чно. Не могли́ бы Вы переда́ть мне пи́сьменный запро́с по фа́ксу девятьсо́т шестьдеся́т оди́н-три́дцать два-три́дцать два?

Миха́йлов. Я записа́л. Спаси́бо.

Петро́ва. Я могу́ подгото́вить для Вас два вариа́нта перево́зки. Пе́рвый вариа́нт—э́то автотранспортиро́вка плюс морска́я перево́зка по маршру́ту "Москва́—Санкт-Петербу́рг—Фе́ликстоу". Второ́й вариа́нт—транспортиро́вка по желе́зной доро́ге че́рез Брест и Роттерда́м.

Миха́йлов. Спаси́бо. Я переда́м Вам наш запро́с по фа́ксу в тече́ние двадцати́ мину́т. А когда́ я смогу́ получи́ть отве́т?

Петро́ва. Вы полу́чите его́ сего́дня до оконча́ния рабо́чего дня. Спаси́бо, Па́вел, за Ваш звоно́к. Я жду Ва́шего фа́кса. Всего́ до́брого.

Миха́йлов. До свида́ния.

Б. Вы́берите вариа́нт, соотве́тствующий содержа́нию диало́га. (选择符合对话内容的答案。)

1. Компа́ния "Си-Лэнд" осуществля́ет конте́йнерные перево́зки

А. в стра́ны Аме́рики.

Б. в стра́ны Евро́пы.	В. в стра́ны Евро́пы, Аме́рики, Ази́и.
2. Компа́ния "Си-Лэнд" осуществля́ет	А. то́лько морски́е перво́зки. Б. авиаперево́зки. В. а́вто-, железнодоро́жные и морски́е перево́зки.
3. Компа́ния "Тексти́ль Интернэ́шнл" обрати́лась в "Си-Лэнд", что́бы отпра́вить свой груз	А. из Роттерда́ма в Москву́. Б. из Великобрита́нии в США. В. из Москвы́ в Великобрита́нию.

КАК СПРОСИ́ТЬ О КОЛИ́ЧЕСТВЕННОМ СОСТА́ВЕ / КОЛИ́ЧЕСТВЕННЫХ ХАРАКТЕРИ́СТИКАХ
(怎样咨询数量问题)

— **Како́в объём Ва́шего гру́за?**
— **Четы́ре двадцатито́нных конте́йнера.**

—**Како́го объёма Ваш груз?**
— **Четы́ре двадцатито́нных конте́йнера.**

—**Ско́лько / како́е коли́чество конте́йнеров Вы уже́ отгрузи́ли?**
—**Всего́ пять конте́йнеров.**

— **Как мно́го конте́йнеров Вам уже́ доста́вили?**
— **Уже́ два́дцать пять.**

Зада́ние 2. Зако́нчите диало́ги. (补全对话。)

1. —Како́в тира́ж на́шего но́вого катало́га?
   — . . .
2. — Како́в вес Ва́шего гру́за?
   —. . .
3. — Како́е коли́чество компле́ктов ме́бели мо́жно размести́ть на э́том скла́де?
   —. . .
4. — Как мно́го телеви́зоров Вы мо́жете поста́вить нам на э́той неде́ле?

— ...

Зада́ние 3. Восстанови́те микродиало́ги по отве́тным ре́пликам.（根据应答恢复小对话。）

1. —..

—В э́том ме́сяце мы мо́жем вы́пустить всего́ две́сти холоди́льников.

2. — ...

—Вся па́ртия этого това́ра ве́сит две то́нны.

3. — ...

—Три пятито́нных конте́йнера.

4. — ...

На́ши партнёры присла́ли нам шесть образцо́в това́ров.

Зада́ние 4. Ва́шей фи́рме необходи́мо поста́вить са́хар из Брази́лии в Мосву́. Позвони́те в компа́нию "Си-Пэнд" и вы́ясните все интересу́ющие Вас вопро́сы.（贵公司需要从俄罗斯进口砂糖。请给"Си-Лэнд"公司打电话咨询有关事宜。）

Зада́ние 5.

А. Прослу́шайте диало́г-разгово́р по телефо́ну. Как Вы ду́маете, почему́ компа́ния "Тексти́ль Интерн́эшнл" реши́ла воспо́льзоваться услу́гами фи́рмы "Си-Лэнд".（听电话对话，说一说为什么"Текстиль Интернэшнл"决定接受"Си-Лэнд"提供的服务？）

Петро́ва. До́брый день. "Си-Лэнд". Ната́лья Петро́ва.

Миха́йлов. Здра́вствуйте, Ната́лья. Э́то Па́вел Миха́йлов из фи́рмы "Тексти́ль Интерн́эшнл".

Петро́ва. Слу́шаю Вас, Па́вел.

Миха́йлов. Спаси́бо за факс. Я ду́маю, что мы́ выберем пе́рвый вариа́нт транспортиро́вки. Нас вполне́ устра́ивает цена́ перево́зки и транзи́тное вре́мя. Еди́нственное, о чём я хоте́л спроси́ть: "Каки́е гара́нтии предоставля́ет Ва́ша фи́рма?"

Петро́ва. Назва́ние на́шей фи́рмы—э́то уже́ надёжная гара́нтия. "Си-Лэнд" явля́ется доче́рней компа́нией корпора́ции "Си-Эк-Экс", кото́рая располо́жена в Ри́чмонде, штат Вирджи́ния. Она́ — мирово́й ли́дер по конте́йнерным перево́зкам гру́зов. "Си-Лэнд" обслу́живает бо́лее ста морски́х порто́в и тра́нспортных термина́лов в восьми́десяти стра́нах ми́ра. Мы перево́зим са́мые разнообра́зные гру́зы.

Миха́йлов. Прости́те, а в каки́х конте́йнерах?

Петрóва. У нас есть контéйнеры рáзных тúпов: двадцатú и сорокафутóвые, рúферные, с откры́тым вéрхом для негабарúтных грýзов.

Михáйлов. А как Вы оформляéте документáцию?

Петрóва. Мы пóльзуемся унифицúрованной информациóнной компью́терной систéмой для оформлéния всей документáции.

Михáйлов. Натáлья, скажúте, пожáлуйста, а во врéмя перевóзки Вы смóжете предостáвить информáцию о мéстонахождéнии контéйнера?

Петрóва. Да, весь путь контéйнера прослéживается по специáльной систéме “Си-Лэ́нда”, и в любóй момéнт мы мóжем сообщúть клиéнту о мéстонахождéнии контéйнера. У нас огрóмный опыт, ведь нáша компáния ещё в 1956 годý пéрвой в мúре началá осуществля́ть контéйнерные перевóзки.

Михáйлов. Спасúбо, Натáлья, за такýю подрóбную информáцию. Скажúте, пожáлуйста, каковы́ мои́ дальнéйшие дéйствия?

Петрóва. Запóлните, пожáлуйста, зая́вку по фóрме, котóрую я Вам сейчáс передáм по фáксу. Контéйнер бýдет по áдресу, котóрый Вы укáжете, в назнáченный Вáми день.

Михáйлов. Спасúбо. Жду от Вас факс. До свидáния.

Петрóва. Спасúбо Вам. Всегó дóброго.

Б. Вы́берите вариáнт, соответствующий содержáнию диалóга. (选择符合对话内容的答案):

1. Ценá перевóзки и транзúтное врéмя, котóрые предлагáет “Си-Лэнд”, компáнию “Текстúль Интернэ́шнл”	А. не устрáивают. Б. не совсéм устрáивают. В. вполнé устрáивают.
2. “Си-Лэнд” перевóзит	А. тóлько жúдкие грýзы. Б. тóлько продýкты питáния. В. разнообрáзные грýзы.
3. “Си-Лэнд” мóжет предостáвить клиéнтам инфóрмацию о мéстонахождéнии грýза	А. в любóй момéнт перевóзки. Б. в момéнт погрýзки. В. в момéнт разгрýзки.

КАК СПРОСÚТЬ ОБ ЭТÁПАХ / ХАРÁКТЕРЕ ПОСЛÉДУЮЩИХ ДÉЙСТВИЙ
(怎样咨询未来的活动情况)

—**Что я дóлжен дáльше дéлать?**

—**Оформля́ть финáнсовые докумéнты.**

—**Каковы́ мои́ дальне́йшие / после́дующие де́йствия?**
—**Запо́лните, пожа́луйста, зая́вку на зака́з конте́йнеров.**

—**Чем я до́лжен заня́ться по́сле отправле́ния гру́за?**
—**Вы должны́ ка́ждые два дня узнава́ть о его́ ме́стонахожде́нии.**

Зада́ние 6. Зако́нчите диало́ги. (补全对话。)

1. —Что я до́лжен де́лать по́сле того́, как э́ти това́ры привезу́т нам на склад?
—...
2. Чем я до́лжен заня́ться по́сле отъе́зда на́ших партнёров?
— ...
3. —Каковы́ мои́ дальне́йшие де́йствия, е́сли дире́ктор заво́да—поставщика́ улете́л в командиро́вку?
—...
4. Я заказа́ла конте́йнеры для на́шего гру́за на четве́рг. Каковы́ мои́ после́дующие де́йствия?
—...

Зада́ние 7. Восстанови́те диало́ги по отве́тным ре́пликам. (根据应答恢复对话。)

1. —...
—Поезжа́йте в порт и проследи́те за отгру́зкой конте́йнеров с на́шим гру́зом.
2. — ...
—Я пока́ не зна́ю. Дава́йте подождём ещё два дня.
3. —...
—Я ду́маю, Вам ну́жно позвони́ть в Новосиби́рск и узна́ть, когда́ наш представи́тель пришлёт нам ана́лиз спро́са на э́ти това́ры.
4. —...
—Подгото́вьте текст контра́кта. Мы должны́ его́ обсуди́ть.

Зада́ние 8. Объясни́те свои́м колле́гам, почему́ компа́ния "Си-Лэнд" явля́ется мировы́м ли́дером по конте́йнерным перево́зкам гру́зов. (向同行解释,为什么"Си-Лэнд"在集装箱运输方面在国际上占有领先地位。)

Зада́ние 9. Вы — сотру́дник компа́нии "Си-Лэнд". Ваш нача́льник попроси́л Вас подгото́вить информацио́нное письмо́ для вы́ставки. Вы́полните его́ про́сьбу.（假设您是"Си-Лэнд"的工作人员，上司请您准备一份供展览用的介绍本公司的解说材料。请完成请求。）

ГОТО́ВИМСЯ К ПОЕ́ЗДКЕ В РОССИ́Ю
（补充阅读——准备起程赴俄）

ПРИВЫ́ЧКА-ВТОРА́Я НАТУ́РА.

Иногда́ иностра́нцев мо́жно узна́ть буква́льно с пе́рвого взгля́да. Что же их выдаёт? Акце́нт? Оде́жда? Но предста́вим себе́, что они́ оде́ты в обы́чный европе́йский делово́й костю́м, а их разгово́р мы не слы́шим.

О́чень ча́сто люде́й друго́й национа́льности выдаю́т же́сты. И ру́сские, и америка́нцы отно́сятся к гру́ппе уме́ренно жестикули́рующих на́ций. Содержа́ние же́стов в э́тих стра́нах, в основно́м, совпада́ет. Одна́ко о не́которых разли́чиях всё-таки поле́зно по́мнить.

Так, оди́н из са́мых распространённых в США же́стов: большо́й и указа́тельный па́лец соединены́ в круг со значе́нием 'ОК', т. е. 'всё в поря́дке', у ру́сских име́ет совершённо ино́е значе́ние: 'ноль, ничего́'.

Вспо́мним ещё об одно́м же́сте, по кото́рому в Росси́и сра́зу отлича́ют иностра́нцев. Америка́нцы, когда́ счита́ют, снача́ла сжима́ют па́льцы в кула́к, а пото́м по о́череди выбра́сывают их. Ру́сские же де́лают всё наоборо́т: загиба́ют па́льцы, начина́я с мизи́нца.

Америка́нцев обы́чно удивля́ет традицио́нная росси́йская привы́чка три́жды целова́ться при встре́че. Гора́здо ча́ще, чем в США, на росси́йских у́лицах мо́жно встре́тить люде́й, иду́щих по́д руку, и э́то совсе́м не обяза́тельно свиде́тельствует о бли́зости их отно́шений. Е́сли нача́льник (обы́чно ста́ршего во́зраста), идя́ куда́-нибу́дь вме́сте со свои́м подчинённым, берёт его́ по́д руку, то э́то мо́жет счита́ться же́стом, демонстри́рующим дове́рие и расположе́ние руководи́теля.

Понаблюда́йте за собо́й и за свои́ми ру́сскими знако́мыми. Мо́жет быть, заме́тите ещё каки́е-то разли́чия?

Слова́ уро́ка（单词与词组）：

аге́нтство *како́е?* 代理处
тра́нспортное ～运输代理处
ассортиме́нт *како́й?* 品种
широ́кий ～品种繁多
ассоциа́ция *кака́я?* 联合会
юриди́ческая ～法律联合会
безопа́сность *кака́я?* 安全
экологи́ческая ～环保安全
ваго́н 车厢
ваго́н-рефрижера́тор 冷藏车

валю́ты *каки́е*? 货币
мя́гкие ～软货币
вкла́дывать / **вложи́ть** 投入
вкла́дывать/вложи́ть *что*?
～ де́ньги 投入钱
～ сре́дства 投入资料
вкла́дывать/вложи́ть *во что*?
～в произво́дство 投入生产
～ в (нау́чные) разрабо́тки 投入研究
вре́мя *како́е*? 时间
транзи́тное ～运输时间
гаранти́ровать *что*? 保障，保证
～ безопа́сность 保证安全
～ ка́чество 保证质量
～ надёжность 保证可靠
～ по́мощь 保证帮助
～ ски́дки 保证优惠
～ соотве́тствие (станда́ртам)保证符合标准
～ сохра́нность 保证 完好无损
～ сро́чность 保证及时
～ (экологи́ческую) чистоту́ 保证环保清洁
～ экономи́чность 保证经济，节省
доста́вка 运送
доста́вка *кака́я*?
конте́йнерная ～集装箱运送
доста́вка кака́я? (*чем*?)
～ конте́йнерами 集装箱运送
～ свои́м тра́нспортом 自行运送
гара́нтия 保障
гара́нтия *кака́я*?
надёжная ～可靠保障
гара́нтия *чего́*?
～ ка́чества 保障质量
делові́е кругі́ 实业界
до́ля 份额
до́ля *чего́*?
～ ры́нка 市场的份额
до́ля чья? (*чего́*?)
～ предприя́тия 企业的份额
доставля́ть / **доста́вить** как? (*чем*?)运送
～ авиатра́нспортом 空运
～ автомаши́нами 汽车运送
～ автотра́нспортом 汽车运送
～ ваго́нами 火车运送
～ железнодоро́жным тра́нспортом 铁路运送
～ конте́йнерами 集装箱运送
～ морски́м путём 海路运送
заво́д како́й? (*по чему́*?)工厂
～ по произво́дству чего́? 生产～ 的工厂
зака́зчик 定购人
заключа́ть /**заключи́ть** *что*? 签订
～ контра́кт 签订合同
занима́ть / **заня́ть** *что*? 占据
～ (лиди́рующее) положе́ние 占据领先地位
запро́с *како́й*? 咨询
пи́сьменный ～笔头咨询
захва́тывать/**захвати́ть** *что*? 占领
～ры́нок 占领市场
～сегме́нт ры́нка 占领部分市场
инвести́ции *каки́е*? 投资
кру́пные～巨大的投资
инома́рка 外国品牌
клие́нт *како́й*? 客户
постоя́нный ～固定客户
потенциа́льный～潜在客户
ко́мплекс *како́й*? 综合体
гости́ничный ～饭店综合体
туристи́ческий～旅游综合体
корсерва́нты 防腐剂
конте́йнер 集装箱
курс 比价
курс како́й?

～ ММВБ 莫斯科行及外币交易所比价

ку́рс на моме́нт чего́?

～ на моме́нт опла́ты 支付时的比价

ли́дер *по чему́?* 领先

～ по изготовле́нию 加工领先

～ по прода́же 销售领先

～ по произво́дству 生产领先

министе́рство *како́е?*（*чего?*）部

～ железнодоро́жного тра́нспорта 铁道部

ни́ша кака́я? 生态

ры́ночная ～市场生态

обслу́живать / обслужи́ть *кого́?* 服务

～ клие́нтов 服务客户

объедине́ние *како́е?* 联合

полиграфи́ческое ～印刷业联合

объём *чего́?* 规模，数量

～ гру́за 货物数量

～ прода́жи 销售数量

～ проду́кции 产品数量

～ реализа́ции 销售数量

ока́зывать / оказа́ть *что?* 给予

～ услу́ги 给予服务

опла́та *кака́я? в чём?* 支付

～ нали́чными 现金支付

～ в рубля́х 用卢布支付批发商品

опт *како́й?* 批发商品

кру́пный ～大型批发商品

ме́лкий ～小型批发商品

сре́дний ～中型批发商品

па́ртия *кака́я?* 批量

больша́я ～大批量

ме́лкая ～小批量

небольша́я ～不大的批量

покупа́тель *како́й?* 买方

опто́вый ～批发商

покупа́ть *как?* 买

～ в ро́зницу 零售价买

～ о́птом 批发价买

положе́ние где?（*на чём?*）地位

～ на ры́нке 在市场上的地位

поста́вка 提供

поста́вка *какая?*

ваго́нная ～火车供货

конте́йнерная～集装箱供货

опто́вая～批发供货

ро́зничная～零售供货

поста́вка *по фа́кту чего́?*

～ по фа́кту опла́ты 按款供货

поставля́ть / поста́вить *что?* 提供

～ това́р 提供商品

поставщи́к *како́й?* 供货商

ме́стный ～地方供货商

пра́во 权力

пра́во *како́е?*

исключи́тельное～特殊的权利

пра́во на что?

～ на（*каку́ю?*）де́ятельность 活动的权利

предоставля́ть /предоста́вить *что?* 提供

～ ски́дку 提供优惠

предлага́ть / предложи́ть *что?* 提供

～ услуги 提供服务

преиму́щество *чего́?* 优势

～ това́ра 商品优势

продава́ть / прода́ть *как* 卖?

～ о́птом 批发卖

～ в ро́зницу 零售卖

прода́жа *кака́я?* 卖

опто́вая～批发卖

ро́зничная～零售卖

продвиже́ние *чего́?* 推广

～（но́вой）моде́ли 推广新型号

～ това́ров 推广商品

производи́тельность *чего́?* 生产力

～ предприя́тия 企业生产力

произво́дство *како́е*? 生产
отéчественное～国产
распространя́ть / распространи́ть *что* 散发?
～ реклáму 散发广告
расчёт *какой*? 结算
безнали́чный～非现金结算
нали́чный～现金结算
самовы́воз 生产厂家支付费用的发货方式
систéма *чегó*? 制度
～ ски́док 打折制度
ски́дка *какáя*? 大折,优惠
значи́тельная～可观折扣
максимáльная～最多让利
существéнная～实质优惠
склад 仓库
снижáть / сни́зить *что*? 降低
～ цéну 降低价格
совершéнствовать/усовершéнствовать *что*? 完善
～ технолóгию 完善工艺
сортá *каки́е*? 级别
лýчшие ～最好的级别
стандáрты *каки́е*? 标准
дéйствующие ～现行标准
мировы́е ～世界标准
стимули́ровать *что*? 刺激
～ спрос 刺激需求
тéхника *какáя*? 设备
бытовáя ～日常设备
товáры каки́е? (*чегó*?)商品
～ нарóдного потреблéния 日用品
услóвия *чегó*? 条件
～ достáвки 运送条件
～ оплáты 支付条件
～ постáвки 供货条件
услýги 服务
услýги *каки́е*?
информациóнные～信息服务
посрéднические～中介服务
сéрвисные～附加服务
складски́е～仓库服务
трáнспортные～运输服务
услýги какиé? (*по чемý*?)
～ по достáвке 送货服务
～ по обслýживанию 照顾服务
～ по обучéнию 教学服务
～ по перевóзке 转送服务
～ по ремóнту 修理服务
～ по страховáнию 保险服务
～ по техобслýживанию 技术服务
～ по хранéнию 寄存服务
услýги *в области чегó*?
～ в óбласти торгóвли 商贸服务
～ в óбласти тури́зма 旅游服务
фи́рма *какáя*? 公司
парфюмéрно- космети́ческая～化妆品公司
фóрма *чегó*? 方式
～ оплáты 支付方式
хозя́йство *какóе*? 经济
ры́бное～渔业经济
центр *какóй*? 中心
туристи́ческий～旅游中心
цéны 价格
цéны *каки́е*?
высóкие～高价
ги́бкие～灵活价格
договóрные～商定的价格
достýпные～可以承受,买的起的价格
европéйские～欧洲价格
льгóтные～优惠的价格
мéстные～地方价格
минимáльные～最低价格
мировы́е～世界价格
ни́зкие～低价

приéмлемые～可接受的价格
рынoчные～市场价格
свобóдные～自由价格
стабúльные～稳定的价格
цéны чьи?（когó?）
～ завóда-изготовúтеля 加工价
～ завóда-производúтеля 生产价
цéны на что?
～ на зóлото 黄金价
～ на оргтéхнику 组织技术设备价
～ на сáхар 白糖价
～ на электротовáры 电器价格

第九课　复习与测试

УРОК 9. ОБОБЩЕНИЕ И КОНТРОЛЬ

РАЗДЕ́Л Ⅰ (第一章)

ПРОВЕРИМ, ЧТО МЫ ЗНАЕМ
(知识复习)

Зада́ние 1. Зачеркни́те ли́шнее сло́во. (删除下列组合中多余的词。)

1) мя́со
молоко́
мы́ло
ма́сло
2) чай
вино́
ко́фе
кака́о
3) су́мки
портфе́ли
чемода́ны
ту́фли
4) мехо́вы́е
дешёвые
ко́жаные
ковро́вые
→ изде́лия

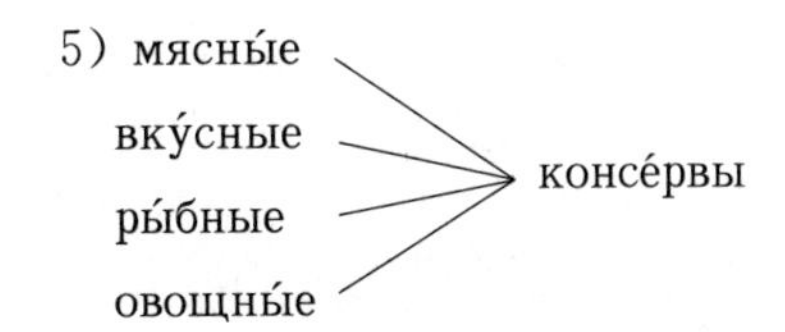

Зада́ние 2. Напиши́те прилага́тельные, от кото́рых образо́ваны да́нные существи́тельные. (写出下列名词的形容词。)

про́чный — про́чность
. . . сро́чность
практи́чность
лёгкость
надёжность
везопа́сность
прести́жность
экономи́чность
компа́ктность

Зада́ние 3. Образу́йте от да́нных прилага́тельных существи́тельные со значе́нием при́знака. (由下列形容词构成带有特征意义的名词。)

просто́й— простота́
чи́стый—
бы́стрый—
краси́вый—

Зада́ние 4. Продо́лжите ряд словосочета́ний. (续写下列词组。)

рекла́мный текст, рекла́мный проспе́кт . . .
рекла́мная газе́та, . . .
рекла́мное бюро́, . . .

Зада́ние 5. Напиши́те слова́ с противополо́жным значе́нием. (写出下列词组的反义词组。)

ги́бкие це́ны—. . .
кру́пные па́ртии—. . .
нали́чный расчёт—. . .

отéчественный товáр—. . .

высóкое кáчество—. . .

рóзничная торгóвля—. . .

минимáльные срóки—. . .

оптóвый покупáтель—. . .

Задáние 6. Напишúте, какúми должны́ быть слéдующие товáры. (正确搭配两侧的词。)

1. Бытовáя тéхника . . .	свéжая
2. Дáмская óбувь . . .	надёжная
3. Мяснáя продýкция . . .	удóбная
4. Мéбель . . .	мóдная

Задáние 7. Найдúте в лéвой и прáвой колóнках словá с óбщим кóрнем. (找出左右两栏的同根词。)

наименовáние	прóсьба
спрос	отéц
сохрáнность	и́мя
надёжность	лицó
обслýживание	продавáть
распродáжа	хранúть
налúчный	высóкий
отéчественный	надéяться
повы́шенный	услýги

Задáние 8. Объяснúте значéние вы́деленных слов. (解释下列斜体词的意义。)

Высококáчественная продýкция, *первоклáссная* тéхника, *долговéчная* мéбель, *дорогостóящие* услýги, *конкурентоспосóбные* товáры, *общепрúнятые* стандáрты, *внешнеторгóвая* фúрма.

Задáние 9. Напишúте соответствующие словосочетáния. (仿示例写出下列词的相应词组。)

кожгалантерéя—кóжаная галантерéя

канцтовáры—

спорттовáры—

техобслýживание—

трансаге́нтство—

турбюро́—

медобору́дование—

Зада́ние 10. Вы́берите соотве́тствующий вариа́нт.（正确选择两侧的词造句。）

1. Предприя́тие "Автоэкспре́сс" поставля́ет...	А. това́ры для дете́й
2. Магази́н "Интерье́р" продаёт ...	Б. все ма́рки автомоби́лей
3. Фи́рма "Росме́х" реализу́ет ...	В. ме́бель для ку́хни
4. А/О "Де́тский мир" предлага́ет ...	Г. мехов́ые изде́лия

Зада́ние 11. Вы́разите да́нную информа́цию по-друго́му.（将下列信息用另外一种方式表达。）

1. Опто́вым клие́нтам фи́рма предоставля́ет ски́дку.
2. Фи́рма гаранти́рует высо́кое ка́чество и надёжность проду́кции.
3. Фи́рма явля́ется ли́дером на ры́нке услу́г.

Зада́ние 12. Напиши́те вопро́сы, на кото́рые отвеча́ют да́нные предложе́ния.（对下列句子提问。）

1. Компа́ния "Рейс" ока́зывает тра́нспортные услу́ги.
2. Сего́дня це́ны на автоперево́зки вполне́ досту́пные.
3. На́ша фи́рма гаранти́рует сохра́нность гру́зов.
4. Проду́кцию фи́рмы "Си́менс" мо́жно купи́ть в специализи́рованных магази́нах.

РАЗДЕ́Л Ⅱ(第二章)

ПРОВЕ́РИМ, ЧТО МЫ УМЕ́ЕМ
(技能复习)

Зада́ние 1. Прочита́йте текст. (阅读课文。)

А. Скажи́те, заче́м и когда́ была́ со́здана Америка́нская Торго́вая Пала́та в Росси́и. (说出美国商行是何时在俄罗斯建立的。)

АМЕРИКА́НСКАЯ ТОРГО́ВАЯ ПАЛА́ТА В РОССИ́И

Америка́нская Торго́вая пала́та в Росси́и (АТП) была́ со́здана в нача́ле 1994 го́да. Она́ явля́ется обще́ственной некомме́рческой организа́цией деловы́х круго́в США: чле́ны АТП рабо́тают на росси́йском ры́нке. С января́ 1994 го́да АТП аккредито́вана при Торго́во-промы́шленной пала́те РФ. В настоя́щее вре́мя АТП объединя́ет свы́ше 370 америка́нских корпора́ций, на кото́рые прихо́дится бо́лее 90% торго́вого оборо́та и америка́нских инвести́ций в Росси́и.

Гла́вная зада́ча АТП—соде́йствовать формирова́нию в Росси́и благоприя́тного кли́мата для торго́во-экономи́ческого, промы́шленного и инвестицио́нного сотру́дничества америка́нских корпора́ций с росси́йскими партнёрами. АТП подде́рживает постоя́нную связь с исполни́тельными и законода́тельными о́рганами вла́сти в Росси́и и дово́дит до их све́дения обобщённое мне́ние по вопро́сам, свя́занным с интере́сами америка́нских корпора́ций, входя́щих в АТП.

В ра́мках АТП рабо́тает 16 Комите́тов: по авиа́ции и ко́смосу, по това́рам наро́дного потребле́ния и се́льскому хозя́йству, по здравоохране́нию, по информа́тике, по налогообложе́нию, по тра́нспорту, по инвести́циям и др.

На шесто́й и седьмо́й се́ссиях двусторо́нней коми́ссии "Гор-Черномы́рдин" в январе́ 1996 го́да в Вашингто́не и в ию́ле 1996 го́да в Москве́ АТП выступа́ла с ана́лизом ситуа́ции в росси́йско-америка́нском экономи́ческом сотру́дничестве и конкре́тными рекоменда́циями, кото́рые бы́ли высоко́ оценены́ ви́це-президе́нтом США А. Го́ром и премье́р-мини́стром РФ В. С. Черномы́рдиным.

В после́днее вре́мя АТП уделя́ет большо́е внима́ние вопро́сам разви́тия сотру́дничества америка́нских корпора́ций с разли́чными регио́нами Росси́и. Совме́стно с посо́льством США в Москве́ два́жды в ме́сяц прово́дятся презента́ции отде́льных росси́йских регио́нов с уча́стием представи́телей америка́нских компа́ний. АТП постоя́нно организу́ет пое́здки америка́нских бизнесме́нов в разли́чные регио́ны Росси́и. Кро́ме того́, АТП прово́дит региона́льные конфере́нции, в кото́рых принима́ют уча́стие америка́нские бизнесме́ны и представи́тели росси́йских регио́нов.

Б. Отве́тьте на вопро́сы. (回答问题。)

1. Как свя́заны Америка́нская Торго́вая Пала́та и Торго́во-промы́шленная пала́та РФ?
2. Ско́лько америка́нских корпора́ций предста́влено в АТП?
3. С како́й це́лью со́здана АТП?
4. По како́му при́нципу создаю́тся комите́ты АТП?
5. Каки́е мероприя́тия прово́дит АТП с це́лью разви́тия сотру́дничества америка́нских корпора́ций с регио́нами Росси́и?

Дава́йте обсу́дим!

Зада́ние 2. Прими́те уча́стие в обсужде́нии сле́дующих пробле́м. (就下列问题进行讨论。)

1. Почему́ в ка́ждой стране́ существу́ют торго́вые и торго́во-промы́шленные пала́ты?
2. Почему́ представи́тели америка́нских деловы́х круго́в со́здали АТП в Росси́и?
3. Каки́м о́бразом де́ятельность АТП влия́ет на разви́тие эконо́мики Росси́и?
4. Явля́ется ли Ва́ша фи́рма чле́ном АТП в Росси́и?
5. В рабо́те каки́х комите́тов АТП Вы хоте́ли бы принима́ть уча́стие? Почему́?

Зада́ние 3. Прочита́йте текст. (读课文。)

А. Скажи́те, почему́ мировы́е гига́нты таба́чного произво́дства проявля́ют интере́с к росси́йскому ры́нку. В чем состои́т его специ́фика сего́дня? (说说为什么世界各大烟草公司都对俄罗斯市场产生兴趣,当今的特征是什么?)

АМЕРИКА́НСКИЕ ФИ́РМЫ НА РОССИ́ЙСКОМ РЫ́НКЕ ТАБА́ЧНЫХ ИЗДЕ́ЛИЙ

Национа́льный ры́нок стал давно́ уже́ те́сен для гига́нтов таба́чного произво́дства США. В стране́ успе́шно прово́дится ка́мпания по борьбе́ с куре́нием. В по́исках но́вых ры́нков сбы́та америка́нские таба́чные компа́нии акти́вно осва́ивают стра́ны Восто́чной Евро́пы. Э́то и поня́тно. Огро́мное коли́чество кури́льщиков и высо́кий дефици́т таба́чных изде́лий — вот специ́фика э́того регио́на.

Са́мым пе́рвым инве́стором росси́йской таба́чной промы́шленности ста́ла америка́нская компа́ния *R. J. Reynolds Tobacco International*. Ещё в 1992 году́ компа́ния зарегистри́ровала совме́стное предприя́тие с таба́чной фа́брикой в Санкт-Петербу́рге. С ма́я 1996 го́да фи́рма явля́ется та́кже совладе́льцем АООТ "Восстано́вленный табак" в г. Ельце́ и АО "Армави́рская таба́чная фа́брика" в г. Армави́ре.

По слова́м рабо́тников представи́тельства *R. J. Reynolds Tobacco International* в Санкт-Петербу́рге, компа́ния наме́рена в тече́ние ближа́йших не́скольких лет инвести́ровать в э́ти три росси́йские фа́брики о́коло 100 млн. до́лларов. Сре́дства бу́дут напра́влены на реконстру́кцию и модерниза́цию техноло́гий.

Компа́ния *R. J. Reynolds Tobacco International* явля́ется тре́тьей по величи́не таба́чной компа́нией ми́ра. На её фа́бриках произво́дится бо́лее 100 разли́чных ма́рок сигаре́т. Наибо́лее изве́стными явля́ются *CAMEL*, *WINSTON* (второ́е и тре́тье ме́сто в ми́ре по объёмам прода́ж), *SALEM* и др.

Сего́дня *R. J. Reynolds Tobacco International* лиди́рует среди́ иностра́нных таба́чных компа́ний по объёму и ассортиме́нту зарубе́жных ма́рок сигаре́т, выпуска́емых на ме́стных фа́бриках. На её предприя́тиях в Санкт-Петербу́рге, Кременчу́ге (Украи́на), Чемке́нте (Казахста́н) произво́дятся *CAMEL*, *WINSTON*, *NORTH STAR*, "Пётр 1", причём две после́дние ма́рки разрабо́таны специа́льно для Росси́и.

Весьма́ акти́вна на ры́нке Росси́и америка́нская компа́ния *PHILIP MORRIS*. Росси́йским потреби́телям она́ известна́ дово́льно давно́. *PHILIP MORRIS* заключи́ла ещё с сове́тским прави́тельством соглаше́ние на произво́дство сигаре́т *Marlboro*. Благодаря́ э́тому *Marlboro* в Росси́и ста́ло популя́рной ма́ркой, что даёт компа́нии больши́е преиму́щества пе́ред конкуре́нтами и сейча́с.

Компа́ния акти́вно подде́рживает свою проду́кцию. Она́ создала́ са́мую широ́кую дистрибью́торскую сеть — 14 регионáльных бюро́, кото́рые изуча́ют ситуа́цию в ро́зничной торго́вле, проверя́ют нали́чие в прода́же сигаре́т и т. д. В ию́не 1996 го́да компа́ния *PHILIP MORRIS* ста́ла совладе́льцем АО "Краснода́рская таба́чная фа́брика", в разви́тие кото́рого плани́рует вложи́ть в тече́ние двух лет бо́лее 60 млн. до́лларов. На э́том предприя́тии плани́руется производи́ть сигаре́ты *Marlboro*.

Б. Скажи́те, каки́е америка́нские таба́чные компа́нии рабо́тают сего́дня на росси́йском ры́нке? (说说哪些美国烟草公司进入了俄罗斯市场?)

Зада́ние 4. Расскажи́те о де́йствиях компа́нии *R. J. Reynolds Tobacco International* на росси́йском ры́нке. Испо́льзуйте словосочета́ния, да́нные ни́же. (使用下列词组讲述美国烟草公司 R. J. Reynolds Tobacco International 在俄罗斯市场的活动。)

Стать инве́стором росси́йской таба́чной промы́шленности, зарегистри́ровать СП, стать совладе́льцем фа́брик, направля́ть сре́дства на реконстру́кцию и модерниза́цию техноло́гий, разраба́тывать ма́рки специа́льно для Росси́и.

Зада́ние 5.

А. Скажи́те, какова́ исто́рия появле́ния компа́нии *PHILIP MORRIS* на росси́йском ры́нке? (请问,PHILIP MORRIS 公司是什么时候进入俄罗斯市场的?)

Б. Охарактеризу́йте положе́ние компа́нии *PHILIP MORRIS* на росси́йском ры́нке сего́дня. (评价 PHILIP MORRIS 公司在今天俄罗斯市场的地位。)

Дава́йте обсу́дим!

В. Как Вы ду́маете, каковы́ перспекти́вы америка́нских таба́чных компа́ний на росси́йском ры́нке? Аргументи́руйте своё мне́ние. (美国烟草公司在俄罗斯市场的前景如何? 论证自己的观点。)

Зада́ние 6. Оди́н из Вас—ме́неджер компа́нии *R. J. Reynolds Tobacco International*, друго́й из Вас—ме́неджер компа́нии *PHILIP MORRIS*. Попыта́йтесь убеди́ть представи́теля росси́йской фи́рмы, занима́ющейся опто́вой торго́влой и́мпортными сигаре́тами, в преиму́ществах рабо́ты и́менно с Ва́шей компа́нией. Приведи́те необходи́мые аргуме́нты (отноше́ние потреби́теля к ма́рке, це́ны, ски́дки, усло́вия поста́вки идр.) (假设你们中的一个是 *R. J. Reynolds Tobacco International*, 另一个是 *PHILIP MORRIS* 公司的经理。试着向俄罗斯公司作批发进口的代表,推销自己的产品,举例说明贵公司的优势(用户对品牌的态度,价格,优惠条件,供货条件等)。)

Зада́ние 7. Вам необходи́мо доста́вить па́ртии това́ра из Санкт-Петербу́рга во Владивосто́к и в Москву́. (您需要从彼得堡发一批货到海参崴和莫斯科。)

Обрати́тесь в тра́нспортную компа́нию и вы́ясните интересу́ющие Вас вопро́сы: маршру́т, усло́вия поста́вки, опла́та, транзи́тное вре́мя и др.

Договори́тесь о перево́зке. (找运输公司咨询以下相关问题:线路,供货条件,支付方式,运输时间等等,谈妥有关事宜。)

Зада́ние 8. Прочита́йте текст. (阅读课文。)

А. Скажи́те, почему́ он называ́ется “Ещё оди́н фа́ктор успе́ха”? (解释为什么课文题目为“另外一个成功的要素”。)

ЕЩЁ ОДИ́Н ФА́КТОР УСПЕ́ХА

Стреми́тельное разви́тие ры́ночных отноше́ний в Росси́и уже́ не удивля́ет мир. Безбре́жный росси́йский ры́нок, на кото́ром нет жёсткой конкуре́нции, привы́чной для экономи́чески развиты́х стран, всё бо́льше и бо́льше привлека́ет внима́ние иностра́нных компа́ний.

О про́чных пози́циях америка́нского би́знеса в росси́йской эконо́мике мо́жно говори́ть да́же на основа́нии обсужда́емого в росси́йском о́бществе вопро́са: "Нужна́ ли нам американиза́ция на́шей жи́зни?" И е́сли ещё пять лет наза́д америка́нский би́знес ассоции́ровался у россия́н с джи́нсами, Ма́льборо и пе́пси — ко́лой, то сего́дня они́ с удово́льствием едя́т в Макдо́налдсе, покупа́ют ко́ка—ко́лу, широко́ по́льзуются това́рами фирм "Джо́нсон энд Джо́нсон", "Про́ктер энд Гэмбл", "Мэ́ри Кей" и т. д.

Сего́дня на росси́йском ры́нке рабо́тают таки́е всеми́рно изве́стные компа́нии, как *American Express*, *AT&T*, *Cargile*, *Caterpillar*, *Delta Airlines*, *General Electrics*, *Hewlett Packard* и др. Всего́, по да́нным Америка́нской Торго́вой Пала́ты в Росси́и, в конце́ 1996 го́да на ры́нке Росси́и рабо́тало 600 представи́тельств америка́нских фирм, 500 из кото́рых име́ют свои́ о́фисы в Москве́ и Петербу́рге. Мно́гие анали́тики-экономи́сты и полито́логи уве́рены, что э́то—то́лько на́чало!

Президе́нт Америка́нской Торго́вой Пала́ты в Росси́и господи́н Джу́педал счита́ет, что одни́м из фа́кторов, спосо́бствующих успе́шному веде́нию би́знеса в Росси́и, явля́ется владе́ние иностра́нными бизнесме́нами ру́сским языко́м. Причём сего́дня э́тот фа́ктор приобрета́ет осо́бое значе́ние в связи́ с определёнными измене́ниями в сфе́ре внешнеэкономи́ческой де́ятельности.

Во-пе́рвых, на за́падных фи́рмах меня́ется ка́дровая поли́тика: при том, что руководя́щие до́лжности занима́ют иностра́нные специали́сты, постоя́нно увели́чивается штат росси́йских сотру́дников, кото́рые реша́ют профессиона́льные зада́чи при обще́нии с росси́йскими партнёрами и друг с дру́гом на ру́сском языке́. В тако́й ситуа́ции руководи́тель-иностра́нец, не владе́ющий ру́сским языко́м, не мо́жет быть по́лностью посвящён в дела́ фи́рмы и не мо́жет в по́лной ме́ре контроли́ровать рабо́ту о́фиса.

Во-вторы́х, америка́нские предпринима́тели стремя́тся выходи́ть на региона́льные ры́нки, открыва́я там свои́ представи́тельства, нала́живая произво́дство, развива́я отноше́ния с ме́стными партнёрами. В регио́нах же Росси́и не так легко́, как в Москве́ и Петербу́рге, найти́ квалифици́рованных специали́стов, владе́ющих англи́йским языко́м, что, безусло́вно, затрудня́ет проце́сс взаимовы́годного сотру́дничества.

Чем же объясни́ть тот факт, что мно́гие иностра́нные бизнесме́ны, рабо́тающие в Росси́и, не зна́ют ру́сского языка́? Де́ло в том, что фи́рмы приглаша́ют квалифици́рованных зарубе́жных специали́стов, име́ющих о́пыт рабо́ты на америка́нских фи́рмах, зна́ющих но́рмы, стиль и тради́ции веде́ния би́знеса в США. Среди́ таки́х специали́стов ма́ло кто зна́ет ру́сский язы́к. Учи́ть же его́ в Росси́и, когда́ рабо́чий день нере́дко дли́тся с 7 утра́ до 8 ве́чера, про́сто не хвата́ет вре́мени и сил.

Э́та пробле́ма бу́дет решена́, е́сли студе́нты и аспира́нты америка́нских университе́тов и би́знес-колле́джей бу́дут име́ть возмо́жность изуча́ть делово́й ру́сский язы́к.

Америка́нские фи́рмы полу́чат квалифици́рованные ка́дры, подгото́вленные к рабо́те на росси́йском ры́нке, что, безусло́вно, бу́дет спосо́бствовать разви́тию экономи́ческого сотру́дничества ме́жду США и Росси́ей.

Б. Вы́берите вариа́нты, соотве́тствующие содержа́нию те́кста.(选择符合课文内容的答案。)

1. Росси́йский ры́нок привлека́ет внима́ние иностра́нных компа́ний, потому́ что на нём ...	А. тру́дно конкури́ровать. Б. нет жёсткой конкуре́нции. В. больша́я конкуре́нция.
2. Руководя́щие до́лжности на иностра́нных фи́рмах обы́чно занимаю́т...	А. росси́йские специали́сты. Б. иностра́нные специали́сты. В. росси́йские и иностра́нные специали́сты.
3. Америка́нские предпринима́тели...	А. завоева́ли региона́льные ры́нки. Б. стремя́тся выходи́ть на региона́льные ры́нки. В. не плани́руют выходи́ть на региона́льные ры́нки.
4. В регио́нах Росси́и тру́дно найти́ квалифици́рованных специали́стов, зна́ющих ...	А. тради́ции веде́ния би́знеса в США. Б. англи́йский язы́к. В. ру́сский язы́к.

Зада́ние 9. Скажи́ите, кака́я информа́ция в те́ксте явля́ется для Вас но́вой? (说出课文中的新信息。)

Зада́ние 10. Согла́сны ли Вы с утвержде́ниямн, да́нными ни́же? Аргументи́руйте своё мне́ние. Вы́ясните пози́ции колле́г по гру́ппе. (就下列观点谈自己的意见。询问班里同学的观点。)

1. Америка́нский би́знес занима́ет про́чные пози́ции в росси́йской эконо́мике.
2. Владе́ние ру́сским языко́м иностра́нными бизнесме́нами спосо́бствует успе́шному веде́нию би́знеса в Росси́и.
3. Руководи́тель-иностра́нец, не зна́ющий ру́сского языка́, не мо́жет в по́лной ме́ре контроли́ровать рабо́ту о́фиса.

Зада́ние 11. Убеди́те своего́ колле́гу в том, что для того́, чтобы име́ть успе́х в би́знесе на росси́йском ры́нке, жела́тельно знать ру́сский язы́к.（使自己同事明白，只有懂俄语才能在俄罗斯市场中取得成功。）

ГОТО́ВИМСЯ К ПОЕ́ЗДКЕ В РОССИ́Ю
（补充阅读——准备起程赴俄）

НО́ВЫЕ РУ́ССКИЕ... КТО ОНИ́?

Шу́тки о но́вых ру́сских популя́рны не то́лько в Росси́и, но и за рубежо́м. "Мерседе́с Бенц — 600" и джип "Черо́ки", часы́ "Ро́лекс", костю́мы "от Верса́чи" и дорога́я францу́зская парфюме́рия, молода́я подру́га и телохрани́тели с моби́льными телефо́нами — вот типи́чные атрибу́ты "но́вого ру́сского". Неотъе́млемые черты́ но́вых ру́сских в анекдо́тах — э́то бога́тство, неве́жество и по́лное неуважа́ние тради́ций.

Так ли э́то? Согла́сно социологи́ческим иссле́дованиям, всё вышеска́занное отно́сится к небольшо́й ча́сти сре́дних и ме́лких предпринима́телей, кото́рые сде́лали "бы́стрые де́ньги" на и́мпорте проду́ктов пита́ния, потреби́тельских това́ров и о́ргтехники. Обы́чно э́то молоды́е лю́ди, не успе́вшие до нача́ла заня́тий би́знесом получи́ть серьёзного образова́ния и сде́лать каку́ю-либо карье́ру.

Значи́тельная часть представи́телей росси́йских делов́ых кру́гов — э́то прише́дшие в би́знес рядовы́е сотру́дники госуда́рственных учрежде́ний, нау́чных и уче́бных заведе́ний. Бо́лее полови́ны из них име́ют нау́чные сте́пени. Э́то интеллектуа́льная эли́та росси́йского предпринима́тельства. Мно́гие из них счита́ют свой прихо́д в би́знес вы́нужденным ша́гом и, несмотря́ на огро́мные дохо́ды сего́дня, скуча́ют по пре́жней рабо́те.

О́коло 50% опро́шенных сказа́ли, что шика́рные дома́ и маши́ны не име́ют для них са́ми по себе́ никако́го значе́ния. Они́ вполне́ могли́ бы жить и в обы́чной кварти́ре, е́здить на "Жигуля́х". Дороги́е ве́щи важны́ для них то́лько как си́мвол принадле́жности к определённой социа́льной гру́ппе.

Отвеча́я на вопро́с, что принесло́ им бога́тство, большинство́ бизнесме́нов назва́ли возмо́жность интере́сного о́тдыха, путеше́ствий. В то же вре́мя среди́ отрица́тельных после́дствий но́вого о́браза жи́зни на пе́рвом ме́сте стои́т ... отсу́тствие вре́мени для о́тдыха.

О́чень ме́тким явля́ется определе́ние "но́вых ру́сских", да́нное одни́м из них: "Но́вый ру́сский" — э́то тот, кто уже́ научи́лся зараба́тывать де́ньги, но ещё не уме́ет их тра́тить.

Е́сли Вы внима́тельно посмо́трите на свои́х потенциа́льных росси́йских партнёров, то уви́дите, что среди́ них есть мно́го я́рких и тво́рческих ли́чностей, образо́ванных и интеллиге́нтных люде́й, с кото́рыми не то́лько вы́годно, но и прия́тно име́ть де́ло. И и́менно э́ти лю́ди возрожда́ют лу́чшие тради́ции росси́йского предпринима́тельства, закла́дывают осно́вы цивилизо́ванных ры́ночных отноше́ний в Росси́и.